정서적 학대에서 벗어나기

ESCAPING EMOTIONAL ABUSE

정서적 학대에서 벗어나기

ESCAPING EMOTIONAL ABUSE

비벌리 엔젤 지음
정영은 옮김

소미미디어
Somy Media

내게 상담을 받았던, 그리고 받고 있는
모든 내담자에게 이 책을 바칩니다.
여러분의 용기와 의지가 매일 저의 영감이 됩니다.

"당신은 잠재력을 지니고 태어났다.
당신은 선함과 신뢰를 지니고 태어났다.
당신은 이상과 꿈을 지니고 태어났다.
당신은 위대함을 지니고 태어났다.
당신은 날개를 지니고 태어났다.
당신은 엎드려 기어다니기 위해 태어난 것이 아니다.
당신에게는 날개가 있다. 나는 법을 배우라."

– 루미|Rumi

목차

들어가며

1부 | 수치심과 정서적 학대의 관계

2부 | 수치심의 감옥에서 탈출하기

3부 | 떠나야 할까 남아야 할까?

4부 | 떠난 후에 해야 할 것들

들어가며

이 책은 아마도 내가 지금까지 쓴 책 중 가장 중요한 책이 될 것이다. 지금까지 35년이 넘는 세월 동안 수많은 피해자를 상담해오며 정서적 학대에 대한 책을 네 권 펴냈지만, 독자들에게 전하고 싶은 이야기가 여전히 많이 남아 있다는 사실을 이 책을 쓰며 깨달았다.

정서적 학대는 가장 알아보기 어려운 학대에 속한다. 너무나도 가려져 있고, 교묘하며, 혼란스럽기 때문이다. 정서적 학대는 피해자에게 심각한 상처를 남기지만, 그 피해는 너무나도 서서히 나타나서 처음에는 당사자조차 눈치채지 못하기도 한다. 학대와 마찬가지로 그로 인한 피해도 미묘하기 때문에 피해자는 자신이 입은 피해를 별 것 아니라 생각하거나 피해 자체를 부정하며 착각이라 믿으려 한다. 그런 의미에서 정서적 학대를 당하고 있는 이들에게 그들이 학대를 당하고 있다는 사실을 일깨워주는 것은 중요하다. 그러나 그것이 모든 문제를 해결하지는 않는다.

지금까지 정서적 학대 사실을 깨달은 후에도 관계를 끝내지 못하는 피해자를 수도 없이 보아왔다. 이는 학대 피해자의 상당수가 지니고 있는 지독하고 유해한 수치심 때문이다. 이 수치심은 뭔가 해

정서적 학대에서 벗어나기

보려는 피해자의 의지를 빼앗고, 더 나은 대우를 받을 자격이 있다는 생각 자체를 차단해버린다.

정서적 학대를 알아채고 그로 인한 피해를 깨닫는 것도 중요하지만, 수치심을 극복하고 치유하는 것 또한 그에 못지않게 중요하다. 수치심을 치유하지 않으면 학대적인 관계를 탈출할 방법을 찾을 수 없기 때문이다. 수치심은 당당하게 일어나 가해자에게 맞서야 할 순간에 피해자를 움츠러들게 하고 작아지게 만든다. 피해자는 수치심으로 인해 분명 자신의 책임이 아닌 가해자의 행동에 대해서 자책감을 느끼기도 하고, 학대를 견디기 위해 어쩔 수 없이 했던 행동에 대해서 자괴감을 느끼기도 한다.

학대 사실을 깨닫는 순간 많은 피해자가 파트너와의 관계를 끝내야 한다고 생각한다. 그러나 실제로 관계를 정리하는 것은 이들에게 결코 쉬운 일이 아니다. 나는 이 책을 통해 이것이 충분히 이해할 만한 일이라는 사실을 피해자들에게 알리고 싶다. 그럼으로써 피해자들이 자책을 멈추도록, 나아가 모두가 배려와 존중을 받을 자격이 있는 소중한 존재라는 점을 깨닫도록 돕고 싶다.

수치심은 최근까지도 가장 덜 규명된 감정 중 하나였다. 사람들은 분노나 슬픔, 두려움에는 비교적 쉽게 공감하지만, 수치심이라는 감정에는 비교적 잘 공감하지 못한다. 그러나 정서적 학대 피해자들에게 수치심은 반드시 알아채고 들여다봐야 할 가장 중요한 감정이다. 수치심이야말로 많은 이들이 학대적 관계를 끝내지 못하는 주된 원인이기 때문이다.

학대 사실을 깨달은 후 관계를 정리할지 지속할지는 피해자의 선택이다. 그러나 어떤 결정을 내리든 수치심의 치유는 중요하다. 그래야지만 파트너에게 학대 사실을 직면시키고, 나중에라도 관계를 정리하고자 할 때 힘과 용기, 의지를 발휘할 수 있기 때문이다.

수치심은 정서적 학대가 남기는 가장 치명적이고 파괴적인 상처이며, 치유 또한 가장 어려울 수 있다. 수치심은 자괴감을 낳고, 피해자는 다시는 누구에게도 사랑받지 못할 것이라는 두려움에 학대적인 관계를 지속하게 된다. 장기간 수치심에 시달린 사람은 자신이 사랑받을 자격이 없는 무가치한 존재라 느끼게 되고, 돌이킬 수 없이 망가져버렸다는 생각에 고통받는다. 여기에 학대자에게 맞서지도 못하고 관계를 끝내지도 못하는 자신에 대한 수치심까지 더해지면, 피해자는 그야말로 정서적 학대가 만들어낸 수치심의 감옥에 완벽히 갇히게 된다. 자유와 선택권을 빼앗긴 채 철창에 갇힌 사람처럼 수치심의 감옥에 갇힌 사람은 어디에도 가지 못한 채 무력감에 시달린다.

당신을 가둔 채 계속해서 힘을 빼앗아가는 수치심의 감옥을 벗어나는 것은 결코 쉬운 일이 아니다. 탈출을 위해 시급한 것은 우선 학대가 당신 탓으로 발생한 게 아니라는 사실을 깨닫는 것이다. 이것 하나만 해도 굉장히 어려운 일이다. 학대에 대한 자책을 멈춘 후에는 당신이 존중과 배려를 받을 자격이 있는 사람이라는 것을 깨달아야 한다. 이것 또한 많은 노력이 필요한 일이다. 그다음에는 자신감을 끌어모아 스스로를 방어하고, 가해자의 학대를 지적하고, 상대가 침범할 수 없는 명확한 경계선을 그어야 한다. 어쩌면 결단력을 발휘하여 학대자의 곁을 떠나야 할 수도 있다. 파트너에 대한 애정이 남아 있는 경우 이 또한 결코 쉬운 일이 아니다. 이 책에서 나는 그동안의 경험을 바탕으로 고안한 프로그램을 통해 당신이 이 모든 어려운 과업을 하나하나 완수해갈 수 있도록 조력할 것이다. 이 책에 소개된 프로그램은 당신이 수치심을 벗어던짐으로써 스스로를 치유하고, 학대자의 손에서 벗어나 더 강한 사람이 될 수 있도록 도울 것이다.

정서적 학대는 사람을 고립시킨다. 학대적인 파트너가 가족이나 친구를 만나지 못하도록 막기도 하고, 피해자 스스로가 학대로 인한 수치심 때문에 주변 사람들과 거리를 두는 경우도 있다. 용기를 내서 누군가에게 학대 사실을 털어놓았다가 왜 그런 취급을 받으면서 파트너를 계속 만나냐며 비난받았을 수도 있고, 반대로 왜 별것도 아닌 일로 파트너를 떠나려 하냐는 비난을 받았을 수도 있다. 어떤 경우였든, 학대의 피해자로서 원했던 정서적 지지는 받지 못했을 것이다. 그 결과 지금 당신은 아무도 당신의 상황을 이해하지 못한다는 생각에 빠져 있을 수도 있다. 하지만 나는 당신을 이해한다. 나는 정서적 학대를 받으며 어린 시절을 보냈다. 물론 당시에는 그것이 정서적 학대라는 사실을 알지 못했다. 그저 아무리 노력해도 만족하는 법이 없는 엄마를 보며 혼란스러워할 뿐이었다. 나는 내게 아주 큰 문제가 있는 거라고 생각했다. 고민을 털어놓고 상의할 사람은 전혀 없었고, 나는 완전히 혼자였다.

당신이 혼자가 아니라는 사실을 알았으면 한다. 또한 당신이 어떤 결정을 내리든 나는 당신의 선택을 지지할 것이라는 사실도 알아줬으면 한다.

앞서 설명했듯 수치심의 감옥에서 탈출하기 위해서는 해야 할 일이 많다. 하지만 지레 겁먹을 필요는 없다. 수치심과 두려움에서 벗어나 내적인 강인함과 자기연민으로 나아가는 그 여정을 나와 함께 뚜벅뚜벅 걸어가면 된다. 이 책은 불가능해 보이는 그 여정을 현실로 만들어줄 것이다.

이 책에 소개된 프로그램은 피해자가 스스로 정서적 학대 여부를 판가름하고 그것이 자신에게 미친 영향을 파악한 후 파트너의 거짓말과 교묘한 조작, 비판에서 실제로 벗어나는 단계까지 자연스럽게 나아갈 수 있도록 세심하게 고안되었다. 또한 피해자가 관계 지속 여부를 스스로 결정할 수 있게끔, 관계 정리 후에는 다시 학대자에게 돌아가지 않도록 도울 것이다. 이 프로그램의 가장 중요한 목표는 무엇보다 정서적 학대로 인한 수치심의 치유를 돕는 것이다.

'수치심 저감 프로그램Shame Reduction Program'이라고 명명한 이 프로그램은 후에 설명할 '유해한 수치심'으로 고통받고 있던 이들을 돕기 위해 개발되었으며, 수치심의 감소와 제거를 위해 다음의 다섯 가지 방법을 활용한다.

1. 정서적 학대 디프로그래밍: 정서적 학대 피해자들 중에는 가해자의 세뇌로 '디프로그래밍Deprogramming', 즉 탈세뇌를 필요로 하는

이들이 많다. 이 책에서는 이러한 필수적인 과정을 돕기 위한 정보와 전략을 제공한다.

2. 분노 표현: 수치심은 에너지를 고갈시키지만, 정당한 분노는 힘과 에너지를 채워주기도 한다. 이러한 분노는 무력감과 절망감을 줄이고 내면의 힘을 키우는 데 도움을 준다. 피해자는 분노를 통해 가해자에 대한 두려움을 극복하고, 나아가 학대에 대항하는 자신의 모습을 그려볼 수 있다. 가장 중요한 것은, 분노 표현이 피해자로 하여금 자책을 멈추고 가해자에게 책임을 물을 수 있도록 해준다는 것이다. 이 책에서는 분노에 대한 두려움을 극복하는 전략과 함께, 건강하고 안전하게 분노를 표출할 수 있는 기술을 소개한다.

3. 자기연민: 독성을 약화하는 데 중화 물질이 필요하듯, 정서적 학대 피해자의 마음을 진정으로 치유하기 위해서는 수치심이라는 감정의 독을 중화할 수 있는 무언가가 필요하다. 수치심을 중화할 수 있는 유일한 감정은 자기연민, 즉 자신에 대한 공감과 너그러움이다. 자기연민은 자기 자신과의 연민적인 내적 관계를 형성하여 수치심에 맞설 수 있게 해준다. 피해자는 자기연민적 태도와 구체적인 기술을 배움으로써 학대의 원인을 스스로에게 돌려온 그동안의 태도를 버리고, 실제로는 자신이 학대당할 만한 어떤 행동도 하지 않았음을 파악할 수 있다. 피해자는 또한 자기연민을 통해 그

동안 학대적인 관계를 끊어내지 못했던 이유를 이해하고 음주, 약물 남용, 위험한 행위 등 학대 부작용으로 나타났던 문제적 행동에 대해 스스로를 용서할 수 있다. 마지막으로 자기연민은 피해자가 스스로를 돌보고, 이해하고, 인정할 수 있도록 도움으로써 자신도 존중과 배려, 용인을 받을 자격이 있는 존재라는 것을 자각할 수 있게 해준다. 이런 이유로 자기연민은 이 책의 핵심적인 주제이자 수치심 치유를 위한 주요한 도구로 활용될 것이다.

4. 자기용서: 자기용서는 수치심을 줄이고 제거하는 강력한 무기다. 이 책에서는 피해자가 자기용서와 관련된 중요한 과제를 하나하나 실천할 수 있도록 단계별로 소개한다. 피해자는 학대 자체에 대해, 학대적인 관계를 끝내지 못하고 지속한 것에 대해, 그로 인해 자녀나 다른 이들에게 피해를 준 것에 대해, 마지막으로 자기 자신에게 피해를 준 것에 대해 단계적으로 용서해나가게 될 것이다.

5. 자기친절: 안타깝게도 많은 피해자는 마음 깊이 자리잡은 수치심으로 인해 스스로에게 친절한 마음을 갖지 못했을 것이다. 이들은 타인이 베푸는 친절 또한 쉽게 받아들이지 못하며, 애정이 있는 관계에서라면 응당 서로에게 발휘해야 할 인내심이나 다정함, 위안 같은 것들도 자신은 받을 자격이 없다고 느낀다. 이 책에서는 그러한 인식을 바꿔줄 다양한 도구를 소개한다. 아직은 스스로에게 다정하게 대한다는 생각 자체가 생소하게 느껴지겠지만,

당신이 그런 애정을 받을 자격이 있는 사람이라는 사실을 깨닫기만 한다면 이 책에 소개된 실천법들이 많은 도움을 줄 수 있을 것이다.

수치심을 줄이는 것도 중요하지만, 그다음 단계에 오는 불안과 두려움에 대처하는 것도 중요하다. 학대로 인한 수치심이 어느 정도 치유된 후에는 많은 질문이 뒤따를 것이다. 이 관계를 끝내야 하는 걸까? 어쨌든 미래를 함께하기로 약속한 사람 아닌가? 파트너에게 정면으로 맞서야 할까? 그렇게 하면 상대는 지금까지의 학대적 행동을 인정하고 변화를 위해 함께 애써줄까? 어쩌면 상대는 자신이 겪은 힘든 어린 시절의 경험 때문에 저렇게 된 것일 텐데, 내가 저 사람을 그냥 이렇게 포기해도 되는 걸까? 그 외에도 중요한 질문이 남아 있다. 혼자서도 잘 살아갈 수 있을까? 아이를 내가 데려가는 게 옳은 일일까? 모두 너무나도 어려운 질문이지만, 반드시 답해야 하는 질문이기도 하다.

피해자에게는 정해진 성별이 없다

책을 읽어나가다 보면 여성과 남성 피해자들의 사례를 모두 만날 수 있을 것이다. 책에 실린 대부분의 사례는 이성 커플의 사례지만, 동성 커플의 사례도 함께 소개하고 있다. 이렇게 다양한 사례를 소개한 이유는 간단하다. 정서적 학대가 성별이나 성적 지향, 성 정체성과 상관없이 모든 종류의 관계에서 발생할 수 있다는 점을 알리고 싶었기 때문이다.

누구나 정서적 학대의 피해자가 될 수 있다. 피해자는 부자일 수도 있고, 가난한 사람일 수도 있으며, 대학 교육을 받은 사람일 수도, 직장에 다니는 사람일 수도, 집에서 전업으로 가족을 돌보는 사람일 수도 있다. 피해자들 중에는 자신이 학대의 피해자가 되었다는 사실을 받아들이지 못해 수치심을 느끼는 이들도 많다. 이 책의 주된 목적은 피해자가 정서적 학대로 인해 지니게 된 그런 수치심을 없애는 것이다.

'생존자'가 아닌 '피해자'라는 용어를 선택한 이유

눈치챘겠지만 이 책에서는 정서적 학대를 겪은 이를 지칭할 때 '피해자'라는 용어를 사용한다. 용어의 선택은 의도적이다. 정서적 학대를 겪고 있는 이들에게 '당신이 지금 실제로 파트너에 의해 피해를 당하고 있다'는 사실을 일깨우고 싶기 때문이다.

자신이 정서적 학대의 피해자라는 사실을 인정하는 것은 매우 어려운 일이 될 수 있다. 사실 여부에 상관없이 자신이 피해자임을 인정하는 것은 쉽지 않다. 피해를 입은 사람은 무력감을 느끼고, 이 무력감은 굴욕감을 불러온다. 피해를 인정하면 자신이 나약한 존재, 남보다 못한 존재가 된다고 생각할 수도 있다. '피해자'라는 단어가 나약함이나 패배의 동의어라고 오해하는 이들도 있지만, 사실 피해자는 단순히 '범죄나 사고, 또는 어떤 사건이나 행동의 결과로 피해나 상해를 입거나 생명을 잃은 사람'을 의미한다. 피해자는 정확히 말해 타인으로부터 입은 피해와 트라우마를 견뎌낸 강한 사람이지만, 피해자를 탓하고 비난하는 우리 사회의 문화는 그 단어를 모욕적인 말로 만들어버렸다. 견디기 힘든 고통을 견뎌낸 사람을 깎아내리고, 부정하고, 폄하하는 단어가 되어버린 것이다.

나는 의도적으로 피해자라는 용어를 사용하기로 결정했다. 다른 용어를 사용함으로써 당신이 겪고 있는 학대의 심각성을 축소하고 싶지 않기 때문이다. 현재 당신은 모든 의미에서 피해자다. 당신은 파트너가 가한 정서적 학대의 피해자이며, 학대의 경험에서 오는 유해한 수치심의 피해자다. 자신이 피해자임을 인정하는 것은 치유를 향한 첫걸음이다. 피해 자체를 인정하지 않는다면 회복도 시작할 수 없기 때문이다.

학대를 경험했으나 그 경험을 극복하고 살아남은 이들을 가리키는 소위 '피씨politically correct'한 단어로 '생존자'라는 표현이 점차 널리 쓰이고 있다. 피해자라는 표현보다 주체적이고 능동적인 느낌을 준다는 이유에서다. 여기에 대해서는 나도 전적으로 동의한다. 그러나 내 의견을 말하자면, 학대자에게 맞서거나 학대적 관계를 끝내기 전까지 피해자는 여전히 피해자다.

메리엄-웹스터 사전에 따르면 '생존survival'은 '존재 또는 생명을 유지함'과 '기능 또는 번성을 유지함'을 의미한다. 그런 의미에서 생존자라는 표현은 학대적인 파트너와 함께 살아가고 있는 피해자의 경험을 제대로 전달하지 못한다. 그들은 물론 '생명을 유지'하며 '기능'하고 있지만, 결코 '번성'하고 있지는 않기 때문이다.

나는 피해자를 무조건 생존자라고 부르는 행위가 자칫 피해와 치유에 대한 왜곡된 인식을 가져올 수 있다고 생각한다. 학대로 인한 고통을 살피고 연민의 마음을 가지는 것은 치유를 위한 중요한 단계다. 그런데 생존자라는 용어는 피해자들에게 그럴 여유를 주지 않고 그 상황을 얼른 극복하기를 종용한다. 수치심이 충분히 치유되어 학대자에게 맞서거나 관계를 끝낼 준비가 되었을 때 피해자는 비로소 생존자가 되는 길로 들어설 수 있다.

내담자들 중에는 생존자라는 표현에 오히려 기분이 상했다고 밝힌 이들도 있었다. 이제 막 학대의 상처를 치유하기 시작한 이들의 경우 더욱 그랬다. 그들은 어떤 명칭으로 불릴지는 자기 스스로 결정하고 싶다며, 적어도 상당 부분 회복이 진행되기 전까지는 생존자라는 표현을 받아들이기 어렵다고 말했다. 이들이 생존자라는 표현에 거부감을 가지는 또 다른 이유는 그 단어가 피해 사실을 가려버린다는 느낌을 받기 때문이었다. 눈앞의 사람을 피해자로 보기보다 생존자로 보는 편이 마음이 편하다는 이유로 상대가 입은 피해에는 눈을 감는 것처럼 말이다.

그러므로 이 책에서는 정서적 학대를 당하는 성인을 지칭할 때 피해자라는 표현을 사용할 예정이다. 당신의 주체성과 능동성을 부정하고자 하는 것이 아니다. 학대를 견디고 생존한 당신의 노력을 폄훼하려는 것도 아니다. 그러나 나는 당신이 우선 학대라는 피해를 당하고 있다는 사실을 인정하고 받아들이기를 바란다.

만약 피해자라는 용어에 강한 거부감이 든다면 그 이유가 무엇인

정서적 학대에서 벗어나기

지 자문해보았으면 좋겠다. 혹시 여전히 자신이 피해를 입었다는 사실을 받아들이는 데 어려움을 겪고 있지는 않은가? 마음속 깊은 곳에서 여전히 스스로를 자책하고 있지는 않은가? 아니면 혹시 피해자는 약한 사람, 패배자라는 생각 때문에 피해자로 불리는 것 자체가 싫은 것은 아닌가?

만약 위의 질문에 한 가지라도 '그렇다'고 답했다면, 부디 이 책이 그런 자기패배적인 생각을 바로잡는 데 도움이 됐으면 좋겠다. 우리는 약해서 피해자가 되는 것이 아니다. 그저 인간이기 때문에 때로 피해자가 되는 것이다. 우리는 모두 살면서 한 번쯤, 아니 사실은 여러 번 피해자가 되며, 누구도 피해자가 되는 것을 완전히 막을 수는 없다. 그러나 피해자의 입장이 됐을 때 할 수 있는 일은 있다. 자신이 피해자라는 사실을 인정하고, 학대를 받아야 할 이유가 없다는 점을 이해한 후, 필요한 전략을 활용하여 학대적인 상황에서 탈출하는 것이다. 이 책은 당신이 이러한 모든 일을 할 수 있도록 도울 것이다.

ESCAPING
EMOTIONAL
ABUSE

1부

수치심과 정서적 학대의 관계

1장
정서적 학대와 수치심, 그 강력한 조합

"그녀의 몸이 감옥이었고, 마음이 감옥이었다. 그녀의 기억도, 그녀가 사랑했던 사람들도 감옥이었다. 그녀는 사람들이 준 상처에서 벗어날 수 없었다. 그날 밤은 하늘조차도 감옥처럼 느껴졌다."

앤 브래셰어스Ann Brashares, 《청바지 돌려 입기: 영원한 자매애Sisterhood Everlasting》

파트너에게 정서적 학대를 당하는 사람은 감옥에 갇힌 것 같은 삶을 산다. 삶을 자기가 원하는 대로 이끌어가지 못하고, 늘 상대에게 허락을 구하거나 자기 결정을 설명해야 하기 때문이다. 피해자는 뭔가를 잘못해서 혼이 나지는 않을까 끊임없이 두려워하고, 질책을 피하기 위해 늘 자신의 행동과 동기를 설명한다.

정서적 학대의 가해자는 당신 삶의 모든 측면을 통제하려 한다. 돈을 어디에 쓰는지, 얼마나 쓰는지, 어떤 옷을 입는지, 누구와 만나는지… 그야말로 일거수일투족을 간섭하려 한다. 가해자 중에는 소유욕과 질투심이 지나치게 강한 이들도 있다. 이들은 당신이 다른 사람들과 놀아났다고 비난하기도 하고, 심지어 외도를 했다고 몰아가기도 한다. 피해자는 결국 뭘 해도 비난이나 누명의 위험을 감수해야 한다.

이런 상황에서 피해자는 어딘가 갇혀버린 것 같은 느낌을 가지게 되고, 탈출은 상상할 수도 없는 일이 된다. 그렇게 갇혀버린 상태에서 피해자는 파트너와 하루도 더 같이 못 살겠다고 생각하다가도 파트너 없이 홀로서기를 할 생각에 두려움을 느낀다. 뭘 해도 지금보다는 낫겠다고 생각하다가도 혼자서는 살아갈 수 없을 것 같다는 생각에 주저앉아버린다.

정서적 학대는 피해자에게 감옥이 된다. 부당한 대우를 받고 있다는 것을 알면서도 관계를 끝낼 수가 없기 때문이다. 장기간 지속적으로 이루어지는 정서적 학대는 피해자를 무너뜨린다. 피해자는 그 결과 자신감과 용기를 잃게 되며, 심지어 삶에 대한 의지를 잃기도 한다.

감옥의 목적은 무엇일까? 누군가를 가두고, 벌주고, 통제하는 것이다. 정서적 학대자들은 말 그대로 피해자를 가두고, 벌주고, 통제하여 그들을 자신의 죄수로 만들어버린다. 그런데 우리는 여기서 죄수가 감옥에 갇히는 이유를 상기해야 한다. 죄수는 '무언가를 잘못했기 때문에' 감옥에 갇힌 이들이다. 그런데 정서적 학대 피해자들은 아무런 잘못이 없으며, 그러므로 처벌을 받을 이유 또한 없다. 정서적 학대를 겪고 있는 당신이 이 중요한 사실을 깨우치도록 돕는 것이 이 책의 주된 목표다.

정서적 학대는 엄청난 수치심을 가져온다. 높은 강도의 정서적 학대에 장기간 노출된 피해자는 스스로가 사랑과 존중을 받을 가치가 없는 사람이라는 생각을 품게 된다. 무시와 닦달, 모욕, 심지어 잔인한 처사를 당해도 마땅한 사람이라고 생각하게 되는 것이다. 피해자들은 잦은 무시와 굴욕에 익숙해진 나머지 자신은 파트너에게 뭔가를 요구하거나 기대할 자격이 없는 사람이라고 생각하게 된다.

혹시 이것이 당신의 이야기처럼 느껴지는가? 나는 현재 당신의 상황을 알지 못한다. 당신은 파트너와의 관계가 학대적이라는 사실을 이미 잘 알고 있을 수도 있다. 그 사실을 알면서도 파트너를 떠나지 못하는 자신에 대해 수치심을 느끼고 있을 수도 있다. 또한 매일 파트너의 말과 행동에 큰 고통을 받으며 그러한 학대가 당신으로 하여금 수치심을 느끼게 만든다는 사실 또한 명확히 파악하고 있을 수도 있다.

아니면 아직 확신은 하지 못한 채 '내가 당하고 있는 것이 혹시 정서적 학대일까?'라는 의구심만 품고 있을 수도 있다. 정서적 학대로 인해 당신이 느끼고 있는 수치심을 눈치채지 못했을 수도 있다는 말이다. 파트너가 당신을 대하는 태도가 부당한 것인지 아닌지 몰라 혼란에 빠진 채 관계에서 발생하는 모든 문제를 자신의 탓으로 돌리고 있을지도 모른다.

어떤 상황에 있든, 이 책을 읽고 있는 당신은 아마 혼란을 느끼고 있을 것이다. 수치심이라는 감옥에 더해 혼란이라는 감옥에도 갇혀 있는 것이다. 정서적 학대 행동이라는 게 정확히 뭔지 모르겠어서,

또 파트너가 당신을 대하는 태도가 부당한지 아닌지 모르겠어서 혼란스러울 수도 있다. 하루는 부당한 대우를 받고 있다는 확신이 들었다가도 다음날은 정말 그런지 판단이 서지 않을 수도 있다. 파트너와의 문제가 전적으로 당신의 탓이라는 생각과 파트너에게 정서적 문제가 있어서 그런 행동을 하는 것이라는 생각에 오락가락하고 있을 수도 있다.

마음속 깊은 곳에서부터 자신의 판단을 의심하며 매 순간 '별것도 아닌 일로 괜히 이러는 건가?', '내가 과민반응하는 건가?', '혹시 내가 착각한 건가?'라는 질문을 던지고 있을 수도 있다.

파트너와의 관계를 끝내야 할지, 혹은 관계를 유지하며 변화를 도모해야 할지 혼란스러울 수도 있다. 떠나야 한다는 사실을 알면서도 그 결정을 후회하게 될까봐 두려워하고 있을 수도 있다.

사실 정서적 학대 피해자가 혼란에 빠지는 일은 매우 흔하며, 학대 피해자의 주요 증상에는 확신이나 균형감각, 현실감각의 상실이 포함된다. 학대자들은 상대를 혼란에 빠뜨리는 것을 목표로 삼기도 한다. 피해자가 혼란에 빠질수록 통제가 쉬워진다는 것을 알고 있기 때문이다.

당신은 모든 문제를 당신의 탓으로 돌리는 파트너의 말을 그대로 믿고 있을 수도 있다. 혹은 어디선가 들어본 적이 있는 '정서적 학대'라는 말을 떠올리며 혹시 파트너의 행동이 학대에 해당하는지 의심해보고 있을 수도 있다. 하지만 그러면서도 파트너의 부정적인 행동을 불러온 사람은 나 자신이라며 자책하고 있을 가능성이 높다. 바로 파트너가 그렇게 말하기 때문이다. 가해자는 당신에게 자신이 시키는 대로 하지 않아서 화를 낸 것이라고 말했을 것이다. 당신 때문에 마음이 상해서 폭언을 퍼부은 것이라고 말했을 것이다. 자기를 사랑한다면 제발 자기 말대로 하라고 요구했을 것이다. 필요한 것은 그것뿐이라면서 말이다.

이 책의 또 다른 목표는 당신의 혼란을 끝내는 것이다. 나는 파트너가 하는 그 행동이 정서적 학대인지 여부를 당신이 정확히 판단할 수 있게 되기를 바란다. 정서적 학대를 당하고 있다면, 그로 인한 피해를 정확히 깨달을 수 있게 되기를 바란다. 그러기 위해서는 자신의 정신 상태와 감정 상태를 세심하게 들여다보기 시작해야 한다. 다음은 정서적 학대로 인해 흔히 나타나는 증상을 정리한 목록이다. 각 항목을 주의 깊게 읽으며 해당되는 증상이 있는지 살펴보자. 필요하다면 해당되는 항목 옆에 체크 표시를 하는 것도 괜찮다.

☐ 자주 찾아오는 강한 혼란감
☐ '균형을 잃은 것 같은' 느낌이나 방향을 잃은 것 같은 혼란이 자주 느껴짐
☐ 우울감(기력 저하, 불행한 일이 닥칠 것 같은 느낌, 삶의 낙이 없다는 생각, 잦은 눈물)
☐ 절망감
☐ 무력감
☐ 무가치하다는 느낌, 사랑받을 자격이 없다는 느낌

정서적 학대에서 벗어나기

- ☐ 집중력 저하
- ☐ 결정을 내리기가 어려움
- ☐ 매사 확신이 없고 예측이 어려움(불확실성과 예측 불가능성)
- ☐ 통제감의 상실
- ☐ 스스로에 대한 과도한 비난
- ☐ 자아존중감 저하 및 자신감 하락
- ☐ 과도한 죄책감
- ☐ 유해한 수치심
- ☐ 자기파괴적 행동(자신을 해하거나 벌주려는 의식적·무의식적 시도)
- ☐ 불안감과 두려움의 증가
- ☐ 심한 자기불신
- ☐ 강렬한 불안감
- ☐ 지속적인 두려움, 과잉각성
- ☐ 실패에 대한 두려움
- ☐ 만성적 스트레스 상태
- ☐ 성적인 관심 및 감정의 상실
- ☐ 감정과 단절된 느낌
- ☐ 신체와 단절된 느낌(해리)
- ☐ 무감각
- ☐ 강박적 생각
- ☐ 타인과의 단절
- ☐ 트라우마 징후(공황장애, 악몽, 플래시백, 외상후스트레스장애)

□ 건강상의 문제(특히 극심하고 만성적인 스트레스로 인해 나타나
는 고혈압, 가슴 두근거림, 근육 긴장, 근육통 등의 신체 증상)
: 일부 연구자는 정서적 학대가 만성피로증후군이나 섬유근육통 등의 증상
발현에 영향을 줄 수 있다는 이론을 제시하기도 했다.

물론 앞서 제시한 증상들은 다른 상황에서도 흔히 나타날 수 있
는 증상이지만, 중요한 것은 전반적인 조합이다. 목록에 있는 증상
중 여러 가지를 복합적으로 겪고 있다면, 이는 당신이 실제로 정서
적 학대를 당하고 있다는 강한 증거일 수 있다. 한편 이 목록은 정
서적 학대를 이미 확신하는 이들에게도 도움이 될 수 있다. 학대적
인 파트너와의 관계를 지속함으로써 치르고 있는 대가를 확인할 수
있기 때문이다.

앞서 제시한 정서적 학대 피해의 증상 중 상당수는 우울증의 증
상이기도 하다(기력 저하 또는 피로감 증가, 자신이 무가치하다는
느낌, 무력감, 절망감, 부적절한 죄책감, 생각과 집중 또는 결정의 어
려움). 당신이 자신에 대해 가장 비판적으로 생각하는 행동, 또는 파
트너가 가장 자주 지적하는 행동이 실제로는 정서적 학대의 결과로
나타나는 행동이라는 점을 알아두어야 한다. 다시 말해, 정서적 학
대를 받고 있는 당신이 이런 행동을 하는 것은 극히 당연한 일이라
는 의미다.

정서적 학대의 피해로 이런 증상들이 나타나게 됐다는 사실을 깨
닫는 것은 고통스러운 일이지만, 삶을 바꿔놓는 중요한 일이기도 하

정서적 학대에서 벗어나기

다. 당신은 자신에게 이런 증상이 나타나고 있다는 것을 알아챘을 수도, 그러지 못했을 수도 있다. 그러나 알아챘다고 하더라도 그것을 정서적 학대와는 쉽게 연결짓지 못했을 것이다. 이 증상들이 파트너가 당신을 대하는 방식과 연관되어 있을 것이라고는 생각하지 못했을 것이라는 말이다. 당신이 처해 있는 상황을 바꾸기 위해서는 '깨달음'이 필요하다. 그 깨달음이야말로 변화를 위한 결심을 이끌어 낼 원동력이 될 것이다.

수치심과 정서적 학대의 연관성

이제 이 책의 핵심 주제인 수치심과 정서적 학대의 연관성에 대해 이야기해보자. 수치심은 정서적 학대가 남기는 피해 중 단연코 가장 해롭다. 수치심은 피해자의 자존감을 끊임없이 갉아먹는다. 자존감이 낮아진 피해자는 자신이 처한 상황을 제대로 파악할 수 있는 능력과 그에 대응할 수 있는 자신감을 잃게 된다. 가장 최악인 것은 수치심이 피해자로 하여금 자신은 그런 취급을 당해도 마땅한 존재라는 잘못된 생각을 품게 한다는 점이다.

수치심은 가해자가 활용하는 가장 파괴적이고도 효과적인 무기다. 가해자는 피해자를 조종하고 관계에 대한 통제권을 장악하기 위한 수단으로 수치심을 활용한다. 수치심 때문에 자존감과 자신감이 서서히 낮아진 피해자는 종국에 가서는 자신의 지각능력, 심지어 정신 상태까지 의심하게 된다. 정신적 쇠약과 혼란에 빠진 피해자는 그렇게 맞서 싸울 능력을 잃게 된다. 이런 상태에서는 파트너의 정서적 학대를 눈치채도 대응하지 못한다. 파트너와 헤어져도 다른 사람을 만나지 못할 것이라는 생각과 홀로서기가 불가능하다는 두려움에 사로잡히기 때문이다. 이런 자포자기는 피해자로 하여금 더 큰 수치심을 가지게 만든다. 그들은 학대하는 파트너를 떠나지 못하는 자신의 나약함을 자책하고, 문제가 자신에게 있다고 생각한다. 많은 이들이 수치심 때문에 학대 사실을 가족이나 친구에게 알리지 않는다. 이는 또다시 수치심을 키운다. 그렇게 끊임없이 수치심을 느끼는 환경, 수치심의 감옥이 탄생하는 것이다.

정서적 학대 중에서도 특히 심한 수치심을 유발하는 행동이 있다. 예를 들면 다음과 같은 행동이 그렇다.

- (다른 사람들 앞에서) **창피주기**
  "어떻게 케이크를 깜빡할 수가 있어? 엄마라는 사람이 그래도 되는 거야?"

- **의견 묵살하기**
  "아이디어 한번 한심하네."

- **깎아내리기**
  "그깟 글쓰기 대회 입상한 게 뭐가 대수라고 그래? 당신 말고 참가자가 열 명은 됐어?"

- (상대의 성과에 대해) **폄하하기**
"당신이 똑똑한 줄 알지? 다른 사람들은 눈 감고도 척척 해낼 일이야."

- **비하하기**
"그 옷 입으니까 아주 헤퍼 보이는데?"

- **조롱하기**
"어이구, 애기같이 또 삐진 것 봐. 젖병이라도 물려줘?"

- (반복적으로 과거의) **실수 들이밀기**
"알고 있지? 애초에 일이 이렇게 된 건 다 당신 탓이야."

- (부정적인 방식으로) **타인과 비교하기**
"당신도 처제처럼 돈 잘 버는 직장에 다니면 좋겠다. 그럼 내가 이렇게 고생하지 않아도 될 것 아니야."

- **자기 말만 옳다고 우기기**
"그러게 왜 맘대로 해서 일을 망쳐. 내가 방 페인트칠하지 말자고 했잖아."

- **끊임없이 불평하기**

"도무지 요리 실력이 늘지를 않네. 맛없어서 먹을 수가 없어."

- **모욕적인 말하기**

"머리 모양이 그게 뭐야?"

- **가스라이팅**

"어제 파티에서 탐이랑 시시덕거리는 꼴이 가관이던데? 부끄러운
줄을 알아야지."

- (당신이 꺼리는 성적 요구를 하며) **감정을 이용한 협박**

"당신이 안 해주면 다른 사람 찾을 거야."

언어적 폭력은 가장 흔하면서도 가장 큰 수치심을 불러오는 정서
적 학대다. 그런데도 우리는 그것을 학대로 인식하지 못하는 경우
가 많다. 왜일까? 그것은 언어폭력이 때로 교묘하게 이루어지기 때
문이다. 언어폭력은 종종 '조언'이나 '충고'의 탈을 쓴다. 피해자로 하
여금 그것이 학대라는 것을 눈치챌 수 없게 조용하고 애정어린 목소
리로 전달되기도 하며, 농담의 탈을 쓰고 간접적으로 전달되기도 한
다. 앞서 소개한 예시들 외에 다음의 것들도 언어적 폭력으로 간주
할 수 있다.

- 욕설이나 멸칭
- 비웃기
- 상대의 필요나 욕구를 하찮게 취급하기(부정 또는 무효화)
- 의견 거부하기
- 상대가 하지 않은 일을 했다고 우기기
- 과한 비꼬기
- 의견이나 아이디어 무조건 폄하하기
- 상대의 말을 무시하고 끼어들기
- 자신이 저지른 일 부정하기
- 정서적·신체적으로 위협하기
- 위축시키기

마지막 세 가지를 제외한 행동은 모두 수치심 유발을 목적으로 한다. 마지막 세 가지는 주로 가해자가 자신을 변호하고 상대의 입을 다물게 하기 위해 활용하는 방법이다.

어떻게 해도 만족하지 않고 불평하는 행위는 수치심을 불러오는 또다른 정서적 학대다. 내담자인 브랜디의 사례가 이를 잘 보여준다.

남편은 늘 제 체중을 들먹이며 불평했어요. 저만 보면 또 먹느냐는 둥, 그러다 곧 처제들만큼 뚱뚱해지겠다는 둥 막말을 했죠. 남편은 저를 봐도 성욕이 일지 않는다면서, 함께 있는 게 창피하다고 했어요. 저는 남편 눈에 예뻐 보이고 싶었어요. 제게 전혀 끌리지 않는다는 말을 듣고 자괴감에 빠졌죠. 남의 시선을 심하게 의식하게 됐고, 다른 사람들이 저를 부정적으로 볼 거라는 생각에 집 밖 출입도 거의 하지 않게 됐어요. 수치심이 점점 심해졌죠. 그러다 못 견디겠어서 다이어트를 시작했어요. 매일 열심히 걷고 운동했죠. 그렇게 살을 많이 빼자 잃었던 자신감도 다시 돌아오는 것 같았어요. 그런데 남편은 제가 살을 뺀 걸 기뻐하기는커녕 갑자기 남자들이 제게 작업을 건다면서 불평하기 시작했어요. 대체 나보고 어쩌라는 건가 싶었죠. 남편을 만족시키려고 그렇게 노력한 것이었는데, 남편은 또 불평거리를 찾아낸 거죠.

남편은 그러더니 이번엔 제가 남자들에게 꼬리를 치고 다닌다고 비난하기 시작했어요. 저는 정말 그런 적이 없었지만, 남편이 하도 확신을 갖고 말하니 혹시 나도 모르게 그랬나 싶기도 하더라고요. 어쨌든 다른 남자들이 제게 관심을 보이는 게 기분이 좋기는 했으니까요. 그런데 이번에는 제가 바람을 피운다는 거예요. 아무리 아니라고 해도 남편은 계속 우겼어요. 남편은 제 행동을 감시하고 직장으로 하루 종일 전화를 했어요. 퇴근이 몇 분만 늦어져도 불같이 화를 냈죠. 제가 괜히 살을 빼서 남편의 불안감을 키웠다는 생각에 매일 하던 운동을 중단했어요. 살이 다시 찌기 시작했죠. 그래도 남편은 계속 외도를 의심했어요. 거기에 제 체중에 대한 불평도 다시 시작됐죠. 그 순간 내가 뭘 어떻게 해도 남편을 만족시킬 수 없다는 사실을 깨달았어요. 내가 아무리 노력해도 또 트집거리를 찾아낼 거라는 사실을 말이죠. 제 생각에 남편은 제게 자괴감과 수치심을 주는 걸 즐기는 것 같아요.

정서적 학대와 수치심은 밀접하게 연관되어 있다. 이 둘은 완벽하고도 강력한 조합이라고 볼 수 있다. 수치심을 빼놓고는 정서적 학대를 말할 수 없다. 수치심은 정서적 학대 행동의 원인이자 결과이며, 학대자가 사용하는 주된 도구이기 때문이다. 정서적 학대라는 감옥을 벗어나기 위해서는 우선 수치심이 당신에게 어떤 영향을 주었는지, 그것이 당신을 어떤 방식으로 약화시키고 있는지에 대한 이해가 선행되어야 한다.

신체적 학대와 정서적 학대

신체적 학대가 몸에 대한 공격이라면 정서적 학대는 정신과 영혼에 대한 공격이다. 정서적 학대는 어떤 면에서는 물리적 학대보다 더 깊은 상처를 남겨 피해자의 삶을 바꿔놓는다. 정서적 학대는 피해자로 하여금 자신의 존재와 가치에 대한 의문을 품게 하고, 누군가의 동반자로서 살아갈 능력이나 사람을 사랑할 수 있는 능력까지 의심하게 만들기 때문이다.

여러 측면에서 정서적 학대는 신체적 학대보다 피해자의 정신에 큰 상처를 남긴다. 신체적 학대에는 일종의 주기가 있다. 일반적으로 한번 폭발이 있은 후에 가해자는 후회와 관심, 애정과 관대함 등을 드러내며 피해자에게 잘 해주려 하는 일종의 '허니문 기간'으로 들어간다. 반면 정서적 학대는 이러한 주기 없이 매일 똑같이 반복된다. 정서적 치유가 진행될 수 있는 진정기가 없기 때문에 정신적으로 더 큰 피해가 남게 되는 것이다.

정서적 학대가 더 해로운 이유는 또 있다. 피해자가 학대를 자신의 탓으로 돌릴 가능성이 더 높다는 점이다. 파트너가 물리적으로 폭력을 행사한다면 피해자는 문제가 상대에게 있다는 것을 쉽게 인식할 수 있다. 그러나 못생겼다고, 나쁜 부모라고, 멍청하다고, 무능력하다고, 너를 사랑해줄 사람은 없다고 말하거나 암시하는 식의 미묘한 학대라면 피해자는 문제가 자신에게 있다고 생각하게 된다. 나는 이 책을 통해 당신에게 분명하게 말하고 싶다. 수치심을 불러일으키는 파트너의 부정적인 말들을 그대로 믿어서는 안 된다. 그러한 말들은 사실이 아닌 정서적 학대에 불과하다. 당신은 여기에 의문을 품고, 나아가 그 말들을 거부해야 한다.

정서적 학대의 피해자는 신체적 학대의 피해자보다 더 심각한 후유증을 앓곤 한다. 정서적 학대 피해자는 더 높은 비율로 불안과 우울, 그리고 외상후스트레스장애에 노출된다. 또한 이들은 타인을 신뢰하는 데 더 큰 어려움을 느끼거나 건강하지 못한 관계에 빠져들게 될 가능성도 더 높다(상황과 상대에 따라 물리적 학대와 정서적 학대가 동시에 일어날 수도 있다는 사실을 알아두는 것 또한 중요하다).

자기비난과 자기의심의 감옥에서 빠져나오려면

정서적 학대 사실을 깨닫는다고 해도 파트너와의 관계를 변화시키거나 끝내지 못하면 여전히 갇힌 상태는 계속된다. 당신도 아마 별별 수를 다 써보았을 것이다. 그런 식으로 대하지 말라고 호소해보기도 하고, 상대의 말이나 행동을 무시해보기도 하고, 자꾸 그런 식으로 굴 거면 차라리 헤어지자고 협박해보기도 했을 것이다. 당신은 파트너와 헤어져야 한다는 사실을 알면서도 그러지 못하는 자신을 보며 '나는 너무 나약해', '나는 너무 어리석어', '내겐 문제가 있어'라고 생각할지도 모른다. 이미 파트너의 곁을 한번 떠났다가 그가 그리워서, 당신의 선택에 의심이 들어서, 혼자서는 도저히 살아갈 수 없을 것 같아서 다시 돌아온 전력을 가진 사람도 있을 것이다. 그렇게 당신은 파트너가 만든 관계의 감옥에, 그리고 자신이 만든 용기 없음의 감옥에 이중으로 갇혔다고 느끼고 있을 수도 있다.

이 책의 또 다른 목표는 당신이 정서적 학대와 수치심의 감옥 뿐 아니라 자기비난과 자기의심의 감옥에서도 빠져나오도록 돕는 것이다. 이 책은 정서적 학대가 무엇인지 더 명확하게 깨닫고, 그런 학대가 자존감과 자신감을 어떤 방식으로 서서히 갉아먹는지 배울 것이다. 정서적 학대가 어떻게 당신의 지각과 믿음에 불신을 심는지, 부당한 대우를 일삼는 파트너에게서 벗어나는 법은 무엇인지도 배울 것이다. 그리고 가장 중요한 것은 당신이 훨씬 나은 삶을 살 자격이 있다는 것을 깨닫게 될 거라는 사실이다. 볼품없다는, 게으르다는, 이기적이라는, 무능하다는, 한심하다는 비난을 듣지 않아도 되는 삶. 스스로 선택하고 결정하며, 그러한 선택과 결정이 옳다는 것을 아는 삶. 파트너의 눈치를 보며 상대가 원하는 대로 하는 것이 아닌 당신이 원하는 것, 당신에게 필요한 것을 자유롭게 선택할 할 수 있는 삶. 파트너를 만족시켰기 때문이 아니라 스스로 만족스럽기 때문에 행복한 그런 삶 말이다.

나는 당신이 이 책을 읽으며 자신을 믿고, 자신의 권리를 믿는 일을 시작할 수 있기를 바란다. 학대적인 파트너가 내뱉는 모욕과 불평이 아닌, 스스로에 대한 진실을 믿게 되기를 바란다. 당신은 한심하지도, 이기적이지도, 무능하지도, 게으르지도 않다. 그런 말들은 당신을 좌절시켜 관계의 감옥에 가두고자 하는 사람이 내뱉은 거짓말에 지나지 않는다. 이 책을 통해서 부디 그런 거짓말이 당신을 통제하고 조종하고 가두려는 시도였다는 것을 깨닫게 되기를 바란다.

이 책의 단계별 프로그램

이 책은 정서적 학대 피해자를 위해 고안된 독자적인 치유 프로그램을 담고 있다. 수년간 수많은 내담자들에게 효과를 발휘한 단계별 프로그램이다. 이 프로그램은 우선 당신이 정서적 학대를 당하고 있는지 판가름할 수 있게 해주고, 그 후에는 파트너와의 관계 지속 여부를 결정할 수 있게 도와줄 것이다. 이 프로그램에서 기대할 수 있는 효과는 다음과 같다.

- 정서적 학대를 당하고 있는지 여부를 판별할 수 있게 된다.
- 정서적 학대가 어떤 방식으로 수치심을 불러일으키는지 이해할 수 있게 된다.
- 정서적 학대와 수치심이 당신에게 미치는 악영향을 파악할 수 있게 된다.
- 자책과 자기비난을 멈추고 파트너의 진짜 모습을 파악할 수 있

게 된다.

- 학대적인 파트너의 거짓말과 조작, 현실 왜곡에 더이상 속지 않는 법을 배울 수 있다.

- 학대 경험으로 쌓인 내면의 분노와 소통하고, 이를 건강하게 표출하는 법을 배울 수 있다.

- 스스로를 보듬는 내면의 목소리로 파트너의 부정적인 메시지에 맞서는 법을 배울 수 있다.

- 자신의 고통에 연민을 베풀어 스스로를 위로하고, 자신의 감정을 인정하는 법을 배울 수 있다.

- 파트너에게 대항하고 스스로를 보호할 수 있는 내면의 힘을 키울 수 있다.

- 당신이 지금까지 경험한 수치심의 역사를 이해하고, 그동안 자신의 목소리가 아닌 학대적인 파트너의 말을 믿은 것에 대해 스스로를 용서할 수 있다.

- 학대를 당하면서도 파트너의 곁에서 지금까지 떠나지 못한 이유를 이해하고, 그럴 수밖에 없었던 자신을 용서할 수 있다.

- 수치심을 지속적으로 치유할 수 있다.

이 책을 집어 든 당신은 이미 중요한 첫 발자국을 내딛었다. 책을 읽으며 알게 되는 것들이 너무나 고통스러워서 다시 책을 내려놓고 싶은 순간이 분명 찾아올 것이다. 그래도 괜찮다. 필요하다면 자신에게 시간을 주면 된다. 사실 문제집에서 해답을 찾듯 빠르게 넘겨가며 읽는 것보다 천천히 시간을 들여 곱씹으며 책에 담긴 내용을 흡수하는 편이 훨씬 바람직하다. 이 책에는 중요하고도 강력한 내용이 담겨 있다. 사실 당신은 그중 많은 내용을 이미 알고 있을 수도 있다. 아직은 의식 위로 떠오르지 않았을 뿐, 당신이 찾고 있는 답은 이미 당신 안에 있을 수도 있다. 그 답은 파트너가 뿌려놓은 끊임없는 비난과 비판, 거짓과 왜곡 아래 묻혀 있을 수도 있다. 하지만 답은 분명 그곳에 있다. 이 책을 천천히 읽으며 느껴지는 감정을 잘 음미해보자. 그렇게 진실을 겹겹이 가리고 있는 혼란과 불확실성, 거짓을 걷어내보자.

이 책에는 중요한 정보들뿐 아니라 진실의 발견을 도울 다양한 연습과제와 활동도 담겨 있다. 수많은 내담자들이 연습과제와 활동을 성실히 수행하며 많은 도움을 받았다. 지금 책을 읽고 있는 당신에게도 실천을 권하고 싶다. 미리 말해두지만, 결코 쉬운 여정은 아니다. 그러나 그 여정의 끝에는 자유와 마음의 평화가, 온전하고 행복했던 예전의 당신이 기다리고 있을 것이다.

2장
내가 정서적으로 학대받고 있는지 판가름하기

"감옥에서 탈출하기 위해서는 우선 자신이 갇혀있다는 사실부터 깨달아야
한다."

- 익명의 누군가

정서적 학대를 인지하는 것은 때로 쉽지 않은 일이다. 자신이 정
서적 학대를 당하고 있음을 인정하는 것은 더욱 쉽지 않다. 이번 챕
터에서는 그 이유를 살펴보고, 정서적 학대 여부를 스스로 진단해
볼 수 있는 진단 문항을 제시하려 한다.

정서적 학대를 인지하기 어려운 가장 큰 이유 중 하나는 그것이
신체적 학대와는 달리 멍이나 외부적인 학대의 흔적을 전혀 남기지
않는다는 데 있다. 그 상처와 흉터는 마음에, 그리고 정신에 남는
다. 정서적 학대는 종종 말을 통하지 않고도 이루어진다. 표정이나
몸짓만으로도 정서적 학대가 가능한 것이다. 어이가 없다는 듯 눈
을 굴리는 행동도, 업신여기는 표정도, 찡그린 얼굴도, 비웃음도 모
두 정서적 학대가 될 수 있으며, 이런 행동이 다른 사람들 앞에서

이루어진다면 더더욱 그렇다. 이런 일이 반복되다 보면 비판이나 조소가 섞인 파트너의 눈빛, 못마땅하거나 답답하다는 듯 내쉬는 익숙한 한숨만으로도 피해자는 정서적 학대를 경험하게 된다. 사람들 앞에서 뭔가를 말하는 피해자를 두고 지긋지긋하다는 표정으로 눈을 한껏 굴리며 '방금 이 사람이 한 말 너무 어이없지 않아요?'라고 동의를 구하듯 옆 사람을 바라보는 것만으로 충분하다.

진실의 발견과 직시를 막는 장애물

안타깝게도 수많은 장애물이 피해자의 상황 자각을 방해한다. 그중 가장 큰 장애물은 피해자들이 자신의 감정과 직감을 잘 신뢰하지 못한다는 점이다. 실제로 많은 정서적 학대 피해자가 자신의 느낌보다 파트너가 내뱉는 비난과 비하를 믿는 쪽을 택한다. 파트너에게서 게으르고, 쓸모없고, 쌀쌀맞은 사람이라는 비난을 반복적으로 듣다 보면 어느새 자기가 정말 그런 사람이라고 믿게 되는 것이다. 역설적인 것은 인격에 대한 지속적인 공격으로 우울감에 빠질수록 실제로 의욕과 능률이 떨어지고 파트너에 대한 애정과 성적 관심 또한 잃어가게 된다는 점이다.

필자의 내담자인 라모나의 남편은 라모나가 잠자리를 거부한다며 끊임없이 불만을 토로했다고 한다. "당신, 이제 결혼했다고 나랑 자는 것에 아예 흥미를 잃었나봐? 손가락에 결혼반지 하나 꼈으니 이제 더이상 침실에서 애쓸 필요 없다는 생각인 거야?"

라모나는 첫 상담에서 속내를 털어놨다.

선생님, 솔직히 말하자면 이제 남편한테 전혀 끌리지가 않아요. 제가 왜 이러는지 모르겠어요. 예전에는 저도 남편과의 섹스가 좋았는데, 이제는 아예 그런 생각 자체가 들지 않아요. 어찌 보면 남편이 불평하는 것도 당연해요. 계속 이런 식이면 외도를 하겠다고 자꾸 으름장을 놓는데, 정말 다른 여자랑 자고와도 뭐라 할 수 없을 것 같아요. 대체 제가 왜 이러는 거죠?

상담을 받으며 라모나는 한 가지 사실을 깨닫게 되었다. 남편의 끝없는 트집과 부당한 요구, 지나친 완벽주의와 소유욕으로 인해 자신이 감정적으로도 신체적으로도 완전히 닫힌 상태가 되어버렸다는 사실이었다. 라모나에게도 설명했지만, 여성은 생물학적 특성상 안정적이고 안전한 상황이라야 섹스를 온전히 받아들일 수 있다. 비하와 정서적 학대를 지속적으로 경험하면 당연히 성적으로도 닫혀버릴 수밖에 없는 것이다. 그런 의미에서 라모나가 남편과의 성생활에 관심을 잃은 것은 충분히 납득 가능한 일이었다. 몸이 완전히 닫혀버린 라모나는 남편과 관계를 할 때마다 상당한 고통이나 불편을 경험해야 했다(남성의 몸은 정서적 학대에 여성과 완전히 똑같이 반응하지는 않는다. 그러나 남성 또한 정서적 학대를 당하다 보면 파트너에게 자신의 감정을 안심하고 드러내지 못하는 감정적 폐쇄 상태에 이를 수 있다).

정서적 학대 여부를 스스로 판단하기 어려운 또 다른 이유는 그러한 학대가 아주 미묘하다는 데 있다. 다음의 사례는 미묘하게 이루어지는 학대의 예시를 잘 보여준다.

내담자인 탐은 우울감과 불면에 시달리고 몸이 자주 아프다며 상담실을 찾았다. 사실 탐은 이미 그런 증상들로 인해 병원에 들러 정밀 검진을 받은 후였다. 검진 결과 탐의 신체적 건강에는 전혀 문제가 없었고, 의사는 그런 그에게 상담치료를 권했다. 상담을 몇 차례 진행한 결과 탐이 정서적 학대를 받고 있다는 사실을 명확히 알 수 있었다.

"아내는 제 사랑이 식었다고 굳게 믿고 있어요. 자꾸만 그 증거를 찾아내려고 하죠. 아내는 이제 제가 꽃 선물도 해주지 않는다며 몇 년을 불평했어요. 몇 주 전 퇴근길에 마침 그 생각이 나서 집에 꽃을 사갔죠. 그런데 아내는 제가 사온 꽃다발을 흘끗 보더니 대뜸 '내가 데이지꽃 싫어하는 거 당신도 알잖아. 근데 왜 굳이 데이지를 사왔어?'라고 말하더군요. 그러고 보니 아내가 몇 년 전에 그런 말을 한 적이 있기는 했어요. 근데 꽃을 사면서는 저도 완전히 까먹은 거죠. 미리 포장된 것을 사온 거라 점원한테 데이지가 섞여 있는지 굳이 물어볼 생각을 못 하기도 했고요. 물어볼 걸 그랬나 봐요."

"아내가 고맙다는 말은 하던가요? 자기 말을 기억하고 꽃을 사온 것에 대해서요."

"아니요. 데이지 때문에 화를 내느라 그럴 틈도 없었어요."

"어떻게 해도 안 되겠구나, 내가 뭘 해도 어차피 불만이겠구나, 라는 생각이 들지는 않나요?"

"그럴 때도 있죠. 근데 가끔은 그냥 아내 말이 맞는 것 같기도 해요. 제가 진짜 아내를 사랑하기는 하는 건지 헷갈릴 때도 있거든요."

　　　　　　　　정서적 학대에서 벗어나기

"그건 왜죠?"

"애정을 표현하려고 뭔가 시도하면 아내는 좋은 남편인 척 연기한다며 몰아붙여요. 데이지꽃 사건 이후에도 그랬죠. 저는 실수를 만회하려고 좋은 레스토랑에 근사한 저녁 식사를 예약했어요. 하지만 아내는 기뻐하기는커녕 저녁을 먹다 말고 저를 보더니 '당신은 그저 겉으로 보이는 게 제일 중요하지? 그냥 좋은 남편인 척하고 싶은 거 잖아'라고 쏘아붙였어요. 그러더니 '날 정말 사랑한다면 애초에 그때 데이지꽃을 사오지는 않았겠지'라고 하더군요."

"아내 분의 말을 듣고 어떤 기분이 들던가요?"

"당연히 속상했죠. 하지만 한편으로는 아내 말이 맞는 것 같기도 했어요. 곰곰이 따져보면 아내를 사랑해서라기보다 데이지꽃 사건을 만회하려고 저녁 식사를 예약한 건 맞으니까요."

"아내분이 또 데이지를 거론한 것에 대해서는 어떤 기분이 들던가요?"

"그거야 뭐, 그 사람이 원래 좀 그래요. 뒤끝이 긴 편이거든요."

탐이 갈팡질팡하고 있는 모습이 보이는가? 탐은 아내의 처사가 부당하다는 생각과 모든 것은 애초에 상황을 그렇게 만든 자기 탓이라는 생각 사이에서 갈등하고 있다. 또한 탐은 아내의 비난과 불평을 그대로 믿고 받아들이려는 모습을 보인다. 왜일까? 이는 정서적 학대 가해자들이 상대를 조종하기 위한 말을 할 때 소량의 진실을 교묘하게 섞어 넣기 때문이다. 이렇게 섞어 넣은 진실은 피해자를 교란시키고 혼란에 빠뜨리기에 충분하다.

탐의 사례에서도 알 수 있듯, 여성만 정서적 학대를 경험하는 것은 아니다. 물론 여전히 가해자는 남성, 피해자는 여성인 경우가 가장 일반적이기는 하지만, 남성 또한 여성만큼 정서적 학대에 노출되고 있다는 증거가 점차 증가하고 있다. 연인이나 배우자 간의 폭력 실태를 조사한 한 연구에 따르면 정서적 학대를 호소하는 남성의 비율은 여성 못지않게 높았다. 또 다른 연구는 남성의 정서적 학대 노출 위험이 전반적으로 높아지고 있음을 시사하고 있다.

정서적 학대 여부를 판단하기 어려운 또 다른 이유가 있다. 가해자가 상황을 모면하고 핑계를 대는 데 매우 능숙하다는 점이다. 피해자가 학대 행동을 지적하고 항의하려 하면 가해자는 '당신이 너무 예민한 것'이라거나 '별것도 아닌 일 가지고 난리'라는 식으로 피해자를 비난하곤 한다. 다음은 정서적 학대 가해자가 상대방을 혼란시키거나 무력화할 때 주로 사용하는 표현들이다.

- "당신이 과민 반응하는 거야."
- "당신이 헷갈린 거야. 난 그런 적 없어."
- "괜히 과장하지 마. 난 그런 사람 아니야."
- "당신이 잘못 들었네. 내가 왜 그런 말을 하겠어?"
- "당신이 잘못 기억하는 거야. 어떻게 된 건지는 내가 더 잘 알아."
- "당신 성격이 예민한 게 내 탓은 아니잖아."
- "호들갑 좀 떨지 마."
- "내가 왜 당신을 그렇게 대해? 당신이 착각한 거야."

- "왜 또 그렇게 따지고 들어?"
- "뭐 그런 일로 신경을 써?"
- "그런 생각 하지 마. 그런 기분 느낄 것 없어."

혹시 귀에 익은 표현이 있는가? 만약 그렇다면 명심해두자. 이러한 표현은 정서적 학대 가해자가 상대방의 감정과 지각을 혼란시키기 위해 자주 쓰는 표현이다.

정서적 학대자들은 피해자를 당황시키고 논점을 흐려 본인에게 유리하도록 상황을 뒤집는 데도 능숙하다. 자꾸만 흠을 잡는 파트너에게 제발 그만 좀 비난하라고 말하면 그는 아마도 "지금 내가 당신을 비난한다고? 웃기지 마. 비난하기 좋아하는 건 당신이지. 지금도 봐. 당신이 날 비난하고 있잖아!"라고 할 것이다. 거짓말을 했다가 들통난 파트너에게 왜 그랬냐고 따져 물으면 그는 아마 피해자가 최근에 했던 거짓말을 끄집어내며 슬쩍 말을 돌릴 것이다(이를 테면 "가족 모임에 가기 싫어서 언니한테 몸이 안 좋다고 둘러댔던 사람이 누군데 이래?"라는 식으로 말이다).

무엇이 정서적 학대인지에 대한 불확실성

정서적 학대 여부를 판가름하기 어려운 또 다른 이유가 있다. 무엇을 정서적 학대로 보아야 할지 아리송하다는 점이다. 이 책에서는 어떤 말과 행동이 정서적 학대인지, 당신이 어떤 느낌을 받을 때 정서적 학대를 의심해야 하는지 최대한 명확하게 설명함으로써 정서적 학대가 일반적인 파트너와의 다툼과 어떻게 다른지 설명할 것이다.

정서적 학대라고 하면 대개의 사람들은 상대를 비하하거나 모욕하는 장면 정도를 떠올린다. 그러나 정서적 학대는 단순한 언어폭력보다 그 범위가 훨씬 넓다. 넓은 의미에서 정서적 학대는 상대를 통제하고, 겁주고, 복종시키고, 가치를 훼손하고, 벌주고, 고립시키기 위한 목적으로 비하와 모욕, 두려움을 사용하여 행하는 모든 비물리적인 행위로 정의할 수 있다.

정서적 학대에는 언어적 폭력, 지배, 통제, 고립, 조롱, 은밀한 정보를 이용한 협박 등이 포함된다. 정서적 학대는 피해자의 심리적, 정서적 안정을 목표물로 삼아 공격하며, 물리적 학대의 전조증상이 되기도 한다.

공공연한 학대와 은근한 학대

정서적 학대는 공공연히 이루어지기도 하지만, 은근하고 미묘하게 이루어지기도 한다. 공공연히 학대하는 파트너는 상대를 대놓고 깎아내린다. 요컨대 다른 가족 구성원이나 친구들 앞에서 남편의 수입이 너무 적다고 툴툴거리며 "이 사람은 소심해서 월급 올려달라는 말도 못 해요"라고 흉을 본다면 이는 공공연한 학대다.

은근한 학대는 조금 더 미묘하지만, 피해자가 느끼는 상처는 똑같이 치명적이다. 남편에게 뭔가를 사자고 했다가 지금은 형편이 안 돼서 곤란하다는 대답을 들은 아내가 무시하는 표정으로 바라보며 "다른 남자라면 거뜬히 사줄 텐데"라고 말한다면 이는 은근한 학대에 해당한다고 볼 수 있다.

정서적 학대는 피해자의 자기가치감과 자신감, 안정감, 그리고 자신과 타인에 대한 신뢰를 서서히 갉아먹는 일종의 세뇌라 볼 수 있다. 흔히 폭발하듯 나타나는 신체적 학대와 달리 정서적 학대는 교묘하게 이루어지며 피해자의 자기감sense of self, 자신이 어떤 사람인지 스스로 판단하고 인지하는 감각을 서서히 붕괴시키는 형태로 진행되는 경우가 많다.

정서적 학대는 물을 한 방울씩 똑똑 떨어뜨리는 고문에 비할 수 있다. 처음에는 이마에 떨어지는 물방울이 대수롭지 않게 느껴지지만, 계속해서 떨어지는 물방울은 당신을 점차 무너뜨린다. 당신의 신경은 다음번 떨어질 물방울에 온통 집중되고, 점점 예민해진 이마에 떨어지는 물방울은 어느새 마치 불처럼 뜨겁게 느껴진다.

정서적 학대는 어느 날 갑자기 난데없이 나타나기도 한다. 당신이 사랑에 빠졌던 다정하고 자상한 그 사람이 어느 날 갑자기 완전히 다른 사람이 된 것처럼 짜증을 내며 비난을 퍼붓고, 너무 사랑해서 한시도 떨어질 수 없다고 했던 바로 그 사람이 당신이 눈에 띄기만 하면 못 잡아먹어서 안달인 사람으로 변하기도 하는 것이다.

앞서 언급한 바와 같이 정서적 학대 행동은 언어적 학대(폄하, 질책, 끝없는 비판)에서 보다 미묘한 형태의 학대(위축시키기, 조종, 결코 만족하지 않겠다는 태도, 침묵시위)까지 다양한 형태를 띤다.

물리적 행동 중에도 정서적 학대로 간주할 수 있는 것들이 있다. 이러한 행동은 상징적 폭력이라고 하는데, 문을 쾅하고 닫거나 벽을 발로 차는 행동, 접시나 가구 등 물건을 던지는 행동, 피해자를 옆에 태우고 차를 거칠게 모는 행동, 피해자가 소중하게 여기는 물건을 부수거나 부수겠다고 위협하는 행동 등이 여기에 포함된다. 그 밖에 피해자 앞에서 주먹이나 손가락을 흔들어대는 행동, 위협적인 표정을 짓거나 몸짓을 하는 행동, 피해자로 하여금 '이 사람이 나를 죽이고 싶어 하는구나'라는 두려움을 가지게 할 만한 행동 또한 모두 상징적 폭력에 해당한다.

정서적 학대는 영리하고 교묘한 방식으로 이루어지는 경우가 많다. 그렇기 때문에 가해자의 학대적 행동을 알아채는 것은 어려울 수 있다. 내담자인 제니의 남편 네이선의 경우를 살펴보자.

제니가 잔디 깎기 같은 집안일을 부탁하면 네이선은 늘 웃으며 "알았어. 다음 주 토요일에 할게"라고 흔쾌히 답했다. 그러나 네이선이 말한 토요일이 지나도 잔디는 깎여 있는 법이 없었다. 풀이 무성한 정원을 보며 제니가 "토요일에 깎는다며. 왜 안 깎았어?"라고 물으면 네이선은 "몸이 좀 안 좋았어. 다음 주말에 할게"라고 답했다. 네이선은 주로 그런 식이었고, 잔디는 그렇게 몇 주 동안 방치된 채 매주 변명만 이어지는 일이 다반사였다.

제니가 참다못해 "당신이 안 할 거면 잔디 깎는 사람 부를게"라고 말하면 네이선은 갑자기 버럭 화를 내며 이렇게 말했다. "왜 그렇게 사람을 달달 볶아? 내가 하겠다고 했잖아. 내가 당신 명령대로 움직여야 직성이 풀려?"

사실 제니와 네이선의 결혼생활에서 이런 일은 수없이 반복되어

정서적 학대에서 벗어나기

왔다. 네이선은 아이들 아침 식사로 먹일 우유를 사오기로 해놓고 '깜빡'하기도 하고, 가기 싫은 파티에 가기 전에는 자동차 열쇠를 '못' 찾기도 했다. 어느 토요일 오후에는 아이들이 영화를 보러 나갈 때부터 탐탁지 않아 하더니 나중에 데리러 가는 것을 '깜빡'하기도 했다. 제니가 참다못해 화를 내면 네이선은 제니에게 비이성적으로 군다거나 사사건건 명령이라며 불같이 화를 냈다. 네이선은 자기 잘못은 생각하지 않고 제니가 자신에게 화를 냈다는 사실에만 초점을 맞췄다. 늘 자신이 피해자라는 것이었다.

제니가 상담치료를 받고자 한 것은 네이선의 그런 행동 때문이었다. "남편은 계속 제가 참을성이 없고 잔소리가 심하다고 해요. 근데 분명 처리하겠다고 한 일을 계속해서 까먹고 핑계만 대면 저도 화가 날 수밖에 없거든요. 자꾸 그러니까 이제는 남편한테 아예 뭘 부탁하지도 않아요. 일할 사람을 부르거나 그냥 제가 하고 말죠. 애들 태우러 가는 것도 이제 남편한테는 안 맡겨요. 남편이 까먹어서 애들이 길에서 기다린 게 한두 번이 아니거든요. 남편이 일부러 저런다는 생각이 자꾸 들어요. 싫으면 처음부터 안 한다고 하면 될 텐데, 자기가 하겠다고 답하고는 결국 하는 법이 없어요. 남편은 계속 제가 명령한다고 하지만, 결국에는 늘 자기가 원하는 대로 해요. 어제 저녁에는 딸애 생일이어서 아이가 제일 좋아하는 식당에 갔어요. 네이선은 그 식당을 별로 좋아하지 않았지만 아이를 위해서 기꺼이 가겠다고 하더군요. 그런데 식당에 가서는 맛이 없다는 둥 서비스가 엉망이라는 둥 계속 트집을 잡는 통에 결국 기분만 상하고 말았죠. 정말 어떻게 해야 할지 모르겠어요. 남편 때문에 너무 힘들고 상처도 많이 받아서 헤어지고 싶은 생각도 들어요. 근데 한편으로는 혹시 정말 제가 문제인 건 아닌가 걱정이 돼요. 저는 남편 말대로 잔소리가 심하고 명령하기 좋아하는 사람일까요? 정말 모르겠어요."

다행히 제니는 상담을 통해 남편의 말이 사실이 아니라는 것을 깨달을 수 있었다. 네이선이 보이는 행동은 수동적 공격행동이다. 수동적 공격행동은 공격성을 직접적으로 표출하지 않고 간접적으로 드러낸다. 이런 성향을 지닌 이들은 원치 않는 부탁을 받았을 때 직접적으로 거절하기보다는, 일을 미루거나, 뚱한 반응을 보이거나, 갑자기 고집을 부리는 등의 방식으로 거부를 표현한다.

네이선의 행동에서는 정서적 학대 가해자들이 흔히 보이는 또 다른 특징도 포착된다. 실제 둘의 관계를 살펴보면 상대를 조종하는 사람은 네이선인데, 네이선은 상황을 교묘하게 뒤집어서 오히려 제니가 자신을 조종하려 한다고 비난한다. 앞에서도 언급한 바와 같이 이는 정서적 가해자들이 흔히 사용하는 전략 중 하나로, 피해자를 가장 혼란스럽게 만드는 행동이기도 하다. 가해자가 이렇게 상황을 뒤집으면 피해자는 자신의 지각과 현실감각을 의심하게 되어 혼란에 빠질 수밖에 없다.

진실을 마주하기

정황상 정서적 학대가 분명하고 그로 인한 피해가 명확한 경우에도 정서적 학대를 당하고 있다는 사실을 인정하는 것은 여전히 어려울 수 있다. 상대가 당신을 마음대로 무시하고, 조종하고, 비하하고, 묵살하고, 통제하는 동안 속수무책으로 당했다는 사실을 인정하는 것이 수치스럽기 때문이다. 남성 피해자의 경우 더욱 그렇지만, 여성의 경우에도 이를 인정하는 데 큰 수치심을 느낀다. 사회적으로 능력을 인정받고 성공한 사람의 경우 그 어려움이 더 크다.

현대 사회에서 학대라는 단어는 수치심으로 얼룩져 있다. 우리 사회는 지금껏 학대 피해자들에게 일종의 낙인을 찍어왔다. 피해자는 학대를 용인한 나약한 사람이라는 낙인을 안고 살아야 했다. 그러나 피해는 결코 수치스러운 일이 아니다. 또한 정서적 학대는 극히 만연해 있다. 정서적 학대는 신체적 학대보다 훨씬 더 흔하게 발생하며, 사회적·경제적·인종적·종교적 구분을 떠나 모든 곳에서 벌어진다. 전 세계적으로 정서적 학대에 시달리고 있는 여성과 남성의 정확한 숫자를 파악하는 것은 어렵지만, 그 숫자가 천문학적이라는 것만큼은 분명하다. 잘 알려진 한 연구에 따르면 현재 결혼이나 사실혼 관계에 있거나 과거 그런 관계의 경험이 있는 여성 중 35퍼센트가 정서적 학대를 당한 적이 있다고 한다. 미국 질병통제예방센터에서 실시하는 '친밀한 파트너 간의 폭력 및 성폭력에 대한 조사National Intimate Partner and Sexual Violence Survey'에 따르면 놀랍게도 미국인 중 절반가량이 살면서 적어도 한 번은 파트너에 의한 정서적 학대를 경험한다고 한다.

많은 이들이 정서적 학대를 당하면서도 그저 지금은 사이가 조금 나쁠 뿐이라고, 파트너가 요즘 스트레스를 너무 많이 받아서 그러는 것이라고 정당화한다. '대수롭지 않은 일'이라고 생각하려 애쓰기도 한다. 피해자들은 우울증, 의욕 저하, 혼란, 집중력 저하, 결정 장애, 자존감 저하, 무가치감, 절망감, 자기비난, 자기파괴 등 수많은 증상에 시달리면서도 이를 파트너의 행동과 연관지어 생각하려 하지 않는다.

어떤 이들은 정서적 학대를 당하면서도 그 사실을 외면하기도 한다. 파트너와의 관계가 파괴적으로 변해버렸다는 사실을 받아들이거나 파트너의 본심을 마주해야 하기 때문이다. 정서적 학대가 발생했다는 사실을 인정하면 개인 상담 치료나 부부 상담을 받아야 할 수도 있고 심한 경우 관계를 끝내야 할 수도 있는데, 이러한 가능성은 피해자에게 큰 두려움을 불러일으킬 수 있다.

나는 정서적으로 학대받고 있는가?

정서적 학대를 받고 있는지 확인하고 싶다면 다음의 진단 문항에 최대한 솔직하게 답해보자.

1. 파트너와의 관계에서 당신에게는 발언권이 없는 것처럼 느껴지거나, 당신이 중요하지 않은 사람인 것처럼 느껴지는가?

2. 파트너의 마음에 들려고, 또는 파트너에게 맞추려고 부단히 애쓰는데도 늘 실패하는 것처럼 느껴지는가?

3. 관계에서 발생하는 문제를 해결하려 애쓰는 것이 늘 당신뿐이

라는 생각에 화가 나거나, 우울한 기분이 들거나, 불안한 기분이 드는가?

4. 당신의 파트너는 관계에서 발생하는 모든 문제의 책임이 당신에게 있다고 생각하는가?

5. 파트너가 끊임없이 당신을 비난하거나 비판하는가?

6. 파트너가 당신을 어린애 취급하는가? 당신의 행동이 '부적절'하다며 계속 바로잡거나 지적하는가?

7. 파트너가 삶의 (거의) 모든 측면을 통제하려 드는가? 어디에 가거나 사소한 결정을 내릴 때도 파트너의 허락을 받아야 할 것 같은 기분이 드는가? 돈을 쓸 때마다 파트너에게 보고하고 설명해야 하는가? 파트너가 (자기에게 필요한 돈은 편하게 쓰면서) 당신의 소비는 통제하려 하는가?

8. 파트너와 만나면서 다른 친구나 가족과는 (거의) 못 만나게 되었는가? 만약 그렇다면 그 이유는 무엇인가? 파트너가 당신의 가족과 친구를 싫어하기 때문인가? 당신이 그들과 시간을 보내는 것을 질투해서인가? 혹은 가족과 친구 앞에서 파트너가 당신을 대하는 태도가 부끄러워서 당신이 만남을 피하고 있는 것인가?

9. 파트너가 당신을 자기보다 못하거나 열등한 사람처럼 대하는가? 당신의 학력이나 수입이 자신보다 낮다는 점, 또는 당신의 외모가 자신보다 덜 매력적이라는 점을 반복적으로 언급하는가?

10. 파트너가 일상적으로 당신의 의견이나 생각, 제안, 감정을 비웃거나 무시하고 묵살하는가?

11. 파트너가 당신의 성취나 목표, 미래에 대한 계획을 하찮게 여기는가?

12. 파트너와 함께 있으면 살얼음판 위를 걷는 것처럼 조마조마한가? 할말이 있을 때 뭔가 잘못된 것은 없는지, 파트너의 심기가 불편하지는 않은지 눈치를 보느라 오래 뜸을 들이게 되는가?

13. 친구나 가족에게 파트너의 태도에 대해 불만을 토로하고도 아직 관계를 정리하지 못한 자신이 부끄러워서 친구나 가족을 잘 만나지 않게 되었는가?

14. 파트너는 모든 일을 자기 마음대로 해야 직성이 풀리는가? 당신이 가는 곳, 하는 일, 그 일을 함께 할 사람까지 정해주려고 하는가?

15. 파트너는 당신이 자기 방식에 따르지 않으면 토라지거나, 당신의 존재를 무시하거나, 말을 하지 않거나, 애정이나 섹스를 미루는 식으로 당신을 처벌하는가?

16. 파트너가 자기 방식에 따르지 않으면 관계를 끝내겠다고 자주 협박하는가?

17. 전혀 그런 사실이 없는데도 당신이 누군가에게 작업을 걸거나 바람을 피운다고 몰아가는가?

18. 파트너는 늘 자신이 옳다고 생각하는가?

19. 파트너는 당신이 뭘 해도 만족하지 않고 당신의 성격이나 외모, 생활방식 등에 대해서 끊임없이 트집을 잡는가?

20. 파트너는 다른 사람들 앞에서 당신을 자주 비하하거나 웃음거리로 만드는가?

21. 파트너는 자신의 문제에 대해서도 당신을 비난하는가? 예를 들어 버럭 화를 내며 고함을 쳐놓고 당신 때문에 화가 나서 그랬다며 당신의 탓으로 돌리는가? 파트너가 강박적 과식을 한다면 그것은 당신의 탓인가? 파트너의 과음은 당신의 탓인가? 파트너는 가족을 부양하느라 대학을 졸업하지 못했다고, 또는 배우(작가, 음악가, 가수)의 꿈을 이루지 못했다고 당신을 비난하는가?

22. 파트너의 성격이 순간적으로 급격하게 변하는가? 기분이 좋다가도 갑자기 버럭 성질을 부리곤 하는가? 사소한 일에도 불같이 화를 내는가? 극도로 기분이 좋은 시기와 우울해하는 시기가 주기적으로 반복되는가? 술을 마시면 갑자기 다른 사람이 되곤 하는가?

23. 파트너는 당신을 깎아내리기 위해 놀리거나 웃음거리로 만들거나 비꼬는가? 다른 사람들 앞에서 그런 행동을 하는가? 그러지 말라고 하면 농담한 것 가지고 왜 예민하게 구느냐고 하거나 유머감각이 부족하다고 하는가?

24. 파트너는 가벼운 농담거리가 될 만한 마음의 여유가 없는 사람인가? 다른 사람이 자기를 가지고 농담을 하거나 조금이라도 덜 존중하는 모습을 보이면 극도로 예민하게 반응하는가?

25. 파트너는 자신이 틀렸을 때도 인정이나 사과를 거부하는가? 실수를 저질렀을 때 변명을 하거나 다른 사람 탓을 하는가?

26. 파트너는 당신이 원하지 않을 때도 섹스를 하자고 조르거나 당신이 불쾌하게 생각하는 성적 행동을 지속적으로 요구하는가? 계속 거부하면 외도를 하거나 그 행동을 해줄 다른 사람을 찾겠다고 협박하는가?

'그렇다'라고 답한 문항이 몇 개인가? 안타깝지만 단 몇 개만 해당하더라도 당신은 정서적 학대를 당하고 있는 것일 가능성이 높다. 진단 문항을 읽으며 많은 이들이 파트너의 행동이 실은 학대적 행위였다는 사실에 깜짝 놀랐을 것이다. 이러한 진실을 마주하는 것은 매우 힘든 일이지만 한편으로는 그동안 품었던 의심에서 당신을 해방시켜주는 일이기도 하다. 옛말에도 있듯, 진실이 당신을 자유롭게 하는 것이다.

진단 문항에 대한 당신의 반응

앞서 소개한 진단 문항을 읽는 것 자체도 아마 당신에게는 격한 감정적 반응을 불러일으키는 경험이었을 것이다. 당신이 보인 그 반응에 주목해야 한다. 파트너의 행동에 일치하는 문항을 읽었을 때 어떤 기분이 들었는가? 그러한 행동이 정서적 학대가 될 수 있다는 사실에 깜짝 놀랐는가? 아니면 그동안 품어왔던 당신의 의심이 옳았다는 생각에 정당성을 인정받은 기분이 들었는가?

혹시 질문을 읽으며 자기도 모르게 변명거리를 찾아주고 있지는 않았는가? '자주 그러는 것도 아닌데'라고 생각하며 별것 아닌 일로 치부하려 하지는 않았는가? 파트너가 당신을 학대적으로 대하고 있다는 사실을 인정하는 것은 결코 쉬운 일이 아니다. 그러니 파트너의 행동에 대한 변명을 찾거나 그 행동을 가볍게 보려 하는 것은 충분히 이해할 만한 일이다. 지금은 어렵겠지만, 이 책을 읽으며 앞으로 소개될 연습과제들을 실천해나가다 보면 진실을 인정하는 것이 점차 쉬워질 것이다.

정서적 학대 관계의 가장 큰 특징은 상대방에 대한 상처와 모욕, 무시가 지속적인 패턴으로 반복된다는 점이다. 앞서 소개한 진단 문항의 행동이 아주 가끔만 나타난다면 정상 범주에 들어가는 것으로 생각해볼 수도 있다. 물론 바람직하지는 않지만, 꼭 학대적이라고 볼 필요까지는 없을 수 있다는 이야기다. 그러나 그런 행동이 지속적으로 발생한다면, 예외가 아닌 생활의 일부가 된다면, 그때부터는 정서적 학대라고 자신 있게 말할 수 있다. 한 가지 기억해둘 것은 형평성에 대한 뒤틀린 감각이 간혹 명확한 상황 파악을 방해하기도 한다는 점이다. 예를 들어 이런 경우를 생각해볼 수 있다. 독자들 중 일부는 앞서 소개한 진단 문항에서 파트너가 자주 하는 행동을 찾았으면서도 '나도 가끔 그러는걸. 나도 똑같은 행동을 하면서 남편이 나를 정서적으로 학대한다고 비난하는 건 공평하지 않아'라고 생각하며 정서적 학대를 인정하지 않으려 할 수도 있다. 다시 한번 강조하지만, 중요한 것은 행동의 패턴이다. 우리는 모두 가끔 파트너에게 진단 문항의 내용과 같은 행동을 한다. 완벽한 사람은 없기 때문이다. 그러나 가끔 그런 행동을 한다고 해서 당신이 정서적 학대 가해자가 되는 것은 아니다. 파트너의 지속적인 학대에 대한 반응으로 그런 행동을 한 것이라면 더더욱 아니다. 당신을 무조건 두둔해주려는 것은 아니지만, 우리는 누구나 상대가 대하는 방식대로 상대를 대하게 마련이다. 끊임없이 쏟아지는 공격에 흥분해서 화를 냈다고 해서, 계속되는 모욕과 비난에 발끈하여 한마디 쏘아줬다고 해서 당신이 정서적 학대자가 되는 것은 아니다. 잔인한 처사를 일삼는 배우자에게 소리를 지르거나 욕을 했다고 해서 당신이 정서적 학대자라는 의미는 아니다. 상대방에게서 큰 상처를 받고 감정을 추스르느라 몇 시간, 또는 며칠간 대화를 거부했다고 해서 상대에게 학대적인 침묵시위를 했다고 볼 수는 없다. 형평성에 대한 지나친 집착이 실제 관계에서 일어나고 있는 일들을 가리도록 내버려두어서는 안 된다.

다음 장에서는 정서적 학대자가 주로 사용하는 전략에 대해서 자세히 알아보려 한다. 다음 장의 내용은 파트너와의 관계를 더 솔직하게 들여다보고 파트너가 당신을 어떤 식으로 대하고 있는지 더 명확하게 파악하는 데 도움을 줄 것이다.

3장
가해자의 도구들

"몽둥이와 돌멩이는 뼈를 부러뜨리지만 말은 마음을 무너뜨린다."

- 로버트 풀검Robert Fulghum, 《내가 정말 알아야 할 모든 것은 유치원에서 배
  웠다》

파트너의 행동이 정서적 학대인지 판단하는 데 여전히 혼란이 존
재할 수도 있다. 이번 장에서는 가해자들이 가장 흔히 사용하는 전
략들을 자세히 살펴봄으로써 그 혼란을 걷어내보려 한다. 가해자들
은 대개 파트너를 조종하고 통제하기 위한 전략을 다양하게 갖춰두
고 때에 따라 적절히 활용한다. 자기도 모르게 학대적인 행동을 하
는 가해자도 있기는 하지만, 대부분의 경우 이러한 전략을 의도적이
고 의식적으로 사용한다.

정서적 학대의 전략

다음은 정서적 학대 가해자들이 사용하는 다양한 전략을 정리한
것이다. 쭉 읽어나가며 당신의 파트너가 주로 사용하는 전략이 어떤

것인지 파악해보자.

학대적 기대: 학대적 기대를 가진 가해자는 파트너에게 도가 지나친 요구를 한다. 이들은 피해자가 만사를 제쳐놓고 자기 필요에 맞춰주기를 바라거나, 오직 자기에게만 관심을 집중해주기를 바란다. 성관계를 너무 자주 요구하거나, 모든 시간을 자신과 보내기를 바라기도 한다. 게다가 가해자는 피해자가 모든 요구를 들어줘도 절대로 만족하지 않는다. 늘 뭔가를 더 바라기 때문이다. 결국 가해자의 요구를 모두 채워주는 것이 불가능하다보니 피해자는 끊임없는 비난과 질책에 시달리게 된다.

내담자인 수지는 파트너와의 관계를 이렇게 설명했다.

제 파트너는 집에 들어오는 그 순간부터 제가 하던 일을 모두 멈추고 자기에게만 온 관심을 쏟아주기를 바라요. 저는 집에서 일을 하는데, 가끔은 중요한 업무를 처리하는 중인 경우도 있거든요. 하지만 파트너는 전혀 신경 쓰지 않아요. 그저 자리에 앉아서 술을 홀짝홀짝 마시며 자기 하루가 어땠는지 이야기하기 시작하죠. 이야기가 길어져도 저는 그 앞에 앉아 집중해서 들어줘야 해요. 술을 마실수록 이야기는 점점 길어지죠. 저는 죄수가 된 기분으로 그 이야기를 듣고 있어요. 처리할 일이 있어서 일어나겠다고 하면 난리가 날 테니까요. 사랑이 식었다는 둥, 자기 삶에는 관심이 없다는 둥 비난이 끝도 없이 이어지죠. 제 하루가 어땠는지 들려주는 건 꿈도 못 꿔요. 파트너와 저의 관계에는 양방향이나 소통 같은 건 없어요. 그저 모든 게 파트너 위주여야 하죠.

정서적 학대에서 벗어나기

인신공격: 인신공격은 지속적으로 상대방의 실수를 과장하여 떠벌리거나, 사람들 앞에서 모욕이나 비난, 조롱을 하거나, 성취를 깎아내려 하찮게 보이도록 하는 행동 등을 포함한다. 주변 사람들의 견해에 부정적인 영향을 미치기 위해 거짓말을 하거나, 실패나 실수에 대해 소문을 내고 뒷말을 하는 것 또한 인신공격에 해당한다. 인신공격은 당하는 이에게 심적 고통을 주는 것은 물론 개인적인 명성과 직업적 평판을 망쳐 친구를 잃게 만들기도 한다. 더 심한 경우에는 가족의 신뢰를 잃는 일이 발생하기도 한다.

내담자인 에이버리가 바로 그런 일을 겪었다.

제 남편은 저희 관계에 대해 자신감이 없고 불안정해요. 남자들이 제게 관심을 보이면 무척 불안해하죠. 제가 가끔 친구들이랑 저녁 먹으러 나가는 것도 싫어했어요. 밖에 나가면 남자들이랑 시시덕거릴 게 분명하다는 생각에서였죠. 저는 한 번도 그런 생각을 해본 적이 없어요. 그냥 가끔은 남편 말고 친구들이랑 만나서 사는 이야기도 하고, 그냥 대화하며 놀고 싶었던 것뿐이에요. 그런데 남편은 제게 다른 남자가 있다고 혼자 확신하더니 결국 저희 가족에게 제가 바람을 피우고 있다고 말해버렸어요. 저희 부모님과 점점 가까워지는 것 같더니, 나중에는 제가 친구들과 외출할 때마다 부모님 댁에 가서 자기는 저를 너무 사랑한다는 둥, 그런데 제가 바람을 피워서 마음이 아프다는 둥 말도 안 되는 이야기를 늘어놨더라고요. 저희 부모님은 그 이야기에 넘어가서 남편을 안쓰러워했어요. 엄마는 어느 날 제게 같이 점심을 먹자고 하더니 식사 자리에서 딴생각 말고 가정을 지키라는 말까지 하셨어요. 제가 답답해하며 바람 같은 거 피운적 없다고 아무리 이야기해도 믿지 않으셨죠. 부모님은 이미 남편의 말에 완전히 넘어갔더라고요.

언니와 형부도 남편의 말에 넘어갔더군요. 독실한 신자인 언니와 형부는 당장 그만두지 않으면 앞으로 얼굴도 안 보겠다는 말까지 했어요. 그 얘길 듣고 저는 완전히 절망에 빠졌어요. 친했던 언니와 멀어지는 것도 마음 아팠지만, 아끼던 조카들을 못 보게 된다고 생각하니 더 절망적이었죠. 언니는 제가 아이들에게 나쁜 영향을 준다며 만나지 못하게 했어요.

지속적인 혼돈/위기 조장: 이 전략을 사용하는 가해자는 계속해서 소동과 불화를 일으켜 상대를 불안하고 혼란스럽게 만든다. 파트너가 당신이나 다른 사람들과 일부러 논쟁을 벌이려 하거나 갈등을 조장하려 한다면 '극적인 상황에 중독'된 것이 아닌지 의심해봐야 한다. 어떤 사람들은 극적인 상황이나 혼돈을 만드는 데서 일종의 흥분을 느끼기도 한다. 외부의 일에 집중함으로써 자신의 문제를 외면하고자 하는 사람이나 공허한 마음을 뭔가로 채우고자 하는 사람, 조화와 평화가 무엇인지 전혀 알 수 없는 환경에서 자란 사람의 경우 특히 이런 성향을 보인다. 지속적인 혼돈은 당사자의 내면을 반영하는 경우도 있고, 경계선 성격장애의 특징이기도 하다. 이에 대해서는 추후 학대적 파트너의 유형을 소개하며 더 자세히 설명하도록 하겠다.

애런의 삶은 아내인 셰리를 만난 이후로 조용할 날이 없었다고 한다. "셰리는 늘 문제를 일으켜요. 같이 살면서 지금까지 단 하루도 누군가와 다투지 않고 넘어가는 걸 못 본 것 같아요. 직장에서 싸우든, 자매들이랑 싸우든, 장모님과 싸우든, 꼭 누군가와 싸워야 직성이 풀리죠. 셰리는 모든 일에 너무 흥분해요. 그냥 넘어가는 법이 없죠. 게다가 아내의 이야기를 계속해서 들어야 하니 그것도 스트레스입니다. 퇴근하고 집에 갈 때면 무슨 일이 펼쳐질지 전혀 예측할 수가 없어요. 아내의 기분이 좋은 날은 저녁 시간을 그럭저럭 괜찮게 보낼 수 있지만, 기분이 나쁜 날은 밤새 시달릴 각오를 해야 하죠." 애런은 처음에는 셰리의 극적인 면에 끌렸지만 이제는 그로 인해 고통받고 있었다. "밤에 잠을 제대로 잘 수가 없고 늘 초조해요. 식욕이 없고 몸무게도 계속 줄고 있어요. 이런 혼돈이 아이들에게도 나쁜 영향을 줄까 봐 걱정입니다."

끊임없는 비판: 끊임없는 비판은 일종의 언어폭력으로도 볼 수 있다. 이 전략을 택하는 가해자는 상대의 실수나 결점, 단점을 끊임없이 지적한다. 가해자는 종종 당신이 더 나은 사람이 될 수 있도록 '돕기' 위해서, 또는 '이끌기' 위해서 지적한 것이라고 주장하지만, 이는 말도 안 되는 소리다. 끊임없는 비판의 목적은 명확하다. 바로 피해자의 마음에 수치심과 자기의심, 자괴감을 심어서 자기가 원하는 대로 휘두르고 조종하려는 것이다.

교묘하고 반복적인 이 학대는 피해를 누적시킨다. 시간이 흐르고 학대가 반복될수록 피해자는 자신감과 자기가치감을 잃게 되고, 자기 자신과 자기가 이룬 성취에 대한 긍정적인 감정들도 점차 사라지게 된다.

파트너가 대놓고 비난을 하거나 윽박지르고 고함을 치는 경우에는 비교적 쉽게 그 행동이 정서적 학대라는 결론을 내릴 수 있다. 그러나 농담으로 위장해 교묘히 상대를 깎아내리는 경우라면 상황을 깨닫기가 쉽지 않다. 내담자인 스티브의 경우에도 그랬다. 스티브는 친한 친구의 말을 듣고 난 후에야 아내가 끊임없는 비난으로 자신을 정서적, 언어적으로 학대하고 있다는 사실을 깨달았다.

스티브의 아내 낸시는 잘 웃고 농담도 잘하는 쾌활한 사람이었다. 사람들과 어울리는 것을 좋아하는 낸시는 어느 파티에서나 인기 만점이었다. 조용한 성격의 스티브에게 그런 낸시의 모습은 흥미롭고 신선했다. 스티브는 종종 낸시에게 자기도 그녀처럼 되고 싶다고 말하기도 했다. 결혼 후 얼마 지나지 않아 낸시는 스티브를 두고 '샌님'이라고 놀려대기 시작했는데, 스티브는 늘 그냥 웃어넘겼다. 하지만 그것은 시작에 불과했다. 낸시는 곧 다른 사람들 앞에서도 스티브를 소재로 한 농담을 스스럼없이 던지기 시작했다. 낸시는 다른 사람들과 있는 자리에서 스티브가 가만히 앉아있으면 이렇게 말하며 웃곤 했다. "좀 봐주세요. 이이가 오늘 아침에 잠에서 깨는 걸 깜빡했나봐요. 당신 아직도 자고 있는 거야?" 낸시의 행동을 대화에 참여하라는 권유로 받아들인 스티브는 용기를 내 자기 관심사에 대한 이야기를 하곤 했다. 하지만 막상 스티브가 이야기를 시작하면 낸시는 하품하는 시늉을 하거나 눈을 굴리며 따분한 티를 냈다. 그러면 스티브는 이내 눈치를 보다 다시 입을 다물었다. 이런 일이 반복되

며 스티브는 사람들과 어울리는 것은 낸시에게 맡기고 자기는 잠자
코 듣는 역할에 만족하기로 했다.

하지만 낸시는 거기서도 멈추지 않았다. 스티브의 옷차림이나 자
세, 태도에 대해서도 핀잔을 주기 시작한 것이다. 낸시는 스티브의
옷차림이 구닥다리라며 '노교수'라고 놀려댔다. 낸시는 스티브와 외
출할 때면 "색깔 있는 넥타이는 정말 단 한 개도 없는 거야?"라거나
"대체 그 옷은 어느 시대에 산 거야?"라면서 구박했다. 스티브가 서
있는 자세를 보고는 "똑바로 좀 서봐. 왜 기운 빠진 노인네처럼 구
부정하게 있어?"라고 구박했다. 낸시가 하는 말에 마음이 상할 때도
있었지만, 스티브는 웃어넘기려 애썼다. 스티브는 아내가 자기를 생
각해서 그런 소리를 한다고 생각했고, 아내의 조언을 받아들여 자세
를 교정하거나 근사한 새 옷을 장만하기도 했다. 만약 누군가 스티
브에게 "당신 지금 정서적 학대를 받고 있어요"라고 말했다면 스티브
는 정신 나간 소리라고 했을 것이다. 어쨌든 낸시가 자기를 도우려
하는 것이라고 믿었으니 말이다.

동부에 사는 친구 래리가 집에 놀러왔던 날 부부의 모습을 보고
지적해준 후에야 스티브는 자신이 정서적 학대를 받고 있다는 것을
눈치챘다. 스티브는 상담 중에 이렇게 말했다. "래리는 아내가 하는
말들을 듣고 그야말로 충격을 받았다고 하더군요. 그런 식으로 대
하는데도 가만히 듣고만 있는 제 모습에도 놀랐다고 했어요. 성격
좋고 당당했던 예전의 모습은 어디 가고 이렇게 불안하고 내성적인
사람이 되었냐며 무척 안타까워하더군요. 래리는 제게 왜 아내가 그

런 식으로 말하게 두느냐고 물었어요. 저는 아내의 유머감각이 원래 좀 그렇다고 두둔해봤지만 래리는 '말도 안 되는 소리야. 말끝마다 자네를 깔아뭉개고 있잖아'라고 말했어요. 결국 저도 래리의 말이 옳다는 것을 인정할 수밖에 없었죠."

끊임없는 남 탓: 이 전략을 사용하는 가해자는 일이 잘못될 때마다 상대방을 탓한다. 모든 것은 상대의 잘못이다. 가해자는 당신이 일을 제대로 처리하지 못한다고, 자기를 실망시킨다고, 애정이 부족하다고 끊임없이 비난한다.

내담자였던 월터가 어떤 상황에 처해 있었는지 들어보자.

아내는 직장에서 일이 잘못되면 제 탓을 해요. 장모님과 다퉈도 어떻게든 제 탓을 할 방법을 찾아내죠. 살이 쪄도 제 탓이에요. 아내는 자기에게 생기는 나쁜 일이 모조리 다 제 탓이라고 생각합니다.

사실 모든 게 제 탓이라는 아내 말을 저도 꽤 오랫동안 믿었어요. 아내가 자기 행동에 전혀 책임지지 않으려 하는 사람이라는 것을 몰랐던 거죠. 사실 저는 결혼 당시부터 자존감이 꽤 낮았어요. 그러다 보니 모든 게 제 탓이라는 생각을 어찌 보면 자연스럽게 받아들였죠. 하지만 관련 서적들을 열심히 읽다 보니 어느 순간 깨닫게 되더라고요. 아내가 제 탓으로 돌리는 문제들은 사실은 제 문제가 아닌 아내의 문제라는 것을요. 아내는 저보다도 자존감이 낮아서 아주 작은 실패도 견딜 수 없었던 거예요. 그래서 뭔가 잘못됐다 싶으면 바로 책임을 돌리고 탓할 사람을 찾았던 겁니다. 그게 주로 저였던 거고요.

정서적 학대에서 벗어나기

통제적 행동: 통제적 행동은 말 그대로 피해자를 통제하고자 하는 행동이다. 이런 성향을 가진 파트너는 경제적인 부분에서 아이의 훈육 방식, 심지어 옷차림에 이르기까지 삶의 모든 측면을 통제하려 하며, 피해자를 대할 때 관리와 통제가 필요한 어린애를 다루듯 대하기도 한다. 또한 상대를 동등한 배우자나 파트너로 보지 않고 자신보다 똑똑하지 못하거나 능력이 부족한 사람으로 취급한다. 심한 경우 어딘가에 가거나 중요한 결정을 내리기 전에는 무조건 자신에게 허락을 받으라고 말하기도 한다.

지배: 상대와의 관계에서 지배적 위치를 차지해야 직성이 풀리는 경우다. 이런 성향을 가진 파트너는 모든 일에서 자기 방식을 고집하며, 원하는 대로 하기 위해서는 위협도 서슴지 않는다. 지배적 행동에는 어떤 것들이 있을까? 파트너에게 사사건건 명령을 하거나 파트너가 언제 무슨 일을 하는지 감시하는 행동, (돈이나 전화 등의) 자원을 제한하는 행동, 사회적 활동을 제한하는 행동, 가족이나 친구를 만나지 못하게 하는 행동, (일, 교육, 치료 등의) 기회를 막는 행동, 과도한 질투심이나 소유욕을 드러내는 행동, 물건을 던지는 행동, 파트너나 파트너의 자녀, 가족, 소유물, 반려동물 등을 해치는 행동이나 해치겠다고 위협하는 행동, 억지로 불법적인 일을 하게 하는 행동 등이 지배적 행동에 포함된다.

폴라를 처음 만난 것은 내가 자원봉사를 하던 가정폭력 피해여성 상담센터에서였다. 아버지의 말에 두말없이 순종해야 하는 보수적이고 독실한 가정에서 자란 폴라는 결혼을 한 이후에도 남편의 통제와 관리를 당연하게 받아들였다. 폴라의 남편은 경제활동에서부터 성생활, 심지어 폴라의 하루 일과까지 모든 것을 통제했다. 폴라의 이야기를 들어보자.

남편은 제가 밖에서 일하는 것을 원하지 않았어요. 그래서 저는 주부로서 집안일을 돌봤죠. 절대 쉬운 일이 아니었어요. 집안의 모든 것이 티 하나 없이 완벽해야 했거든요. 남편은 실제로 집안 구석구석을 살피며 가구에 먼지가 앉지는 않았는지, 바닥에 얼룩은 없는지 하나하나 검사했어요. 제가 매주 해야 하는 일들을 일정표로 만들기까지 했죠. 월요일에는 빨래, 화요일과 금요일에는 장보기, 그런 식으로 정해줬어요. 장보러 갈 때는 쇼핑리스트를 적어주고 매일 식사 메뉴까지 자기가 정했죠.

몇 년을 그렇게 지냈어요. 아주 행복한 생활은 아니었지만, 그렇다고 뭐가 크게 잘못됐다는 생각이 들지는 않았죠. 하지만 딸인 메리가 태어나면서 점점 더 힘들어졌어요. 남편은 일회용기저귀는 절대 안 된다며 반드시 천 기저귀를 쓰라고 강요했어요. 아기가 울어서 달래려고 하면 버릇 나빠진다며 그냥 울게 두라고 했죠. 기저귀를 떼려면 아직 멀었는데 배변훈련을 한다며 아이를 힘들게 했어요. 똑바로 앉아 있지도 못하는 애를 변기에 억지로 올려놓기까지 했죠.

더이상은 안 되겠다는 생각이 들었어요. 남편과 둘만 살 때는 터무니없는 규칙을 끝없이 들이밀어도 웬만하면 제가 맞췄어요. 하지만 우리 딸한테까지 그러는 건 참을 수가 없었어요. 메리는 힘들어했어요. 아이가 아이답게 지내도록, 마음껏 놀도록 내버려두지를 않으니 당연한 일이죠.

정서적 학대에서 벗어나기

남편은 변할 사람이 아니었어요. 남편이 제 삶을 온통 지배했던 것처럼 아이의 삶을 지배하도록 둘 수는 없었죠. 그래서 메리와 함께 남편 곁을 떠나기로 결심했어요. 순순히 보내주지 않을 것이 뻔했기에 남편이 집을 비운 사이에 아이와 함께 이곳으로 도망쳐 온 거예요.

정서적 협박: 정서적 협박은 상대를 교묘하게 조종하는 가장 강력한 수법 중 하나다. 정서적 협박을 전략으로 사용하는 가해자는 의식적으로든 무의식적으로든 상대방의 두려움이나 죄책감, 동정심 등을 자극하여 자기가 원하는 대로 행동하게 만든다. 바라는 대로 해주지 않으면 관계를 끝내겠다고 위협하는 행위, 또는 요구를 들어줄 때까지 대화를 거부하거나 거리를 두는 행위 등이 정서적 협박에 속한다. 불만이 있을 때 애정 표현이나 섹스를 거부하거나, 입을 꾹 닫고 쌀쌀맞게 굴거나, 다른 사람을 만나겠다고 위협하는 등 두려움을 이용하여 당신을 통제하려 한다면 당신의 파트너는 정서적 협박 전략을 쓰고 있는 것이다.

정서적 협박이 매번 명확한 방식으로 이루어지는 것은 아니다. 사실 이러한 협박은 많은 경우 미묘하게 이루어진다. 남자친구에게 성적인 관심을 요구하며 "나랑 계속 사귀고 싶으면 알아서 잘 해"라고 농담하듯 말하거나, 아내에게 무리한 요구를 하며 "나랑 헤어지면 아이 둘 딸린 여자를 누가 쳐다보기나 하겠어?"라고 말하는 것은 모두 미묘한 정서적 협박에 속한다. 상담실을 찾은 루빈 또한 그런 협박에 시달렸다. 루빈의 아내는 혼자 있는 것을 싫어했고, 루빈의 출장을 특히 질색했다.

출장이 잡히면 아내는 늘 가지 말라고 졸랐어요. 아내가 그럴 때마다 저는 가야 한다고, 가지 않으면 직장에서 잘릴 수도 있다고 말했죠. 그러면 아내는 자기를 정말 사랑한다면 출장이 없는 다른 직장을 찾으면 되는 거 아니냐고 우겼어요. 출장 날 집을 나설 때면 아내는 상처받은 어린아이 같은 표정으로 저를 보았죠. 그런 아내를 혼자 두고 간다는 생각에 심한 죄책감이 들곤 했습니다.

그렇게 억지로 출장을 떠나고 나면 마음이 너무 안 좋았어요. 매일 밤 전화를 하면 아내는 울면서 집에 오면 안 되냐고 했죠. 그럴 때마다 죄책감에 마음이 찢어지는 것 같았어요. 설상가상으로 아내는 제가 출장을 갈 때마다 거의 매번 아팠어요. 심하게 앓다가 병원에 입원한 적도 몇 번 있었죠. 그럴 때는 어쩔 수 없이 중간에 집으로 돌아갔어요.

꾀병 같지는 않았어요. 정말로 아팠거든요. 하지만 어찌 된 일인지 제가 돌아가면 금방 씻은 듯이 나았어요. 저는 매번 죄책감에 시달리다 지쳐 다니던 직장을 그만두고 출장이 없는 다른 일을 찾았어요. 문제는 월급이 이전 직장의 절반 정도라서 경제적으로 어렵다는 것입니다.

다음과 같은 행동은 일종의 정서적 협박으로 간주할 수 있다.
- 당신이 하려는 일을 반대하며 그 일과 자기 중에 고르라고 한다.
- 당신의 행동이 자기 마음에 들지 않으면 당신으로 하여금 이기적인 사람, 또는 나쁜 사람이라고 느끼게 한다.
- 아끼는 물건이나 사람을 포기함으로써 사랑을 증명하라고 한다.

정서적 학대에서 벗어나기

- 변하지 않는다면 떠나겠다고 위협한다.
- 요구한 것을 들어주지 않으면 경제권을 박탈하겠다고 위협한다.

가스라이팅: 가스라이팅은 원하는 것을 얻기 위해 상대의 현실 인식을 의도적으로 왜곡하는 행위로, 이 용어는 1944년 개봉한 고전 영화 〈가스등Gaslight〉에서 유래했다. 영화에는 한 부부가 등장하는데, 남편은 온갖 교묘한 술수를 동원하여 아내가 자신의 인지능력과 기억, 정신 상태에 의심을 품게 만든다. 남편의 목적은 아내와 주변 사람들에게 아내가 미쳤다고 믿게 만드는 것이었다. 주인공의 남편은 일부러 집안의 가스등을 어둡게 조절하고는 등불이 어두워진 것 같다는 아내에게 "당신이 착각하고 있는 거야"라고 말한다. 영화에서 남편의 목적은 아내가 소유하고 있는 막대한 재산을 손에 넣는 것이었다. 가스라이팅은 종종 피해자에 대한 피해자 자신의, 또는 주변 사람의 신임을 떨어뜨리기 위한 방법으로 활용되곤 한다. 가해자는 이를 통해 파트너의 돈을 가로채거나 다른 사람들이 파트너에게 등을 돌리게 만들기도 한다.

가스라이팅 유형의 가해자는 분명 있었던 일을 아니라고 우기거나 자기가 한 말을 하지 않았다고 우기고, 상대방이 상황을 과장하거나 거짓말을 하는 것이라고 몰아간다. 그렇게 함으로써 가해자는 상대방을 통제하기도 하고 자신이 저지른 일에 대한 책임을 피해가기도 한다. 가스라이팅은 매우 의식적이고 의도적으로 이루어지는 정서적 학대에 해당하며, 가해자 자신의 부적절하고 잔인한 학대 행동을 정당화하기 위한 수단으로도 사용된다.

가스라이팅은 오랜 시간에 걸쳐 매우 점진적으로 진행된다. 가해자의 행동은 처음에는 단순하고 악의 없는 오해로 벌어진 일처럼 비치기도 한다. 그러나 가해적 행동이 계속될수록 피해자는 혼란과 불안 속에서 방향을 잃고 고립과 우울로 빠져들고, 결국 현실을 파악하는 감각을 상실하게 된다. 이러한 과정이 반복되며 피해자는 주변 상황을 파악할 때 오히려 파트너에게 더 의존하게 되는데, 그 탓에 학대에서 벗어나는 것이 더욱 어려워진다.

"가끔은 제가 정말 미친 게 아닌가 싶어요." 내담자인 베키가 내게 한 말이다.

남편은 저를 사랑한다고 말해요. 저로서도 남편의 사랑을 의심할 이유가 전혀 없고요. 그런데 남편은 가끔 제게 저 자신에 대한 불신을 심으려는 행동을 할 때가 있어요. 예를 들면, 함께 간 파티에서 남편이 어떤 여자한테 작업을 거는 듯한 모습을 본 적이 있거든요. 그런데 나중에 남편한테 따지니까 맹세코 그런 일은 없었다는 거예요. 남편은 자기가 원래 모두에게 친절하고 다정한 성격인 것을 알지 않느냐며, 불안한 마음에 제가 혼자 잘못 보고 착각한 거라고 말했어요. 그 이야기를 듣고 보니 남편 말이 맞는 것 같았어요. 그렇게 남편 말이 사실이라고, 나는 불안한 성격이고 남편은 다정한 사람이라고 되뇌다 보니 정말 모든 게 다 내 상상이었을지도 모른다는 생각이 들기 시작했어요. 그런데 저 같은 경우가 흔한가요? 다른 사람들도 저처럼 뭔가를 상상하고, 그것 때문에 어떤 것을 잘못 보기도 하나요?

정서적 학대에서 벗어나기

혼한 경우는 아니지만, 실제로 일어나지 않은 일을 상상하고 이를 보았다고 착각하는 경우도 있다. 그러나 베키의 경우는 아니었다. 이 사례에서는 남편이 결혼 이후 실제 수차례 바람을 피우고는 베키를 혼란스럽게 하기 위해 가스라이팅을 활용했던 것으로 드러났다.

사생활 침해: 정서적 학대 가해자가 상대의 사생활을 침해하는 것은 흔한 일이다. 그러나 그중에서도 특별히 극단적인 사례들이 있다. 상담실을 찾았던 토드의 남편이 그 대표적인 예다.

제 남편은 기본적으로 제 물건을 모두 들여다볼 권리가 있다고 생각해요. 제 서류 가방이나 서랍도 스스럼없이 뒤지고, 제게 온 우편물을 열어보거나 전화 통화를 엿듣고, 이메일 계정에 몰래 접속하기도 하죠. 그러지 말라고 하면 남편은 대체 뭘 숨기려고 그러는 거냐며 버럭 화를 내요. "잘못한 게 없으면 내가 들여다봐도 상관없잖아?"라면서 말이죠. 결혼 초기에는 저도 남편의 말이 맞는 것 같다고 생각했어요. 이제 결혼을 했으니 내 것이 남편 것이고 남편 것이 내 것이라는 생각이었죠. 하지만 시간이 지나니 상황이 명확히 보이더군요. 남편은 저를 통제하기 위해서 그런 행동을 했던 것입니다.

영역 침범 또한 사생활 침해의 한 형태로 볼 수 있다. 내담자였던 글로리아는 남편이 자꾸만 욕실에 불쑥불쑥 들어온다며 고통을 호소했다. 글로리아의 남편은 아내가 용변 중이건 샤워 중이건 개의치 않고 욕실 문을 벌컥벌컥 열어대며 글로리아의 사생활을 침해했다.

저는 욕실을 사용할 때 문을 잠그고 싶었어요. 하지만 남편은 집에 욕실이 하나뿐이니 급한 일에 대비해 잠그지 말자고 했죠. 근데 남편은 욕실을 쓸 일이 없을 때도 그냥 할 말이 있다면서 들어오곤 해요.

제 몸에 대한 존중도 전혀 없는 것 같아요. 싫다고 몇 번을 말했는데도 남편은 제 옆을 지날 때면 가슴이나 엉덩이를 주물러대요. 하지 말라고 하면 그냥 웃으며 "나도 어쩔 수가 없어. 당신이 너무 섹시하잖아"라고 하죠. 그렇게 마음대로 침범하고 만지는 걸 제가 불편해한다는 사실은 아랑곳하지 않아요. 제 영역도 사생활도 전혀 존중받지 못하고 계속해서 침범당하는 느낌이에요. 너무 불안하고 불편해요. 또 언제 불쑥 내 영역을 침범해올까 싶어서 늘 초조하고 불안해요.

여러 형태의 정서적 학대 중 사생활 침해는 반드시 통제나 조종을 목적으로 하지는 않는다. 그러나 의도적이든 비의도적이든 사생활 침해는 극도의 수치심을 초래한다. 다음 장에서도 설명하겠지만, 수치심은 우리로 하여금 위험에 노출된 듯한 불안함과 치부를 들킨 듯한 치욕을 느끼게 한다.

고립 조장: 정서적 학대 가해자들은 상대방을 주변으로부터 고립시키면 행동과 생각을 더 쉽게 통제할 수 있다는 점을 알고 있다. 고립은 파트너와의 관계 외부에 존재하는 삶과 정체성을 약화시키고 가해자에 대한 의존성을 높인다. 가해자는 상대방을 주변으로부터 떼어놓기 위해 "당신 가족은 당신 편이 아닌 것 같아"라거나 "그 친

구는 믿으면 안 될 것 같아"라는 식으로 험담을 하며, 종국에 가서
는 가족이나 친구를 아예 만나지 못하도록 막기도 한다.

젊은 여성들은 독립보다는 정서적 연결을 중요하게 생각하는 경우
가 있고, 혼자만의 생활을 즐기기보다는 연애 관계를 맺고 싶어 하
는 경향이 더 강하기 때문에 고립 전략에 더 취약할 수 있다.

아니타의 남자친구 칼은 아니타와 부모님의 돈독한 사이를 위협
으로 인식했다. 칼은 아니타와 사귀기 시작할 때부터 부모님이 둘
사이를 '방해'하지 않았으면 좋겠다고 말했고, 아니타가 부모님과 만
나는 것을 반대하고 전화통화조차 막으려 했다. 아니타의 어머니에
게서 전화가 걸려오면 칼은 갑자기 할 말이 생각났다며 전화를 끊으
라고 하거나 통화를 제대로 할 수 없도록 주변에서 시끄럽게 굴며
방해하기도 했다.

지킬앤하이드 증후군: 내가 예전에 쓴 《이중인격: 지킬앤하이드 신
드롬》이라는 책에서도 밝혔듯 우리는 누구나 때때로 감정적 기복을
경험한다. 인간은 다면적이기 때문에 상황과 상대에 따라 다른 모습
을 보인다. 자기도 모르게 한 행동이나 불쑥 튀어나온 말 때문에 깜
짝 놀란 경험은 누구에게나 있을 것이다.

그러나 정상 범주를 현저히 벗어난 감정기복을 보이는 사람도 있
다. 이들의 감정은 특별한 이유도 없이 심하게 요동치고 갑자기 강하
게 폭발하기도 한다. 이들은 또한 아주 사소한 일에도 격분하여 폭
력적이거나 학대적인 모습을 보이기도 한다. 이런 사람들은 상황과

상대에 따라 다른 모습을 보이는 정도가 아니라 아예 이중생활이나 이중인격이라 부를 만큼 완전히 다른 사람으로 돌변한다. 그렇기 때문에 이들의 한쪽 측면만을 알고 있는 사람은 또 다른 측면에 대해서는 전혀 상상도 하지 못한다. 지킬앤하이드 증후군을 지닌 이들의 배우자나 파트너는 극심한 고통과 두려움, 혼돈과 혼란에 시달리게 된다.

지킬앤하이드 증후군이라는 용어는 로버트 루이스 스티븐슨Robert Louis Stevenson의 고전 단편《지킬 박사와 하이드 씨의 기이한 사례》에서 따온 것이다. 이 소설은 술이라고는 입에 대지도 않는 고결하고 신실한 성격의 의사가 하루아침에 술주정뱅이 난봉꾼 악당으로 변하는 이야기다. 이 책은 너무나도 익숙한 현상에 대한 비유를 담고 있다. 소위 선량한 사람들에게도 남들에게 숨기고픈, 나아가 자기 자신에게조차 숨기고픈 어두운 면이 있다는 사실을 보여주는 것이다. 이 어두운 면은 심한 경우 공적인 모습과 전혀 다른 별개의 인격으로 나타나기도 한다. 역설적인 것은, 남들보다 뛰어난 도덕성과 관대함을 자랑하던 사람들이 어두운 면을 지닐 위험성이 더 높다는 사실이다. 자의에 의해서든 타의에 의해서든 남들이 우러러보는 자리에 높이 올라갈수록 추락의 폭도 커지게 되는 것은 어찌 보면 당연한 일일 수 있다.

지킬 박사는 아무도 보지 않는 야심한 밤에 남몰래 하이드로 변했지만, 지킬앤하이드 증후군을 지닌 이들은 남들 앞에서 갑자기 다른 인격으로 돌변하거나 심한 감정기복을 드러내기도 한다. 예를 들

정서적 학대에서 벗어나기

어 평소에는 다정했던 엄마가 갑자기 불같이 화를 내며 아이들에게 막말을 하거나 물건을 집어던지고, 버릇을 고친다며 낯선 곳에 아이들을 버려둔 채 혼자서 차를 타고 가버리기도 한다. 평소에는 쾌활하고 유하던 사람이 누군가 심기를 건드린다 싶으면 모욕과 학대를 퍼붓는 미치광이로 돌변하기도 한다.

제니퍼는 남편과 아이들에게 헌신적이었다. 제니퍼는 전업주부였는데, 평소에는 여섯 살인 첫째 조쉬와 네 살인 둘째 에린에게 다정하고 참을성 있게 대하다가 가끔 뚜렷한 이유도 없이 남편과 아이들에게 짜증을 부리며 잔소리를 늘어놓았다. 기분을 맞춰보려 해도 한 번 이런 상태가 되면 소용이 없었다. 제니퍼는 완전히 다른 사람이 된 것처럼 굴었다. 며칠 전까지 칭찬해 마지않던 남편과 아이들의 장점은 까맣게 잊었는지 사사건건 단점을 지적하기에 바빴다. 더이상 어찌할 바를 모르겠다며 나를 찾은 제니퍼의 남편 빌은 상담을 받으며 이렇게 말했다. "아내는 완전히 극과 극이에요. 사람을 평가할 때도 최고 아니면 최악뿐, 중간이 없어요. 아내가 짜증을 내기 시작하면 잠자코 기분을 맞추며 그 순간이 지나가기를 기다리는 게 상책이에요. 근데 저는 그렇다 쳐도 아이들까지 그런 식으로 자라게 할 수는 없잖아요."

지킬앤하이드 증후군 환자는 공적인 영역과 사적인 영역에서 전혀 다른 인격으로 생활하기도 한다. 예를 들어 직장에서는 더할 나위 없이 싹싹하고 일 잘하는 모범 직원이 집에만 오면 비난과 욕설을 입에 달고 사는 폭력적인 남편이자 아버지로 돌변하기도 한다.

직장 상사와 동료들은 회사에서 그렇게 잘하는 사람이 집에서 폭군처럼 구는 모습을 상상도 하지 못할 것이다. 아내와 아이들 역시 이 남성이 직장에서 상사에게 싹싹하게 굴고 동료들과 농담을 주고받는 모습을 보면 큰 충격을 받을 것이다.

학대 피해 전문 상담치료사로 여러 해 동안 일하며 경험한 바에 따르면, 지킬앤하이드 신드롬 환자는 다음의 다섯 가지 유형으로 분류해볼 수 있다.

1. **(어린 시절의 트라우마 등) 과거 사건의 '촉발'로 지킬앤하이드가 되는 유형:** 이 유형은 평소에는 멀쩡하다가 과거의 트라우마로 인해 어떤 자극을 받는 순간 갑자기 돌변하여 완전히 다른 인격을 드러내거나 자신이 과거 겪었던 학대를 재연하기도 한다. 이 유형의 지킬앤하이드는 완전히 예측 불가로, 멀쩡히 잘 있다가도 어느 순간 격분하며 주변 사람들에게 화를 퍼붓는다. 내면의 지킬앤하이드를 깨우는 것이 무엇인지 자신도 모르고 주변 사람도 모르는 경우가 많다.

2. **완전한 이중생활을 하는 고전적 지킬앤하이드 유형:** 전형적인 지킬앤하이드들은 가족과 함께 있을 때와 그렇지 않을 때 전혀 다른 사람이 되기도 하고, 공적인 장소에서는 미덕의 상징같은 인물처럼 굴다가 집에서는 아내와 아이들을 학대하기도 한다.

정서적 학대에서 벗어나기

3. 술이나 마약, 중독적 행위 등으로 돌변하는 유형: 실험실에서 직접 제조한 묘약을 마시고 하이드로 변했던 지킬 박사처럼 이 유형의 사람들은 술이나 마약, 또는 도박 같은 중독적 행위의 영향을 받았을 때만 지킬앤하이드로 돌변한다.

4. 타인에 대한 평가가 양극단을 달리는 유형: 이 유형의 지킬앤하이드들에게 타인에 대한 평가는 '완전히 좋다'와 '완전히 나쁘다', 두 가지 뿐이다. 이들은 자신이 완전히 나쁜 사람으로 평가한 상대에게는 함부로 대해도 된다고 합리화한다.

5. 자기 뜻을 거스르면 돌변하는 유형: 이 유형의 사람들은 상황이 자기 뜻대로 돌아가는 한 친절하고 싹싹하며 배려심이 넘친다. 그러나 누군가 감히 뜻을 거스르거나 이의를 제기하면 갑자기 돌변하여 방어적이고 무례하며 잔인한 모습을 보인다.

지킬앤하이드 유형의 사람들이 갑작스러운 돌변은 일반적인 기분의 변화와는 다르다. 일반적인 기분 변화와 지킬앤하이드의 돌변은 다음과 같은 차이점을 지니고 있다.

• 기분 변화의 정도가 보통사람보다 훨씬 심하다.
• 기분뿐만 아니라 사람 자체가 달라진 것 같은 인상을 준다.

- 이중인격적 특성이나 심한 감정 기복을 인정하려들지 않는다. 일부는 자신이 격한 감정 변화를 보이거나 다른 인격으로 돌변한다는 사실을 아예 자각하지 못한다.

- 이들이 보이는 인격의 변화는 깊은 내면적 갈등의 표출인 경우도 있다(예를 들어 목사로서 간음을 강력히 규탄하지만 정작 자신의 강한 성적 충동은 주체하지 못하는 경우).

- 인격 변화나 이중인격은 성격장애 또는 과거 경험한 학대로 인해 나타나는 증상일 수도 있다(지킬앤하이드 증후군 환자 중 상당수가 아동기 학대 경험자이며, 그로 인한 성격장애를 지니고 있다).

스토킹 등 과도한 질투와 소유욕: 이런 유형의 파트너는 배우자가 친구나 직장 동료, 친척들과 맺고 있는 멀쩡하고 정상적인 인간관계를 어떻게든 비틀어 추악하고 이기적이고 부적절한 관계로 몰아간다. 이들은 질투심을 폭발적으로 드러내며 상대방에게 의심 어린 질문을 퍼붓는데, 상대가 상황을 설명하려 아무리 애써도 전혀 듣지 않는다. 자신의 생각이 절대적으로 옳다는 생각에 빠져 진실이 파고들 여지가 없는 것이다. 해명을 하면 할수록 오히려 찔리는 게 있어서 그러는 것이라 생각하기 때문에 별 소용이 없다.

내담자인 클레어는 다음과 같은 상황에 처해 있었다.

제 남편은 질투심이 유별나요. 어쩌다 다른 남자랑 눈만 한 번 마주쳐도 왜 꼬리를 치냐며 화를 내곤 하죠. 하도 그래서 이제 함께 외출할 때는 아예 그럴

만한 여지를 주지 않으려고 계속 남편만 보고 있어요.

집에 남자 목소리로 저를 찾는 전화라도 걸려오는 날에는 정말 난감해져요. 저와 어떻게 아는 사이인지, 용건이 뭔지, 심문이라도 하듯 꼬치꼬치 캐묻거든요. 그렇게 묻고서도 남편은 전화를 건 사람이 '진짜' 누군지 혼자 상상의 나래를 펼쳐요. 그러고는 자기는 직감이 뛰어난 사람이라며, 제가 바람을 피우는 걸 '다 안다'고 말해요.

물론 남편의 말은 전혀 사실이 아니에요. 저는 남편을 정말 사랑하고, 지금도 남편을 보면 너무 좋거든요, 제 진심을 알리려고 애정 표현도 정말 많이 해요. 하지만 남편은 저희 관계를 늘 불안해해서 아무리 말해도 제가 바람을 피운다는 생각을 버리지 못해요.

남편은 제가 점심시간에 혹시 남자랑 밥을 먹는지 보려고 제 뒤를 밟은 적도 있어요. 심지어 다른 도시에서 열린 콘퍼런스에까지 따라와서 저를 감시한 적도 있고요.

남편의 불안을 이해해보려 애썼어요. 하지만 시간이 지나도 나아지기는커녕 점점 심해지기만 하니 저도 너무 힘드네요. 이제 단순한 의심을 넘어 편집증 수준인 것 같아요. 남편의 끊임없는 의심에 저도 지쳤어요. 저는 정말 남편에게 좋은 아내가 되고 싶은데 변화를 기대할 수 없어서 절망적이에요. 계속 이대로 살 수는 없을 것 같아요.

수동적 공격행동: 의도적 미루기는 수동적 공격성을 드러내는 대표적인 행동이다. 수동공격 유형의 사람들은 하기 싫은 일을 해달라거나 가기 싫은 곳에 가달라는 부탁을 받으면 그 일을 미룰 변명거리

를 찾는다. 하기 싫은 일을 억지로 하게 하면 그들은 그 업무를 부과한 사람을 벌주기 위해 마지막의 마지막까지 미루다가 마지못해 수행한다. 그 외에 수동적 공격성을 드러내는 행동으로는 자기가 원하는 대로 되지 않을 때 부루퉁하게 굴기, 칭찬인 것처럼 욕하기, 의사소통을 중단하거나 거부하기 등을 들 수 있다. 수동공격형의 사람은 마음에 들지 않거나 자신을 화나게 한 사람을 회피하는 방식으로 상대에 대한 불만과 분노를 표현하기도 한다. 상대의 요청에 아예 아무런 반응을 하지 않고 무시하는 것도 수동적 공격행동에 속한다.

수동적 공격행동을 당하는 상대방은 자신이 너무 까다롭고 통제적이며 극성스러운 사람이라고 생각하게 되기도 하며, 그런 면에서 수동적 공격은 정서적 학대로 볼 수 있다. 수동공격 유형의 파트너는 늘 순응적으로 행동하고 분노를 겉으로 표출하지 않는다. 때문에 이들이 변명을 늘어놓을 때 화를 내는 상대방은 죄책감을 느끼게 된다. 피해자의 지각능력에 의심을 품게 하고 스스로에 대한 의문을 품게 하는 모든 행동은 정서적 학대인데, 그런 의미에서 수동적 공격행동은 가스라이팅과 함께 대표적인 교묘한 정서적 학대에 속한다고 볼 수 있다.

성희롱: 성희롱이라는 용어는 직장에서 벌어지는 성적인 괴롭힘을 설명할 때 주로 쓰이지만, 사실은 부부 관계나 연인 관계를 포함한 모든 관계에서 발생할 수 있는 일이다. 성희롱은 상대가 바라지

않는 성적 행동이나 성과 관련된 언행을 강요하는 행위를 의미한다. 성적인 기분이 들지 않아서, 혹은 특정한 성적 행동을 원치 않아서 거부했음에도 불구하고 당사자의 의지에 반해 계속 강요한다면 이는 분명한 성희롱이다. 파트너가 싫어하거나 불쾌해하는 성적 행동을 강행하려는 시도 또한 성희롱이다. 성희롱은 불합리한 기대나 끊임없는 비판, 비하, 정서적 협박 등 다른 유형의 정서적 학대와 함께 이루어지는 경우도 많다.

에일린의 남편 샘은 끊임없이 섹스를 강요했다. 샘은 밤낮을 가리지 않고 매일 관계를 요구했고, 한밤중에 발기된 상태로 일어나 에일린의 엉덩이에 자기 몸을 비벼대기도 했다. 시도 때도 없는 샘의 요구는 성희롱에 해당될 뿐 아니라 불합리한 기대에 속하기도 했다. 샘은 에일린이 요구에 응해도 끊임없이 불만을 늘어놓았다. "관계에 집중을 안 한다는 둥, 몸을 왜 그런 식으로 움직이느냐는 둥, 끝이 없었어요."

에일린은 샘이 원할 때마다 관계에 응하는 것이 아내로서의 당연한 의무라고 생각했다. 요구를 거부하면 혹시 샘이 다른 여자를 찾아 나서는 게 아닐까 하는 두려움도 있었다. 샘은 실제로 "당신이 싫다면 다른 사람 알아보지, 뭐"라고 말하며 정서적 협박을 일삼기도 했다.

샘은 에일린에게 여러 '화끈한' 성적 행위를 강요하기도 했다. 에일린은 그런 행위들이 불쾌했지만, 거부하려 하면 남편은 그 행위를 같이 해줄 다른 사람을 찾겠다고 으름장을 놓았다. 남편을 잃을까봐 두려워했던 에일린에게 샘의 정서적 협박은 늘 먹혀들었다. "제 말이 한심하다는 건 알아요. 저도 남편이 제게 강요하는 행위들이 너무 싫어요. 하지만 남편이 정말 저 말고 다른 여자를 찾아서 그런 짓을 할지도 모른다고 생각하면 더 견딜 수가 없어요. 남편이 제게 만족하지 못하고 그러는 모습을 보면 제 인생은 실패작이라는 생각 이 자꾸만 들어요."

침묵시위: 이 전략을 활용하는 가해자는 자기 요구를 들어주지 않 는 상대방을 침묵으로 벌준다. 침묵시위는 몇 시간씩, 때로는 며칠 씩 이어지기도 한다.

상대방이 자기에게 뭔가 잘못했다는 사실을 침묵시위로 알리려는 이들도 있다. 이들은 상대방을 모르는 척하고 의사소통을 차단하며 모든 대화를 거부한다. 감정적인 거리를 두고 상대의 존재 자체를 무시하는 경우도 있으며, 눈조차 마주치지 않거나 안 보이는 척을 하며 없는 사람 취급을 하기도 한다. 침묵시위를 벌이는 중에는 상 대에게 말을 하지 않는 것은 물론이고 아예 아무런 반응을 하지 않 기도 하며, 심한 경우 아예 삶에서 배제하려 하기도 한다. 상대에게 꼭 필요한 정보도 전달하지 않고 외부인으로 만들어버리는 이런 식 의 침묵시위는 '벽 쌓기stonewalling'라고 불리기도 한다.

침묵시위를 벌이는 가해자는 자신이 보내는 침묵의 메시지를 상 대가 읽어내야 한다고 생각하지만 이는 분명 불합리한 기대다. 그럼 에도 불구하고 피해자는 스스로 중재자가 되어 상대에게 계속 손을 내밀고 화해하려 애쓰게 된다. 일단 어떻게든 파트너의 입을 다시 열기 위해 계속해서 사과를 하기도 한다. 침묵시위가 이어지면 관계에 대한 불안감이 커지며 버림받을지도 모른다는 두려움이 생긴다. 그런 두려움 속에 사과를 거듭하고 모든 것을 자기 탓으로 돌리다 보면 피해자는 건전한 자기가치감을 배양하는 능력에 큰 손상을 입는다.

이처럼 침묵시위는 당하는 이에게 큰 고통을 주며, 무시와 배제의 경험은 수치심을 안겨주기도 한다. 침묵시위는 어딘가에 소속되어 안정감을 느끼고 싶어 하는 인간의 기본적인 욕구를 위협하며, 그런 의미에서 그것은 피해자에게 무력감과 수치심을 느끼게 하려는 가해자의 전략이기도 하다.

나르시시스트, 즉 자기애적 유형의 정서적 학대자는 벽 쌓기 전략을 특히 능숙하게 활용한다. 나르시시스트라고 하면 대개 자기중심적 태도와 높은 자존감을 떠올리지만, 사실 그들이 쓰고 있는 허세의 가면 뒤에는 깨지기 쉬운 연약한 자아가 숨어 있는 경우가 많다. 연약한 자아를 가리기 위해 나르시시스트는 상대에게 애정과 숭배를 요구하며, 누군가 자신의 권위에 도전하거나 조금이라도 무시한다 싶으면 바로 격분한다. 격분한 나르시시스트는 상대에 대한 감정을 차단함으로써 벌주고 자신의 발아래에 놓아두려 한다.

나르시시스트는 갈등을 평화롭게 해결하고자 하는 상대의 마음을 이용하여 자신이 원하는 것을 손에 넣는다. 바로 상대에 대한 지배력이다. 상대가 화해의 손길을 내밀면 내밀수록 자신이 옳다는 나르시시스트의 신념은 더 강해진다. 이들은 상대를 충분히 벌줬다는 만족감이 들 때까지 침묵시위를 계속한다. 상대를 무시함으로써 상대의 가치를 깎아내리고 그들을 하찮은 존재로 만들 수 있다는 것을 잘 알기 때문이다.

상징적 폭력: 앞서 설명한 바와 같이 정서적 학대는 주로 비물리적인 형태로 이루어진다. 그러나 상대를 겁주거나 통제하기 위해 하는 동작(삿대질, 주먹을 쥐는 몸짓)이나 행동(물건 던지기, 상대가 좋아하는 물건 부수기), 즉 상징적 폭력 또한 정서적 학대가 될 수 있다.

위협적 행동: 여기에는 상대를 겁주거나 통제하기 위한 목적으로 자행되는 공공연하거나 미묘한 위협과 부정적인 언행이 포함된다. 부부싸움을 할 때마다 이혼 이야기를 꺼내거나 성적 요구를 들어주지 않으면 외도를 하겠다고 협박하는 행위 또한 여기에 해당된다.

상대의 노력과 성취에 대한 훼방: 진의를 숨기고 교묘하게 이루어진다는 점에서 수동적 공격행동의 한 형태로도 볼 수 있다. 이러한 유형의 파트너는 당신이 뭔가를 하고 싶어 할 때, 또는 어딘가 가고 싶어 할 때 분명 속으로는 탐탁치 않아 하면서 겉으로는 괜찮다고 말하고 심지어 응원을 해주기도 한다. 내담자였던 나오미가 처했던 상황이 바로 그러했다.

제가 다시 대학에 다니고 싶다고 했을 때 남편은 적극적으로 응원했어요. 심지어 자기가 도와줄 일은 없겠냐고 묻기까지 했죠. 그래서 저는 수업이 있는 날 저녁에 아이들을 봐주면 좋겠다고 했고, 남편은 기꺼이 그러겠다고 했어요. 그런데 막상 개강을 하고 수업이 시작되자 남편은 애들을 보겠다는 약속을 까맣게 잊은 것처럼 굴었어요. 제가 학교 가는 날 저녁마다 자꾸만 늦게 퇴근했죠. 남편이 집에 안 오니 애들만 두고 학교에 갈 수가 없었고, 베이비시터를 찾느라고 허둥대야 했어요. 막판에 몇 번은 애들 봐줄 사람을 찾을 수가 없어서 결국 결석을 하기도 했죠. 나중에 남편한테 따지니까 상사가 야근을 하라는데 그럼 어떻게 하느냐며 발끈하더군요. 미리 전화라도 해주지 그랬냐고 하니 갑자기 화를 내며 왜 시비를 거냐고 하는 거예요.

나중에 정기적으로 애들을 봐줄 베이비시터를 고용하려고 하니 남편은 갑자기 학교 한곳 다니는 데 돈이 너무 많이 들어간다며 투덜댔어요. "수업료에 교재비에 이제는 베이비시터 비용까지 필요하다고? 돈 쓰는 게 우스워? 그 학교 다녀서 얻는 게 뭐야? 그 수업 듣는다고 어디 취직이 되는 것도 아니잖아." 그 순간 깨달았죠. 남편은 애초에 제가 학교에 다니는 걸 원하지 않았던 거예요.

종잡을 수 없는 반응: 이러한 유형의 정서적 학대에는 심한 감정 기복, 뚜렷한 이유를 찾기 힘든 고함, 욕설, 대성통곡, 물건 집어던지기 등 감정적 폭발 등이 포함된다. 똑같은 행동에 대해 정반대로 반응하는 것도 상대를 괴롭히는 종잡을 수 없는 반응으로 볼 수 있다. 예를 들어 하루는 이렇게 말하더니 다음날은 정반대로 말하거나 하루는 이게 좋다고 하더니 다음날은 싫다고 말하는 식의 잦은 변덕 또한 여기에 포함된다.

다음은 내담자인 패티의 사례다.

지난주에 소고기찜 요리를 했을 때는 분명 남편이 너무 맛있다며 좋아했어요. 그런데 이번 주는 갑자기 소고기찜이 너무 싫다면서 한 입도 안 먹고 나가더라고요.

이런 식의 행동은 주변 사람, 특히 파트너에게 해롭다. 끊임없이 신경을 곤두세운 채 안절부절못하게 되기 때문이다. 상대가 언제 어떤 반응을 보일지 몰라 늘 마음을 졸여야 하고, 대체 원하는 게 무엇인지 파악할 수도 없다. 이런 상대와 사는 것은 극히 고되고 불안한 일이다. 상대가 또 언제 폭발할지 몰라서 매 순간 긴장의 끈을 놓지 못한 채 두려움과 불안, 불균형 속에 살아야 하니 말이다.

이러한 유형의 학대적 행동은 양극성 장애를 비롯한 정신질환이나 경계선 성격장애를 비롯한 성격장애의 징후일 수도 있다.

비밀을 악용하여 괴롭히기: 연애 초기에는 상대에게 마음을 열기 시작하며 다른 사람에게는 말하지 못한 부끄러운 비밀이나 과거 이야기, 가족에 대한 이야기를 털어놓게 되는 것이 일반적이다. 이것은 친밀감을 쌓아나가는 자연스러운 과정이기도 하다. 그런데 정서적 학대자들은 그렇게 알게 된 비밀을 악용하여 상대에게 모멸감을 준다. 그들은 싸우다가 갑자기 그 이야기를 꺼내며 상대를 궁지에 몰기도 하고, 다른 사람들에게 알리겠다고 넌지시 협박하기도 한다. 이러한 형태의 정서적 학대는 '친밀한 정보를 이용한 비하The use of intimate knowledge for degradation'라고 부르기도 한다.

언어폭력: 언어폭력은 상대에게 특히 강한 영향을 주는 정서적 폭력으로, 다음과 같은 행동이 여기에 포함된다.

- 욕설과 비방
- 빈정대고 비꼬며 상대를 무시하거나 기분 상하게 하기
- 다른 사람들 앞에서 상대를 깔아뭉개는 농담하기
- 사사건건 명령하며 아랫사람처럼 대하기

질책, 폄하, 모욕, 욕설, 고함, 위협, 지나친 탓하기, 창피주기, 신랄한 비꼬기, 상대에 대한 혐오 드러내기 등은 모두 언어폭력에 해당한다. 이러한 학대는 상대의 자존감과 자아상에 극히 해로운 영향을 준다. 신체적 폭력이 몸에 대한 공격이라면 언어폭력은 마음과 정신에 대한 공격으로, 이런 공격이 남기는 상처는 치유하기가 극히 어렵다. 고함과 윽박은 당하는 이에게 모욕감을 줄 뿐 아니라 공포 분위기를 조성한다. 눈앞의 상대가 고함을 지르며 화를 내면 저러다 신체적 폭력을 가할지도 모른다는 두려움이 들 수밖에 없다.

로버트와 캐서린을 처음 만난 것은 커플 상담에서였다. 로버트는

아내 캐서린에게 자꾸 화가 난다고 했다. 로버트는 입버릇처럼 "어쩜 그렇게 멍청하게 굴 수가 있어?"라고 말하며 캐서린을 몰아세웠다. "제발 머리를 좀 써"라는 말과 "대체 무슨 생각으로 그러는 거야?"라는 말도 단골 메뉴였다. 표현은 다양했지만 어쨌든 로버트가 하고자 하는 말은 똑같았다. 캐서린이 어리석고 한심하다는 말이었다.

로버트는 결혼 직후부터 저런 말을 하기 시작했다고 한다. 상황을 설명하려 애쓰며 캐서린이 말했다. "제가 실수가 좀 잦기는 해요. 남편이 저 때문에 짜증을 내는 것도 어쩌면 당연해요." 캐서린은 로버트의 말이 정서적으로 얼마나 큰 상처를 주고 있는지, 남편의 끝없는 비난이 자존감을 얼마나 해하고 있는지 전혀 모르는 것 같았다. "실수를 하면 남편한테 들키지 않으려고 숨겨요. 또 멍청하다는 소리 들을 게 뻔하니까요." 캐서린은 결국 상담 중에 이렇게 털어놓으며 덧붙였다. "근데 남편 앞에서는 평소보다 실수가 더 잦아요. 실수할까봐 신경을 쓰다 보니 오히려 긴장해서 더 망치는 것 같아요."

로버트는 물론 캐서린까지도 남편이 그렇게 몰아붙이고 비난할 권리가 있다고 생각하는 것 같았다. 로버트의 행동이 언어적 학대임을 설명한 후에도 둘의 생각은 크게 변하지 않았다. 로버트는 얼마 지나지 않아 상담을 그만 두었지만 캐서린은 계속 상담실을 찾았다. 로버트의 정서적 학대는 날이 갈수록 심해졌고, 캐서린은 계속 자신이 무능하고 부족한 사람이라는 생각을 굳혀갔다. 그러던 어느 날 캐서린은 남편의 잔인한 말을 내게 털어놓으며 무너지듯 울음을 터뜨렸다. 그날의 상담은 캐서린에게 일종의 전환점이 되었고, 그녀는

정서적 학대에서 벗어나기

마침내 남편이 자신을 학대하고 있다는 사실과 그로 인해 자신이 피해를 입고 있다는 사실을 깨닫게 되었다.

자원, 애정 등의 제공 거부: 이러한 형태의 정서적 학대는 침묵시위와 함께 진행되는 경우가 많다. 목적은 상대를 벌주는 것으로, 학대자는 상대가 바라는 애정이나 섹스, 돈이나 그 밖의 '특권'을 주지 않음으로써 상대를 통제하고 좌지우지하려 한다.

파트너가 매일 당신에게 하는 그 행동이 알고 보면 정서적 학대일 수도 있다는 생각에 깜짝 놀랐을 수도 있다. '정서적 학대'라는 이름을 붙이지는 않았어도, 지금까지 파트너의 학대적 행동은 당신에게 많은 상처와 피해를 남겼을 것이다. 혹시 지금껏 파트너의 행동이 학대적인 것 같다고 느껴왔다면 이 책의 내용이 확신을 주었을 것이다. 파트너는 자신의 행동을 합리화하려 하겠지만, 상대를 배려하지 않는 악의적이고 잔인한 정서적 학대는 결코 합리화할 수 없다.

정서적 학대 목록 만들기

- 앞서 소개한 목록을 참고하여 당신이 당하고 있는 정서적 학대를 모두 적어본다.
- 작성한 목록을 읽으며 그 내용을 곱씹고 받아들인다. 심호흡을 한 후 "나는 지금 정서적 학대를 당하고 있다"라고 소리내어 말한다. 소리내어 말하는 것이 힘들게 느껴진다면, 같은 내용을 마

음속으로만 되된다.

목록을 읽고 문장을 말할 때 어떤 기분이 들었는가? 어떤 이들은 혼잣말로도 "나는 정서적 학대를 당하고 있다"라는 문장을 입 밖에 내지 못하고 두려워한다. 만약 당신 또한 그랬다면 왜 두려운 마음이 들었는지 그 이유를 생각해보자. 그런 말을 하면 누군가 갑자기 나타나 당신을 때릴 것 같았는가? 그런 말을 하는 것만으로도 파트너를 배신한 것 같은 기분이 들었는가? 그런 말을 했으니 이제 학대에 맞서 뭔가 해야 한다는 부담감이 들었는가? 저 문장을 두렵게 느낀 이도 있겠지만, 마침내 인정하게 된 진실이 후련하게 느껴진 이도 있을 것이다. 만약 그렇다면 한 번 더 마음속으로 되뇌어보자. "나는 지금 정서적 학대를 당하고 있다." 이 문장이 지닌 힘을 가만히 느껴보자. 마침내 이 문장을 말한 당신의 용기를 인정하고 칭찬해주자. 그리고 이번에는 소리 내어 말하는 것이다. "나는 지금 정서적 학대를 당하고 있다." 그 사실을 인정하는 것이 슬프게 느껴질 수도 있다. 그렇다면 그 슬픔을 가만히 느껴보자. 학대 사실을 깨닫고 인정하는 것은 실제로 슬픈 일이다. 눈물이 난다면 울어도 괜찮다.

"나는 지금 정서적 학대를 당하고 있다"라고 말한 후 분노를 느끼는 경우도 있을 수 있다. 그렇다면 시간을 들여 그 분노를 느끼고 표현해보자. 당신이 느끼는 분노는 정당한 분노이며, 안전하게 표출되어야 한다. 다음의 세 가지 방법 중 자신에게 맞는 방법을 선택하여 표현해보자. 필요시 세 가지 방법을 모두 활용해도 좋다.

정서적 학대에서 벗어나기

1. 파트너가 학대적으로 대할 때 구체적으로 어떤 기분이 드는지 설명하는 편지를 쓴다. 편지를 실제로 파트너에게 전달할지는 나중에 결정하면 된다.

2. 파트너와 대화한다고 상상하며 그동안의 학대에 대해 어떻게 생각하는지 말해본다. 내용을 검열하려 하지 말고 마음속에 떠오르는 대로 모든 것을 말한다. 욕을 해도 괜찮고, 상대를 탓하고 비난해도 괜찮다. 잘못된 방법은 없으니 겁내지 말고 분노를 표출해보자.

3. 분노를 몸으로 표출할 방법을 찾아본다. 몸이 원하는 것을 생각한 후 실천에 옮기면 된다. 크게 소리를 질러 분노를 표현해도 괜찮고, 물건을 던지거나 찢고 부수는 방법도 있다. 원하는 대로 하며 몸이 원하는 방식으로 분노를 표출해보자.

이번 연습과제에서는 자신의 감정을 오롯이 느끼고 받아들이는 것이 중요하다. 어떤 감정이어도 괜찮다. 정서적 학대를 기록한 목록은 파트너가 볼 수 없는 안전한 곳에 두고 이 책을 읽으며 필요할 때마다 꺼내보자. 이 목록은 혼란스러운 상황에서 현실을 일깨워주는 역할을 하고, 파트너의 행동이 정서적 학대가 맞는지 의심이 들 때 현실을 확인시켜주는 역할을 할 것이다.

정서적 학대가 나에게 준 영향 생각해보기

정서적 학대 목록을 작성하고 자신이 학대를 받고 있다는 사실을 받아들였다면 이제 그 학대가 어떤 영향을 주었는지 생각해볼 차례다. 정서적 학대가 남기는 주된 피해에 대해서는 수치심에 대해 다루는 4장과 5장에서 더 자세히 살펴보겠지만, 우선 시간을 갖고 차분히 정서적 학대가 당신에게 준 상처와 피해를 떠올려보자. 어렵게 느껴진다면 28~30페이지에 소개한 정서적 학대의 주요 증상 목록을 참고하는 것도 도움이 된다.

필요하다면 다음의 문장 형식을 활용하여 생각해보자.

- "파트너의 정서적 학대로 인해 나는 _____한 방식으로 상처를 받았다."
- "파트너의 정서적 학대로 나는 _____하게 되었다."
- "파트너의 학대적인 행동으로 나는 덜 _____하게 되었다."
- "파트너의 학대적인 행동으로 나는 더 _____하게 되었다."

1장과 2장의 목표는 당신이 정서적 학대를 당하고 있는지 판가름하고, 필요시 학대의 유형을 파악할 수 있도록 돕는 것이었다. 그리고 이번 장에서는 학대자가 피해자를 혼란과 자괴감 속에 가두기 위해 주로 사용하는 전략들을 살펴보았다. 가해자의 전략을 정확히 파악하여 이들의 행동이 정서적 학대라는 것을 확실히 깨달음으로써 파트너의 말을 무조건 믿거나 속수무책으로 조종당하는 것을 막기 위해서였다. 이어지는 4장과 5장에서는 정서적 학대에서 수치심이 어떤 역할을 하는지 자세히 살펴봄으로써 피해자가 자신의 반응과 행동을 더 잘 이해할 수 있도록 도울 예정이다.

4장

가해자의 통제 도구, 수치심

"수치심은 영혼을 갉아먹는 감정이다."

- 칼 융Carl Jung

어떤 이들은 자신이 파트너를 만족시키지 못했다는 생각에 큰 수치심을 느끼기도 한다. 이들은 모든 게 자기 잘못이라고 생각하기 때문에 파트너를 전혀 탓하지 않고, 오히려 끊임없이 더 나은 사람이 되려 애쓰면서도 자신이 파트너로서, 배우자로서, 또는 부모로서 실격이라는 생각에 괴로워한다. 그런가하면 자신이 느끼는 수치심이 파트너의 행동 때문이라는 사실을 인지하는 이들도 있다. 이들은 파트너의 행동이 정서적 학대이며, 그 학대가 수치심과 연관되어 있다는 사실을 잘 이해하고 있다.

어떤 이들에게 수치심은 평생 느껴온 익숙한 감정이다. 그러나 수치심이 정확히 무엇인지, 어떤 느낌인지 잘 모르겠다는 이들도 꽤 있다. 이렇듯 수치심에 대한 생각은 모두 다르지만 그것이 정서적 학대와 밀접하게 연관되어 있는 것은 사실이다. 학대 피해자가 느끼는

정서적 학대에서 벗어나기

수치심은 정서적 학대로 인해 생긴 것일 수도 있고, 과거의 사건으로 인해 이미 피해자의 내면에 존재하던 것일 수도 있다. 이번 장에서는 이 책의 핵심적인 목표 중 하나인 피해자의 수치심 치유에 집중하려 한다.

그럼 이제 수치심이라는 감정에 대해 더 자세히 알아보자. 수치심은 정서적 학대의 결과로 나타나는 주된 피해이기도 하지만, 가해의 원인이기도 하다. 사실 거의 모든 종류의 학대는 수치심으로부터 시작된다. 그런데 안타깝게도 이를 이해하는 이는 많지 않다. 지금까지 심리학 분야의 많은 연구자들이 학대의 주된 원인으로 힘과 통제에 대한 욕구를 꼽았다. 이는 물론 상당 부분 옳은 이야기다. 그러나 간과되고 있는 사실이 있다. 힘과 통제를 원하는 욕구의 핵심에 바로 수치심이라는 감정이 있다는 사실이다.

가해자의 주된 동기에 수치심이 있다면, 피해자는 정서적 학대의 결과로 수치심을 품게 된다. 정서적 학대 피해자는 끊임없는 비난과 모욕, 비웃음, 폄하, 비하로 인한 엄청난 수치심을 경험한다. 이 수치심은 자존감과 자신감, 자기가치감을 서서히 무너뜨린다. 그리하여 피해자는 결국 자신이 부족하고 쓸모없고 사랑받을 자격도 없는 사람이라는 생각에 사로잡히고, 나아가 앞으로 다시는 누구에게도 사랑받지 못하리라는 절망감에 빠진다. 그리고 이런 생각은 또 다시 더 큰 수치심을 불러온다. 그 결과 피해자는 가해자를 떠날 힘과 의지를 잃게 되는 것이다.

수치심 주기는 상대의 자존감과 존엄성, 인간성을 짓밟아 무력하게 만든다. 많은 가해자가 친밀한 관계에서 상대에게 수치심을 주는 행위를 통해 피해자를 통제하지만, 이런 행동은 아직 학대의 일종으로 인정받지 못하고 있다. 수치심이 피해자에게 구체적으로 끼치는 해악 또한 큰 관심을 받지 못하는 주제다. 그렇다 보니 수치심으로부터의 치유 방법도 별로 연구되지 않았다.

이번 장에서는 수치심 주기를 정서적 학대의 한 형태로 명확히 정의하고 그 구체적인 영향을 알아봄으로써 피해자가 수치심을 극복하고 자존감과 자기상을 강화하여 학대적 관계를 끝낼 수 있는 힘을 회복할 수 있도록 도울 것이다. 또한 아직 파트너를 떠날 준비가 되지 않은 이들이 수치심을 어떻게 돌보고 관리해야 하는지, 그 방법에 대해서도 중요한 비중으로 다루려 한다. 파트너의 학대를 깨닫고도 떠나지 못하는 이들의 수치심을 치유하는 것 또한 중요하기 때문이다.

뿌리 깊은 수치심은 우리로 하여금 자신이 돌이킬 수 없이 망가졌다는 생각을 품게 한다. 피해자는 심한 자기혐오와 자괴감에 시달린다. 심각한 하자가 있는 자기 같은 사람은 사랑받을 자격이 없다는 생각과 함께 모든 잘못의 원인을 자신에게서 찾으려 한다. 정서적 학대가 불러온 심한 자괴감은 피해자에게서 모든 힘을 빼앗아간다. 파트너에게 맞서 싸울 힘도, 자신을 돌볼 힘도, 관계를 끝낼 힘도 잃은 피해자는 모든 통제권을 가해자에게 넘겨주게 된다.

인간이라면 누구나 타인과 관계를 맺고 인정을 받으려는 욕구, 소속감을 느끼고 싶은 욕구를 지니고 있다. 수치심 주기가 효과를 발휘하는 것도 이 때문이다. 수치심은 인간이 원하는 바로 그 소속감과 연결감을 아주 효과적으로 박탈한다. 어떤 형식이 됐든 수치심은 상대가 한 인간으로서 지닌 관계에 대한 기본적인 욕구를 이용하여 위협하는 행위다.

정서적 학대뿐 아니라 모든 폭력의 핵심에는 수치심이 있다. 여기에는 개인적 차원의 폭력은 물론 사회나 국가적 차원의 폭력도 포함된다. 애초에 타인에 대한 힘과 통제력을 소유하고 싶어하는 것도 수치심 때문이다. 타인에게 수치심을 주는 행위는 가해자 자신이 누군가에 의해 수치를 당하면서 가지게 된 '열등감'을 감추고, 빼앗긴 존엄과 명예를 보상받기 위해서 하는 행동일 가능성이 높다. 인간은 자신이 느끼는 수치심을 타인에게 전가하려는 경향이 있다. 그렇게 하면 지금 수치를 당하는 저 사람보다 내가 우월한 존재가 된 것 같은 착각이 들기 때문이다. 학대적 행동의 주요 동인으로 힘과 통제에 대한 욕구를 꼽는 이들이 간과하고 있는 부분이 바로 이것이다. 그 욕구의 이면에는 수치심이 있다.

내가 정서적 학대를 '수치심의 감옥'이라고 부르는 것은 이것이 정서적 학대 관계에서 벌어지는 일을 완벽하게 설명하기 때문이다. 가해자가 지속적으로 가하는 수치심 공격은 말 그대로 피해자를 가두는 감옥 역할을 한다. 피해자는 가해자의 지속적인 공격으로 평정심을 잃고, 혼란에 빠져 대항하지 못하고, 결국에 가서는 저항을 포기한다. 그렇게 저항을 포기한 피해자는 가해자의 생각과 비난, 믿음을 그대로 받아들여 가해자의 죄수가 된다. 수감생활은 피해자가 스스로에 대해 지녔던 긍정적인 생각을 서서히 갉아먹는다. 피해자는 가해자에게 맞서 싸우지 못하는, 그렇다고 떠나지도 못하는 자신을 혐오하기 시작한다. 무력감은 점점 심해지고, 이것은 다시 가해자가 옳다는 증거가 되어버린다. 여기에 가해자를 떠나지 못하는 자신에 대한 수치심까지 더해지면 수치심의 감옥에 완전히 갇혀버린 죄수가 탄생한다. 그 답답한 감옥 안에서 피해자는 옴짝달싹하지 못하고 벌을 받는다.

수치심의 유형

'수치심 주기'는 가장 해롭고 교묘한 정서적 학대에 속한다. 정서적 학대가 불러오는 다음과 같은 다양한 종류의 수치심은 앞에서 설명한 바와 같이 피해자를 가두는 감옥이 된다.

- 가해자의 언어적 학대와 지속적인 비난, 비하, 폄하, 조롱으로 인해 느끼는 즉각적인 수치심. 학대 행위가 타인 앞에서 이루어지면 피해자는 더 큰 수치심을 느끼게 된다. 자신이 사랑하고 신뢰하는 사람에게서 쏟아지는 비난은 피해자로 하여금 치욕과 위축을 경험하게 하며, 자신이 부정적인 모습으로 비쳤다는 생각에 수치심을 느끼게 된다.

- 파트너를 만족시키지 못했다는 생각에서 오는 수치심과 기대를 충족시키지 못했다는 생각에서 오는 실패자라는 수치심.

- 상대에게 맞서 자기 자신을 지켜내지 못했다는 생각에서 오는

정서적 학대에서 벗어나기

수치심. 피해자는 가해자의 잘못된 평가나 오해에 직면해도 (파트너 또는 가족의 학대 같은) 과거의 경험 때문에 목소리를 내봤자 바뀔 것이 없다는 무력감을 느끼기도 한다.

- 똑똑 떨어지는 물방울처럼 반복되어온 언어적 학대, 비난, 터무니없는 기대, 가스라이팅 등으로 인해 누적된 수치심.

- 용납할 수 없는 파트너의 학대적 행동을 너무 오래 참고 살았다는 수치심.

- 학대 사실을 가족과 친구에게 털어놓지 못하고 숨기는 데서 오는 수치심.

- 다른 사람들의 판단으로 인해 느끼는 수치심. 여기에는 가해자의 학대적 행동을 참고 있는 피해자를 이해하지 못하겠다는 식의 판단과 피해자가 가족을 지키기 위해서는 학대를 견뎌야 한다는 식의 판단이 포함된다.

- (특정 종교를 믿는 피해자의 경우) 학대적인 파트너와 갈라서기 위해서 종교적, 문화적 신념을 저버려야 하는 피해자가 느끼는 수치심. 종교적·문화적 이유로 배우자에게 순종하고 가족을 지키는 것이 무엇보다 중요하다고 생각하며 자란 피해자에게 이혼은 신념을 저버리는 행위가 될 수밖에 없다. 용서를 최고의 미덕으로 여기는 종교적 규율, 인간은 남의 죄가 아닌 자신의 죄에 집중해야 한다고 여기는 생각 등은 학대적인 배우자를 떠나려는 피해자에게 상당한 수치심을 심어줄 수 있다. 실제로 몇몇 국가에서

는 가학적인 배우자를 떠난 피해자가 교회나 지역사회에서 수치와 비난, 심지어 외면의 대상이 되는 일도 생긴다.

가해의 원인이 되는 수치심

피해자로서 가장 집중해야 할 것은 물론 자신의 문제와 이에 대한 치유다. 그러나 가해자의 행동 원리를 이해하는 것은 피해자가 학대에 대해 지니고 있는 자책을 줄이는 데 도움이 된다. 그런 의미에서 추후 9장에서는 다양한 가해자의 유형을 알아보고, 각각의 유형에 대한 구체적인 대응 전략이나 탈출 전략을 소개할 것이다.

가해자의 전략과 동기는 각양각색이지만, 그들에게는 한 가지 공통점이 있다. 바로 내면을 가득 채운 수치심이다. 그러한 수치심은 대개 어린 시절 경험한 학대에서 기인한 경우가 많다. 인간은 자기도 모르게 자기가 당했던 일을 되풀이하는 경향이 있는데, 이것은 학대 가해자들에게 정말 잘 들어맞는 말이다. 이들이 파트너를 대하는 모습을 보면 어린 시절 자신의 부모가 자신을 대했던 방식, 또는 부모가 서로에게 대했던 방식과 비슷한 경우가 많다. 어떤 이들은 부모가 했던 통제적이고 학대적이며 수치심을 주는 행동이 옳다고 생각하여 똑같이 되풀이하기도 하고, 어떤 이들은 자신이 부모의 학대적 행동을 답습하고 있다는 것을 깨닫지도 못한 채 무의식적으로 반복하기도 한다.

많은 이들이 이 수치심을 다른 사람에게, 특히 파트너에게 투사한다. 가해자는 (대개 무의식적으로) '내가 수치를 당하지 않으려면 먼

저 상대를 공격해야 한다'고 생각하기도 하고, 너무나도 강한 수치심 때문에 두터운 방어벽을 쌓고 모든 이의 접근을 막기도 한다. 이들은 그 방어벽 속에서 수치심이 없는 존재로 거듭나며, 그 안에서 하는 행동에는 사회의 규칙이 적용되지 않는다고 여긴다. 학대든 공격이든, 자신이 원하는 대로 하는 것이다.

이 음험한 사이클은 더 많은 학대 피해자를 만들어낸다. 앞에서도 언급했지만, 수치심은 학대에 대한 자연스러운 반응이다. 학대는 그 속성 자체가 치욕적이며 비인간적이다. '너는 무지하고, 무능하고, 무신경하며, 이기적이고, 게으르다'는 비난의 말을 계속해서 듣다 보면 피해자는 결국 자신의 인간성에 의심을 품게 된다. 이렇게 수치심의 늪에 빠진 사람은 상대의 조종과 통제에 더 쉽게 따를 수밖에 없다.

상대의 모욕과 비판, 통제와 비난에 정신없이 시달리는 중에 현실을 제대로 파악하고 파트너에게 맞서는 것은 불가능에 가깝다. 피해자는 아무것도 할 수 없다는 생각에 무력감에 빠지기 시작한다. 무력감은 피해자가 인간으로서 지닌 존엄성을 갉아먹고, 피해자는 자신의 무력감이 다른 사람의 눈에도 보일 것이라는 생각에 더 큰 수치심을 느낀다. 맹수에게 잡힌 작은 동물처럼 아무것도 할 수 없는 상태가 되는 것이다.

인간으로서 우리는 자신의 일을 스스로 통제하고 싶어 하는데, 학대 등의 피해로 그 통제력을 상실하면 굴욕감을 느낀다. 학대로부터 스스로를 지키지 못했다는 무력감은 굴욕감을 불러온다. 그리고 이 모든 것이 수치심으로 연결된다. 가해자가 나설 필요도 없이 피해자가 자신의 피해 사실을 스스로 수치스러워하는 이런 경향은 가해자의 통제를 더 수월하게 만든다.

수치심 파악하기

수치심은 우리가 느끼는 가장 강력한 감정 중 하나지만, 제대로 파악하기 어려운 감정이기도 하다. 수치심은 분노와 슬픔, 두려움 등 다른 감정을 불러일으키기도 하지만 별개의 독립적인 감정이며, 다른 감정에 비해 미묘하고 포괄적인 특성을 지니고 있다. 수치심은 우리의 몸과 마음 전체를 집어삼킨다. 수치심을 느낄 때 우리는 누군가 바늘로 찔러 바람이 모두 빠져나간 고무공이 된 것 같은 기분을 느낀다. 아주 작아지고 쪼그라든 기분 말이다.

수치심을 느낄 때 우리는 숨고 싶어 한다. 그래서 고개를 푹 숙이고 어깨를 움츠리기도 하며, 자신의 모습을 지우려는 듯 잔뜩 웅크려 있기도 한다. 수치심의 느낌을 물었을 때 오즈의 마법사에 등장하는 나쁜 마녀처럼 흔적도 없이 사라져버리고 싶어지는 기분이라고 답한 이도 있었다. 그런가 하면 무거운 닻이 아래로 끌어당기는 기분이라고 답한 이도 있었다. 수치심을 느끼는 이들은 몸도 마음도 무겁게 처진다.

수치심에 시달리는 이들은 자신에게 결함이 있어서 누구도 자기를 받아주지 않을 것이라는 생각을 믿어버린다. 자신이 사랑받을 자격이 없는 나쁜 사람이라고 믿는 것이다. 어떤 이는 자신이 좋은 대

정서적 학대에서 벗어나기

접을 받을 자격이 없는 무가치한 사람이라 여기기도 한다.

수치심은 우리를 사람들로부터 멀찍이 떼어놓아 고립감을 느끼도록 한다. 원시 문화에서는 사회의 규율을 어긴 이들을 부족에서 추방시켰다. 다른 사람들 곁에 존재할 가치가 없다는 감정을 느끼게 한다는 점에서 수치심을 주는 행동은 추방과 유사하다. 수치심은 우리로 하여금 사람이 모이는 자리, 또는 사람 자체를 피하게 만들기도 한다.

수치심은 다양한 신체 증상을 일으키기도 한다. 강한 수치심을 느끼면 속이 메스꺼워지거나 어지럼증을 느낄 수도 있으며, 바닥으로 가라앉는 기분이 들 수도 있다. 갑자기 화끈거리는 열감이 들기도 한다.

수치심은 일시적인 증상으로 지나가지 않고 몸에 누적되기도 한다. 그 결과 가슴 통증이나 속쓰림 등의 증상이 나타나기도 하고, 정신이 멍해지기도 한다. 당신은 주로 어떤 형태로 수치심을 느끼거나 저장하는가? 단순한 느낌으로 인식하는 이도 있지만, 특정한 모양이나 색깔이 떠오를 수도 있다는 점을 참고하여 자신의 수치심을 파악해보자.

다음은 상담실을 찾은 다양한 내담자들이 자신이 느끼는 수치심을 표현한 사례이다.

- "제 수치심은 자세로 나타나는 것 같아요. 저는 자신을 부끄러워하는 것처럼 구부정한 자세를 취할 때가 많아요."

- "제 수치심은 어둡고 커다란 덩어리예요. 그 덩어리가 제 안을 꽉 채우고 있는 것 같아요."

- "제 수치심은 심장에 콕콕 찍힌 까만 점 같아요."

- "제 수치심을 찾는 데는 꽤 오랜 시간이 걸렸어요. 구석에 꼭꼭 숨어있었거든요. 제 수치심은 스스로를 보호하려는 상처받은 아이처럼 머리를 팔로 감싼 채 잔뜩 웅크리고 앉아 있는 모습이었어요. 남편이 한바탕 시작하려고 할 때 제 기분이 딱 그렇거든요."

건강한 수치심과 유해한 수치심

수치심이 늘 해로운 것은 아니다. 수치심에는 건강한 수치심이 있고 유해한 수치심이 있다. 건강한 수치심은 사회적 관계를 바로잡거나 유지시키는 역할을 한다. 또한 타인의 시선을 의식하게 해서 특정한 행위나 행동을 했을 때 발생하는 사회적 비용을 고려하게 만들기도 한다.

인간은 누구나 때로 수치심을 경험하고, 그로 인해 어려움을 겪기도 한다. 그러나 학대 피해자들은 일반적인 수치심을 뛰어넘는 유해한 수치심으로 고통받는 경우가 많다. 유해한 수치심, 또는 유독성 수치심은 삶의 모든 측면에 악영향을 주는 소모적인 감정이다. 이러한 수치심은 자신에 대한 인식, 타인과의 인간관계, 사귀는 사람과 친밀해질 수 있는 능력, 위험을 감수하고 직업적 성공을 이뤄낼 수 있는 능력, 그 외 전반적인 신체적·정서적 건강에 부정적 영향을 준다. 유해한 수치심은 반복적인 트라우마적 경험들로 나타나는 지나치게 큰 무가치감, 굴욕, 자기혐오의 감정이다. 트라우마적 경험은 대개 어린 시절에 뿌리를 두고 있지만, 성인이 된 후 겪은 지속적인 학대에서 비롯되는 경우도 있다.

이러한 수치심은 유독성 수치심Toxic Shame이라고도 불린다. 마음 곳곳에 스며들어 모든 차원에서 우리를 망가뜨리고, 정신적·정서적 건강과 긍정적인 자기상을 유지하는 인간의 능력에 유독한 영향을 주기 때문이다.

앞에서도 언급한 바와 같이 정서적 학대는 강력한 학대이며, 그 결과로 피해자가 느끼는 유해한 수치심은 인간의 감정 중 가장 큰 파괴력을 지니고 있다. 학대를 벗어나는 것만큼이나 학대로 인한 수치심을 치유하는 것이 중요한 이유다.

잔인함과 폭력, 파괴적 관계의 근원에는 수치심이 있다. 알코올이나 마약 중독, 섹스 중독, 강박적 과식 등 각종 중독 행동의 근원에도 수치심이 있는 경우가 많다. 학대 피해자들이 학대를 견디기 위한 방편으로 술이나 마약 등 중독에 의존하는 경우도 많기 때문이다.

내담자였던 스테파니에게는 먹는 것이 위안이자 탈출구였다. "결혼 후 45킬로그램이 늘었어요. 너무 부끄럽고 수치스러웠죠. 아이들은 누가 볼까봐 저와 함께 있는 것을 꺼렸고, 남편은 제가 여자로 보이지도 않는다고 했어요. 살을 빼야 한다는 건 저도 알았지만, 도저히 먹는 것을 멈출 수가 없었어요."

상담을 통해 스테파니는 자신이 정서적 학대로 인한 수치심을 음식으로 누르고 있다는 것을 깨달았다. "아무런 감정이 느껴지지 않을 때까지 먹었어요. 남편이 저를 정서적으로 학대하고 있다는 사실에 그렇게 반응했던 거죠. 계속 먹어대는 제 자신이 싫었지만, 제가 처해 있는 상황을 직면하기가 더 싫었던 거예요."

유해한 수치심은 다른 어떤 감정보다도 심하게 피해자의 자아상을 망가뜨린다. 그 결과 피해자는 자신이 큰 결함을 지닌 사람이며, 열등하고, 무가치하고, 사랑받을 자격이 없는 사람이라는 생각을 품게 된다. 그런 강력한 수치심에 계속 노출되면, 피해자는 자기혐오 끝에 자기파괴나 자살을 시도하는 지경에 이르기도 한다. 내담자였던 쉬나의 경우가 그랬다.

남편은 저더러 최악의 엄마이자 최악의 아내라고 입버릇처럼 말했어요. 저는 그 말을 믿었고요. 남편은 틈만 나면 제 실수나 제가 미처 마치지 못한 집안일을 지적했죠. 남편은 저같이 무능력한 엄마를 아이들이 존경할 리가 없다고도 말했어요. 아이들 앞에서 제 실수나 부족함을 하나하나 지적하며 저를 바보로 만들기도 했죠. 남편은 제 요리며 집안일, 외모, 심지어 제가 보는 텔레비전 프로그램까지 비난했어요. 그리고 저는 그 비난을 모두 사실이라 믿었죠. 한 번도 남편의 지적이나 의도에 의문을 품지 않았어요. 남편이 제 고통을 보며 즐기고 있다는 사실을 전혀 몰랐던 거죠.

밤에는 정말 몇 시간씩 울었어요. 남편은 제가 울면 귀찮다는 듯 다른 방으로 가버렸죠. 절망에 빠진 저는 자살을 하려고 약을 모으기 시작했어요. 약의

정서적 학대에서 벗어나기

종류는 상관없었죠. 그냥 손에 넣을 수 있으면 애들 약이든, 남편의 처방약이든 계속 모았어요. 저희 어머니의 고혈압 약까지 훔쳤죠. 얼마나 먹어야 죽을지 알 수는 없었지만, 어쨌든 많이 모아서 먹으면 그 고통을 끝낼 수 있을 것 같았어요.

무엇 때문에 실행에 옮기지 않았는지는 기억나지 않아요. 아마 아이들 생각 때문에 멈췄던 것 같아요. 남편은 아이들이 저 같은 엄마를 사랑하지 않는다고 말했지만, 제가 없으면 아이들이 어찌될까 하는 생각이 들었거든요.

유해한 수치심의 영향

유해한 수치심과 자기비난은 신체적 건강에 악영향을 주기도 한다. 수치심은 스트레스를 유발하는 것으로 알려져 있는데, 직면한 상황에 제대로 대응할 수 있는 힘이나 기술, 지식, 능력이 없는 경우에는 그 스트레스의 강도가 훨씬 높아진다. 스트레스는 면역체계에도 영향을 준다. 우선 많은 이들이 수치심과 유사하다고 느끼는 죄책감과 비교해보자. 임상심리학자 메리 터너Mary Turner에 따르면, 죄책감의 경우 사회적으로 어느 정도 용인된 해소 과정이 정립되어 있다. 잘못을 저질러서 죄책감을 느끼는 사람은 자신의 행동이 옳지 않았음을 인정하고, 다시는 그런 행동을 하지 않기로 맹세하고, 그 행동에 대해 사과한 후, 자신이 저지른 일의 결과를 수용한다. 죄책감은 이런 과정을 거치며 어느 정도 해소되기 때문에 수치심만큼 큰 스트레스를 유발하거나 면역체계에 영향을 주지는 않는다.

그러나 수치심은 다르다. 유해한 수치심에 만성적으로 노출되면 좌절과 무력감으로 인해 스트레스 관련 호르몬의 분비가 크게 증가한다.

위협을 인지하면 뇌의 시상하부視床下部, 체온·수분균형·대사조절에 작용하는 자율신경계 중추는 비상경보 장치를 가동한다. 위험신호를 받은 부신은 아드레날 린과 코르티솔을 비롯한 여러 호르몬을 다량 분비한다. 스트레스 관련 주요 호르몬인 코르티솔cortisol은 면역체계 반응을 변화시키고 소화계통과 생식계통은 물론 성장에까지 영향을 준다. 이 복잡한 경보장치는 인간의 기분과 의지, 두려움을 관장하는 뇌의 여러 영역 들과 소통하며 영향을 주기도 한다.

위협 상황이 지나가면 호르몬 분비는 대개 평시 수준으로 돌아간 다. 그러나 스트레스 요인이 상시 존재하여 늘 공격받고 있다고 느 끼는 경우, 즉 정서적 학대로 인한 수치심을 만성적으로 느끼는 경 우에는 '투쟁 도피 반응' 상태가 꺼지지 않고 계속 가동된다. 극심한 스트레스에 대처하기 위한 각성 상태가 지속되면 코르티솔을 비롯 한 스트레스 호르몬 과다에 장기적으로 노출되어 신체의 거의 모든 기능에 영향이 나타날 수 있다. 이는 불안감, 우울감, 소화불량, 두 통, 심장질환, 수면장애, 체중증가, 기억력 및 집중력 저하 등 다양한 건강 문제의 발생 확률을 높인다.

수치심은 심리적으로도 다양한 영향을 준다. 수치심은 자존감과 자신감, 신체상, 성욕, 인간관계에 치명적인 악영향을 줄 뿐 아니라, 스스로를 돌보고 방어하는 능력과 의지 또한 약화시킨다. 이러한 악영향들 중에서는 치명적인 것도 있고 비교적 일반적인 것도 있지 만, 결과적으로는 모두 당하는 이에게 심각한 피해를 남긴다.

수치심이 불러오는 치명적인 악영향

수치심이 불러오는 치명적인 악영향은 주로 다음의 일곱 가지로 분류할 수 있다. 물론 여러 항목이 중복되거나 서로 연결되어 나타나는 경우도 많다.

1. **자기증오와 자기혐오:** 수치심은 자기 자신, 또는 자신의 신체에 대한 경멸을 불러오며, 피해자는 자신이 애정, 성공, 행복 등을 누릴 자격이 없는 사람이라 생각하게 된다. 자기혐오에 빠진 사람은 자기가 좋은 것을 누릴 자격이 없다는 생각에 스스로 성취를 방해하며, 심한 경우 자기파괴까지 시도하게 된다.

2. **자기파괴:** 여기에는 자해에 대한 충동, 또는 실제로 칼로 자신의 몸을 베거나 뾰족한 것으로 찌르고 불로 지지는 자해 행동이 포함된다. 자살을 하고 싶다는 생각, 또는 자살 충동 또한 여기에 포함된다. 자기파괴 충동은 다른 방식으로 표출되기도 하는데, 수치심의 피해자들은 자신을 파괴하기 위해 안전하지 않은 성관계를 즐기거나 난폭운전이나 음주운전을 하고, 익스트림 스포츠를 즐기거나 위험한 사람들과 어울리고, 심지어는 범죄 행위에 가담하기도 한다.

3. **자기방임:** 여기에는 인간의 생존에 필수적으로 필요한 음식이나 물, 의복, 휴식, 수면 등을 스스로에게 제대로 제공하지 않는

행위가 포함된다. 수치심으로 자기방임에 빠진 이들은 제대로 된 영양분을 섭취하지 않거나 아예 굶기도 하고, 춥거나 더운 날씨에 옷을 제대로 챙겨 입지 않기도 한다. 꼭 필요한 치과 치료나 의료적 치료를 받지 않는 것 또한 자기방임에 해당한다.

4. **어린 시절 학대 경험의 반복:** 수치심의 피해자들은 어린 시절 자신을 학대했던 가해자와 비슷한 파트너나 친구를 사귀곤 한다. 심지어 외모까지 닮은꼴인 경우도 있다. 그런가 하면 피해자 자신이 가해자의 태도, 말버릇, 행동 등을 그대로 답습하며 자신이 당했던 학대를 다른 사람, 주로 친밀한 파트너와 자녀들에게 되풀이하는 경우도 있다. 타인의 정서적·신체적·성적 학대를 반복적으로 수용하거나, 자신을 이용하려는 상대에게 계속해서 넘어가는 것 또한 여기에 해당한다.

5. **중독 행위:** 술이나 마약, 섹스, 포르노, 쇼핑, 절도, 도박 등에 대한 중독이 여기에 속한다. 타인에게 자신의 가치를 확인받고 안정감을 얻고자 강박적이고 만성적으로 사랑을 갈구하는 연애 중독 또한 여기에 포함된다.

6. **분노:** 수치심으로 인한 분노는 쉽게 화를 내고 소리를 지르는 모습, 잦은 말다툼과 몸싸움, 파트너나 자녀에 대한 학대, 난폭 운전 등으로 나타난다. 분노가 외부로 표출된 경우 타인에 대

정서적 학대에서 벗어나기

한 신랄함이나 적대감으로 나타난다. 분노가 내부를 향하는 경우에는 우울감과 자기혐오, 자해, 자기처벌 등으로 나타날 수 있다(1번 항목 참고).

7. **고립:** 학대 피해로 인한 수치심은 피해자를 고립과 단절로 몰아넣기도 한다. 피해자는 의식적·무의식적으로 '사람을 만나지 않으면 더 수치를 당할 일은 없을 거야'라고 생각한다. 이런 생각을 하는 피해자는 다른 사람들과 어울리고 싶어 하지 않거나 사교적인 행동을 어려워하며, 사람을 만나야 할 때 극도의 불안감을 느끼기도 한다. 집에만 틀어박힌 채 외출을 거의 안 하기도 하고, 모임에 참가하더라도 소심하게 뒤로 빠져 있기 때문에 누가 말을 걸어도 알아채지 못하거나 대화에 제대로 참여하지 못한다.

수치심이 불러오는 일반적인 악영향

아래 소개하는 영향은 앞서 소개한 치명적인 악영향들에 비해 정서적 학대 피해자의 생활을 본격적으로 망가뜨리지는 않는다. 그러나 분명 이러한 영향들도 피해자에게 고통을 주고 삶의 방식을 바꿔놓기 때문에 결코 사소한 일로 생각할 수 없다. 다음의 행동 패턴은 피해자의 삶에 무시할 수 없는 영향을 미치며 곤란한 상황을 만들곤 한다.

- 정정이나 비판에 예민해지며, 쉽게 수치심을 느낌

- 비판을 막기 위해 벽을 세우고 방어적으로 행동함

- 자기 자신을 비판하며 가혹하게 굴고, 스스로를 잘 용서하지 않음

- 더 큰 수치심을 피하기 위해 완벽주의적 성향을 띠게 됨

- 더 큰 수치나 학대를 피하기 위해 자꾸 사람들의 비위를 맞추는 행동을 하게 됨

- 상대의 기분을 상하게 하면 수치를 당할까봐 의견이 달라도 잘 말하지 않게 됨

- 다른 사람들에 대한 통제권을 얻고자 힘과 성공에 집착하게 됨

- 의욕과 동기의 부족(정해진 계획을 지키지 못하거나 목표를 달성하지 못함), 혼란(하고 싶은 일을 찾지 못하거나 파트너에게 충실하지 못함)

지금까지 수치심이 정서적 학대 피해자에게 주로 어떤 영향을 주는지 알아보았다. 이제 그것이 당신에게 준 영향에 대해 곰곰이 생각해볼 차례다. 이 장에 소개된 내용들을 읽으며 이미 자신에게 해당하는 행동이나 사고방식 등을 알아챘겠지만, 가능하면 따로 시간을 내서 다음의 연습과제를 수행해보자.

유해한 수치심은 내게 어떤 영향을 주었는가?

바로 앞에 소개한 수치심의 치명적인 악영향과 일반적인 악영향 목록을 보고 자신에게 해당하는 항목에 체크 표시를 해보자.

자신에게 해당하는 항목을 찾으면서는 어떤 기분이 들었는가? 수치심이 주는 영향을 이미 인지하고 있었다면 (당신의 생각이 옳았음을 확인하게 되어) 정당성을 입증받은 느낌이 들었을 것이다. 그러나 이 장에 소개된 내용을 읽고 나서야 당신이 지금껏 느낀 고통의 원인이 수치심이었다는 것을 깨달았다면 좀 더 복잡한 감정이 들었을 것이다. 주변 사람들은 물론 스스로도 이해할 수 없었던 일에 대한 설명을 드디어 찾았다는 생각에 후련한 기분이 들었을 수도 있고, 다른 피해자들과 경험을 공유하고 있다는 생각에 일종의 안도감이 들었을 수도 있다. 정서적 학대와 수치심이 당신의 삶에 준 영향을 구체적으로 알게 됨으로써 슬픔과 분노를 느꼈을 가능성도 있다.

수치심이 당신에게 준 다양한 영향을 이해하는 것은 치유를 위해서도 꼭 필요한 일이다. 수치심이 준 부정적인 영향을 구체적으로 파악해야 어떻게든 정서적 학대를 끝내기 위한 노력을 시작할 수 있기 때문이다. 수치심의 영향을 이해하는 것은 자기용서에도 도움이 된다. 지금껏 저지른 이해 못할 행동들이 사실은 수치심으로 인해 나타난 피할 수 없는 행동이었음을 깨달으면 조금 더 너그러운 마음으로 스스로를 대하게 되고, 파트너를 떠나지 못한 이유에 대해서도 어느 정도는 이해할 수 있게 되기 때문이다.

ESCAPING
EMOTIONAL
ABUSE

2부

수치심의 감옥에서 탈출하기

5장
나의 수치심 이해하기

"다른 사람이 네게 저지른 일로 자신을 판단하지 마."

- C. 케네디, 《오모르피Omorphi》

정서적 학대 피해자들은 대부분 자신이 애초에 학대적인 관계에 걸려들었다는 사실에 부끄러움을 느끼고, 학대를 당하면서도 관계를 끝내지 못하고 있다는 사실에 더 큰 수치심을 느낀다. 이미 느끼고 있는 수치심만으로도 고통스러운데, 주위에서는 "왜 안 헤어져?"라는 질문이나 "내 남편이 그러면 바로 갈라선다"는 말을 툭툭 던지며 피해자의 수치심을 더 악화시킨다.

안정적인 직업과 경제력이 있는데도 관계를 끝내지 못하는 여성은 자신의 상황에 대해 특히 더 큰 수치심을 느낀다. 어느 내담자가 한 말이다. "저는 직업적으로 성공한 편이에요. 여성들이 제게 여러 조언을 구하기도 하죠. 남편과 헤어지자면 당장도 헤어질 수 있어요. 경제적인 문제 때문에 안타깝게도 어쩔 수 없이 같이 사는 여자들도 많잖아요. 저는 그런 경우도 아니거든요. 근데 그래서 더 수치심

정서적 학대에서 벗어나기

이 들어요. 피치 못할 사정이 있는 것도 아닌데 이렇게 해로운 관계를 끝내지 못하고 있는 저 자신에 대해서요."

한편 정서적 학대를 받는 남성은 남성이기 때문에 여성과는 또 다른 어려움을 겪는다. 사람들이 남성이라면 강하고 터프해야 하며 아내나 여자친구에게 학대를 당한다는 게 말이 안 된다고 생각하기 때문이다. 한 남성이 상담을 받으며 한 말이다. "주변에 제 처지를 말할 수가 없어요. 말해봤자 비웃거나 약골이라며 놀릴 게 뻔하잖아요. 사람들은 아내가 남편을 학대하는 경우가 존재한다는 사실 자체를 이해하지 못해요. 그냥 '남자한테 무슨 문제가 있는 거 아니야?'라고 수군거리거나 '그냥 헤어지면 되지 뭐가 문제야?'라고 쉽게 말하죠."

이렇듯 피해자들은 다양한 차원에서 수치심에 시달린다. 그리고 그 수치심은 피해자에게 매우 유해하게 작용한다. 그러므로 이번 장에서는 학대적인 사람을 파트너로 골랐다는 사실에 대해, 그리고 학대를 당하면서도 관계를 정리하지 못하고 있다는 사실에 대해 자책하고 있는 피해자들이 수치심으로부터 벗어날 수 있도록 돕는 데에 집중하려 한다.

정서적 학대 관계에 놓여 있다는 사실은 절대로 피해자가 수치스러워 할 일이 아니다. 정서적 학대는 나이와 인종, 사회적·경제적 지위, 성별, 성적 지향과 무관하게 모든 곳에서 광범위하게 발생하기 때문이다. 그러므로 누구나 정서적 학대의 피해자가 될 수 있다. 똑똑한 사람도, 힘과 권력을 지닌 사람도, 돈이 많은 사람도 예외가 아니다. 그런 사람들도 언제든 정서적 학대자와 만날 수 있다.

매력을 느낀 사람이 나중에 학대적인 성향을 지닌 것으로 드러났다고 해서 당신에게 문제가 있는 것이 아니다. 당신이 어리석거나 순진해서 그런 사람을 고르는 것이 아니라는 의미다. 남녀를 막론하고, 학력이 높고 지닌 똑똑한 이들도 남들과 다름없이 정서적 학대 관계에 빠진다. 많은 가해자가 처음에는 자상하고 멀쩡한 사람인 척한다. 그러다 관계가 시작되고 나중에 가서야 상대에게 수치심을 주고, 통제하고, 조종하려는 본색을 드러내는 것이다. 그러므로 파트너의 가면을 꿰뚫어보지 못했다는, 또는 학대적인 면을 미리 감지하지 못했다는 자책은 버려야 한다.

취약한 이들을 목표로 삼는 가해자

정서적 학대자들은 종종 질병, 가족이나 가까운 이를 잃은 경험, 그 외 트라우마적 경험 등으로 마음이 약해진 이들을 목표로 삼는다. 알마는 바로 그런 가해자와의 결혼생활로 정서적 파탄 상태에 이르렀고, 이러한 상황 속에서 끔찍한 수치심을 경험해야 했다.

5년 전에 끔찍한 일을 겪었어요. 무자비한 구타와 강간을 당하고 길거리에 버려졌죠. 범인은 모르는 사람이었는데, 제가 죽게 내버려둔 채 그대로 달아났어요. 천만다행으로 어떤 사람이 저를 발견해서 구급차를 불러주었죠. 남편을 만난 건 바로 그날이에요. 제가 입원한 날 병원에서 저를 돌봐주었던 의사였죠. 그 사람은 정말 다정하고 세심하게 저를 보살폈어요. 끔찍한 사건을 겪은 직후

정서적 학대에서 벗어나기

라 남자라면 전부 무서웠지만, 조용하면서도 세심하게 저를 돌보는 남편의 모습에 마음이 열렸죠. 누군가에게 그렇게 큰 신뢰감을 느낀 건 정말 오랜만이었어요.

퇴원 후에도 남편은 제게 주기적으로 연락하며 상태를 체크했어요. 가끔은 음식을 사다주기도 하고, 제가 눈물을 흘릴 때면 옆에 앉아서 다독여줬죠. 그렇게 섬세하고 다정한 사람은 처음이었어요. 그렇게 저는 남편과 사랑에 빠지기 시작했어요.

그러나 안타깝게도 알마의 남편은 취약해진 대상을 일부러 찾아다니는 최악의 가해자였다. 4년의 결혼생활 동안 알마의 남편은 정서적 학대와 고문을 일삼았고, 알마는 결국 정신병원에 입원을 해야 할 지경에까지 이르렀었다.

저는 제 집에 갇힌 죄수였어요. 남편 없이는 한 발자국도 집 밖으로 나갈 수가 없었죠. 뭐라고 따지려 하면 저를 벽장에 가두기도 했어요. 남편은 제 일거수일투족을 완벽하게 통제하고 싶어 했고, 제가 아무것도 못 하고 무력감에 빠진 모습을 즐겼어요. 제가 내켜하지 않을 때도 섹스를 강요했고, 제 팔을 뒤로 묶은 채 뜨거운 촛농으로 저를 고문하기도 했죠. 남편은 '악^惡' 그 자체였어요. 살아서는 남편의 손아귀를 벗어나지 못하겠다는 생각이 들 정도였어요.

물론 알마의 사례는 극단적이다. 그러나 알마의 남편처럼 자신이 지배하고 통제할 수 있는 취약한 대상을 찾아다니는 가해자는 생각보다 많이 존재한다. 이런 가해자들은 남들 앞에서는 다정하고 자상한 사람인 척 자신을 포장한다. 가해자 중에는 알마의 남편처럼 번듯하고 착실한 인상을 가진 사람도, 사회적으로 꽤 높은 지위를 차지하고 있는 사람도 있다. 그리고 바로 그렇기 때문에 사람들은 그들의 학대적인 면을 상상조차 하지 못한다.

배신 트라우마

정서적 학대 가해자를 미리 알아보기 어려운 이유는 또 있다. 바로 많은 피해자들이 아동기나 청소년기에 겪었을 '배신 트라우마' 때문이다. 배신 트라우마는 자신이 믿고 사랑하는 이에게 배신을 당하는 경우 발생한다. 예를 들어 부모나 다른 보호자의 성적 학대 등은 배신 트라우마를 일으키는 사건에 해당한다. 어려서 겪은 배신 트라우마는 피해자의 사회성 발달을 저해하며, 특히 신뢰의 대상을 판단하는 능력에 악영향을 준다. 그 결과 피해자는 대인관계에서 신뢰의 대상에 대한 잘못된 결정을 내릴 확률이 높아지고, 이는 피해자가 또 다른 피해에 노출될 확률을 높인다. 배신 트라우마는 정상적인 신뢰 기제를 손상시켜 위험 상황에 대한 판단 능력을 흐리게 한다. 다시 말해, 배신 트라우마를 지닌 피해자들은 잠재적으로 정서적 학대로 인해 벌어질 수 있는 해로운 상황을 읽어낼 능력이 떨어진다는 이야기다. 신뢰 기제가 손상된 이들은 그 외에 다음과 같은 특징을 보이기도 한다.

정서적 학대에서 벗어나기

- 자기변호 능력이 부족함

- 자기보호 능력이 부족함

- 정서적·신체적으로 학대적인 관계를 끝낼 수 있는 능력이 떨어짐

학대적인 파트너에게 끌린 그 밖의 이유들

그 외에도 당신이 학대적 성향의 파트너에게 끌리고 학대적 행동의 징후를 눈치채지 못한 이유는 다음과 같이 다양하다.

- 학대자의 통제 전략과 수치심 전략은 대개 미묘하여 눈치채기 어렵다. 그러므로 그 실체를 모르고 만나게 되는 것은 흔한 일이다.

- 학대자들은 보통 처음에는 다정하고 자상한 모습을 보인다. 일부이기는 하지만 그것이 연출된 모습이 아닌 실제 성격인 경우도 있다. 그러나 관계가 시작되면 학대자들은 다양한 전략을 구사하며 점점 피해자에게 수치심을 주고 통제하려는 모습을 보인다.

- 알마의 남편과 마찬가지로 어두운 면을 철저히 숨기는 가해자도 있다. 그들은 친밀한 관계가 된 이후에야 그런 모습을 조금씩 드러낸다. 주위에는 자신의 학대적인 모습을 철저히 숨기기 때문에 주변 사람들은 대부분 가해자가 친절하고 다정한 사람이라고 생각한다.

- 대부분의 사람들은 마음에 드는 상대를 만나도 독점적인 관계

를 제안하기까지 시간을 두고 고민하는 과정을 거친다. 그러나 학대적 성향이 있는 이들은 거의 곧바로 독점적인 관계로 진입하여 피해자와 거의 모든 시간을 함께 보내고 싶어 한다. 부모에게 방임당한 경험이 있거나 진지한 연애를 꺼리는 파트너에게 상처받은 적이 있는 피해자의 경우 그런 적극성을 큰 매력으로 받아들이게 된다.

• 학대적 성향의 파트너들은 처음에는 상대를 숭배하고 떠받드는 모습을 보이기도 한다. 이들은 상대를 끊임없이 칭찬하며 '당신은 정말 멋진 사람'이라고 말하거나 '이렇게 좋은 사람은 처음'이라는 말을 한다. 자존감이 낮은 사람, 부모나 과거 파트너들의 잦은 비판에 노출됐던 사람이라면 자신을 떠받드는 상대에게 넘어가기 쉽다.

• 우리는 대부분 파트너의 무조건적인 사랑과 인정을 계기로 결혼을 비롯한 진지한 관계를 결심한다. 안타깝게도 어린 시절 부모의 무조건적인 사랑을 받지 못한 이들은 이러한 경험에 특히 취약한데, 학대적 성향의 사람들은 사랑에 대한 결핍이 있는 대상의 취약성을 능숙하게 파고들어 교묘하게 조종하기도 한다.

애정공세

앞서 살펴본 항목들 중 마지막 세 가지는 애정공세 전략으로 분류할 수 있다. 인간은 누구나 낯선 이를 대할 때 어느 정도 경계심을 보인다. 학대적 성향의 사람들은 이 경계의 벽을 허물기 위한 전략으로 애정공세를 활용한다. 감정이 서서히 무르익기를 기다리지 않고 자신이 목표로 삼은 사람과 빠른 속도로 친밀해지기 위해 강렬한 애정을 집중적으로 퍼붓는 것이다. 애정공세 전략에는 다음과 같은 것들이 있다.

- **감언이설과 칭찬:** 이 전략을 사용하는 가해자는 목표로 삼은 대상에게 끊임없이 아름답고 멋지고 매력적이라는 칭찬을 반복한다. 반복적인 칭찬은 대상의 자신감을 급격히 상승시키고, 그로 인해 나타난 뇌의 물리적·화학적 변화는 가해자에 대한 호감을 강화한다. 평소 자존감이 낮았던 사람이라면 좀처럼 느껴보지 못했던 자신감의 상승에 더 쉽게 들뜨게 된다.

- **의존:** 이 전략을 사용하는 가해자는 피해자에게 점점 더 많은 시간을 함께 보낼 것을 요구한다. 피해자의 시간과 에너지를 점점 더 많이 차지해가며 다른 사람을 만나지 못하게 하는 것이다. 다른 사람들과의 교류가 단절되면 가해자는 피해자가 애정과 온기를 원할 때 기댈 수 있는 유일한 사람이 된다. 이러한 상태가 오래 지속될수록 피해자는 가해자에게 더 의존하게 되고, 종국에 가서는 가해자가 없이는 살아갈 수 없다는 생각을 하게 된다.

- **운명:** 이 전략을 사용하는 가해자는 피해자와 자신의 관계가 특별하다는 점을 강조한다. 가해자는 "이런 감정을 느끼는 것은 당신이 처음이야", "당신은 아무래도 나의 소울메이트 같아"라는

말을 하며 둘의 사이가 운명임을 강조한다.

괴로웠던 어린 시절에 대한 보상

피해자가 학대적인 파트너를 미리 알아보지 못하거나 그들에게 빠져드는 이유는 또 있다. 바로 어린 시절 겪었던 고통과 결핍을 파트너가 보상해줄 것이라는 믿음과 기대다. 이러한 잘못된 기대는 양쪽 모두에게 실망을 안겨주며, 때로 학대로 이어지기도 한다. 보상에 대한 기대와 욕구가 늘 의식적이지는 않지만, 그러한 감정은 무의식 속에서도 큰 힘을 발휘한다.

내담자였던 카르멘의 아버지는 두 살 때 가족을 버리고 떠났다. 그 후 아버지를 한 번도 만나지 못한 카르멘은 언제나 아버지라는 미지의 존재를 그리워하며 가슴 한구석이 뻥 뚫린 채 살아갔다. 그러던 카르멘이 로렌스를 만나 한눈에 반한 것은 열여덟 살 때였다. 덩치도 크고 강인해 보이는 로렌스에게 왠지 모르게 끌렸던 것이다. "로렌스와 함께 있으면 안심이 됐어요. 늘 나를 보호하고 보살펴줄 것이라는 생각이 들었죠." 둘은 만난 지 몇 달 만에 결혼했다.

그러나 얼마 지나지 않아 카르멘은 로렌스가 보호를 넘어 그녀를 소유하려 한다는 것을 깨달았다. 함께 외출을 할 때면 로렌스는 카르멘이 다른 남자와 시시덕거린다고 트집을 잡았다. 남편 없이 혼자 외출하는 것은 꿈도 꿀 수 없었다. "처음에는 저를 보호하느라 그러는 줄 알았어요. 하지만 사실은 남편이 저를 못 믿어서 그런다는 것을 점차 깨달았죠. 로렌스는 제가 혼자 외출하거나 다른 친구들과 만나면 다른 남자랑 어울릴 거라고 생각했어요."

카르멘은 친구는 물론 가족들과도 서서히 멀어졌다. "이상하게 로렌스는 제 언니를 싫어했어요. 제가 혼자 언니를 만나는 것도 싫어했죠. 지금 생각해보니 언니가 로렌스의 본 모습을 꿰뚫어봐서 그랬던 것 같아요."

그런 생활은 몇 년간 이어졌다. 그러다 카르멘이 임신을 하고 로렌스의 통제가 더욱 심해지며 한계점이 왔다. "자기 없이는 아예 밖에 나가지를 못하게 했어요. 다른 남자를 쳐다보기라도 하는 날엔 난리가 났죠. 남편은 절 보고 창녀라고 욕을 하며 엄마 노릇도 제대로 못 할 거라고 소리를 질러댔어요. 그 소리를 들으니 정신이 들더군요. '이 사람이 좋은 아빠가 될 수 있을까? 아이에게도 지금 내게 하듯 저렇게 끔찍하게 굴겠지?'라는 생각이 든 거죠."

그 생각을 계기로 카르멘은 자신의 깊은 내면을 들여다보기 시작했다. 상담실을 찾은 것도 그러한 자기 탐구의 일환이었다. 우리는 상담을 통해 그녀가 로렌스를 배우자로 택한 이유를 더듬어보았고, 아버지의 부재 속에 자란 그녀가 실은 아버지 같은 존재를 찾고 있었다는 사실을 알게 되었다.

"자라면서 아버지라는 존재가 너무 가지고 싶었어요. 그러다 만난 로렌스는 제가 바라는 것을 모두 가지고 있는 것 같았죠. 덩치도 크고 힘도 세서, 그 사람 옆에 있으면 제가 작은 아이가 된 것 같은 기분이었거든요. 그 기분이 좋았어요. 자신감도 넘쳐 보였어요. 모든 것을 자기한테 맡기라는 그 태도가 참 든든했죠. 하지만 나중에 알고 보니 그 자신만만한 태도는 불안한 마음을 감추기 위한 허세에 불과했어요. 모든 걸 자기한테 맡기라는 태도는 사실 저에 대한 통제였던 거고요."

카르멘의 남편이 그랬듯, 학대적인 파트너들은 처음에는 사소한 것으로 시작해서 조금씩 비난의 강도와 범위를 넓혀가기도 한다. 이런 가해자들은 상대의 옷차림, 말투, 주변 사람들과의 교류에 이르기까지 모든 것을 비난하는데, 자신의 비난을 조언이나 충고로 위장하거나 그저 돕고 싶어서 하는 말이라고 변명하기도 한다.

왜 떠나지 못했을까?

학대적인 파트너를 택한 것에 대해 자책할 필요가 없다는 말은 이미 앞에서도 수차례 강조한 바 있다. 또 한 가지 중요한 것은 학대의 징후가 보였을 때 파트너와 바로 헤어지지 못한 것에 대해서도 스스로를 탓하지 말아야 한다는 것이다. 그런 징후가 보였다고 해도, 사랑하는 사람에게 기회를 주고 싶은 것은 당연한 일이다. 파트너는 아마도 다시는 그러지 않겠다고 약속했을 것이고, 당신은 그 말을 믿고 싶었을 것이다. 파트너가 자신의 학대적 행동을 당신의 탓으로 돌렸을 수도 있다. 당신이 어린 시절부터 수치심과 비난을 경험하며 자랐다면 모든 게 당신 탓이라는 파트너의 말을 그대로 믿었을 가능성이 높다. 아마 상대는 자기가 그런 행동을 하는 것이 당신 탓이며, 예전에 다른 사람을 만날 때는 한 번도 그런 적이 없다고 말했을 것이다.

정서적 학대의 피해자들은 파트너의 학대적 행동과 그로 인한 피해를 축소하려는 경향이 있다. 파트너의 학대적 행동이 실제로는 점점 심해지고 있는데도 별일 아니라고 생각하려 했을 것이다. 연일 보도되는 연인 간의 끔찍한 괴롭힘, 폭행 및 살인 사건 뉴스 속에, 당신이 당하고 있는 그것이 학대라는 생각을 하기 어려웠을 수도 있다. 어쨌든 파트너가 당신을 때리거나 벽으로 밀치거나 방에 가둔 적은 없으니 말이다.

왜 당당히 맞서지 못했을까?

정서적 학대 피해자들은 파트너가 처음 학대적인 행동을 했을 때 왜 당당히 맞서지 않았냐는 비난에 시달리기도 한다. 그러나 대부분의 가해자들은 피해자의 저항을 다루는 데 매우 능숙하다. 우선 학대적 행동에 대해 피해자가 항의하면 가해자는 괜한 트집을 잡는다거나 별것도 아닌 일로 난리라는 식으로 오히려 상대를 이상한 사람으로 몰아간다. 아니면 피해자가 자신의 손아귀를 벗어나는 것을 막기 위해 일단 상대의 불만을 듣고 진심으로 사과하는 척 하기도 한다. 너무 질투를 해서 미안하다며 앞으로는 그러지 않겠다고 하거나, 일 때문에 스트레스가 많아서 자기도 모르게 짜증을 냈다며 사과하는 식으로 말이다.

그렇게 사과를 받고 넘어가지만 파트너의 학대적 행동은 줄어들기는커녕 점점 더 심해진다. 이에 대해 피해자가 다시 따지고 들면 그런 문제는 커플들 사이에 흔히 벌어지는 '정상적인' 일이라며 둘이 힘을 합쳐 더 나은 관계를 만들기 위해 노력하면 된다고 설득한다. 기가 막힌 것은 그 노력이 주로 가해자를 자극하지 않기 위해 피해자가 해야 할 노력이라는 점이다. 이 시점에서 가해자의 주된 레퍼토리인 "당신이 자꾸 그러니까 내가 이러잖아"라는 '탓하기'가 등장하기 시작한다.

시간이 지나 결국 피해자가 둘 사이의 문제가 전혀 정상적이지 않으며 변해야 할 것은 자신이 아닌 파트너라는 사실을 깨달을 수도 있다. 그 사실을 깨달은 피해자는 다시 한번 파트너의 부당한 행동에 대해 항의를 시도할 것이다. 그러나 이 방법도 통하지 않을 가능성이 높다. 우선 정서적 학대자들은 말을 꼬고 대화를 빙빙 돌리는 데 선수인 경우가 많다. 또한 이들은 상대가 자기 말대로 하지 않으면 갑자기 윽박을 지르거나 욕을 하고, 비난을 퍼붓기도 한다. 이쯤 되면 피해자는 부당하더라도 그냥 파트너의 요구를 들어주는 것이 평화를 지키는 길이라는 심정으로 항의를 포기한다.

피해자가 학대에 대해 이야기하려 하면 가해자는 갑자기 대화를 거부하고 문을 박차고 나가기도 한다. 피해자의 이야기를 듣고 자신의 생각이 어떤지 말하기보다 그저 입을 꾹 닫고 그 장소를 벗어나는 것이다. 학대적 파트너들은 피해자가 제기하는 눈앞의 문제를 해결하려 애쓰기보다는 요란스럽게 퇴장해버린다. 이것은 불편한 대화를 피하고 관계의 주도권이 누구에게 있는지 확실히 보여주려는 행동이다.

가해자는 수치심이나 죄책감을 이용해 피해자를 조종하려 하기도 한다. 피해자가 상대의 잘못을 지적하거나 그에 맞서려 하면 가해자는 갑자기 자신이 피해자라는 듯 이런 말을 한다. "당신이 날 그렇게 생각하고 있다니 믿을 수가 없어. 난 그냥 당신의 행복을 바랄 뿐인데, 당신은 나한테 왜 그렇게 불만이 많은 거야? 솔직히 당신에겐 행복해질 의지가 없는 것 같다는 생각이 들어."

파트너가 사람들 앞에서 자꾸만 당신에게 면박을 주고 깎아내린다고 치자. 파트너의 행동이 불편해진 당신은 어느 날 그 불만을 말해야겠다고 결심한다. 마침 그다음 날 파트너가 또 면박을 줘서 당신은 앞으로 그러지 말아달라고 부탁한다. 피해자인 척하는 파트너는 어떻게 나올까? 파트너는 당신과 그 문제에 대해 대화하려 하지 않을 것이다. 잘못을 인정하거나 사과하지도 않고, 앞으로는 주의하겠다는 말도 하지 않을 것이다. 그저 모든 것을 완강히 부인하며 당신이 자기를 그렇게 생각했다는 사실에 상처받은 것처럼 행동할 것이다. 그러고는 성숙하고 진지한 대화를 해볼 여지도 없이 그냥 밖으로 뛰쳐나갈 것이다.

정서적 학대 관계를 끝내는 것이 어려운 이유

피해자들은 자신이 정서적인 학대를 당하고 있고, 그 학대가 실제로 해로운 영향을 주고 있다는 사실을 깨달은 후 더 큰 충격을 받기도 한다. 상담실을 찾는 내담자 중 많은 이들은 정서적 학대 사실을 깨닫고도 그 관계를 끝내지 못하는 자신에 대해 심한 수치심을 느낀다.

한 내담자는 이렇게 말하기도 했다. "차라리 제가 당하고 있는 게 학대라는 사실을 몰랐으면 편했을 것 같아요. 적어도 깨닫기 전에는 아무렇지 않은 척이라도 할 수 있었으니까요. 이제는 사실을 알게 됐으니 관계를 끝내야겠죠. 그래야 한다는 걸 알면서도 끝내지 못하는 제 자신이 너무 부끄러워요."

헤어짐을 두려워한다는 사실에 대해 수치심을 가질 필요는 전혀 없다. 지금껏 함께 삶을 꾸려온, 여전히 사랑하는 파트너를 떠나는 것은 결코 쉬운 일이 아니다. 경제적으로, 또 정서적으로 혼자 삶을 잘 꾸려갈 수 있을지 걱정될 수도 있다. 파트너를 처음 만났을 때에 비해 자신감도 많이 떨어진 상태일 것이다. 그동안 당한 조종과 비난으로 당신 자신이나 자녀를 돌볼 능력에 대한 믿음을 잃었을 수도 있다.

파트너를 떠나기 어려운 또 다른 이유는 혼란이다. 신시아는 남편을 떠나야 할지 말아야 할지 혼란스러워하다 상담실을 찾은 케이스였다. 한 차례 이혼을 겪은 후 남편인 제임스와 재혼한 지 2년 됐다는 신시아는 남편이 '지킬 박사와 하이드 씨' 그 자체라고 말했다.

"결혼하기 전까지는 정말 자상하고 배려심 넘치는 사람이었어요. 그런데 지금은 매일 짜증을 내고 지적질만 해요. 제 옷차림이며 제가 만드는 음식, 집을 정리하는 방식까지 정말 모든 게 불만이에요. 늘 비난할 거리만 찾는 사람 같아요. 며칠 전에는 냉장고 구석에서 오래된 음식을 찾아내더니 그걸로 또 한소리 하더라고요. 결혼 전에는 대화도 많은 편이었는데, 이제는 제가 뭔가 의견을 제시하면 저를 어린애 취급하거나 바보 같은 의견이라며 그냥 무시해버려요."

정서적 학대에서 벗어나기

남편이 늘 이런 식이었다면 관계를 정리하겠다는 결심을 하기가 수월했을 것이다. 그런데 제임스는 가끔 결혼 전으로 돌아간 듯 자상한 모습을 보이며 신시아를 혼란스럽게 했다. "너무 혼란스러워요. 가끔은 또 예전처럼 다정한 모습을 보여주거든요. 제게 사랑한다 말하기도 하고, 너무 뭐라 해서 미안하다는 이야기를 하기도 하죠. 시아버지가 워낙 사사건건 트집을 잡는 분이셨다 보니 제임스도 그 상처를 알거든요. 제임스는 제가 부모님 문제로 힘들어할 때 옆에서 버팀목이 되어주기도 했어요. 재혼할 때 데려간 제 딸에게도 무척 자상하게 잘 해주고요."

신시아는 시간이 꽤 흐른 후에야 자신이 당하고 있는 것이 정서적 학대라는 결론에 다다를 수 있었다. 결혼생활이 길어질수록 자괴감과 혼란에 빠져 삶의 방향을 잃게 될 가능성이 높다는 점도 이해하게 됐다. 그러나 그 모든 사실을 깨달은 후에도 신시아는 남편을 떠나겠다는 결정을 내리지 못했다.

정서적 학대 피해자들이 가해자와의 관계를 끝내지 못하는 이유는 다음과 같다.

- 가해자와의 관계에서 발생한 문제가 모두 자신의 탓이라 생각한다.
- 가해자의 반복적인 비난에 세뇌당해 자신이 어리석고, 무능력하고, 볼품없고, 사랑받을 자격이 없으며, 그렇기 때문에 다른 사람을 만나지 못할 것이라 생각한다.
- 자신이 혼자서는 살아갈 수 없는 사람이라 생각한다.

- 가해자가 아이를 두고 피해자를 협박한다. 피해자가 자녀를 학대했다는 말을 주변에 퍼뜨릴 거라고 위협한다. 혹은 아이를 빼앗거나 심지어 죽이겠다고 협박한다.

- 혼자가 되는 것을 두려워 한다.

- 학대와 수치심을 예전부터 경험해와서 그것이 정상으로 느껴진다.

제시된 목록을 잘 읽어보고 자신에게 해당되는 내용이 있는지 생각해보자. 만약 해당되는 내용이 있다면, 이것이 정서적 학대 피해자가 가해자를 떠나지 못하는 흔한 이유라는 점을 기억하고 모두 충분히 납득할 만한 이유라는 사실을 스스로에게 상기시키자.

학대와 수치심의 기억

앞서 제시한 목록의 마지막 항목은 특히 주목할 필요가 있다. 학대적인 파트너를 떠나지 못하고 관계를 유지하는 주된 이유 중 하나가 될 수 있기 때문이다. 성인이 되어 학대적인 파트너를 만나는 사람 중에는 과거에 이미 심한 수치심에 노출된 적이 있는 이들이 많다. 이미 예전부터 학대와 수치심에 노출되었기 때문에 그것이 정상이라고 생각하는 것이다. 많은 이들에게 수치심의 뿌리는 학대다. 아동기에 학대나 방임을 경험한 사람은 수치심으로 인한 부정적인 영향을 받게 된다. 그리고 그 영향은 피해자의 내면에 남아 어른이 된 후에도 정서적 학대 관계를 쉽게 끝내지 못하는 요인으로 작용한다.

안타깝게도 많은 부모나 양육자가 수치심을 주는 행위를 그저 용납 가능한 훈육의 한 방법이라고 생각한다. 심지어는 그것이 아이에게 도움이 된다고 생각하기도 한다. 그래서 많은 이들이 성장 과정에서 수치심이라는 감정을 거의 필수적으로 경험하며 자란다.

다음은 부모들이 자녀에게 흔히 사용하는 수치심 주기의 유형이다.

폄하: "네가 아기야? 왜 그렇게 울고불고 엄살이야"라는 말이나 "창피해서 못 데리고 다니겠다"라는 말은 아이에게 비참한 감정을 느끼게 만든다. "바비 좀 봐라. 개는 엄살도 안 부리고 얼마나 의젓하니?"라는 말과 같이 다른 아이와 비교하며 깎아내리는 말 또한 아이에게 큰 상처가 된다. 이런 비교의 말은 아이에게 수치심을 준다는 점에서도 해롭지만, 아이로 하여금 늘 남과 비교하여 부족한 점을 찾게 만든다는 점에서도 바람직하지 않다.

비난: 물론 아이의 잘못이나 실수에 대해 적절한 책임을 묻는 것은 중요하다. 그러나 많은 부모가 아이의 실수를 지적하는 것을 넘어 "바보 같이 왜 그런 짓을 해! 그런 것도 몰라?"라는 말로 아이를 비난하고 질책한다. 이런 식의 비난에는 아무런 훈육 효과가 없다. 그저 아이를 심한 수치심으로 몰아넣어 실수 이후의 회복을 방해할 뿐이다. 아이가 실수를 했을 때 비난하는 것은 그렇지 않아도 속상한 아이의 코앞에 실수의 결과를 들이대며 조목조목 따지는 것과 마찬가지다. 비난으로 인한 수치심을 견딜 수 없게 된 아이는 앞으로 실

수를 할 때마다 무조건 책임을 부정하거나 변명으로 일관하게 된다.

경멸: 부모가 드러내는 혐오나 경멸은 아이에게 완벽한 거부의 메시지가 된다. 보호자나 자신에게 중요한 사람이 (입술을 씰룩거리거나 비웃는 표정을 짓는 등) 경멸을 드러내면 아이는 자신이 혐오스럽고 불쾌한 존재라는 생각으로 절망적인 수치심에 빠지게 된다. 나의 경우도 그랬다. 어린 시절, 어머니는 나를 극히 부정적인 태도로 대했다. 어머니가 나를 바라보는 방식은 대개 둘 중 하나였다. 내가 한 일에 대한 불만을 드러내는 못마땅한 표정, 아니면 '또 무슨 짓을 하려고?'라고 묻는 듯한 불안한 표정이었다. 엄마의 표정은 늘 내게 큰 수치심을 주었고, 나는 자라는 내내 내게 큰 문제가 있다고 생각해야 했다. 그런 성장기를 겪고 갓 성인이 되어서는 주변 사람들이 나를 어떻게 생각하는지 혼자 상상하며 반응을 예민하게 살폈다. 연애를 할 때도 늘 파트너의 눈치를 살폈고, 이별을 통보받을 때면 깊은 절망에 빠졌다. 상대가 나의 '문제'를 눈치채서 떠난 것이라는 생각이 들었기 때문이다.

굴욕: 심리학자인 게르셴 카우프만Gershen Kaufman은 자신의 저서 《수치심: 돌봄의 힘Shame: The Power of Caring》에서 "누가 보아도 명백히 나보다 강하고 힘센 사람이 그 힘을 십분 활용하여 나를 때릴 때, 그 얻어맞는 경험은 그 무엇보다 굴욕적이다."라고 말했다. 이것은 내 개인적인 경험으로도 증명할 수 있다. 어머니는 경멸에 찬 표정으로 내

정서적 학대에서 벗어나기

게 수치심을 주는 것 외에도 가끔 나를 벌준다며 회초리로 때리곤 했다. 그런 체벌은 이웃들이 보고 있는 바깥에서 이루어지는 경우도 있었다. 그때 느낀 굴욕감은 내 영혼에 깊은 상처를 남겼다.

무력감을 불러오는 과도한 기대: 부모가 자녀에게 가지는 건강하고 적절한 기대는 아이의 행동을 바른 방향으로 유도하는 지침이 되기도 한다. 그러나 아이가 어떤 일에서 반드시 남들보다 뛰어난 재능을 발휘해야 한다거나 주어진 과제와 활동을 반드시 성공적으로 수행해야 한다는 과도한 기대는 무력감을 불러온다. 이런 부모들은 자녀에게 운동을 가르칠 때도 즐겁게 노는 것보다는 '최고'로 만드는 것에 집중하며, 아이가 자신의 기대에 부응하지 못하면 냉담하게 외면하며 벌을 준다. 특정한 활동이나 기술에 있어 자기 아이가 앞서야 한다는 욕구가 지나치게 강한 부모들은 아이에게 늘 지금보다 더 노력해야 한다는 압박을 가한다. 이런 부모는 아이의 운동 경기 중에 지나치게 흥분하여 고함을 치기도 하고, 아이가 별 관심을 보이지 않는 운동이나 취미를 억지로 계속 시키기도 한다. 카우프만에 따르면 아이들은 자신이 부모의 그런 기대를 충족시킬 수 없다는 사실을 깨닫게 된 순간 '속박적 자의식'을 경험하게 된다. 즉 자신이 하는 모든 행동을 고통스러울 만큼 강하게 의식하고 혹독한 평가를 내리기 시작하는 것이다. 이런 식의 기대감은 목표 달성을 거의 불가능에 가까울 정도로 어렵게 만든다. 성취에 대한 압박이 커질수록 아이는 자기 자신을 더 의식하게 되며, 이는 다시 아이의 집중력과 실행력을 저해한다. 부모는 자신의 기대를 채우지 못한 아이를 폄하하고, 아이는 결국 자기비난과 자기혐오에 시달리게 된다.

직접적인 실망감 표현: 부모의 실망감 표현 역시 아이에게 큰 수치심을 안겨준다. 못마땅한 표정을 하고 비난하는 어조로 내뱉는 "네가 그런 짓을 할 줄은 몰랐다"라는 말이나 "네게 정말 실망했다"라는 말은 아이의 마음에 큰 상처를 남긴다.

어린 시절 경험한 수치심 돌아보기

- 앞서 소개한 내용을 참고하여 어린 시절 부모님이나 보호자가 어떤 방식으로 창피를 주거나 수치심을 느끼게 했는지 생각나는 대로 적어보자.

- 그중 가장 수치스러웠던 경험을 몇 가지 뽑아 좀 더 길게 서술해보자. 기억을 가만히 더듬으며 정확히 무슨 일이 있었는지, 어떤 말을 들었는지 최대한 자세히 적어보자. 경험을 적어나가는 동안 몸과 마음에 나타나는 변화를 세심하게 살펴보자. 글을 써내려가며 느낀 감정이 혹시 현재의 파트너가 당신에게 학대적 행동을 할 때 느껴지는 감정과 비슷하지는 않은가?

- 기록한 내용은 파트너가 볼 수 없는 안전한 장소에 보관한다. 이 기록을 시작으로 일기를 써보는 것도 좋다. 일기를 쓰기로 했다면 일기장은 다른 사람이 내용을 볼 수 없도록 자물쇠를 채워 보관한다. 이 기록은 당신이 지금의 학대적인 관계에 이르게 된

원인을 상기시켜줄 것이다. 또한 학대적인 파트너를 떠나지 못하고 있는 당신의 자책감을 덜어줄 것이다. 그런 의미에서 이 기록은 앞으로의 여정에서 중요한 역할을 하게 될 것이다.

그 외의 강렬한 수치심 경험

자라며 부모로 인해 겪은 수치심 외에 다음과 같은 경험들도 피해자에게 강렬한 수치심을 남길 수 있다.

- 아동 학대, 방임, 유기로 인한 수치심

- 성인이 되어 겪은 또 다른 정서적·신체적 학대 관계

- 청소년기 또는 성인이 되어 겪은 성폭력 등 다른 트라우마

아동기의 학대

연구에 따르면 수치심은 아동기에 학대를 경험한 피해자들에게서 특히 강하게 나타나는 감정이다. 아동 학대의 피해자는 자신의 가치를 폄하하고 깎아내리는 경향이 있다. 학대의 피해자가 된 아동은 학대가 자신의 탓이라 믿곤 하며, 자신은 무조건적인 사랑을 받을 자격이 없다고 생각한다. 안타깝게도 이러한 생각은 성인이 되어 맺는 관계에까지 그대로 이어진다.

또 다른 연구에 따르면 어린 시절 학대를 경험한 사람은 성인이 되어서 다시 학대 피해를 당할 가능성이 더 높다고 한다. 이러한 현상은 특히 여성에게서 더 두드러졌는데, 아동기에 신체적 학대나 성

적 학대를 경험한 여성 중 72퍼센트가 성인이 된 후 다시 폭력을 경험했다고 한다. 어린 시절 학대가 없었던 여성의 경우 그 비율은 43퍼센트였다.

일반적으로 아동기에 학대나 방임을 경험한 적이 있는 사람은 안타깝게도 다시 학대의 피해자가 되기 쉽다. 여기에는 몇 가지 중요한 이유가 있다.

- **자기감의 결여:** 아동 학대 피해 경험이 있는 사람에게서는 종종 자기감의 결여가 나타난다. 자기감이 결여된 사람은 어떤 상황에 대해 스스로 판단을 내리기보다는 주변 사람들의 반응을 살펴 판단하려 하며, 그런 이유로 타인에게 쉽게 속거나 조종당하기도 한다. 또한 타인과 경계선 설정을 어려워하여, 자신의 자녀와도 적절한 경계선을 정하지 못하는 경우가 있다. 이러한 사람들은 주변에 도움을 구하는 것을 어려워해서 자신에게 필요한 지지 관계망을 형성하지 못하며, 이미 존재하는 관계망 또한 제대로 활용하지 못한다.

- **회피:** 회피는 일시적으로나마 학대 피해자의 정서적 고통을 줄여주는 역할을 한다. 그러나 회피 증상이 심해지면 약물중독, 섭식장애, 자해, 또는 위험한 성적 활동에 대한 강박 등이 나타날 수 있다. 회피의 가장 흔한 증상 중 하나로 해리dissociation를 들 수 있다. 해리는 학대와 고통으로부터 '탈출'하기 위한 수단이다. 성인 피해자들은 종종 학대가 진행 중일 때 갑자기 신체의 감각이

정서적 학대에서 벗어나기

무뎌지거나 몸에서 빠져나가서 학대 상황을 '지켜보는' 것 같은 경험을 한 적이 있다고 말하는데, 이런 현상이 해리에 해당한다. 어린 시절 성적·신체적 학대를 당한 사람의 경우 극심한 신체적·정서적 고통을 견디고 살아남기 위한 기제로 해리를 택했을 수도 있다. 그러나 해리가 무의식적인 습관으로 자리 잡으면 피해자는 불편한 상황이나 학대 상황에서 자신을 분리하는 것을 넘어 학대의 발생 자체를 부정하게 될 수 있다. 해리 증상을 겪는 피해자는 신체와 단절된 상태로 학대를 너무 오래 참고 견딘다. 문제는 피해자가 이 상태에서 학대를 의식적으로 느끼지는 못해도 그 부정적인 영향은 고스란히 남는다는 점이다.

• **인지 왜곡:** 인지 왜곡은 우리로 하여금 사실이 아닌 것들을 사실로 믿게 만든다. 아동기에 학대나 방임을 경험하면 이 세상을 위험한 곳으로만 인식하게 된다. 또한 어린 시절 학대를 당한 피해자들은 과거 힘없던 자기 모습만 떠올리며 위험에 처했을 때 자기 효능감과 자기 가치를 낮게 평가한다. 어려움에 처했을 때 자신이 할 수 있는 일은 아무 것도 없다고 생각하게 되는 것이다. 이런 피해자들은 자기에게 스스로를 보호할 능력이 없다고 믿게 된다.

• **낮은 자존감:** 연구에 따르면 어린 시절 폭력을 경험하거나 부모님의 가정 폭력을 목격한 경우 자존감이 낮아질 확률이 높으며, 그로 인해 성인이 된 이후 학대의 피해자가 될 확률도 높아진다고 한다. 이러한 경향은 여성에게서 더 높게 나타난다고 한다.

- **폭력을 일반적인 것으로 받아들이는 경향:** 부모 사이에서 벌어지는 정서적·신체적 학대를 목격하며 자란 아동의 경우 폭력적 행동이 갈등에 대한 일반적인 해결책이라고 생각하게 될 확률이 높다.

방임

연구에 따르면 아동기 방임은 성인이 된 후 친밀한 파트너 폭력을 경험할 확률을 높인다. 해당 연구는 아동기에 방임을 당한 적이 있다는 공식적인 기록을 지니고 있는 성인을 대상으로 진행됐는데, 이들은 방임 경험이 없는 사람에 비해 더 다양한 심리적 학대에 더 자주 노출되었다. 또 다른 주요 연구에서는 어린 시절의 방임 경험이 정상적인 관계 형성 능력을 저해한다는 점이 드러나기도 했다.

놀랍게도 정서적 방임은 아동에게 신체적 학대나 성적 학대만큼 큰 영향을 준다. 정서적 방임은 부모가 자녀의 정서적 필요를 충족시켜주지 못할 때 발생한다. 정서적 방임을 자행하는 부모들은 얼핏 봤을 때는 아이를 잘 돌보고 있는 것처럼 보인다. 그러나 이들의 양육에는 눈에 보이지 않는 뭔가가 빠져 있다. 아이의 감정을 받아주지 않고, 정서적 필요에 반응하지 않는 것이다.

정서적 방임 속에 자란 아이들은 자신이 혼자라고 느끼게 된다. 이들은 자신의 욕구는 중요치 않으며 자기가 느끼는 감정 또한 별 의미가 없다고 생각한다. 방임당한 아이들은 또한 주위에 도움을 잘 청하지 못한다. 그런 행위가 나약함의 표시라고 생각해서이기도 하지만, 무엇보다 도움을 청해도 소용없다고 생각하기 때문이다. 이들은 성장

과정에서 불필요한 죄책감과 자기분노를 경험한다. 자신감 또한 낮아지며, 자신에게 심각한 결함이 있다는 생각을 품게 되기도 한다.

혹시 어린 시절 정서적 방임을 경험했는가? 그렇다면 그 경험이 당신이 학대적인 파트너를 만나는 데 어떤 영향을 주었을지 생각해보자. 혹시 어린 시절 부모에게서 받지 못한 사랑과 관심을 줄 것 같아서 만난 것은 아닐까? 그게 아니라면 자라면서 부모에게서 받은 사랑과 관심이 너무 적어서 파트너에 대한 기대가 낮았던 것은 아닐까?

아동기의 성적 학대

모든 학대가 수치심을 유발하지만, 어린 시절의 성적 학대 경험은 특히 더 큰 수치심을 남긴다. 아동기 성적 학대는 장기적으로 우울감, 자살 충동, 성적 문제, 자해, 만성적 불안, 외상후스트레스장애, 해리, 기억장애, 신체화somatization, 정신적 스트레스가 신체적 상태로 나타나는 증상, 대인관계 문제 등을 불러오지만, 역시 가장 심각한 영향을 남기는 것은 피해자가 느끼는 유해한 수치심이다.

아동기 성적 학대의 피해자가 심각한 수치심을 느끼는 데는 다음과 같은 다양한 이유가 있다.

- 우선 학대의 피해자가 되었다는 사실 자체가 주는 수치심이 있다. 학대는 무력감을 낳고, 무력감은 수치심으로 이어진다.
- 자신의 신체가 성인, 또는 자기보다 큰 아이에 의해 성적인 방식으로 침해당했다는 사실에서 수치심을 느낀다.

- 금기시된다고 생각했던 어떤 행위, 또는 '이상한' 행위를 했다는 데서 수치심을 느낀다.
- 가해자의 행위에 대해 자신의 신체가 보인 '원치 않는 반응'에 대해 수치심을 느낀다.

아동기의 성적 학대가 피해자에게 주는 영향을 이해하는 것은 중요하다. 성적 학대는 피해자의 성격 형성 과정에 영향을 줄 수 있으며, 성적 폭력을 비롯한 다른 형태의 폭력으로부터 스스로를 보호하는 능력과 의지에도 영향을 준다. 어린 시절 성적 학대를 경험한 피해자는 많은 경우 가해자의 공격에 맞서 자신을 보호하는 데 어려움을 느낀다. 학대가 아동의 자존감과 자신감, 자아 개념에 치명적인 상처를 남기기 때문이다. 피해자들은 학대 트라우마로 인해 자신은 보호와 존중을 받을 가치가 없는 존재라는 생각을 품게 되기도 한다.

여러 번 언급한 바와 같이, 성적 학대를 비롯한 아동기 학대는 피해자에게 큰 수치심을 남긴다. 뿐만 아니라 성인이 된 후 다시 학대 피해에 노출될 가능성을 높이기도 한다. 수많은 연구가 아동기의 학대·방임과 성인기의 파트너 간 폭력의 상관관계를 밝히고 있으며, 청소년기 대인관계에 대한 장기적 심층 연구인 '톨레도 청소년기 대인관계 연구Toledo Adolescent Relationships Study'는 아동 학대가 추후 인생에서 발생하는 친밀한 파트너 간 학대의 예측인자가 될 수 있다고 주장한 바 있다.

정서적 학대에서 벗어나기

이에 더해, 수치심과 자기비난적 성향은 통상적으로 피해의 재발생과도 상당한 관계가 있음이 드러났다. 우리는 부정적인 사건을 경험했을 때 그 사건이 발생한 원인에 대해 납득할 만한 설명을 찾으려 한다. 이때 우리가 찾는 설명은 스스로에 대해 품는 감정에 큰 영향을 준다. 수치심과 자기비난이 만나면 피해자는 자신에게서 학대의 원인을 찾는다. 자신이 '학대를 당해도 싼 나쁜 사람'이라고 생각하거나, 자신이 학대를 유발했다고 생각하는 것이다.

지금 책을 읽고 있는 독자들 중에는 어린 시절 경험한 학대나 방임을 선명히 기억하는 이도 있을 것이다. 그런가 하면 기억이 어딘가 흐릿하여 자신의 기억이 정확한 것인지 아리송한 이도, 학대나 방임이 분명했던 행위에 대해 아직 학대나 방임이라는 이름을 붙이지 못한 이도 있을 것이다. 어린 시절의 그 경험이 학대나 방임이었는지 확신이 서지 않거나 정확히 어떤 행동이 학대에 해당 하는지 헷갈린다면 필자의 전작《당신의 잘못이 아닙니다: 자기연민의 힘으로 아동기 학대의 수치심에서 벗어나는 법It wasn't your fault: freeing yourself from the shame of childhood abuse with the power of self-compassion》을 읽어보면 도움이 될 것이다.

수치심 이야기

- 아동기를 포함하여 지금까지 살아오며 당신이 경험한 학대, 또는 당신에게 수치심을 준 사건에 대해 모두 적어보자. 당신의 내면을 채우고 있는 수치심에 대해 모두 적어보는 것은 매우 강렬한 경험이 될 수 있다.

※ 주의사항: 이 목록을 한 번에 완성할 수 있으리라는 기대는 버리자. 모든 경험을 돌아보고 적어보는 데는 며칠에서 몇 주까지 걸릴 수 있다. 사실 모든 내용을 한꺼번에 작성하려는 시도는 바람직하지도 건설적이지도 않다.

- 이 목록을 참고하여 당신만의 '수치심 이야기'를 작성해보자. 각각의 사건이 당신에게 어떤 감정을 들게 했고 어떤 영향을 미쳤는지 써 보는 것이다. 다시 한번 강조하지만, 한 번에 모든 경험에 대해 다 쓰려고 해서는 안 된다. 한 가지 경험, 또는 특정한 시기에 대해서 쓰고 거기에서 느껴지는 감정을 충분히 소화한 후 다음 경험으로 넘어가는 것이 좋다. 한꺼번에 모든 경험을 서술하려고 하면 감정이 너무 격해질 수 있다.

- 이야기를 모두 작성한 후에는 혼자 소리내어 읽어본다. 읽으면서는 감정과 신체에 나타나는 변화를 세심하게 살핀다. 수치심 이야기는 당신이 살면서 겪은 일들과 견뎌온 고통을 강렬하게 상기시킬 것이다. 겁내지 말고 수면 위로 떠오르는 모든 감정을 가만히 느껴보자. 자기연민의 중요성에 대해서는 후에 다시 자세히 다루겠지만, 우선 자신이 느끼는 고통에 대해 치유적 연민을 베푸는 연습을 시작해보자. 지금은 이렇게 속삭이며 스스로를 다독여주는 것으로 충분하다.

- "어린 아이였던 내가 이렇게 큰 수치심으로 고통을 받았다니 정

정서적 학대에서 벗어나기

말 안쓰럽구나."

- "내가 학대적인 파트너를 만나게 된 데는 이유가 있었구나. 어린 시절 받았던 학대의 기억 때문에 같은 일을 반복하고 있었던 거 였어."

'수치심 이야기' 같은 연습과제는 자신과 자신의 행동에 대한 이해를 높여준다. 나아가 현재의 파트너로 인해 겪고 있는 고통뿐 아니라 어린 시절 경험한 고통에 대해서도 연민의 마음을 발휘할 수 있게 해준다. 자기연민의 이로움에 대해서는 추후 8장에서 더 자세히 다룰 예정이지만, 우선 지금은 자신을 더 잘 이해할수록 과거와 현재의 수치심을 더 잘 치유할 수 있다는 사실을 명심해두자.

이번 장에서 살펴본 모든 내용은 당신이 지금의 파트너를 선택한 이유와 학대적인 관계를 끝내지 못하고 있는 이유에 대한 타당한 설명이 될 수 있다. 이번 장에서 언급된 이유들 중 자신에게 해당되는 것들을 모두 적어두자. 그렇게 하면 관계를 정리하지 못하는 것에 자책감이 들 때마다 들여다보며 당신의 행동에 타당한 이유가 있다는 사실을 상기할 수 있을 것이다.

파트너와 헤어지지 못하고 있는 자신에 대해 비판적인 마음이 들거나 주변에서 하는 비판적인 말들로 마음이 상할 때면 스스로에게 다음과 같이 말해보자.

- "내가 지금의 파트너를 선택한 것은 이해할 만한 일이다."
- "내가 지금 당장 파트너와 헤어지지 못하고 있는 것은 이해할 만한 일이다."

마지막으로 한 가지 꼭 덧붙이고 싶은 말이 있다. 이번 장에서는 당신이 무의식적으로 학대적인 파트너를 선택한 이유와 학대적인 관계를 끝내지 못하는 이유를 어린 시절의 학대와 방임에서 찾았지만, 그렇다고 해서 학대가 당신의 잘못이라는 이야기는 결코 아니다. 학대나 방임을 경험한 적이 없는 성인들 또한 학대적인 파트너를 만나 정서적 학대를 경험하는 경우가 적지 않다는 점 또한 강조하고 싶다.

6장
이제는 가해자에 대한 믿음을 거두자

"거짓말로 위안을 얻느니 차라리 진실에 의해 상처를 입는 것이 낫다."

- 할레드 호세이니KH Khaled Hosseini,《연을 쫓는 아이》

홍미로운 사실 한 가지가 있다. 나를 찾은 내담자 중 많은 이가 처음에는 자신이 정서적 학대를 당하고 있다는 것을 몰랐다는 사실이다. 대부분은 더 나은 배우자나 파트너, 부모가 되고 싶다며 상담실을 찾은 케이스였다. 내담자들은 내게 주로 이런 질문을 던졌다. "저는 대체 어디가 잘못된 거죠?" "저는 왜 남편이 원하는 것을 들어주지 못할까요?" "저는 왜 아내에게 사랑을 증명하지 못하는 걸까요?" "저는 왜 제대로 하는 일이 없죠?"

상담을 진행하며 파트너와의 관계에 대해 들어보면 무엇이 문제인지 명확해졌다. 내담자들이 게으르거나 이기적인 것, 파트너의 요구를 들어주지 못하거나 그들이 원하는 만큼 성관계에 적극적으로 임하지 못하는 것이 문제가 아니었다. 문제는 대개 파트너의 터무니없는 기대에 있었고, 파트너가 그 자신이나 타인, 이 세상을 비뚤어진 관점으로 바라본다는 데에 있었다.

학대 피해자는 가해자의 불만을 그대로 받아들이고, 실제 자신에게 잘못이 있다고 생각하는 경향이 있다. 가해자가 불만을 늘어놓으면 피해자는 그저 모든 게 자기 탓이라고 여길 뿐, 상대가 자존감을 깎아내리기 위해 비난하는 것일지도 모른다는 생각은 전혀 하지 못한다. 많은 가해자가 자신의 문제를 외면하기 위해 상대의 결점에 집착하곤 한다. 가해자는 죄책감을 느끼지 않기 위해서, 책임을 회피하기 위해서, 자신의 문제나 약점을 부정하기 위해서 상대를 탓하는 것인데, 안타깝게도 피해자는 이를 알지 못한다. 가해자 중에는 자기애성 성격장애를 앓고 있는 이들도 있다. 이들은 상대에게 절대 만족하지 못하고 모든 것을 자기 뜻대로 해야 직성이 풀리는데, 피해자는 이 역시 알지 못한다. 결정적으로 가해자는 자기 내면의 수치심을 피하기 위해 피해자를 창피주고 수치스럽게 하는 것인데, 이것 역시 피해자가 알 리가 없는 일이다. 가해자 중에는 경계선 성격장애나 강한 경계선적 특성으로 왜곡된 시선을 가진 이들도 있지만, 피해자들은 그런 가능성을 상상조차 하지 못한다.

피해자인 당신은 가해자들에게 위와 같은 성향이 있다는 점을 염두에 두고 다음의 내용을 마음에 새겨야 한다. 가해자는 당신, 또는 당신과의 관계를 진심으로 위하는 마음에서 당신을 비판하는 것이 아니다. 가해자는 오직 당신을 통해 취할 수 있는 자신의 이익에만 관심이 있으며, 주로 상대에게 '열등감'을 심어주기 위해 비판한다. 우선 가해자의 비판이 당신을 위한 것이 아니라는 사실에 집중해보

자. 이제부터 파트너를 완전히 새로운 관점으로 바라볼 수 있을 것이다.

중요한 것은 파트너가 당신에 대해 하는 말들을 곧이곧대로 믿지 않고 다음의 질문을 바탕으로 숨은 동기를 찾는 것이다.

- 내게 문제가 있다는 인식을 심어줌으로써 파트너는 무엇을 얻을 수 있는가?
- 모든 문제에 내 탓을 함으로써 파트너는 어떤 면에서 이익을 보는가?
- 파트너는 무엇을 얻기 위해 내게 자기의심을 심으려 하는 것인가?
- 내가 부족하다는 인식을 심어줌으로써 파트너가 얻는 것은 무엇인가?

이런 질문은 생각보다 많은 진실을 드러내줄 것이다. 진정한 동기에 대해 의문을 품고 질문을 던지기 시작하면 당신을 통제하려는 파트너의 불만과 평가, 빈정거림에 덜 휘둘릴 수 있다.

정서적 학대에 대한 저항력을 기르기 위해 가장 처음 해야 할 일은 파트너의 말을 무조건 믿으려는 자신을 제지하는 것이다. 파트너가 하는 말을 무조건 귀담아 들을 필요도 없고, 파트너의 가해적 언행을 개인적으로 받아들일 필요도 없다. 이 시점에서 중요한 것은 파트너의 인식과 평가, 신념이 불완전하고 왜곡됐으며 극히 비이성적이라는 사실을 깨닫는 것이다.

　이런 식의 접근이 너무 극단적이라는 생각이 들 수도 있다. 어쨌든 파트너가 언제나 틀린 말만 하는 것은 아닐 테니 말이다. 파트너가 당신에 대해 하는 말 중 일부는 옳을 수도 있다. 게다가 파트너는 늘 자기가 당신에 대해 누구보다 잘 안다며, 기만과 거짓을 꿰뚫어 볼 수 있다고 주장하지 않았던가? 파트너의 주장이기는 하지만 그는 당신의 내력을 알고 있고, 당신이 '어떤 사람'인지도 알고 있다. 게다가 늘 감정적인 비판만 쏟아내는 사람도 아니다. 아마 종종 다정하고 자상한 모습도 보였을 것이다. 당신은 파트너의 그런 모습을 보며 '이 사람이 정말 나를 생각해서 그러는 거구나'라고 믿었을 것이다.

　물론 파트너를 절대 믿지 말라는 말이 너무 극단적이고 무조건적인 요구로 들릴 수도 있다. 그러나 파트너의 말을 무조건적으로 믿어온 지금까지의 성향을 되돌리고 파트너의 통제를 벗어나기 위해서는 극단적인 처방이 필요하다.

　대부분의 정서적 학대 피해자는 지나친 책임감에 시달린다. 늘 모든 것이 자기 탓이라고 생각하는 것이다. 바로 이런 책임감 때문에 피해자는 파트너의 비난과 조종, 거짓말에 취약하다. 피해자인 당신은 아마도 이미 늘 자신에게 문제가 있다고 생각하고 있을 것이다. 이런 상황에서 굳이 파트너의 말로 그 생각을 강화할 필요는 없다. 당신에게 필요한 것은 그 반대의 것이다. 늘 내가 문제의 원인일 리는 없다는 생각을 가져야 한다는 말이다. 당신은 스스로가 파트너가 주장하는 것만큼 나쁜 사람일 리가 없다는 사실을 깨달아야 한다. 파트너는 늘 모든 게 당신 탓이라고 하지만, 한번 생각해보라. 세상에 그렇게까지 모든 것을 망쳐버리는 사람이 어디 있는가?

당신은 지금껏 파트너가 하는 말을 곧이곧대로 믿어왔다. 그러니 갑자기 모든 말을 의심하는 것은 어려운 일이 될 수 있다. 뿐만 아니라 파트너의 말과 행동을 갑자기 다른 관점으로 보는 것 또한 쉽지 않은 일이다. 그래서 이번 장에서는 어렵지만 중요한 그 전환을 이루는 데 도움이 될 만한 내용을 다루고자 한다.

파트너가 당신에게 하는 거짓말

이 책에서 말하는 거짓말은 '사실이 아닌 말'이라는 일반적인 정의를 뛰어넘는 광범위한 것이다. 상대를 몰아가기 위해 동원하는 정직하지 못한 말, 비난, 트집, 투사, 가스라이팅, 책임 전가 등은 모두 거짓말에 속한다고 볼 수 있다. 거짓말은 뻔뻔한 날조에서 과장, 왜곡, 투사까지 다양한 형태를 띤다. 다음은 정서적 학대 가해자들이 피해자에게 흔히 하는 거짓말이다.

거짓말 1. 내가 남자잖아. 내가 하자는 대로 해.

거짓말 2. 난 당신보다 우월해. 그러니 특별대우를 받아야지.

거짓말 3. 내가 당신보다 똑똑해. 그러니 내 말은 무조건 믿어.

거짓말 4. 당신 혼자서는 바른 결정을 못 내리니까 내 조언을 들어.

거짓말 5. 당신은 너무 멍청해서(정신이 없어서) 지금 무슨 일을 하고 있는지도 몰라. 일이 잘 못 돼도 당신은 잘 모를 테니 내가 옆에서 알려줘야 해.

거짓말 6. 나는 끔찍한 어린 시절을 보냈어. 그때의 결핍을 당신이 보상해줘야 해.

거짓말 7. 당신이 지금 나한테 얼마나 끔찍하게 대하고 있는지 모르는구나. 내가 하나하나 말해줘야 알 것 같네.

거짓말 8. 당신은 도무지 신뢰할 수가 없는 사람이야. 그러니 내가 늘 지켜보고 하나하나 캐물어야겠어.

거짓말 9. 당신한테 속은 것 같아. 결혼할 땐 당신이 이런 사람인 줄 몰랐어.

거짓말 10. 당신은 내 욕구와 기대에 못 미쳐. 그러니 개선하기 위한 노력이 필요해.

거짓말 11. 당신은 내게 상처를 줬어(당신 때문에 실망했어). 그러니 당신이 보상해야 해.

거짓말 12. 당신은 내 모든 성적 욕구와 욕망을 충족시켜 줄 의무가 있어.

물론 당신의 파트너가 정확히 똑같은 표현을 사용하지는 않을 것이다. 그러나 중요한 것은 그 안에 숨은 공통적인 메시지다. 앞서 나열한 거짓말들은 모두 다음의 네 가지 전제를 바탕에 깔고 있다. (1)나는 당신보다 우월하고, (2)당신은 무능하며, (3)당신은 신뢰할 수 없는 사람이고, (4)내게 빚을 지고 있다는 생각이다.

가해자가 부정직한 말로 상대를 몰아세울 때 사용하는 가장 보편적인 전략으로는 거짓말과 투사, 그리고 가스라이팅을 들 수 있다. 그럼 거짓말을 시작으로 각각의 전략에 대해 자세히 살펴보자.

거짓말

가해자 중에는 자신의 거짓말을 정말 진실이라 믿는 이도 있다. 그런가 하면 자신이 하는 말이 거짓임을 알면서도 피해자에게 그것이 사실이라 믿게 하는 데 열중하는 가해자도 있다. 가해자는 주로 다음의 세 가지 거짓말을 바탕으로 당신과의 관계를 바라본다. 첫째는 자신의 행복이 당신의 책임이라는 거짓말이고, 둘째는 자신의 분노도 당신의 책임이라는 거짓말이며, 셋째는 관계에서 발생하는 문제 또한 당신의 책임이라는 거짓말이다. 그럼 이 세 가지 주요 거짓말을 하나씩 더 깊게 살펴보자.

1. **파트너의 행복은 당신의 책임이다:** 우리는 누구나 친밀한 관계에 있는 파트너를 기쁘게 해주려 한다. 이 거짓말은 바로 그 당연하고도 건전한 욕망을 악용한다. 파트너의 행복을 책임져야 할 사람은 없다. 파트너에게 애정과 안정감을 주려고 노력할 수

는 있겠지만, 그것을 바탕으로 행복해지는 것은 결국 파트너 자신의 몫이다. 정서적 학대자들은 자신을 행복하게 만들기 위해 상대가 해야 할 일들에 대해 터무니없는 기대를 가지고 있는 경우가 많다.

당신의 파트너는 당신에 대해 다음과 같은 터무니없는 기대를 가지고 있을 수도 있다.

• 자기에게만 온 신경을 집중해야 한다는 기대

• 당신의 필요나 자녀의 필요보다 자기의 필요가 중요하다는 기대

• 자기를 떠받들어야 하며, 모든 일에 대한 최종적인 결정권은 자기에게 주어야 한다는 기대

중요한 것은 아무리 애써도 행복해지지 않을 사람을 기쁘게 하려 노력하는 것은 헛수고라는 사실이다. 학대 가해자들 중에는 당신이 해결해줄 수 없는 심각한 정신적 문제로 우울해하거나 불안해하고 늘 부족함을 느끼는 사람이 있다는 점을 명심하자.

2. **파트너의 분노는 당신의 책임이다:** 학대적인 파트너들은 화가 날 때마다 상대를 탓한다. 당신이 이러저러한 일을 했다면, 또는 하지 않았다면 자기가 화낼 일은 없었을 거라면서 말이다. 그들은 당신이 화의 원인이라는 이유를 들어 자신의 정서적 (또는

신체적) 학대를 정당화한다. 가해자가 생각하는 해결책은 단 하나, 당신이 화를 돋우지 않는 것이다. 원하는 것은 뭐든 들어주고, 절대 의문을 품지 말아야 하며, 거역도 반대도 금물이다. 가해자는 자신의 분노가 당신의 책임이라는 이 거짓말로 권력을 휘두르며 윗사람의 자리를 차지한다. 그 결과 피해자는 늘 자신을 검열하고 의심하며 비난하는 방어적인 위치에 몰리게 된다.

3. **관계에서 발생하는 문제는 당신의 책임이다:** 가해자는 자신의 문제를 절대 인정하지 않고 타인에게 투사한다. 그리고 그 투사의 대상은 파트너인 경우가 많다. 가해자는 관계에서 발생하는 문제가 모두 상대의 탓이라고 믿으며, 때문에 그 해결 또한 상대가 해야 한다고 생각한다. 그러나 실제로 가해자의 문제를 당신이 일으켰을 가능성은 거의 없으며, 문제의 원인이 당신일 확률 또한 거의 없다. 물론 관계는 일방통행이 아닌 쌍방통행이며, 모든 일에는 양면이 있다. 이 말도 맞는 말이기는 하지만, 중요한 것은 가해자의 학대성을 당신이 야기한 게 아니라는 사실이다. 학대성은 가해자 자신이 이미 지니고 있었던 심리적 문제에서 비롯된 것이다. 친밀한 관계가 망가졌을 때 그 관계를 회복시키는 것은 양쪽 모두의 책임이 될 수도 있다. 그러나 학대가 발생했을 때 그 학대를 멈추는 것은 오직 가해자의 책임이다. 상대의 학대를 긴 세월 동안 견디며 어느 정도 허용했다고 해서

그것을 멈출 책임이 피해자에게 있는 게 아니라는 말이다. 그것은 오직 가해자의 몫이다.

가해자는 종종 피해자의 이해심과 배려심을 악용해 문제 해결의 책임이 피해자에게 있다고 믿게 만들려 한다. 가해자는 피해자를 설득하기 위해 아마도 다음과 비슷한 말들을 할 것이다. "내가 어렸을 때 힘들었던 거 당신도 알잖아. 좀 이해해줘.", "당신이 날 좀 용서해줘." 안타깝게도 이 두 개의 대사는 피해자에게 특히 강한 힘을 발휘한다. 그리고 그 결과 피해자는 누구도 당하지 말아야 할 정서적 학대를 참고 견디기도 한다.

많은 피해자가 정신 건강에 심각한 피해를 입으면서도 죄책감이나 의무감 때문에 파트너와의 관계를 끝내지 못한다. 내담자인 마티는 무척 괴로워하면서도 아내를 떠나지 못했다. 그 이유를 묻자 그는 이렇게 답했다.

아내는 끔찍한 어린 시절을 보냈어요. 의붓아버지에게 성적 학대를 당했거든요. 어머니에게 도움을 청했지만 거짓말을 한다며 혼만 났답니다. 그래서 아내에겐 심리적 문제가 꽤 많아요. 자기 행동을 자기도 어쩌지 못하는 경우가 많죠. 예를 들어, 제가 자기보다 누굴 조금이라도 더 챙긴다 싶으면 아내는 불같이 화를 내요. 제가 다른 사람 편을 든다 싶어도 그러죠. 그게 우리 애들이어도 예외는 없어요. 그리고 아내는 사람을 잘 못 믿어요. 질투심과 소유욕이 지나치죠. 가끔은 제가 다른 여자한테 집적거린다고 따지기도 하고, 제가 외도를 하

　　　　　　　　　　정서적 학대에서 벗어나기

고 있다며 갑자기 화를 내다가 막 소리를 지르기도 하죠. 마음이 힘들어서 그러는 것이니 감정적으로 받아들이지 말자고 다짐을 해봐도 속상한 건 어쩔 수가 없어요. 그 터무니없는 의심을 부인하면 아내는 이번에는 저더러 거짓말쟁이라고 비난을 해요. 거짓말쟁이와는 말을 하지 않겠다며 입을 꾹 닫고 침묵시위를 하죠. 정말 너무 힘들지만 아내도 어쩔 수 없는 부분이 있는 거겠죠.

마티의 아내가 보이는 반응 중 일부는 어린 시절의 학대로 인해 촉발된 것이며, 그러므로 스스로 제어하기 어려운 측면도 있다. 그런 아내에 대해 마티가 연민의 마음을 발휘하는 것은 물론 훌륭한 일이다. 그러나 사실 마티의 아내에게 필요한 것은 단순한 연민이 아니라 전문가의 심리적인 도움이다. 아내를 지지하기 위하여 배우자가 자신의 행복과 정신적 건강을 무조건 희생해서는 안 된다.

안타까운 사실은 당신이 지금의 파트너를 만나기 전에도 이미 앞서 말한 세 가지 거짓말을 믿고 있었을 가능성이 높다는 점이다. 그리고 파트너가 당신에게 표현한 기대는 이미 존재하고 있던 당신의 생각을 공고히 하는 역할을 했을 것이다. 그렇게 당신은 파트너를 지나치게 우러러보며 그에게 필요 이상의 힘과 권력을 내주게 되었을 것이다. 파트너가 당신보다 학력이 높고 사회적으로 성공한 사람이라면, 그가 모든 문제에 대해 당신보다 잘 안다고 생각했을 것이다. 게다가 종교적으로 독실한 집안이나 가장이 절대적인 권력을 휘두르는 보수적인 집안에서 자랐다면 당연한 듯 모든 권력을 남성 파트너에게 내주었을 것이다.

투사

대부분의 가해자는 거짓말을 할 때 본인이 거짓말을 하고 있다는 사실을 인지한다. 가해자의 거짓말은 대부분 의도적이다. 상대의 기분을 상하게 하거나, 상대에게 자기의심을 심거나, 논쟁에서 유리한 위치를 점하거나, 외도 등 자기가 저지른 잘못을 은폐하기 위한 거짓말이 여기에 속한다. 그런데 결과적으로는 거짓말에 속하지만 가해자가 꼭 의도적으로 했다고는 볼 수 없는 거짓말도 있다. 바로 투사projection다.

투사는 자아를 보호하기 위한 방어기제의 일종으로, 자신의 내부에 존재하는 특성이나 감정을 부정하고 그것을 타인에게 전가하는 행위다. 예를 들어 습관적으로 주변 사람에게 막 대하는 사람이 오히려 다른 사람을 두고 무례하다고 비난하거나, 분명 자신이 화를 내고 있으면서 상대에게 왜 그렇게 짜증을 내냐며 따지는 등의 행위 등은 투사에 속한다. 투사는 무의식적인 방어 전략이어서, 본인은 자신이 투사를 하고 있다는 사실을 깨닫지 못하는 경우도 있다. 그러나 결과적으로 이들은 투사를 통해 상대가 어떤 잘못된 일을 했다고 비난함으로써 자신은 그 비난을 피해갈 수 있게 된다.

투사의 또 다른 특징은 다른 사람도 자기와 비슷한 행동을 할 것이라 으레 짐작한다는 점이다. 그렇기 때문에 이들은 나름의 확신을 가지고 상대를 의심한다. 일례로 외도를 저지르고 있는 사람이 자신의 배우자 또한 바람을 피우고 있을 거라 의심하는 일은 매우 흔하다.

정서적 학대에서 벗어나기

내담자인 지나의 사례를 살펴보자. 지나의 남편은 지나에게 수년 간 같은 말을 해왔다. 지나가 어린 시절의 상처로 많은 정서적 결함을 지니고 있으며, 주변 사람들과 원만히 지내기 어려운 성격이라는 말이었다. 그는 또한 지나가 질투심과 소유욕이 지나치게 강한 한편, 충실하지 못한 모습을 보일 때도 있다고 말했다. 지나는 극히 낮은 자존감의 소유자였고, 오랫동안 자신에 대한 남편의 평가를 그대로 믿었다. 상담을 시작하며 나는 우선 지나에게 남편의 주장이 정말 사실이라고 믿는지 물었다. 그랬더니 지나는 솔직히 잘 모르겠다고 하면서도 남편의 말이 옳다는 것은 한 번도 의심해본 적이 없다고 답했다. "제가 사실 제 자신을 잘 몰라요. 저의 내면을 잘 들여다보지 못해서 그런 모습이 제게는 안 보인 것 아닐까요?"

하지만 상담을 진행하며 점점 모든 게 명확해졌다. 질투심과 소유욕이 심하고 관계에 충실하지 못한 쪽은 오히려 지나의 남편이었다. 남편은 그 문제를 회피하기 위해 지나에게 투사한 것이었다.

상담을 진행하며 지나는 남편이 관계에 대한 불안이 높은 사람이라는 점 또한 깨닫게 되었다. "남편은 제가 상담 받는 것을 싫어해요. 매번 그만두라고 야단이죠. 대체 왜 그렇게 싫어하나 생각해봤는데, 아무래도 남편은 제 마음이 강해지는 것을 두려워하는 것 같아요."

시간이 흐르며 지나는 더 많은 것들을 깨닫기 시작했다. "상담을 받으며 여러모로 자신감이 붙었어요. 그래서 댄스 수업에 등록했죠. 남편은 물론 싫어했어요. 제가 수업을 듣겠다고 하자 매번 데려

다주고 데리러 오더군요. 아무래도 제가 수업에서 누군가 만날까봐 걱정하는 것 같아요. 수업이 끝나고 남자 수강생이랑 잠깐 말이라도 섞으면 왜 다른 남자와 시시덕거리냐며 난리를 치더군요. 그때 남편도 나만큼이나 관계에 대한 불안이 높은 사람이라는 생각이 들었어요. 늘 저더러 질투심과 소유욕이 강하다고 비난하는데, 남편도 그런 행동을 하고 있었으니까요."

"시간이 지나도 남편의 의심과 비난은 여전했어요. 해명을 하다 지쳐서 그냥 같이 수업을 들어보자고 했죠. 그러면 남편이 밤에 혼자 있을 일도 없으니까요. 하지만 남편은 그냥 예전처럼 집에서 저녁 시간 내내 둘이서만 함께 있으면 안 되냐고 했죠. 그 순간 깨달았어요. 질투심 강하고 불안해하는 사람은 제가 아니라 남편이었던 거죠. 남편은 자신의 불안감을 인정하지 않으려고 저를 그런 사람으로 만들었던 거예요."

가스라이팅

가스라이팅에 대해서는 3장 '가해자의 도구들'에서도 다룬 바 있다. 앞에서도 설명한 바와 같이 이 용어는 영화 〈가스등〉에서 유래했다. 영화에서 남편은 아내를 미치게 만들기 위해 계속해서 의도적으로 아내에게 자기의심을 심는다. 가스라이팅은 피해자로 하여금 자신의 감정과 인지능력, 기억, 직관, 현실, 심지어 정신상태에까지 의문을 품게 만드는 강력한 정서적 학대다. 상대를 기만하여 스스로를 의심하게 만드는 것이야말로 가장 지독한 거짓말이기 때문이다.

정서적 학대에서 벗어나기

피해자가 스스로에 대한 의심을 품으면 가해자는 큰 힘과 통제력을 손에 넣게 된다. 자신에 대한 신뢰를 잃게 된 피해자는 학대적 행동을 참고 견디며 가해자와의 관계를 지속할 확률이 높아진다.

　상대의 가스라이팅 시도를 알아채는 것은 극히 어려운 일이다. 가스라이팅 자체가 피해자의 혼란을 목표로 하는 행동이기 때문이다. 다음의 내용은 혼란을 줄이고 파트너의 가스라이팅 신호를 잡아내는 데 도움이 될 것이다. 파트너가 다음과 같이 행동한다면 그것은 가스라이팅을 위한 시도일 확률이 높다.

- 분명 그렇게 말해놓고 아니라고 한다: "그런 말 한 적 없어. 당신 상상이겠지."

- 분명 자기가 한 행동임에도 부정한다: "난 그 돈 안 썼어. 당신이 썼나보지."

- 분명히 일어난 일을 부정한다: "그렇게 됐던 게 확실해? 당신 기억력 별로인 거 알지?"

- 수선을 떤다고, 또는 예민하게 군다며 비난한다: "그런 사소한 일로 화를 내는 거야?"

- 자기가 한 행동을 교묘하게 비틀어 상대에게 뒤집어씌운다: "내가 화가 많다고? 맨날 나한테 화내는 건 당신이잖아!"

- 당신의 기억을 자꾸 정정하며 기억력을 의심하게 만든다: "그때 그렇게 된 게 아니야. 이렇게 된 거야."

- 자기 실수나 잘못에 대해 당신을 탓한다: "오늘 늦은 건 당신 탓이야. 당신이 지난번 차에 기름 넣는 것을 깜빡해서 오늘 주유소에 들르느라 늦은 거라고."

가스라이팅을 극복하기 위해서는 그 신호를 포착하는 것도 중요하지만, 무엇보다 다시 자신을 신뢰하는 연습을 해야 한다. 가스라이팅을 당하고 있을 때 나타날 수 있는 증상은 다음과 같다.

- 자주 혼란감이 든다.
- 계속해서 자신에 대한 의심이 든다.
- 파트너가 주장한 내용이 맞는 것은 아닌지 고민이 된다.
- 혹시 미쳐가고 있는 것은 아닌지 진지하게 고민이 된다.
- 현실을 제대로 지각하고 있는 것인지 의심이 든다.
- 기억력에 대한 의심이 든다.
- 동의하지는 않지만, 어쩌면 파트너가 나를 평가한 것이 맞는 건 아닐까 의심이 든다.
- 예전에는 좀더 느긋하고 쾌활하며 자신감 있는 사람이었는데 지금은 많이 달라진 느낌이다.

정서적 학대에서 벗어나기

파트너의 거짓말에 맞서기

지금껏 믿어온 파트너의 거짓말에 갑자기 한꺼번에 맞서는 것은 쉽지 않다. 우선은 파트너가 당신에 대해 던져대는 비하와 평가, 그리고 당신을 위하는 척 늘어놓는 조언에 의문을 가지는 것에서부터 시작해보자. 파트너는 지금껏 여러 달 동안, 경우에 따라 여러 해 동안 당신을 서서히 조종하며 자신의 말이 무조건적으로 옳다고 믿게 만들었을 것이다. 아마 당신을 가장 잘 아는 것은 자신이라고도 말했을 것이다. 그러나 사실 그 말은 완전히 틀렸다. 정서적 학대 가해자는 오히려 당신을 가장 잘 모르는 사람일 수도 있다. 수치심이라는 왜곡된 렌즈로 당신을 관찰하기 때문이다. 가해자는 자기 내면의 수치심을 외면하기 위해 그 수치심을 피해자에게 전가한다.

정서적 학대자들은 자신이 전문가나 지혜로운 조언자인 양 다음과 같은 거짓말을 늘어놓곤 한다.

- "다 당신을 위해서야."
- "당신한테 뭐가 제일 좋은 지는 내가 제일 잘 알아. 당신은 판단력이 부족해."
- "그냥 내가 하자는 대로 해. 당신보다 내가 더 잘 알아."
- "당신은 모르잖아. 이 문제는 내가 잘 알아."

아마도 귀에 익은 말들일 것이다. 가해자들이 이렇게 상대방의 문제를 지적하는 데 집중하는 이유는 무엇일까? 그렇게 하면 자기 자신의 문제나 결점에는 신경쓰지 않아도 되기 때문이다. 대신 당신을 돕는 척하는 전문가나 지혜로운 조언자 역할을 하며 당신을 더 사랑하기 위해 결점을 지적하는 것처럼 굴 수 있다. 하지만 여기서 반드시 기억해야 할 중요한 사실이 있다. 사랑은 상대방을 더 나은 사람으로 만들기 위해 노력하는 것이 아니라 자신을 더 나은 사람으로 만들기 위해 노력하는 것이라는 점이다. 물론 우리는 가끔 사랑하는 사람과의 관계를 위해 때로 스스로를 변화시키기도 한다. 그러나 정서적 학대를 통해 상대를 바꾸려는 시도는 사랑을 위한 변화와는 거리가 멀어도 너무 먼 이야기다.

파트너의 비하에 휘둘리지 않으려면

파트너의 비하와 부정적인 평가, 원치 않는 조언에 휘둘리지 않으려면 이제부터 다음의 조언을 따라보자.

파트너에게 당신을 휘두를 권력을 넘겨주지 말자

파트너와 당신의 관계에는 늘 힘의 불균형이 존재했을 것이다. 여기에는 이유가 있다. 정서적 학대 경험이 있는 이들은 자기보다 뭔가를 잘 아는 것 같은 사람이나 자신감이 넘치는 사람에게 끌리는 경향이 있다. 자신의 안정감과 자신감이 부족하다고 느끼기 때문이다. 상대의 자신감과 자기 확신은 안전하게 보호받고 있다는 안정감을 준다. 또 다른 예로, 학력이 낮거나 성공하지 못한 이들, 또는 지식이 부족하다고 여기는 이들은 학력이나 사회적 성공, 지식을 지닌 이에게 끌린다. 그리고 자신에게는 없는 그런 것들을 가진 상대가 관심을 보이면 왠지 뿌듯한 기분을 느끼기도 한다. 사회성이 부족하고 말주변이 없는 사람의 경우라면 주변 사람들과 쉽게 어울리는 사교적인 사람이 굉장히 매력적으로 보일 것이다. 그 사람과 함께라면 모임에 가서도 꾸다 놓은 보릿자루 신세를 벗어날 수 있을 것이니 말이다. 그 사람은 당신이 자연스럽게 대화에 끼어들 수 있도록 도와주고, 사람들 앞에서 당신을 치켜세워주기도 했을 것이다. 이렇게 시작된 관계라면 사실 파트너에게 처음부터 많은 권력을 내주는 일이 당연하게 느껴졌을 것이다.

한편 처음에는 그렇지 않았지만 시간이 흐르며 불균형이 생기는 경우도 있다. 권력이 점진적으로 이동한 결과 어느 날 당신이 파트너보다 '열등한' 입장이 된 것이다. 매일 조금씩 자기주장을 강화하며 당신에 대한 통제를 높였을 수도 있고, 사귈 때는 그러지 않았는데 결혼을 하더니 갑자기 '집안의 가장'으로서 권위를 주장했을 수도 있다. 결혼을 하고 아이를 낳으며 어쩔 수 없이 일을 그만두고 전업주부가 되자 당신을 갑자기 폄하하고 비하하기 시작했을 수도 있고, 이제는 돈을 못 번다는 생각에 의기소침하여 당신 스스로가 자괴감을 느꼈을 수도 있다. 그런가 하면 사귈 때는 멀쩡했던 여자 친구가 결혼을 하고 아이를 낳으며 갑자기 통제적으로 변한 경우도 있을 수 있다.

힘의 불균형이 처음부터 존재했든 시간이 지나며 형성되었든 중요한 것은 이제부터 상대에게 당신을 휘두를 권력을 넘겨주지 말아야 한다는 사실이다. 그러기 위해서는 우선 당신이 어떤 방식으로 그 힘을 넘겨주고 있었는지 깨달아야 한다.

파트너에게는 당신을 나무라거나 교정할 권리가 없다. 그럴 권리가 있다는 잘못된 믿음은 마땅히 당신의 것이어야 할 힘을 상대에게 넘겨준다. 당신이 실수를 할 때마다 꼬박꼬박 기록하고, 당신이 하는 모든 행동을 조목조목 조종하는 것은 배우자의 일이 아니라는 점을 깨달아야 한다.

물론 파트너의 입장에서 당신의 행동 중 마음에 들지 않는 것이 있을 수도 있다. 그런 경우에는 서로를 존중하는 방식으로 그 문제에 대해 논의하고, 어떤 점이 마음에 들지 않았는지, 그로 인해 어떤 감정이 들었는지 표현하면 된다. 당신이 한 행동이 파트너의 마음을 상하게 했다면 당연히 상대에게는 그에 대해 항의할 권리가 있다. 그러나 그 행동의 대상이 제3자였다면, 나서서 이야기해야 할 사람은 그 제3자이지 파트너가 아니다.

모든 사항에 대해 무조건 파트너의 의견을 묻는 것 역시 당신의 힘을 상대에게 넘겨주는 행동이다. 아마 처음부터 그러지는 않았을 것이다. 결정을 힘들어하는 당신의 성향과 남의 결정을 대신 내려주는 것을 좋아하는 파트너의 성향이 만나 그렇게 된 것일 수도 있다. 그러나 이제는 선택권을 자꾸 상대에게 넘기지 말고 스스로 결정하는 습관을 들여야 한다. 물론 쉬운 일은 아닐 것이다. 파트너와 만나기 전에도 당신은 이미 자기 확신이 부족했을 확률이 높은 데다, 그간 이어져온 생활을 통해 그 부족했던 확신마저 더 약해진 상태일 것이기 때문이다. 그러나 용기를 내서 한 번, 두 번 스스로 결정을 내리다 보면 자신의 판단에 대한 신뢰가 쌓일 것이고, 이는 당신의 내면을 더욱 단단하게 만들어줄 것이다.

파트너의 말이 무조건 옳다는 생각을 버리자

정서적 학대 가해자는 파트너 앞에서 자신이 모든 일의 권위자인 것마냥 굴곤 한다. 그러나 그도 다른 사람들과 똑같은 평범한 인간일 뿐이다. 게다가 가해자의 말은 당신을 깎아내리고 수치심을 주기 위해 계산된 말인 경우가 많다. 당신을 자기보다 열등하고 무능하고 무가치한 존재로 만들기 위한 말들인 것이다. 그런 가해자에게 계속해서 당신의 힘을 내어줘서는 안 된다.

당신의 의견과 아이디어, 제안을 묵살하는 그의 행동은 당신보다는 그가 어떤 사람인지에 관해 많은 것을 알려준다. 묵살의 의도는 뻔하다. 애초에 당신의 감정이나 의견에 아예 관심이 없는 것이거나, 의도적으로 당신을 한심하고 하찮은 존재로 만들려고 하는 것이다.

실수나 결점을 지적하는 행동 또한 당신을 위한 것이 아니다. 파트너는 그저 당신에게 자괴감을 심어주어 상대적인 우월감을 느끼고 싶은 것이다. 어린애 대하듯 잔소리를 하는 것도 물론 당신을 위해서가 아니다. 이것은 당신을 동등한 파트너가 아닌 무능하고 한심한 존재로 만들려는 행동이다. 그러나 당신의 파트너는 틀렸다. 물론 능력을 발휘하는 분야는 다를 수 있겠지만, 당신은 분명 파트너만큼, 혹은 파트너보다 더 똑똑하고 능력 있는 사람이다.

혹시 파트너가 당신의 감정 표현을 두고 비이성적이거나 정상이 아니라고 비하하는가? 이는 내면과 단절되어 깊은 감정을 잘 느끼지 못하는 파트너가 당신의 감정 표현에 위협을 느껴서 하는 행동일 수도 있다. 당신이 주변 사람을 걱정할 때 파트너가 비웃는다면, 이는 파트너 자신의 공감 능력이 결여되어서일 수도 있다. 당신에게 '너무 감상적'이라거나 '너무 예민하다'고 말한다면, 그것은 타인에 대한 감정을 잘 느끼지 못하는 파트너가 자신의 부족함을 인정하고 싶지 않아서 그러는 것일 수도 있다. 당신이 의견을 개진하고자 할 때 파트너가 비이성적인 사람이나 과민한 사람으로 몰아간다면, 이는 당신이 말이 옳을지도 모른다는 가능성을 외면하고 싶어서일 수도 있다.

당신 때문이 아님을 인지하자

이제부터는 파트너가 당신에게 불만을 토로할 때 그 내용이 무엇인지, 그리고 시점이 언제인지 잘 관찰해보자. 술을 마셨을 때 특히 더 비난을 쏟아내지는 않는가? 자기 일이 잘 안 풀릴 때 갑자기 당신이나 자녀들, 또는 다른 친척을 트집잡지는 않는가? 혹은 자기가 승진 시험에 떨어진 날 갑자기 당신이나 자녀들에게 화풀이를 한 적은 없는가?

중요한 것은 파트너가 보이는 반응의 진짜 동기가 무엇인지 생각해보는 것이다. 예를 들어 집에 들어온 남편이 거실 바닥에 널브러져 있는 장난감을 보고 갑자기 잔소리를 늘어놓기 시작했다고 하자. 평소의 당신이라면 당장 달려가서 사과하고 장난감을 치울 것이다. 이번에는 그러지 말고 잠시 멈춰서 생각을 해보자. 거실 바닥의 장

정서적 학대에서 벗어나기

난감이 정말 다 큰 성인이 화를 낼 만한 정당한 사유일까? 남편의 화는 어쩌면 장난감과는 상관없는 게 아닐까? 저렇게 화를 내는 진짜 이유는 무엇일까? 옆집은 새 차를 샀는데 자신은 10년 된 차를 몰아서 그러는 걸까? 원하는 만큼 돈을 벌지 못하는 자신의 무능함에 화가 난 걸까? 혹시 밀려오는 자괴감을 떨치려고 당신을 괴롭히고 비난하는 것은 아닐까?

위에 나열한 이유들은 모두 당신에게 화를 낼 만한 정당한 이유가 아니다. 이 이유들은 가해자의 비난이 당신과 상관이 없으며, 그 비난의 내용 또한 진실이 아니라는 점을 명확히 보여줄 뿐이다.

잘 기억해두자. 정서적 학대 가해자들은 가장 가까운 이들, 특히 자신보다 열등하다고 생각하거나 자신의 소유물이라 생각하는 이들에게 화풀이를 한다. 그러므로 파트너가 부당한 일로 화를 내거나 당신을 모욕할 때는 그것을 감정적으로 받아들일 필요가 없다. 가해자는 그저 다른 곳에서 다른 사람과 발생한 문제로 당신에게 화풀이를 하고 있는 것이다. 이 점을 명심해야 한다. 터무니없이 작은 일로 갑자기 버럭 화를 낸다면, 그것은 당신이 한 일과는 상관없는 화풀이일 뿐이다. 그러니 사과할 필요도, 재빨리 달려가 '문제를 해결'할 필요도 없다. 그냥 멀리 떨어져서 당신이 할 일을 하면 된다.

비합리적인 기대를 받아주지 말자

혹시 당신의 파트너는 당신의 일거수일투족을 보고받으려 하는가? 당신이 매일 밤 섹스에 응해줄 것을, 모든 소비 내역을 보고할 것을, 친구나 가족과 모든 연락을 끊을 것을 기대하는가? 이러한 것들은 모두 비합리적인 기대에 속한다.

　상대가 자신의 모든 의견에 동의해주기를 바라는 것 또한 비합리적인 기대다. 다음은 내담자였던 잭의 사례다.

　아내는 늘 제 생각이 자기 생각과 똑같기를 바라요. 자기가 싫어하는 사람은 저도 같이 싫어해야 하죠. 조금이라도 다른 의견을 말할라치면 제가 자기를 배신이라도 한 것처럼 몹시 불쾌해합니다. 어디서 싸우고 오면 무조건 아내 편을 들어야 해요. 문제는 아내 잘못이 분명한 경우에도 예외가 없다는 거죠. 아내가 제게 뭔가 불만을 가지면 억울해도 무조건 인정하고 사과해야 해요. 전혀 잘못한 게 없는 경우에도 마찬가지입니다. 아내 사전에 '양쪽의 의견' 같은 것은 없습니다. 오직 '내 의견'뿐이죠.

파트너의 왜곡된 인식에 끌려가지 말자

　정서적 학대 가해자들은 늘 본인의 인식이 옳다고 주장한다. 그러나 실상 가해자의 인식은 왜곡되어 있는 경우가 많다. 가해자의 인식은 자신은 '좋은' 사람이 되고 당신은 '나쁜' 사람이 되도록 왜곡되어 있다. 자신이 틀렸다는 사실을, 자신에게 문제가 있다는 사실을 직면하지 않아도 되도록 왜곡되어 있는 것이다. 내담자 폴라의 사례를 함께 살펴보자.

　정말 오랫동안 저는 남편의 생각과 인식이 옳다고 믿었어요. 문제가 저에게

정서적 학대에서 벗어나기

있고, 제 모습 중 어딘가가 잘못된 거라고 생각했죠. 가끔 본능적으로 남편의 생각에 뭔가 문제가 있다는 느낌이 들 때도 있었지만, 조금이라도 이의를 제기하면 하도 난리를 치니까 저도 그냥 남편의 생각을 받아들였어요. 그런데 언제부턴가 모든 상황에서 자기가 피해자인 척하는 남편의 모습이 보이더라고요. 남편은 늘 자기 입장만 고수했어요. 다른 사람의 입장은 알려고도 하지 않았죠. 누구랑 싸웠다고 해서 이야기를 들어보면 누가 봐도 남편 잘못인 경우가 많았지만 또 난리를 칠까봐 아무 말도 하지 않았어요. 다른 사람 입장도 좀 고려해보라는 이야기를 하고 싶은데, 잘 못하겠어요.

이제 당신의 지각과 직관을 믿자

처음에는 결코 쉽지 않은 일일 것이다. 가해자의 세뇌가 당신에게 많은 영향을 남겼을 것이기 때문이다. 그러나 이제부터 당신의 직감을 믿고 본능을 따라가기 시작하면 그곳에서 진실을 찾을 수 있을 것이다.

베스트셀러인 《서늘한 신호》에서 저자 개빈 드 베커Gavin de Becker는 본능, 또는 직관에 주의를 기울이면 위험으로부터 우리 자신을 보호할 수 있다고 말한다. 직관은 우리의 의식에 굉장히 빠른 속도로 나타나는 감각이다. 직관은 의식적으로는 이유를 완전히 깨닫지 못한 상태에서도 우리를 움직이게 할 만큼 강렬한 감각이기도 하다. 직관은 의식과 무의식, 본능과 이성을 연결하여 분석적 추론 과정을 거치지 않고 필요한 것을 직접적으로 알려준다.

직관은 인간이 지닌 가장 복잡하면서도 단순한 인지 과정이다. 직관은 우리를 자연계와 이어주고, 동물로서 지닌 본성과 연결해주기도 한다. 직관과 이성을 모두 활용할 수 있다는 것은 인간으로서 우리가 지닌 큰 장점이다. 드 베커는 인간에게는 모두 어떤 상황이나 사람의 위험성을 정확히 판단할 수 있는 선천적인 능력이 존재한다고 주장했다.

본능은 훌륭한 안내자가 되어줄 수 있지만, 많은 이들이 그 생각을 선뜻 받아들이지 못한다. 실제로 우리는 본능을 무시하고 이를 억누르는 데 많은 시간을 소비하기도 한다.

내담자인 태미는 이제 자신의 본능을 믿기로 했다며 다음의 이야기를 들려주었다.

남편이 처음 제 행동을 가지고 트집을 잡기 시작했을 때, 저는 남편의 말을 믿었어요. 그때는 남편이 의도적으로 제게 자괴감을 심어주려고 그런 말을 한다는 것을 상상도 하지 못했죠. 남편은 늘 '다 당신을 위해서 하는 말'이라고 했고, 저는 그런 남편을 믿었어요. 그런데 상담을 받으면서 남편이 하는 말들에 대해 의문이 들기 시작했어요. 남편은 저더러 늘 이기적이라고 하는데, 사실 제 주변에서 그런 말을 한 사람은 지금까지 한 명도 없었거든요. 제 친구들은 오히려 늘 제가 다정하고 남을 잘 챙기는 편이라고 말했죠. 그렇게 의문을 가지기 시작하면서 남편이 저를 깎아내릴 때마다 어떤 느낌이 드는지 관찰해보았어요. 멀쩡히 기분이 좋다가도 남편이 뭐라고 하기 시작하면 마치 공격에 대비하듯 제 몸이 온통 긴장을 하더라고요. 남편이 제 말이나 행동을 지적하면 속이 불편하고 메스꺼웠어요. 예전에는 '남편에게 또 지적을 받는구나'하는 생각

정서적 학대에서 벗어나기

에 메스꺼움이 일어나는 것이라고 생각했는데, 지금 생각하면 제 몸이 본능적으로 '남편의 말은 옳지 않아'라고 말해줬던 것 같아요.

디프로그래밍을 시작하자

정서적 학대 피해자는 세뇌로 인해 가해자의 거짓말과 투사, 가스라이팅을 그대로 믿는 경향이 있다. 이 경향을 벗어나기 위해서는 '탈세뇌', 즉 디프로그래밍이 필요하다. 사이비 종교에 빠졌던 사람이 잘못된 믿음에서 완전히 벗어나기 위해서 탈세뇌를 거쳐야 하듯, 학대 피해자 또한 가해자가 심어놓은 거짓과 왜곡에서 벗어나기 위한 디프로그래밍이 필요한 것이다. 디프로그래밍은 매우 중요한 과정이다. 이 과정을 제대로 거치지 않으면 가해자와의 관계를 정리한 후에도 파트너의 거짓말이 머릿속을 맴돌며 당신을 옥죌 것이기 때문이다.

탈세뇌를 위해서는 가해자가 했던 거짓말들을 짚어내고, 그것이 진실이 아닌 조종 도구였음을 정확히 인지해야 한다. 다음 연습과제를 활용하여 가해자의 거짓말을 드러내보자.

가해자의 거짓말 드러내기

• 그동안 파트너의 거짓말을 몇 번이나 잡아냈는지 생각해본다. 정
서적 학대 가해자는 지독한 거짓말쟁이 경우가 많다. 이들은 실
제보다 더 나아보이기 위해 거짓말을 하기도 하고, 잘못을 한 후
변명을 하기 위해 거짓말을 하기도 한다. 때로는 거짓말을 할 필

요가 전혀 없는 상황에서조차 거짓말을 한다.

• 파트너의 이야기가 얼마나 자주 바뀌는지 관찰해본다. 가해자들은 이야기를 바꿔가며 거짓말을 거듭하기 때문에 종국에 가서 말이 꼬이기도 한다.

• 파트너가 언제 방어적으로 나오는지 관찰해본다. 혹시 당신이 거짓말을 지적하거나 잘못된 인식을 지적할 때 갑자기 발끈하지는 않는가?

• 파트너가 사람들 앞에 있을 때나 잘 보이고 싶은 사람 앞에 있을 때 어떻게 행동하는지 관찰해본다. 전혀 다른 얼굴을 내보이는 가? 주변 사람들에게 보이고 싶어 하는 모습과 당신에게 보이는 모습이 완전히 다르지는 않은가? 두 모습 중 어느 쪽이 거짓이라고 생각하는가?

• 파트너가 주변 사람들과 자주 반목하고 다투는가? 쉽게 기분 나빠하고 싸움을 거는가? 당신이 하는 행동에 대해서도 기분이 나쁘다며 쉽게 화를 내는가? 그렇다면 이제 파트너의 모습을 있는 그대로 바라보자. 당신의 파트너는 아무런 근거 없이 무턱대고 존경을 요구하는 사람이다.

• 파트너가 지적한 당신의 나쁜 행동이나 단점들을 떠올려보자. 그중 아무래도 납득이 가지 않는 단점을 하나 고른 후 이런 질문을 던져보자. 혹시 당신이 아닌 파트너가 바로 그 단점을 가지고

있지는 않은가? 만약 그렇다면 파트너는 의식적이든 무의식적이든 자신의 잘못과 단점을 당신에게 투사하고 있는 것일 가능성이 높다.

• 파트너가 자주 비난하는 당신의 행동 중 사실은 파트너 자신이 행하고 있는 것이 있는가?

• 파트너는 자신의 문제로 주변 사람들을 자주 비난하는가? 늘 자기가 피해자라고 주장하는가? 항상 사람들이 자기를 괴롭힌다고, 또는 부당하게 대우한다고 말하는가? 만약 그렇다면, 당신의 파트너는 자기 자신에게도 거짓말을 하고 있는 것일 가능성이 높다.

학대 디프로그래밍

파트너의 거짓말과 조종에서 벗어나 스스로를 디프로그래밍 하려면 다음의 목록을 실천에 옮겨보자.

1. **외부의 의견을 묻는다:** 정서적 학대 피해자들은 주로 혼자인 경우가 많다. 이들은 문제가 있어도 주변에 잘 말하지 않는다. 우선 가해자가 자신과의 관계 이외에 가까운 인간관계를 허용하지 않기 때문이고, 너무 큰 수치심 때문에 스스로 주변의 우정이나 지지를 받을 자격이 없다고 생각하기 때문이기도 하다. 그러나 아직 가깝게 지내는 가족 구성원이나 친구가 있다면 가해자가 당신을 비난할 때 하는 말들을 들려주고 그들도 그렇게 생

각하는지 한번 물어보자. 일종의 현실 확인인 셈이다. 예를 들어 파트너가 당신에게 이기적이라고 하면, 그 말을 그대로 믿을 것이 아니라 친구도 그렇게 생각하는지 의견을 묻는 것이다. 파트너가 당신에게 바람기가 많다고 하면 그 말도 그냥 믿을 게 아니라 친구나 가족에게 당신이 정말 그런 인상을 주는지 한번 물어보자. 외부의 의견을 많이 들을수록 현실을 제대로 파악하는 데 도움이 될 것이다(단, 가족 구성원의 의견을 물을 때 기억해야 할 것이 있다. 과거 당신에게 정서적 학대를 가했던 사람의 의견은 들어봤자 전혀 도움이 되지 않는다는 사실이다. 특히 당신을 정서적으로 학대했던 부모나 형제와 비슷한 사람을 파트너로 택한 경우라면 의견을 물어봤자 파트너와 비슷한 반응만 보일 것이다).

2. **자기비난을 멈춘다:** 피해자는 가해자로 인해 늘 자기의심과 자기혐오에 시달리기 때문에 문제의 진짜 원인을 파악하는 것이 결코 쉽지 않다. 게다가 대부분의 가해자는 책임 전가에 매우 능하다. 문제가 생겼을 때 자신이 못나서, 부족해서, 무능해서, 사랑스럽지 않아서 그런 것이라고 그 원인을 계속 자신에게서만 찾는 피해자는 정서적 학대를 당하고 있다는 사실을 깨닫기 힘들다. 바라보는 방향이 잘못됐기 때문이다. 문제의 원인을 자신에게서 찾으려고 해서는 안 된다. 시선을 밖으로 돌려 늘 불만을 늘어놓는 가해자로부터 원인을 찾아야 한다.

정서적 학대에서 벗어나기

아마 이것은 당신이 지금까지 해온 것과 정면으로 반대되는 일일 것이다. 정서적 학대 피해자들은 주로 문제가 생기면 자신이 뭘 잘못했는지, 어쩌다 이런 문제를 만들었는지 자신을 돌아보고 스스로를 비난하는 경향이 있기 때문이다.

3. **상대의 마음에 들기 위해 변하려 애쓰지 않는다:** 정서적 학대 피해자들은 파트너의 마음에 들기 위해 자신의 행동을 어떻게 바꿔야 할지 끊임없이 고민한다. 하지만 사실 가해자의 마음에 드는 것은 불가능한 일이다. 게다가 가해자는 당신이 자기 마음에 들기를 바라지도 않는다. 가해자가 원하는 것은 당신에게서 불만거리나 비판거리, 트집거리를 찾아내는 것이다. 가해자가 원하는 것은 당신에게서 사랑이 식었다는 증거를 찾는 것이다. 왜 일까? 화살을 당신에게 돌림으로써 가해자 자신의 불안함, 수치심, 문제들을 외면할 수 있기 때문이다. 모든 것을 당신의 탓으로 돌리면 가해자는 자신이 느끼는 불행과 불안, 그리고 자괴감의 원인을 찾기 위해 자신의 내면을 들여다보지 않아도 된다.

건강한 사람은 불안감이나 좌절감이 들 때, 아니면 뭔가 다른 이유로 화가 났을 때 자신의 내면을 들여다보며 문제의 원인을 찾으려 한다. 그러나 정서적 학대 가해자들은 반대로 행동한다. 그들은 곧바로 외부에서 원인을 찾는다. 자신이 느끼는 부정적인 감정에 대해 비난할 수 있는 대상을 찾는 것이다.

아마도 당신의 파트너는 사실 극심한 자괴감을 느끼고 있을 것이다. 견디기 힘든 수치심과 자기비난으로 괴로워하고 있을 것이다. 허세와 오만, 독선의 가면 뒤에는 수치심과 두려움에 시달리는 사람이 있다. 자신은 사랑받을 자격이 없다고 생각하는 그런 사람 말이다.

4. **학대받아 마땅하다는 생각을 멈춘다:** 정서적 학대를 당하고 있다는 사실을 마침내 깨달은 후에도 넘어야 할 산이 있다. 바로 자신은 학대를 받을만하며, 학대적 행동이 정당하다는 잘못된 생각이다. 세상에 학대를 받아도 되는 사람은 없다. 당신이 한 행동, 또는 하지 않은 행동 중 그 어떤 것도 학대를 정당화할 수 없다. 그러나 안타깝게도 극심한 수치심에 시달리는 피해자는 '나는 학대를 받을 이유가 없는 사람'이라는 생각 자체를 받아들이지 못한다.

이번 장에서 가장 중요한, 아니 어쩌면 이 책에서 가장 중요한 메시지는 바로 '당신은 결코 학대받아 마땅한 사람이 아니다'라는 메시지다. 당신은 결코 비난, 비웃음, 모욕, 조롱, 질책을 받아 마땅한 사람이 아니다. 끊임없이 추궁당하고, 사람들 앞에서 웃음거리가 되고, 잘못한 것도 없이 비난과 욕설을 들어 마땅한 사람도 아니다. 당신은 한심하지도 무능하지도 않으며, 못생기지도 않았다. 당신의 파트너는 입버릇처럼 자기 외에 누가 당신을 만나주겠냐고 말하지만, 그렇지 않다. 당신은 결코 사랑받지 못할 사람이 아니다. 당신은 그저 다른 사람들과 마찬가지로 이따금 실

정서적 학대에서 벗어나기

수를 하는 불완전한 존재일 뿐이다. 누구나 그렇듯 당신도 실수를 하고 단점이 존재한다. 하지만 그렇다고 해서 파트너에게 당신의 가치를 무시하고 함부로 대할 권리가 생기는 것은 아니다.

과거 당신의 부모가 현재의 파트너처럼 당신을 정서적으로 학대했다고 해도, 문제가 당신에게 있음을 증명하는 것은 아니다. 그 사실이 보여주는 것은 단 하나다. 바로 당신이 평생 수치심으로 고통받아왔고, 그로 인해 학대에 익숙해져 자신이 학대받아 마땅한 사람이라는 잘못된 생각을 품게 되었다는 것이다. 그러나 당신에게는 더 나은 삶을 살 자격이 있다. 당신은 사랑과 배려, 존중을 받을 자격이 있는 사람이다. 이 사실을 기억하라.

5. **사랑받을 자격이 없다는 생각을 멈춘다:** 파트너가 당신의 좋은 면을 전혀 보지 못한다면 거기에는 문제가 있다. 그러나 그 문제가 당신은 아니다. 당신은 분명 파트너와의 관계에 많은 기여를 하고 있다. 파트너가 그 사실을 전혀 깨닫지 못한다면 그가 자신의 분노, 수치심, 이기심, 그리고 어린 시절 가족에게 받은 학대적인 경험으로 인해 제대로 된 판단을 할 수 없기 때문이다. 가해자는 자신의 결점을 제대로 보지 못하기 때문에 그것을 상대에게 투사한다.

우리는 사랑에 빠지면 상대의 긍정적인 면은 감사해하고, 부정적인 면은 이해해가며 받아들인다(물론 학대는 예외다). 우리는 모두 세상에 완벽한 인간은 없다는 것을 알고 있고, 파트너에게 완벽을 강요하지도 않는다. 같은 이유로, 우리를 사랑하는 상대방도 우리에게 완벽을 바라서는 안 된다. 상대에게 완벽을 바라는 것은 터무니없는 기대다.

아마 당신의 파트너에게도 많은 단점이 있고 그 또한 실수를 할 것이다. 그러나 아마 당신은 파트너의 모든 실수와 단점을 조목조목 지적하고 비판하지는 않을 것이다. 당신도 파트너에게 같은 것을 기대할 권리가 있다. 누군가를 사랑한다는 것은 상대를 있는 그대로 인정하고, 좋은 면과 좋지 않은 면을 모두 감수하는 것이기 때문이다(다시 한번 강조하지만, 학대적 행동은 감수해야 할 일에 포함되지 않는다).

이후 8장에서는 자기연민의 개념과 그 실천법에 대해 알아볼 예정이다. 자기연민은 자신을 있는 그대로 사랑하고 받아들이는 데 도움이 될 것이다.

파트너의 거짓말과 투사 거부하기

그럼 이제 파트너의 거짓말과 투사를 거부하고 밀어내기 위한 방법들을 알아보자. 다음의 연습과제가 좋은 시작이 되어줄 것이다.

비난의 말에 "아니야!"라고 외치기

• 파트너가 당신에게 했던 말들 중 가장 속상했던 말들을 적어보자. 짧게는 한 단어일 수도 있고, 길게는 문장 형태일 수도 있다. 당신으로 하여금 자기의심을 품게 했던 말, 몸과 마음에 깊은 상

처를 남겨 자괴감이 들게 했던 말, 당신의 힘과 자신감은 물론 존재 자체를 무너뜨렸던 말을 하나하나 떠올리며 적어보는 것이다. 예를 들어 다른 내담자들은 '닥쳐', '뚱뚱한', '게으른', '싸구려' 같은 단어들을 적었다. 문장 중에는 이런 것들이 있었다. "당신은 너무 한심해", "제대로 하는 게 뭐야?", "당신같이 뚱뚱한 사람이랑은 같이 자고 싶지도 않아."

• 당신이 종이에 적은 말들을 천천히 살펴보자. 그중 여전히 진실이라고 믿는 말이 있는가? 거짓임을 깨달은 말은 어떤 것인가? 당신을 화나게 하는 명백한 거짓말은 어떤 것인가? 파트너가 당신에게 자괴감을 주기 위해 했던 거짓말은 무엇인가? 잠자코 자기 말을 따르게 만들기 위해 했던 거짓말은 어떤 것인가? 현실을 왜곡하여 진실과 거짓을 구분하지 못하게 만들기 위해 했던 거짓말(가스라이팅)은 어떤 것인가?

• 목록에서 당신에게 여전히 큰 영향을 주고 있는 말에 동그라미를 쳐보자. 그 말들이 여전히 당신에게 영향을 주는 것은 제대로 따지지 못한 억울함 때문일 수도 있고, 상처가 너무 깊었기 때문일 수도 있다. 그리고 이 말들은 이제부터 당신의 마음속에서 지워나가야 할 말들이다.

• 당신을 괴롭히는 부정적인 말 하나하나에 집중하며 "아니야!"라고 외친다. 예를 들어 당신에게 가장 큰 상처를 준 말이 "당신은 너무 한심해"라면 그 문장을 바라보며 반복적으로 "아니야!"라

고 외치는 것이다. "아니야! 난 한심하지 않아!"라고 문장 형태로 말해보는 것도 도움이 된다(마음속으로 외쳐도 괜찮고, 실제 소리 내어 말해도 좋다).

- 마음속에서 지워버리고 싶은 단어나 문장을 보며 반복적으로 "아니야!"라고 말한다. 마음속으로 외쳐도 되고 소리 내어 말해도 좋다. "아니야!"라고 말할 때 드는 기분을 잘 관찰해본다.

가해자의 거짓말을 진실로 대체하기

이제부터는 아래의 진실들을 받아들이고 온 마음으로 흡수하는 데 집중해보자. 거짓을 대체하는 진실은 당신에게 큰 힘이 되어줄 것이다. '진실은 이것이다'라는 문장을 이용하여 당신을 괴롭혀왔던 거짓을 대체함으로써 그동안 당신이 간절히 바랐던 인정과 응원, 위안, 이해, 그리고 따뜻한 다독임으로 당신의 마음과 영혼을 채워보자.

- 진실은 이것이다: 그것은 나의 잘못이 아니다.
- 진실은 이것이다: 파트너가 자신의 자괴감 때문에 나를 비난해도 그것은 내 잘못이 아니다.
- 진실은 이것이다: 파트너가 나를 있는 그대로 받아들이지 못한다고 해도 그게 내 잘못은 아니다.
- 진실은 이것이다: 내가 파트너를 위해 하는 모든 일들을 파트너가 인정하지 않는다 해도 그게 내 잘못은 아니다.

정서적 학대에서 벗어나기

- 진실은 이것이다: 파트너가 나의 사랑을 제대로 받아들이지 못해도 그것은 내 잘못이 아니다.

- 진실은 이것이다: 파트너가 관계에 대한 불안 때문에 지나친 소유욕으로 나를 괴롭혀도 그것은 내 잘못이 아니다.

- 진실은 이것이다: 파트너가 늘 화를 내는 것은 내 잘못이 아니다.

- 진실은 이것이다: 나에게는 더 좋은 것들을 누릴 만한 자격이 있다.

그럼 이제 다음의 형식을 활용하여 당신만의 진실 목록을 만들어보자. 진실은 무엇이며 당신의 잘못이 아닌 것은 무엇인가?

- 진실은 이것이다: _____
- _____는 내 잘못이 아니다.

파트너의 수치심과 분노를 무조건 받아주는 존재로 계속해서 살아갈 필요는 없다. 당신이 파트너의 행복을 책임져야 한다는 잘못된 생각을 받아줄 필요도 없다. 벌을 받아 마땅하다는 생각을 하며 살아갈 필요도 없으며, 사랑받을 자격도, 행복해질 자격도 없다고 생각하며 살아갈 필요도 없다. 모두 거짓말이기 때문이다.

진실보다 강력한 것은 없다. 진실은 실로 우리를 자유롭게 한다. 정서적 학대 가해자는 피해자에게도 자기 자신에게도 거짓말을 한다. 그 거짓을 폭로하고 진실을 깨닫는 것은 학대적 파트너에게서 벗어나 정서적 자유를 얻기 위한 가장 효과적인 방법 중 하나가 될 것이다. 이어지는 두 챕터에서는 가해자의 거짓에 맞서기 위한 더욱 강력한 전략들을 살펴보려고 한다. 그러면 이제부터 당신의 머리에서 거짓을 몰아내고 파트너에게 직접적으로 맞서기 위한 방법들을 알아보자.

정서적 학대에서 벗어나기

7장
긍정적 분노를 이용한 디프로그래밍과 자기강화

"분노의 빗자루를 들어 두려움이라는 괴물을 쓸어내라."

- 조라 닐 허스턴Zora Neale Hurston, 《길 위의 먼지 자국Dust Tracks on a Road》

    지금쯤이면 적어도 파트너가 하는 모든 말을 곧이곧대로 믿거나 파트너의 비난을 아무 의심 없이 받아들이는 단계는 벗어났으리라 믿는다. 아마 많은 독자들이 파트너의 비난과 부정적인 말들은 당신을 도우려는 것이 아니며 그 뒤에는 감추어진 동기가 있다는 사실을 깨달았을 것이다. 그 동기는 바로 당신을 불안하게 하고, 부족한 사람으로 만들고, 사랑받을 자격이 없는 사람인 것처럼 느끼게 만드는 것이다. 모든 독자가 이 단계까지 오지는 못했겠지만, 적어도 대부분이 지금쯤은 파트너의 말을 무조건 믿어서는 안 된다는 점을 깨닫고 종종 그 진의를 의심하기 시작했으리라 생각한다.

    이제 다음 단계는 파트너의 부정적인 말과 인식에 적극적으로 맞서는 것이다. 이 과정은 지난 챕터 마지막 부분에서 "아니야!"라고 외치는 연습과제를 통해 이미 시작되었으며, 앞으로도 쭉 이어질 예정이다.

파트너의 부정적인 말에 맞서 자신을 강화하는 가장 효과적인 방법 중 하나는 바로 내면에 있는 분노를 자각하고 이를 표출하는 것이다. 이번 챕터에서는 다음의 세 가지 방법으로 당신의 건강한 분노 표출을 도우려 한다.

(1)건강한 방식의 분노 표출이 지니는 이점을 살펴본 후 그 방법에 관한 유용한 조언을 제공할 것이다.

(2)분노를 표출한다는 것 자체에 당신이 지니고 있을지도 모르는 저항감을 극복할 수 있도록 도울 것이다.

(3)두려움과 무력감, 절망감을 행동으로 전환할 수 있도록 도울 것이다.

여기서 한 가지 명심해야 할 것이 있다. 이번 챕터에서 말하는 분노의 표출은 간접적인 방식의 표출이라는 점이다. 분노의 표출과 가해자 대면은 두 개의 분리된 과정이 되어야 한다. 파트너의 학대적 행동에 대해 직접적으로 항의하고 맞서기 전에 우선 그동안 쌓인 분노를 안전한 방법으로 표출하는 것이 바람직하다. 정서적 학대에 대해 파트너에게 직접적으로 따져 묻는 날이 온다면, 그때는 각별한 주의가 필요하다. 분노가 한 번도 표출되지 않은 상태에서 바로 파트너와의 대면이 이루어진다면 소리를 치며 싸우게 되거나, 심한 경

정서적 학대에서 벗어나기

우 신체적 폭력까지 발생할 수 있기 때문이다. 반면 대면 전에 분노를 적절히 표출하면 파트너에게 당신의 주장을 더 잘 이해시키고 필요한 것들을 더 논리정연하게 설명할 수 있다. 내면의 분노를 안전하게 표출하는 방법에 대해서는 이번 챕터 전반에서 함께 알아보도록 하겠다.

분노의 긍정적인 역할

내면의 정당한 분노와 마주하는 것은 디프로그래밍의 중요한 단계 중 하나다. 분노는 감정을 상하게 하는 파트너의 학대적인 언행을 밀어낼 수 있게 해준다. 분노를 건설적으로 잘 활용하면 낮아진 자존감과 자기감 또한 회복할 수 있다. 가장 중요한 것은 분노가 삶에 대한 통제권을 되찾아올 수 있도록 당신의 내면을 강화시켜줄 수 있다는 사실이다. 긍정적 분노의 표출은 다음을 포함한 여러 이점을 가지고 있다.

- 힘과 의지를 강화하는 데 도움이 된다.

- 수치심을 없애는 데 도움이 된다.

- 유해한 감정을 없애는 데 도움이 된다.

- 동기부여에 도움이 된다.

그럼 이제부터 각각의 이점에 대해 심층적으로 알아보자.

분노는 힘과 의지를 강화한다

아마 당신의 내면에는 파트너에 대한 분노가 상당량 쌓여 있을 것이다. 지금껏 정서적 학대를 당하고 있다는 사실을 의식했든 못했든 그 분노는 꽤 오랜 기간 내면에 자리잡았다. 당신은 그 분노를 (의식적으로 밀어내며) 억누르거나 (그 존재를 부정하며) 외면해왔을 테고, 그렇게 쌓인 분노는 당신의 에너지를 오랫동안 좀먹어왔을 것이다. 그런 의미에서 쌓여 있는 분노를 해소하는 것은 중요하다. 당신에게 필요한 에너지와 힘, 의지를 얻을 수 있기 때문이다.

당신은 지금껏 분노를 부정적인 감정이라고만 학습해왔고, 타인의 분노를 경험했을 때도 부정적인 느낌을 받았을 것이다. 그러나 사실 분노는 상황에 따라 긍정적으로 기능할 수도 있는 감정이다. 우선 분노는 우리에게 잠재적인 위협과 문제를 인지할 수 있게 해준다. 또한 그 위협과 문제에 맞서거나 장애물을 극복할 수 있는 에너지를 주기도 한다. 그런 의미에서 분노는 일종의 경고 시스템이자 생존 기제라고도 할 수 있다.

위협을 인지했을 때 우리가 가장 처음 느끼는 감정은 두려움이다. 생존에 대한 위협을 인지하면 신경계는 그 위협에 대비하기 위해 방어 능력을 강화시킨다. 이 방어 시스템은 자율신경계 중 교감신경계에 위치하며, 아드레날린의 분비로 활성화된다. 아드레날린은 에너지를 끌어올려서 적과 싸울 수 있도록 힘과 인내력을 강화하거나 적에게서 달아날 수 있도록 속도를 끌어올려준다.

물론 파트너와 실제로 생사를 다투는 갈등을 겪은 경험은 많지는 않을 것이다. 그러나 정서적 안정을 위협하는 파트너의 언행은 경험해본 적이 있을 것이다.

상대의 부적절한 발언이나 무시하는 말, 악의적인 언행으로 인해 상처를 받거나 모욕을 당하면 우리는 누구나 위협을 느끼는 동시에 정당한 분노를 느끼게 된다. 그러나 정서적 학대를 당하고 있는 피해자의 경우 그 분노를 마음 놓고 인정할 수 없음은 물론 그것을 표현하는 것은 꿈도 꾸지 못한다. 하지만 당신은 이제 달라졌다. 파트너의 부정적인 말에 의심을 품기 시작한 당신이라면, 특히 이제는 그 말을 곧이곧대로 믿어서는 안 된다는 사실을 알게 된 당신이라면 분노를 느끼는 것이 가능할 것이다. 이기적이라고, 한심하다고, 무능하다고, 나쁜 엄마라고 비난하며 그 말을 믿게 만들려고 했던 파트너에게, '돕는다'는 미명하에 당신을 자기의심의 늪으로 빠뜨리려 했던 파트너에게 화가 날 것이다. 그동안 당신이 파트너로부터 부당한 대우를 받았다는 것을 깨달았다면 당연히 그 모든 사실에 화가 날 것이다.

정서적 학대에 대한 분노를 자각했다면, 이제 그 분노를 바깥으로 꺼내 표현하는 것을 스스로에게 허락해보자. 분노는 인간이 지닌 감정 중 가장 효과적으로 힘과 의지를 끌어내는 감정이다. 분노의 표출이 중요한 것은 그것이 우리에게 큰 힘과 의지를 주기 때문이다.

우리는 분노를 자각하고 표출함으로써 내면의 힘을 만날 수 있다. 분노는 당신 마음속의 불꽃을 점화해줄 것이다.

분노는 피해자의 목소리를 찾아주는 데 있어서도 중요한 역할을 한다. 특히 분노는 학대자의 거짓된 말에 당당하게 맞서 반박할 수 있도록 도와준다. 정당한 분노가 담긴 정확하고 진실된 말은 당신으로 하여금 파트너의 학대적인 말들을 확고하게 밀어낼 수 있게 해줄 것이다.

분노는 수치심을 없애준다

분노는 피해자의 내면에 뿌리박힌 수치심을 없애는 데도 도움을 준다. 학대에 대한 자책은 피해자의 힘과 자기효능감, 주체의식을 앗아간다. 그 모든 것을 빼앗긴 피해자는 자신이 처한 상황을 스스로 변화시킬 수 있다는 믿음을 잃게 된다. 그러나 분노를 적절히 활용하면 가해자에게 학대를 당한 자신을 자책하던 모습에서 벗어나 파트너의 부정적인 말들을 밀어낼 수 있다.

분노가 내면으로 향하고 있는, 즉 자신을 비난하고 있는 피해자는 그 분노가 향하는 방향을 가해자에게로 돌려야 한다. 그 분노의 정당한 대상은 피해자가 아닌 가해자이기 때문이다. 그동안 억누르고 있던 분노의 감정이 표출되는 것을 허락한다면 분노가 지닌 에너지는 원래 가야 할 방향, 즉 내부가 아닌 외부로 찾아갈 것이다.

분노와 비난의 내면화는 죄책감과 수치심을 불러온다. 그뿐 아니라 자신을 벌하는 자기파괴적 행동을 불러오기도 한다(칼, 뾰족한 핀, 담배 등을 이용한 자해나 알코올이나 약물중독, 거식, 폭식 등을 예로 들 수 있다). 모든 자기혐오의 감정을 학대자를 향한 정당한 분노로 전환해야 한다. 학대로 인한 분노를 자신에게 쏟아내지 말고 밖으로 표출해야 한다.

분노의 표출은 학대가 당신의 잘못이 아니었음을 깨닫는 데 도움이 된다. 물론 지금도 머리로는 당신이 가해자의 학대를 불러온 것이 아니며 학대당해 마땅한 사람이 아니라는 사실을 스스로 알고 있겠지만, 학대에 대한 분노를 표출함으로써 당신은 이를 가슴 속 깊은 곳에서부터 명확한 진실로 느낄 수 있을 것이다.

분노는 유해한 감정을 없애준다

분노를 표출할 안전한 경로를 찾지 못하면, 이는 다양한 문제로 이어질 수 있다. 표출되지 못한 분노는 우울증이나 다양한 질병, 죄책감, 자기비난을 불러온다.

그동안 표현하지 못한 마음속 감정을 소리내어 말하는 행위는 치유에 큰 도움이 된다. 정서적 학대 피해자는 대부분 더 큰 학대를 피하기 위해 감정을 드러내지 않고 담아두는 데 익숙하다. 그러나 그렇게 담아둔 감정은 사라지지 않는다. 그저 표현되지 못하고 강한 파괴력을 간직한 채 내면에 남아 있을 뿐이다. 그렇게 표출되지 못한 분노는 안에서 곪고 썩으며 시간이 흐를수록 유해한 감정으로 변질된다.

분노의 건강한 표출은 곰팡이가 가득 핀 어두운 지하실 문을 여는 것과 같다. 이 지하실로 들어가는 것은 두려운 일이며 퀴퀴한 냄새가 섞인 축축한 공기를 들이마시는 것 또한 그닥 내키지 않는 일이다. 그러나 빛을 비추기 위해서는 그 문을 열어야 한다. 그렇게 함으로써 퀴퀴한 냄새와 독소를 밖으로 빼내고 신선한 공기를 안으로 들일 수 있다. 그 문을 열면 어둠과 독성이 있던 곳에 점차 밝은 빛과 신선한 공기가 들어차게 될 것이다.

분노는 동기를 부여한다

분노는 당신에게 필요한 변화를 만드는 원동력이 되어줄 수도 있다. 정서적 학대 피해자는 걸맞지 않은 대우와 학대를 받아왔다는 사실을 깨닫는 순간 자연스럽게 분노한다. 그 분노는 피해자가 학대에서 벗어나기 위해 필요로 하는 폭발적인 힘으로 작용할 수 있다. 더 많은 분노를 표출할수록 그 힘은 더 강력해진다. 또한 피해자는 분노와 죄책감, 수치심이라는 무거운 짐을 벗고 홀가분한 마음을 지닐 수 있게 된다. 피해자는 이렇게 홀가분하면서도 더 강해진 마음으로 자신이 처한 상황을 바꾸겠다는 강한 의지를 다지게 된다.

분노: 부정적인가 긍정적인가?

많은 이들이 분노를 폭력이나 범죄 등 사회 문제를 일으키는 부정적인 감정으로만 본다. 그러나 분노는 부정적일 수도 긍정적일 수도 있다. 인생에서 반드시 필요한 변화를 불러오는 데 분노를 활용한다면, 그 분노는 매우 긍정적인 감정으로 작용할 것이다. 그동안 가해자에게 당한 말도 안 되는 행동을 규탄하는 데 분노를 사용한다면, 그 또한 긍정적인 감정이 될 것이다. 안전하게 표현된 분노는 치유의

한 방법이 될 수 있다. 정당한 분노의 건강한 표출은 힘과 의지를 강화하고 그것을 활용할 능력을 강화하여 당신을 더 강한 사람으로 만들어줄 수 있다. 당신에게 생각보다 강한 힘과 능력이 있음을 깨닫게 하는 매개체가 될 수 있다는 말이다.

분노는 감정적으로도 신체적으로도 많은 에너지를 소모한다. 그 분노를 내부에서 외부로 내보내면 그동안 분노로 소진되었던 당신의 에너지를 훨씬 긍정적인 일에 사용할 수 있다. 이를테면 학대적인 관계를 정리하는 일 같은 것 말이다. 흥미로운 것은 분노의 표출이 이성적 사고에 도움이 될 수도 있다는 사실이다. 빠져나가지 못한 분노가 내면에 존재하는 상태로는 혼란을 느낄 수밖에 없다. 그러나 그 분노를 밖으로 내보내면 다음에 해야 할 일이 더 선명하게 보인다.

분노는 수치심과 반대되는 지점에 있다. 분노를 안전하고 건설적인 방식으로 표현할수록 수치심은 줄어들게 된다. 분노는 두려움의 제어에도 도움을 준다. 분노와 두려움을 동시에 느낄 수 없기 때문이다. 분노는 두려움에게 '이제부터 내가 상황을 통제하고 이 사람을 보호할 테니 너는 잠시 저쪽에 가서 쉬고 있어'라고 말한다.

분노에는 물론 부정적인 측면도 있다. 죄 없는 사람에게 쏟아내는 화풀이는 분명 부정적인 분노다. 분노는 어떤 문제의 존재를 알려주는 신호 역할을 한다. 그런데 어떤 사람들은 그 문제가 무엇인지 정확히 파악할 생각은 하지 않고 그저 감정만 따라가다 주변에 있는 아무에게나 그것을 쏟아내기도 한다. 원래 가야 할 곳이 아닌 잘못된 곳에 분노를 표출하는 것이다. 정서적 학대 피해자들 일부도 무고한 주변 사람에게 분노를 쏟아내곤 한다. 불행하게도 그 주변 사람에는 피해자의 자녀도 포함된다. 자녀에게, 무고한 사람에게 향하는 화풀이는 문제의 본질을 해결하지 못함은 물론, 또 다른 문제를 만들어낸다. 학대 피해자가 누군가의 가해자로 변모해버리는 일이 발생하는 것이다. 분노를 건강하고 건설적인 방향으로 활용하려면 문제의 원인, 즉 가해자에게 분노가 향해야 함을 잊지 않아야 한다. 한 가지 기억해둘 것은, 분노의 표출을 꼭 가해자의 앞에서 직접 할 필요는 없다는 사실이다. 지금 단계에서는 가해자에게 말하고 있다고 상상하는 것만으로도 충분히 효과를 볼 수 있다.

당신에게 상처를 준 사람에게 향해야 할 분노가 당신 자신에게 향한다면, 그 또한 부정적이고 건강하지 못한 감정이 될 수 있다. 파트너가 갑자기 당신을 비난하거나 당신이 하지도 않은 일을 했다고 몰아가는 상황을 가정해보자. 이때 당신은 어떻게 반응하는가? 잠자코 듣고 있다가 파트너의 말이 맞는 것 같다는 생각에 자괴감을 느끼기 시작하는가? 아니면 말도 안 되는 소리 하지 말라며 화를 내는가? 파트너의 말이 잘못됐음을 지적하며 진실을 대면시키는가? 아니면 당신의 생각을 의심하며 파트너의 말을 믿기 시작하는가? 마지막 경우라면 당신은 분노를 자기 자신에게 향하고 있는 것이다. 이것은 매우 건강하지 않은 방향이다.

내면화된 분노는 말 그대로 표현되지 못하고 안에 갇힌 분노다. 분노를 느끼기는 하지만 겉으로 드러내지 않는다면 당신은 분노를 내

정서적 학대에서 벗어나기

면화하고 있는 것이다. 내면화된 분노가 지닌 유해성은 신체적 건강과 정신적 건강에 심대한 영향을 준다. 파트너의 학대적인 언행을 밀어내거나 맞서 싸우지 않으면 분노는 점점 내면화된다.

정서적 학대 가해자는 관계에서 발생하는 모든 문제에 대해 피해자를 비난한다. 그러한 비난이 거짓임을 깨닫지 못하고 스스로를 탓하다 보면 비난 또한 내면화된다.

분노가 유해한 수치심으로 전환되면 그 부정적인 영향은 말도 못하게 커져버린다. 유해한 수치심은 피해자의 힘과 자기효능감, 주체의식을 갉아먹고, 자신이 처한 상황을 스스로 변화시킬 수 있다는 믿음 또한 앗아간다.

자기 자신조차도 찾을 수 없는 깊은 곳에 분노를 묻어버리는 행위 또한 바람직하지 못한 방식이다. (무의식적으로 묻어버린) 외면된 분노와 (의식적으로 밀어낸) 억눌린 분노는 우울증과 자기혐오를 불러오며, 이것은 절망감과 무력감으로 이어진다. 분노는 표출되지 않은 채 수십 년 동안 숨어 있을 수 있는 감정이다. 겉으로 드러냈을 때 위험한 결과를 불러올 수 있다는 생각 때문이다. 분노를 인정하거나 표출해서는 안 된다는 가르침을 받으며 자라는 여성들은 특히 이런 경향을 보인다. 또한 정서적 학대 피해자는 무의식중에 분노의 존재를 느끼면서도 그 존재를 인정하면 지금까지 부정해온 모든 것들을 인정해야 한다는 생각 때문에 외면하려 한다. 정서적 학대가 준 큰 상처를, 또는 어린 시절의 학대가 남긴 너무나도 큰 영향을 인정하는 것이 두려운 것이다.

분노 표출의 장애물 극복하기

당신은 아마 분노를 표출한다는 생각 자체에 대해 상당한 저항감을 지니고 있을 것이다. 그럼 지금부터 분노 표출을 가로막는 주된 장애물에 대해 함께 알아보자.

첫 번째 장애물: 수치심과 자기비난

안타깝게도 당신은 분노 표출은 고사하고 분노라는 감정을 인정하기조차 어려운 단계에 있을 수도 있다. 내면에 있는 정당한 분노를 자각하기 위해서는 우선 해야 할 일이 한 가지 있다. 바로 정서적 학대를 당한 자신에 대한 비난을 멈추는 것이다. 이 어려운 일을 해내기 위해서는 파트너의 학대적인 행동을 유발한 것이 당신이 아니며, 당신은 절대 학대받아 마땅한 사람이 아니라는 사실을 의식적으로 명확히 인지해야 한다.

그러나 학대의 원인이 자신이 아니며 학대받아 마땅하지 않다는 사실을 깨달은 후에도 분노를 내부가 아닌 외부로, 즉 학대자에게로 향하게 하는 과정은 어려운 일이 될 것이다. 한동안은 성공하는 듯 보여도 어느새 다시 내면으로 향한 분노가 수치심과 자기비난을 불러올지도 모른다. 그 이유는 다음과 같다.

- 당신은 파트너로부터 오랜 세월 비난과 수치의 말을 들어왔다. 그 말들은 당연히 당신에게 많은 악영향을 남겼을 것이다. 그 모든 영향에서 벗어나는 것은 길고 지난한 과정일 수밖에 없다.

정서적 학대에서 벗어나기

- 자신을 비난하고 탓하는 데 너무 익숙해져서 매사에 자동적으로 그런 반응을 보이는 것일 수도 있다. 그렇기 때문에 자신을 끊임없이 관찰하며 자기비난의 마음이 들 때마다 의식적으로 그것을 멈추려 노력해야 한다.

- 파트너로부터 정서적 학대를 당하고 있다는 사실을 직면하는 것보다 지금까지 했던 것처럼 자신을 비난하는 편이 더 익숙하고 덜 두렵게 느껴져서 그러는 것일 수도 있다. 지금껏 파트너의 기만과 사기, 거짓말에 당해왔다는 사실을 인정하는 것보다 자신이 뭔가 학대당할 만한 행동을 했다고 믿는 편이 차라리 덜 고통스럽다고 생각할 수도 있기 때문이다.

- 평생 동안 당해온 학대와 비난을 이제 막 극복하기 시작한 상태라면 자기도 모르게 가끔 예전의 습관대로 생각할 수 있다. 이것은 충분히 이해할 만한 일이다.

두 번째 장애물: 분노에 대한 두려움

정당한 분노의 발견과 표현을 어렵게 하는 또 다른 장애물은 무엇일까? 그것은 바로 분노에 대한 두려움이다. 당신은 아마도 분노를 표현하기 시작하면 감정에 대한 통제를 잃고 누군가를 해칠지도 모른다는 두려움을 느끼고 있을지도 모른다. 가정폭력을 휘두르는 부모 밑에서 자란 사람이라면 분노를 조금이라도 드러내는 것에 격한 거부감을 느낄 수도 있고, 부모처럼 될지도 모른다는 생각에 분노를 완전히 외면해버릴 수도 있다.

내담자인 보니의 사례를 살펴보자.

아버지는 툭 하면 화를 내는 학대적인 부모였어요. 한번 화를 내면 무슨 일을 저지를지 모르는 사람이었죠. 화가 나면 어머니나 저희들에게 마구잡이로 소리를 지르다가 갑자기 마구 때리기 시작했어요. 그래서 저는 분노를 표현하는 게 두려워요. 통제를 잃고 아버지처럼 신체적 학대를 저지르는 사람이 될 것 같아서요.

분노를 밖으로 표출하기 시작하면 통제를 잃고 학대나 폭력을 저지르게 될까봐 두려운 마음이 들 수도 있다. 과거의 경험 때문에 분노 자체를 혐오하고 분노에 대해 강한 거부감을 느낄 수도 있다. 그러나 이러한 생각은 모두 비현실적이며 지나친 걱정이다. 이 책에서 제공하는 정보와 연습과제가 그러한 생각을 극복할 수 있도록 도울 것이다. 오해를 극복하고 자신의 분노를 편안하게 받아들이는 것은 지금 당신이 필요로 하는 힘과 의지, 자유에 다가가기 위해 반드시 해내야만 하는 일이다.

분노를 느끼는 자신을 받아들이고 그 표현을 허락하기 위해서는 약간의 노력이 필요하다. 정서적 학대 피해자들의 경우 내면의 힘이 약해져 있어 타인의 분노는 물론 자신의 분노에 대해서도 두려움을 느끼기 때문이다.

화가 나면 이성을 잃고 학대적으로 돌변했던 부모의 모습을 목격한 적이 있다면 분노를 표출하기 시작했을 때 자신도 똑같은 짓을

정서적 학대에서 벗어나기

저지를 수 있다는 두려움을 느끼는 것은 당연하다. 사실 이것은 정서적 학대 피해자들이 흔히 느끼는 두려움이다. 많은 이들이 이 두려움 때문에 분노를 표현하기는커녕 이를 느끼는 것조차 억누르려 한다. 분노를 느끼고 표현하는 것을 두려워하는 이유가 무엇인지 정확히 파악하지 못하는 이들도 있다. 당신이 만약 그런 경우에 해당한다면 곰곰이 생각한 후 다음 문장의 빈칸을 채워보자.

- 내가 분노 표출을 두려워하는 이유는 _____이다.
- 분노를 표출하면 _____할까봐 두렵다.

이유가 어찌됐든 분노에 대한 두려움을 지니고 있다면 그것을 해소하는 가장 좋은 방법은 우선 분노를 점진적으로 인정하는 연습을 하는 것이다. 다음의 연습과제가 좋은 시작이 되어줄 것이다.

분노 인정하기

다음의 문장을 읽고 당신이 분노를 느끼는 이유를 나열해보자. 문장을 완성한 후에는 소리 내어 읽어보고 다른 공책에 옮겨 적는다. 일기를 쓰고 있다면 일기장에 적는 것도 좋다. 더이상 떠오르는 이유가 없을 때까지 계속 적어 내려가보자.

- 나는 _____하는 파트너에게 화가 난다.
- 나는 _____때문에 파트너에게 화가 난다.

분노의 이유를 생각해보는 이 연습은 내면의 힘을 키워줄 수 있지만, 두려움을 불러일으킬 수도 있다. 이유를 하나하나 떠올리고 적어 내려갈 때마다 다양한 감정이 느껴질 것이다. 그 감정들을 세심하게 관찰해보자.

그동안 견뎌왔던 학대적 행동을 하나씩 적고 그에 대한 분노를 인정하는 이 활동은 누군가에게는 홀가분한 경험이, 또 누군가에게는 답답하고 어려운 경험이 될 수 있다. 분노의 이유가 분명한데도 적절한 표현이 떠오르지 않아 답답했을 수도 있고, 그동안의 학대 경험 자체가 잘 '기억나지 않는' 일종의 '뇌 동결' 상태가 왔을 수도 있다. 뭔가 옳지 않은 일을 하고 있는 것 같은 기분을 느낀 이도 있을 것이다.

만약 이 연습과제를 수행하는 동안 위에 나열한 증상 중 하나라도 경험했다면 그 느낌에 대해서도 따로 기록해보자. 두려움이나 불편한 감정, 또는 뭔가 잘못하고 있는 것 같은 기분이 들었던 이유에 대해 생각해보는 것이다.

우리에게는 통제의 상실이나 처벌, 또 다른 학대나 수치심을 걱정하지 않고 분노를 표출할 다양한 방법이 있다(이 방법들은 이번 챕터 뒷부분에 소개되어 있다). 분노의 건강한 표출은 머릿속에서 학대자의 목소리를 몰아내고 자기비난을 멈출 수 있도록 돕는다. 피해자는 분노로부터 힘을 얻어 더 나은 삶을 위해 스스로 가해자에게 맞설 수 있게 된다.

피해자가 느끼는 여러 부정적인 감정은 분노로 승화되어야 한다.

정서적 학대에서 벗어나기

피해자는 두려움을 분노로 승화시킴으로써 가해자에 맞서 목소리를 낼 수 있다. 무력감과 절망감을 분노로 승화시킨다면 소중한 자신을 깎아내리려 하는 가해자의 시도를 단호히 거부할 수 있다. 수치심을 분노로 승화시킴으로써 학대에 대한 자책을 멈추고 가해자에게 책임을 물을 수 있다.

세 번째 장애물, 분노 표현은 바람직하지 않다는 믿음

분노를 표현하는 것이 바람직하지 않다고 주장하는 사람도 있다. 이들은 지나간 일을 굳이 끄집어내어 화를 내는 것보다 과거는 과거로 묻어두는 것이 도덕적·종교적으로 더 고결한 일이라고 말한다. 물론 이 말에 동의할지 여부는 각자의 결정이다. 그러나 적어도 내 경험에 따르면 학대를 받은 기억은 가만히 둔다고 해서 점차 사라지는 것이 아니다. 분노를 정당하게 표현하지 않으면 상대를 진심으로 용서하는 것도 불가능하다. 어쨌든 자신에게 맞는 치유법이 무엇인지는 몸과 마음을 세심히 관찰하며 스스로 결정해야 한다.

이에 대해 내담자였던 디나는 이렇게 말했다.

저는 독실한 천주교 집안에서 자랐어요. 상대가 아무리 큰 잘못을 해도 용서하고 또 용서하라는 가르침을 받으며 자랐죠. 남편의 정서적 학대에 화가 날 때마다 죄책감과 함께 그를 용서할 수 있게 도와달라고 기도했죠. 하지만 화는 사라지지 않았어요. 그건 그냥 단순한 화라기보다 아주 격렬한 분노에 가까웠죠.

그러다 결국 가정폭력 상담센터의 자조모임에 참여하게 되면서 분노를 점차 표현하게 됐어요. 모임에서는 발을 쿵쿵 구르기도 하고 소리를 마음껏 지르기도 했는데, 기분이 정말 좋았죠. 샌드백도 하나 있었는데, 처음에는 좀 꺼려졌지만 다른 참석자들이 분노를 표현하는 것을 보고 저도 한번 해봤어요. 손으로는 세게 때리기가 힘들어 나무 방망이를 사용했죠. 남편의 얼굴을 그리며 몇 번이고 휘둘렀는데, 제 안에 얼마나 많은 분노가 쌓여 있었던 것인지 그때 느낄 수 있었어요. 샌드백을 때리며 제 팔과 손을 통해 분노가 뻗어나가는 것을 느꼈어요. 그렇게 원하는 만큼 샌드백을 때리고 나니 너무 힘들었지만, 그동안 쌓여 있던 분노가 빠져나간 느낌에 홀가분했어요. 그리고 다시 기운이 차올랐죠. 어떤 일이 있어도 다시는 남편이 저를 학대적으로 대하지 못하게 하겠다는 강한 의지가 생겼어요. 물론 한 번 만에 제 분노가 모두 사라지진 않았어요. 하지만 모임에 몇 번 더 참석해서 샌드백을 때리며 표출하고 나니 분노는 확실히 전보다 가라앉았죠. 남편을 용서하는 것도 고려해볼 수 있었지만, 관계를 정리해야 한다는 생각이 확실히 들었어요. 덕분에 저는 용기를 내서 남편을 떠날 수 있었죠.

당신의 장애물은 무엇인가?

분노를 표출하고 싶지 않은 이유를 곰곰이 생각해보고 모두 적어보자. 통제를 잃는 것에 대한 두려움 때문일 수도 있고, 분노에 가려져 있던 슬픔 등의 다른 감정을 마주할지도 모른다는 두려움 때문일 수도 있다. 분노는 절대 표현해서는 안 되며 상대를 늘 용서해야 한다는 가르침을 받으며 자란 것이 원인일 수도 있다. 무엇이 됐든 머릿속에 떠오르는 이유는 모두 종이에 적어보자.

정서적 학대에서 벗어나기

혹시 이유를 떠올리는 것이 어렵다면 어린 시절을 생각해보는 것도 좋다. 어린 시절의 기억을 잘 더듬어보자. 분노를 두려워하게 만든 기억이 있는가? 누군가 당신에게 분노를 표현하면 안 된다는 믿음을 심어준 기억이 있는가? 다음의 질문을 읽고 곰곰이 생각해보자.

- 어머니나 아버지가 분노를 표현했을 때 두려움을 느낀 기억이 있는가? 부모님이 분노를 표현할 때면 언어적·정서적·신체적 학대 행동이 동반되었는가?
- 주변의 누군가가 분노를 표현한 후에는 늘 당신에게 상처를 주는 행동이 뒤따랐는가?
- 어린 시절, 부당한 상황에 대한 이의 제기를 허용하고 장려하는 분위기에서 자랐는가? 아니면 그런 상황이 있어도 조용히 넘어가야 했는가?

저는 정말 화가 나지 않아요

내담자들 중에는 자신이 정서적 학대의 피해자임을 자각하고 난후에도 파트너에게 전혀 화가 나지 않는다는 이들도 있었다. 이유를 물으니 다음과 같은 답이 돌아왔다.

- "남편이 제게 그런 식으로 대했다는 것에 대해서는 화가 나지 않아요. 그보다는 그걸 참은 저 자신에게 화가 나죠."
- "파트너에게 화가 나지는 않네요. 저를 학대하려고 일부러 그런

게 아니란 걸 알거든요. 벌써 여러 번 사과도 했고, 자기도 고치려고 애쓰고 있어요."

- "남편에게 화가 난다기보다는 안쓰러운 기분이 들어요. 그 사람은 참 고통스러운 어린 시절을 보냈거든요. 그것 때문에 평생 힘들어했죠."

- "남편도 자기 행동을 어쩔 수 없었을 거예요. 아버지에게 학대를 받으며 자기도 그걸 내면화한 거죠. 보고 배운 대로 행동한 건데, 제가 어떻게 화를 낼 수 있겠어요?"

이중에서 혹시 공감가는 내용이 있는가? 없다면 화가 나지 않는 자신만의 이유를 잘 생각해본 후 종이에 한번 적어보자.

안타깝게도 많은 피해자들이 위에서 소개한 답변 중 맨 첫 번째의 이유로 가해자에게 화를 내지 못한다. 정서적 학대 피해자들은 학대를 자행한 가해자를 비난하기보다는 그 학대를 너무 오랫동안 참은 자신을 탓하는 경향이 있다. 사실 이러한 '피해자 비난'은 우리 사회 곳곳에 만연해 있다. 많은 이들이 학대 피해자가 피해를 '즐겼기 때문에' 견딘 것이라고 보거나, 그렇지 않더라도 어리석고 나약해서 피해를 당한 것이라 생각한다. 이러한 태도는 성폭력을 당한 여성을 향해서도 나타나고("그렇게 술을 마시고 다니니 저런 일을 당하지."), 신체적 폭력을 당한 피해자에게도 드러나며("맞으면서 왜 참고 살아? 뭔가 문제가 있나보지."), 물론 정서적 학대를 당한 피해자에게도 나타난다("남편한테 그런 식으로 대하지 말라고 왜 말을 못

정서적 학대에서 벗어나기

해?").

　대부분의 사람들은 세상에는 아무런 이유도 없이 갑자기 벌어지는 피해가 있다는 사실을 인정하려 하지 않는다. 왜일까? 그렇게 믿는 순간 자신도 그러한 무차별적인 피해를 당할 수 있는 존재가 되기 때문이다. 사람들은 피해자가 어떤 특정한 행동을 했다면, 혹은 하지 않았다면 피해를 피할 수 있었을 거라 믿고 싶어 한다. 그렇게 피해자가 원인을 제공했다고 믿음으로써 그런 원인을 제공하지 않은 자신은 안전하다고 느끼고 싶은 것이다. 그러나 그것은 진실이 아니다. 성폭력이 됐든, 신체적 폭력이 됐든, 정서적 학대가 됐든, 피해자는 자신의 피해에 대해 아무런 잘못이 없다. 모든 잘못은 절대적으로 가해자에게 있다.

　앞서 언급한 바와 같이 피해자로서는 오랫동안 학대를 일삼은 가해자를 비난하고 화를 내는 것보다 그 기간 동안 학대를 견디기만 한 자신을 비난하고 질책하는 편이 더 익숙하고 쉽게 느껴질 수 있다. 우리는 피해자가 그런 경향을 보이는 진정한 이유를 간과해서는 안 된다.

　상담실을 찾은 레베카는 오랫동안 남편의 정서적 학대에 시달려왔지만, 남편에 대한 분노는 쉽게 인정하지 못하고 있었다. 레베카는 계속 남편을 두둔하며 "그 사람은 알코올중독이라 자기가 무슨 행동을 했는지도 모른다"고 말했다. 그렇게 계속 분노를 회피하기만 하니 상담을 해도 치료에는 진전이 없었다. 레베카는 남편과의 관계에서 늘 수동적이었으며, 남편을 떠날 용기나 힘을 찾지 못하고 있었다.

나는 레베카가 내면에 존재하는 분노와의 만남을 거부하는 이유를 생각해보았다. 아무래도 가장 큰 이유는 자기부정을 걷어냈을 때 직면해야 할 고통인 것 같았다. 여전히 너무나도 사랑하는 남편이 자신을 배신하고 이용했다는 마음 아픈 현실을 마주하고 싶지 않았던 것이다.

앞서 소개한 이유들 중에는 어느 정도 말이 되는 것도 있고 어느 정도 사실인 것도 있다. 그러나 그러한 이유들이 파트너에 대한 분노를 무효화하는 것은 아니다. 가해자 중에는 물론 어린 시절 학대를 당한 사람도 있을 테고, 끔찍한 어린 시절을 보낸 사람도 있을 것이다. 자신이 정서적 학대를 저질렀다는 사실에 자괴감을 느끼는 가해자도 있을 것이다. 그러나 반드시 기억해야 할 중요한 사실은, 가해자에 대한 연민을 느낀다고 해서 그에 대한 분노를 느끼지 말아야 한다는 법은 없다는 것이다. 둘은 충분히 공존할 수 있는 감정이다. 가해자가 잘못을 후회해도 피해자의 분노가 모두 무효화되지는 않는다. 피해자로서 당신은 '분노할 권리'를 지니고 있다. 그리고 그 분노를 표출하는 것은 내면을 강화할 수 있는 극히 건강하고 바람직한 일이다. 분노를 표출했을 때 파트너가 느낄 감정에 대해 걱정이 들 수도 있다. 그러나 파트너를 직접적으로 관여시키지 않고도, 혹은 파트너가 이 사실을 전혀 모르도록 분노를 표출할 방법은 얼마든지 있다. 분노의 안전한 표출 방법에 대해서는 이 챕터의 뒷부분에서 더 자세히 소개하도록 하겠다.

정서적 학대에서 벗어나기

숨어 있는 분노 찾기

분명 화가 '나야 하는' 상황임을 알면서도 이를 어렵게 느끼는 사람들도 있다. 만약 당신도 여기에 해당하는 것 같다면 다음의 방법을 시도해보는 것이 좋다.

- 우선 당신이 일반적으로 화를 낼 때 나타나는 신체증상을 살펴본다. 당신은 화가 났을 때 어금니를 꽉 깨무는가? 이를 가는가? 주먹을 꼭 쥐는가? 근육이 긴장하는가? 그럼 이제 의식적으로 화를 내고 있는 상황이 아닌데도 이런 신체증상이 하나 이상 나타나는 경우가 있는지 살펴본다. 신체증상은 당신이 분노를 인식하고 있지는 않아도 그것이 몸 안에 존재하고 있음을 알려준다. 분노로 인한 신체증상이 주로 감지되는 곳으로는 등과 어깨, 턱, 손 등이 있다. 화가 '나야 하는' 상황에서 자신의 몸을 세심히 살펴보자. 혹시 등이나 어깨, 손, 턱에서 통증이나 긴장이 느껴지는가? 혹시 그것이 분노는 아닐까?

- 혹시 주변 사람들이 자주 신경에 거슬리는지 생각해본다. 이 또한 화를 내고 있지만 스스로 인지하지 못할 때 나타날 수 있는 증상이다. 주변 사람이 자주 거슬리고 그들에게 짜증이 난다면 당신은 낮은 수준의 분노를 지속적으로 느끼고 있는 것일 수도 있다.

- 스스로에게 짜증이나 화가 자주 나는지 생각해본다. 혹시 내면에 있는 강력한 비판자가 당신의 결점을 계속해서 지적하는가? 자신에게 자꾸만 실망감이 드는가? 이 또한 당신이 분노를 느끼고 있다는 증거인데, 이 경우 분노의 진짜 대상을 찾아내는 것이 중요하다.

- 화가 났다는 것을 자신에게, 또는 주변 사람들에게 인정하는 것이 두려워서 다른 표현을 쓰는 경우도 있다. 예를 들어 '화가 난다'는 표현 대신 '짜증이 난다'거나 '불만스럽다'라고 돌려서 표현하는 것이 대표적이다. '화가 난다'는 표현을 피하기 위해 자주 사용하는 다른 표현이 있는지 생각해보자.

- 우리는 종종 분노를 가해자가 아닌 다른 사람에게 쏟아내곤 한다. 예를 들어 배우자에게 정서적 학대를 당하는 피해자가 자녀에게 화풀이를 하는 식이다. 당신은 주로 누구에게 화를 쏟아내는가?

- 아직도 분노를 찾지 못했다면 스스로에게 이런 질문을 던져보자. '파트너가 내가 사랑하는 다른 사람, 이를테면 가족이나 자녀에게 내게 했던 것처럼 똑같이 대한다면 어떤 기분이 들까?' 대부분의 사람은 파트너가 자신을 대하듯 자녀를 대한다면 화가 날 것 같다고 답한다. 혹시 당신도 같은 답을 했다면, 이번에는 이런 질문을 던져보자. '그렇다면 파트너가 나에게 그렇게 대하는데 나는 왜 화를 내지 않고 있는가?'

• 파트너의 정서적 학대가 당신에게 미친 영향을 하나하나 적어보자. 종이 위에 적힌 그 목록을 보면 화가 나는가? 만약 화가 나지 않는다면 그 이유가 무엇인지 생각해보자.

분노 이끌어내기

분노를 의식 차원에서 느끼지 못하는 피해자도 분명 내면에는 분노를 지니고 있다. 마음 속 깊은 곳에 묻힌 채 두려움이나 수치심으로 덮여 있을지언정 분노는 명백하게 그곳에 있다. 다음의 연습과제는 펌프에서 물을 길어올릴 때 마중물을 붓듯, 마음속 깊이 숨은 분노를 의식 위로 끌어올리기 위한 활동이다.

우선 남의 방해를 받지 않을 조용한 장소를 찾는다. 큰 소리를 내도 주의를 끌지 않고 주변 사람에게 방해가 되지 않을 장소여야 한다. 집이나 차 또한 이상적인 장소가 될 수 있다. 단, 집의 경우 소리가 들릴만한 거리에 사람이 있어서는 안 되며, 차의 경우 한적한 곳으로 이동하는 것이 좋다.

5장에서 소개한 연습과제에서처럼 파트너가 당신에게 가한 학대적 행동이나 말 중 당신에게 가장 큰 상처를 준 것들을 떠올린다. 그 다음 "아니야!"라고 반복적으로 소리내어 말한다. 목소리를 점점 높여가며 "아니야!"라고 힘껏 외친다. 자신의 목소리를 들으며 "아니야!"라는 말을 온몸으로 느껴본다.

이제 당신의 정당한 분노를 표현하기 위해 파트너에게 하고 싶은 말들을 떠올려본다. 예를 들면 다음과 같다.

- "나한테 그런 식으로 말하지 마!"
- "당신 말은 사실이 아니야. 거짓말이야!"
- "난 이제 당신 안 믿어!"
- "하기 싫어!"
- "저리 가!"
- "난 당신이 싫어!"

점점 목소리를 높여가며 파트너에게 하고 싶은 말을 반복한다. 자제하려 하지 말고 정당한 분노를 마음껏 표출한다. 안 좋은 기억이 떠오른다면 그 감정을 연료로 분노를 더욱 강하게 표출한다. 만약 기억 속에 떠오른 장면이 파트너가 당신에게 고함을 치거나 폭력을 휘두르는 장면이라면 장면 속에서 역할을 바꿔본다. 당신이 파트너에게 고함을 치거나 때리는 장면으로 바꾸는 것이다. 무엇보다 중요한 것은 그 장면 속에서 피해자의 위치에 계속 머물러서는 안 된다는 점이다. 피해자의 위치를 벗어나는 것이 어렵다면 연습과제를 잠시 중단한다.

그동안 표현되지 않았던 깊은 분노의 존재를 조금이라도 느꼈다면 이 활동의 목적을 성공적으로 달성한 것이다. 이제 그 분노를 표출하는 것이 어떤 느낌인지 관찰해본다. 있는 대로 소리를 지르며 분노를 마음껏 표출했다면 피곤하면서도 홀가분한 느낌이 들 것이다. 혹시 자신의 분노에 대해 두려운 마음이 들기 시작한다면 당신은 지금 안전한 곳에 있으며, 당신의 분노로 인해 다치는 사람은 아무도 없다는 점을 상기한다. 분노를 표출하다가 고통스러운 감정이 의식 위로 떠올랐다면 마음껏 울어도 좋다. 눈물은 결코 당신의 힘과 분노를 약화시키지 않는다.

분노의 건강한 표출을 위한 전략

그럼 이제부터 내면에 숨어 있는 정당한 분노를 찾고 그 분노를 표출할 수 있게 해줄 건강한 전략을 함께 알아보자. 정당한 분노는 당신에게 힘을 불어넣는다. 그 힘은 가해자가 쏟아내는 부정적인 메시지와 수치심을 막아주고, 학대적 행동을 거부할 수 있게 해주며, 궁극적으로는 당신이 원할 때 학대적 관계를 끝낼 수 있도록 힘과 의지를 강화해준다.

다음은 분노 표출을 위해 시도해볼 수 있는 연습과제들이다. 모두 시도해보아도 좋고, 원하는 것만 골라서 실행에 옮겨보아도 괜찮다.

- 분노의 감정을 글로 적어본다. 자제하려 하지 말고 당신이 느끼는 모든 분노와 상처의 감정을 그대로 종이 위에 쏟아낸다. 이 글을 토대로 학대자에게 '보내지 않을 편지'를 쓴다. 편지는 학대가 당신에게 어떤 상처를 주었는지 알려주는 내용으로 작성한다.

- 혼자 있을 때 집안을 돌아다니며 당신이 느끼는 모든 분노의 감정을 소리내어 말해본다. 수정하거나 검열하지 말고 파트너에게 하고 싶은 말을 그대로 외친다. 예를 들면 다음과 같이 말해볼 수 있다. "당신 나한테 그런 식으로 말하는 거 정말 싫어!", "그

렇게 끔찍하게 굴어놓고 어떻게 내가 당신한테 잘 해주기를 바라?", "나한테 그렇게 대했는데 내가 당신이랑 자고 싶겠어?", "나한테 화풀이 하지 마!", "저리 꺼져!"

• 파트너가 당신 앞에 앉아 있다고 상상해보자. 그리고 파트너의 학대적 행동으로 당신이 어떤 감정을 느꼈는지 정확히 설명해보자. 내용을 검열하거나 하고 싶은 말을 자제하지 않는 것이 중요하다. 혹시 두렵게 느껴진다면 파트너가 의자에 묶여있다고 상상해도 좋고, 눈을 보며 말하는 것이 겁난다면 눈가리개를 쓰고 있다고 상상해도 좋다. 당신의 분노에 대해 파트너가 뭐라고 말할지 두렵다면 재갈을 물렸다고 상상하면 된다.

• 얼굴을 베개에 묻고 소리를 질러본다.

• 좀더 물리적인 방법으로 표출하고 싶다면 몸의 반응을 살피며 몸이 원하는 것을 파악해본다. 몸이 원하는 것에 따라 뭔가를 때리거나, 차거나, 부수거나, 찢을 수도 있다. 그 직관적인 느낌을 따라 분노를 안전하면서도 만족스럽게 표출할 수 있는 방법을 찾아보자. 예를 들면 침대 옆에 무릎을 꿇고 앉아 주먹으로 매트리스를 치는 것은 안전한 방법이다. 주변에 아무도 없다면 매트리스를 치면서 마구 소리를 질러도 된다. 침대에 누워 발을 구르거나 빈 상자나 포장재 같은 것을 발로 밟는 것도 좋은 방법이다. 낡은 옷을 찢는 것도 좋고, 인적이 드문 장소에 가서 돌이나 병을 던지는 것도 괜찮다.

※주의사항: (테니스 채로 침대를 내리치거나 샌드백을 때리거나 소리를 지르는 것 같은) 격렬한 분노 표출이 폭력성을 불러올 수 있으므로 바람직하지 않다고 말하는 전문가나 상담사도 있다는 점을 참고하자. 특히 과거에 사람을 때리거나, 밀거나, 발로 차는 등 폭력을 휘두른 경험이 있다면 물리적인 방법이 아닌 다른 방식의 분노 표출을 권한다. 앞서 소개한 것처럼 자신의 감정을 글로 써보는 것도 좋고, 예술로 눈을 돌려보는 것도 좋다. 그러나 대부분의 피해자들은 격렬한 방식으로 분노를 분출해도 폭력적으로 변하지 않는다. 분노는 피해자들에게 힘을 불어넣어 파트너에게 싫다는 말과 아니라는 말을 할 수 있게 하고, 자신의 의견을 말할 수 있게 한다. 물리적 표출은 표현을 허가받지 못한 채 오랫동안 쌓여온 분노를 밖으로 내보내준다. 대부분의 피해자는 학대나 폭력이 진행되는 순간 분노를 표현하지 못했기 때문에, 늦게라도 그렇게 하는 것이 정신적인 건강에 큰 도움을 줄 수 있다.

앞서 제시한 방법들을 활용하여 분노를 표출한 후 어떤 느낌이 드는지 스스로를 잘 관찰해보자. 내담자였던 테레사는 이렇게 말했다. "분노가 저를 정화한 느낌이었어요. 저를 고통스럽게 했던 수치심과 자기비난의 마음을 깨끗하게 태워준 것 같아요. 분노를 표출할수록 제 안의 에너지가 점점 강해지는 것이 느껴졌어요."

분노의 표출은 피해자에게 힘을 불어넣을 뿐 아니라 정서적 학대가 자신의 탓이 아니었고 자신은 학대받아 마땅한 사람이 아니라는 중요한 사실을 다시 한번 깨닫게 해준다. 물론 많은 피해자들이 학대가 자신의 탓이 아니라는 사실을 머리로는 알고 있다. 그러나 학대에 대한 분노를 표출하면 그 사실을 가슴 속 깊이 진실로 느낄 수 있다. 정당한 분노의 표출은 피해자의 내면에 있는 수치심의 목소리를 몰아낸다.

자신에게 분노의 표출을 허락하는 것이 여전히 어렵게 느껴지거나 통제를 잃을지도 모른다는 두려움에 망설여진다면 필자의 전작 《화의 심리학》을 읽어보는 것도 좋다.

직접적인 대면에 대한 주의사항

이번 챕터에서는 분노의 인정과 표현이 지닌 긍정적인 측면을 살펴보았다. 여기에서 소개한 전략과 연습과제는 모두 파트너를 관여시키지 않는 간접적인 방식이다. 파트너와의 직접적인 대면은 우선 건강하고 건설적인 분노 표출이 상당 부분 진행된 후 이루어지는 것이 좋다. 그렇지 않으면 당신이나 파트너에게 부정적인 결과만을 낳을 수도 있기 때문이다. 학대에 대하여 파트너와 대화하고 대면하기 위한 구체적인 방법은 추후 10장에서 다룰 예정이다.

당신에게는 분노의 권리가 있다. 분노는 당신을 정화하고 치유하고 강화하며 변화의 동기를 부여할 것이다. 이 점을 기억하자.

8장
나에게 주는 선물, 자기연민

"한순간의 자기연민이 하루 전체를 바꿔놓을 수 있고, 그런 순간이 모여 삶의 방향이 완전히 바뀔 수 있다."

- 크리스토퍼 거머Christopher K. Germer, 《오늘부터 나에게 친절하기로 했다》

당신은 아마도 파트너의 입장에서 생각하고 그의 감정을 살피는데 익숙할 것이다. 또 파트너가 살아온 고통스러운 인생에 대해, 그리고 그가 매일 마주하는 고난에 대해 깊은 연민을 지니고 있을 것이다. 그러나 아마도 자기 자신에 대해서는 그런 연민의 마음을 품어본 적이 없을 것이다. 자신의 인생, 자신의 고난은 제대로 돌보지 않고 방치해왔을 것이며, 무시하고 상처주고 학대하는 파트너의 행동 때문에 받은 당신의 고통은 별 것 아니라고 치부했을 것이다. 그러면서도 파트너의 학대를 견디기 위해 당신이 했던 행동들에 대해서는 이해심보다는 비난의 마음을 가졌을 것이다.

나의 바람은 그 연민의 방향을 바꾸는 것이다. 다시 말해, 당신이 주변의 다른 사람들, 특히 파트너에게 발휘했던 연민을 자기 자신에게도 발휘할 수 있게 하는 것이다. 이번 챕터에서는 자기연민의 개념과 실천법을 소개하고, 정서적 학대 치유에 자기연민을 어떻게 활용할 수 있는지, 나아가 학대적 관계를 끝내기 위한 용기와 힘, 결단력을 얻는 데 자기연민을 어떻게 활용할 수 있는지 함께 알아보려 한다.

연민의 영어 단어인 'compassion'은 '함께'라는 의미의 라틴어 *com*과 '고통받다'라는 의미의 *pati*'에서 유래했다. 즉 연민은 '함께 고통받는 것'이라는 의미다. 연민이 다른 사람의 고통을 함께 느끼고 거기에 공감하는 것이라면, 자기연민은 자기 자신의 고통을 진정으로 느끼고 공감하는 것이다. 좀더 구체적으로 이 책에서 말하는 자기연민은 정서적 학대의 피해자가 타인뿐 아니라 자신이 느끼는 고통이나 부당함, 실패에 대해서도 연민의 감정을 발휘하는 것이다.

텍사스 대학교에서 심리학과 교수로 재직하며 자기연민 분야의 대표적인 전문가로 활약 중인 크리스틴 네프Kristin Neff는 자신의 저서 《러브 유어 셀프》에서 자기연민을 "자신의 괴로움에 열린 마음으로 공감하고, 스스로에게 다정하고 친절한 마음을 발휘하며, 자신의 부족함과 실패에 대해 너그럽고 비심판적인 태도를 취하고, 자신의 경험이 다른 이들도 모두 겪는 공통적인 경험의 일부임을 인식하는 것"이라고 정의했다.

연민의 마음은 스스로에게 줄 수 있는 가장 큰 치유의 경험이다. 정서적 학대 피해자는 대개 파트너의 비난을 그대로 흡수하여 자기 비판적인 태도를 지니게 되고, 그 결과 늘 자신을 못마땅하게 생각한다. 자기연민은 이러한 태도를 완화시켜준다. 자신에 대한 가혹하고 심판적인 태도를 줄이고 자기수용적 태도를 지닐 수 있도록 도와주는 것이다. 자신을 있는 그대로 받아들이는 자기수용적 태도야말로 정서적 학대 피해자에게 가장 절실하게 필요한 태도다.

당신이 가혹한 환경에서 살아가는 선인장이라고 생각해보자. 열기뿐인 사막에는 물 한 방울 없고, 당신이 뿌리내리고 있는 모래에는 빨아올릴 영양분도 없다. 이런 가혹한 환경에서도 당신은 지금까지 치열하게 생존해왔다. 그러나 살아남는 것만으로도 벅차서 성장하고 피어날 수는 없었다. 나는 당신이 활짝 피어나기를 바란다. 아름다운 분홍색 꽃을 피우는 멋진 선인장이 되었으면 좋겠다.

그러기 위해 필요한 것이 자기연민이다. 자기연민은 메마른 영혼을 채워주는 부드러운 빗방울이 되어줄 것이다. 열기에 지친 피부를 시원하게 식혀줄 바람이 될 것이고, 허기진 마음을 살찌울 귀중한 자양분이 될 것이다.

자기연민은 자신의 고통을 알아보고 인정하는 데서 시작된다. 고통을 인정하지 않고서는 학대가 남긴 수많은 상처를 치료할 수 없다. 아마 당신은 지금 다른 피해자들과 마찬가지로 자신의 고통과 괴로움을 무시하는 데 익숙해져 있을 것이다. 늘 겪고 있는 고통을 그저 '쓴웃음을 지으며 견디는' 것이 최선이라 생각할 것이다. 그러나 이제는 고통을 무시하지 말고 인정해야 한다. 인정하지도 않는 고통과 상처를 치유하는 것은 불가능하기 때문이다.

고통을 글로 표현하기

그럼 이제 파트너의 학대 때문에 당신이 느꼈던 모든 고통을 파악하고 인정하는 연습을 시작해보자. 앞서 3장에서 연습과제로 작성했던 '정서적 학대 목록'을 기억할 것이다. 이번에는 그 목록을 읽으며 파트너가 저질렀던 정서적 학대 행동을 하나하나 떠올리고, 그 행동이 당신에게 어떤 고통을 주었는지 구체적으로 서술해보자. 어디서부터 시작해야 할지 모르겠다면, 다음의 문장 형식을 활용하는 것도 좋다.

- "남편이 나를 비난할 때면 나는 _____ 하는 것 같은 고통을 느낀다."
- "아내가 다른 사람들 앞에서 나를 웃음거리로 만들 때면 나는 _____ 하는 것 같이 힘들다."
- "하지도 않은 일을 가지고 파트너가 몰아붙일 때면 나는 _____ 같은 상처를 받는다."

파트너가 학대적인 행동을 했을 때 당신이 느낀 고통에 대해 충분한 시간을 갖고 생각해본 후 내용을 적는 것이 좋다. 아직 당신의 경험에 대한 일기나 일지 작성을 시작하지 않았다면, 이번 기록을 첫 페이지로 하여 시작해보는 것도 좋은 생각이다.

피해자로서 당신은 고통 외에도 수치심이나 두려움, 분노 같은 다른 감정도 느낄 것이다. 그러나 지금은 고통에만 집중해보자. 파트너의 학대적인 태도 때문에 받은 고통에 대해서만 적어보는 것이다.

한 내담자는 자신의 고통을 다음과 같은 글로 표현했다.

파트너가 나를 비난할 때면 극심한 고통이 느껴진다. 마치 다리미나 뜨겁게 달군 인두로 지지는 것 같은 고통이다. 그 고통이 내 피부를 뚫고, 장기를 뚫고, 저 안에 있는 나의 본질에까지 닿는 것 같다. 정말 죽을 것 같은 고통, 내가 이 고통을 버티고 살아날 수 있을까 싶은 끔찍한 고통이다.

또 다른 내담자는 이렇게 썼다.

남편이 나를 몰아붙이기 시작하면 물속으로 가라앉는 것 같은 느낌이 든다. 남편이 비난의 말을 하나씩 쏟아낼 때마다 나는 조금씩 더 깊이 가라앉는다. 숨이 잘 쉬어지지 않지만, 가라앉는 것을 멈출 수가 없다. 나는 그렇게 가라앉으며 무력감과 절망감을 느낀다.

또 다른 기록이다.

아내의 왜곡된 논리 앞에서는 내가 할 수 있는 게 없다. 아무리 설명해도 아내는 내 말을 듣지 않고 자기가 생각하는 대로만 보려고 한다. 너무나 절망적이다. 마치 누군가가 거대한 스팀롤러로 나를 납작하게 깔아뭉개는 기분이다.

내담자들이 쓴 글을 읽어보면 정서적 학대의 고통이 어떤 것인지 생생히 느낄 수 있다. 물론 구체적인 느낌은 사람마다 다르지만, 거기에는 분명 공통점이 존재한다. 피해자가 느끼는 고통이 참을 수 없을 만큼 크다는 것과 신체감각적이라는 것이다.

고통은 무시한다고 사라지지 않는다. 다른 감정과 마찬가지로 고통 또한 표현하지 않고 억누르기만 하면 곪고 덧나서 주변으로 번질 수밖에 없다. 자기연민은 내면에 숨어 있는 그 고통을 밖으로 꺼내 손바닥 위에 조심스레 올려놓고 이렇게 속삭여주는 것과 같다.

- "거기 있었구나. 이제 네가 보여."
- "그래, 이해할 수 있어."
- "정말 힘들었겠구나."

고통과 아픔에 말 걸기

1. 방해되는 것이 없는 조용한 장소를 찾아 자리에 편안하게 앉는다.

2. 심호흡을 하며 긴장을 푼다.

3. 내 몸 어딘가에 있을 고통을 찾아본다. 고통의 형태와 색깔, 모양 등을 그리며 시각화해보는 것도 도움이 된다.

4. 그 고통에 손을 뻗어 몸 밖으로 꺼내는 모습을 상상해본다.

5. 고통을 손바닥 위에 올려놓고 얼굴 가까이로 들어 올리는 모습을 상상해본다.

6. 손바닥 위의 고통에게 이렇게 속삭인다.

　- "거기 있었구나. 이제 네가 보여."

　- "그래, 이해할 수 있어."

　- "정말 힘들었겠구나."

　고통과 아픔의 인정은 자기연민의 첫걸음이다. 피해자들은 학대로 인해 고통을 받으면서도 주변의 연민이나 공감을 거의 받아보지 못했을 확률이 높다. 왜일까? 우선 정서적 학대 가해자들은 타인에 대한 연민이나 공감 능력이 결여되어 있다. 또한 대부분의 가해자는 파트너를 비난하고 그들로 하여금 자괴감을 느끼게 하는 데에 열중하기 때문에 피해자의 감정에 대한 걱정이나 배려, 공감을 표할 가능성이 낮다. 가해자는 오히려 피해자의 고통을 부정하고, 별것도 아닌 일로 관심을 끌려고 과장한다고 화를 내거나 자기한테 너무 많은 것을 기대한다고 비난을 한다. 피해자의 경우 자신을 비난하고 부끄럽게 생각하는 데에만 집중하느라 자신에 대한 연민을 느낄 여유가 없다. 또한 피해자는 주변에 학대 사실을 잘 알리지 않기 때문에 주변 사람들의 공감이나 연민을 받을 기회도 놓쳐버린다.

　스스로에게 연민을 베풀고 마음속 고통을 들여다보는 것은 자신의 경험과 감정, 인지, 나아가 존재의 정당성을 확인하는 과정이다. 정서적 학대는 당신에게 많은 아픔을 남겼다. 그 경험은 당신의 자존감과 자신감을 망가뜨렸고, 당신으로 하여금 나는 아무런 가치가 없다는, 누구에게도 사랑받지 못할 것이라는 자괴감을 품게 했다. 또한 학대 경험은 당신에게 인지와 정신에 대한 자기의심을 품게 만들었다. 이 모든 것이 당신이 정서적 학대로 인해 입은 피해이며 상처다. 치유를 위해서는 우선 상처의 존재를 인정해야 한다. 상처를 인정하지 않고 계속 부정하거나 축소하려 하면 치유의 기회를 놓치는 것은 물론이고 그 상처를 매일매일 악화시키게 된다. 당신이 상처를 무시하는 동안 파트너의 비난과 조롱은 계속될 것이고, 터무니없는 기대와 가스라이팅도 계속될 것이다. 이것은 당신의 마음에 새로운 상처를 내는 것은 물론 이미 있는 상처 또한 더 깊게 만들 것이다.

고통을 깊게 느끼기

그동안 정서적 학대를 견디며 사는 것이 얼마나 고통스러웠는지 생각해보자. 그리고 스스로에게 질문을 던져보자. 내가 시간을 들여 그 고통을 들여다보고 인정한 적이 있는가? 지금까지 고통을 멀리 밀어내고 무시하는 데만 급급하지 않았는가? 무시하면 사라질 것이라고 생각하지는 않았는가?

이제 시간을 들여 당신이 매일 직면해야 했던 고통과 수치심, 두려움을 떠올리며 가만히 그 감정을 속으로 가라앉아보자. 감정이 격해지며 감당할 수 없을 것 같은 기분이 들면 잠시 멈추고 조금씩만 나아간다. 당신이 지금껏 견뎌왔던 것들, 또 앞으로 견뎌가야 할 것들에 대해 연민의 마음을 느껴보자. 끊임없는 비판과 위협, 윽박, 거짓말, 비난, 무시, 묵살에 시달리는 것이 얼마나 힘든 일이었는지 인정해보자. 정서적 학대로 인해 느꼈던 모든 고통을 깊게 느끼며 그 존재를 인정해보자.

당신이 경험한 학대

앞서 3장에서 작성한 '정서적 학대 목록'을 기억할 것이다. 이번 연습과제에서는 그 목록을 활용해보자.

- 3장에서 작성한 '정서적 학대 목록'을 주의 깊게 읽어본다. 천천히 시간을 들여 읽으며 자신이 그러한 방법으로 정서적 학대를 당했다는 사실을 인식하는 것이다. 목록을 한 번 읽은 후에는 다시 처음으로 돌아온다. 이번에는 목록의 첫 번째 항목을 읽고 심호흡을 한다. 심호흡을 함으로써 당신이 그 행동으로 받은 고통을 마음속 깊이 받아들인다. 나머지 항목에 대해서도 똑같이 심호흡을 하며 반복한다.

- 목록을 읽고 심호흡을 하며 느껴지는 감정을 피하지 말고 오롯이 느낀다. 자신의 감정을 있는 그대로 인정하는 것은 고통을 인정하기 위한 중요한 단계다. 앞에서도 설명했지만, 한 번에 끝내려 할 필요는 없다. 사람에 따라 다르지만 한 번에 한 항목 정도만 가능할 수도 있으니 시간을 두고 천천히 진행한다.

정서적 학대라는 것이 얼마나 고통스럽고 유해한 것인지 스스로 들여다보고 인정하지 않으면 자칫 파트너의 학대적 행동을 정상적인 것으로 생각하게 될 위험이 있다. 파트너의 비판과 가스라이팅, 터무니없는 기대, 끝없는 비난, 수치심 주기, 모멸감 주기가 당신에게 매일 어떤 피해를 주는지 인정해야 한다. 그리고 학대는 분명 나쁜 것이며 당신은 학대받을 이유가 전혀 없다는 진실 또한 받아들여야 한다.

당신도 다른 사람들의, 특히 파트너의 존중을 받을 자격이 있다는 것을 깨닫기 위해서는 우선 자신의 고통을 알아보고 돌보는 법을 배워야 한다. 당신도 타인의 친절과 존중을 받을 자격이 있다. 그러나 그들에게 친절과 존중을 가르치기 위해서는 우선 당신이 스스로에게 친절과 존중을 발휘하는 법을 배워야 한다.

자기친절

고통을 인정하기 시작했다면, 이제 자신에게 친절을 베푸는 법을 배울 준비가 되었다고 볼 수 있다. 자기친절은 자기연민의 중요한 요소다. 우리는 친한 친구나 사랑하는 자녀를 대할 때 다정하고 친절한 마음과 연민을 가지고 대한다. 자기연민은 그와 똑같은 연민의 감정으로 스스로를 대하고 말을 거는 것이다.

넘어져서 무릎이 까졌을 때는 상처를 깨끗이 소독하고 약을 발라야 나을 수 있다. 마음의 상처도 마찬가지다. 그러나 학대 피해자들은 상처를 잘 돌보기는커녕 아픔을 축소하고 그 존재 자체를 무시하려 한다. 그렇게 방치된 상처는 곪을 수밖에 없다. 자신에게 연민을 발휘하는 것은 상처 난 마음에 연고를 바르는 것과 같다.

많은 피해자가 상처 자체를 인정하지 않으려 하지만, 어렵게 그 존재를 인정한 사람들 중에도 연민이라는 연고를 어떻게 발라야 할지 모르는 이들이 많다. 그렇다면 다음과 같은 방법을 써보자. 우선 당신이 아는 사람 중 가장 공감과 연민을 잘하는 사람을 마음속에 떠올려보자. 늘 다정하고 따뜻한 마음으로 당신을 이해하고 지지해줬던 사람을 떠올리는 것이다. 그 사람은 당신의 부모님일 수도 있고, 선생님이나 친구, 또는 친구의 부모님일 수도 있다. 그 사람이 당신에게 어떤 방식으로 공감과 연민을 베풀었는지, 그리고 그 사람과 함께 있을 때 어떤 기분이 들었는지 떠올려보자. 주변 사람 중에 떠오르는 이가 없다면 그런 이미지를 가진 유명인이나 책, 영화, 텔레비전 드라마 등의 등장인물을 떠올려도 괜찮다. 그리고 이제 당신이 그 사람의 능력을 가지게 되었다고 상상해보자. 그 사람이 당신에게 주었던 연민과 지지를 당신 스스로에게 베풀 수 있게 되었다고 상상하는 것이다. 당신은 자신을 어떤 방식으로 대하고 싶은가? 자신에게 어떤 말을 해주고 싶은가?

그 사람이 당신에게 베풀었던 그 연민을 당신이 스스로에게 베푸는 것, 그 사람이 보였던 다정하고 친절하며 힘이 되는 태도를 당신이 스스로에게 베푸는 것, 그것이 바로 자기연민이다.

자기연민의 언어

1. 3장에서 작성한 '정서적 학대 목록'을 보며 스스로를 위로하고 연민을 표할 수 있는 말을 글로 적거나 소리내어 말해본다. 단, 다른 사람이 당신에게 말하는 형식을 취한다. 예를 들자면 이런 식이다.

- "당신 아내가 그런 몹쓸 말을 했다니 안타깝네요. 그 말들은 사실이 아니에요. 당신 아내에게는 당신을 그런 식으로 상처 줄 권리가 없어요."

- "파트너가 거짓말을 일삼으며 당신이 미쳐가고 있는 것처럼 꾸몄다니 너무 혼란스러웠겠어요. 정말 벌어져서는 안 될 일이 벌어졌네요. 정말 안타까워요."

할 말이 잘 생각나지 않으면 늘 당신을 지지해주는 친구나 가족을 떠올려보는 것도 좋다. 정서적 학대 사실을 알리면 그 친구나 가족은 당신에게 어떤 말을 해줄까? 서두르지 말고 천천히 시간을 들여 생각해본다.

2. 이번에는 당신이 파트너로 인해 겪었던 모든 고통과 아픔을 떠올려본다. 그리고 그 고통의 순간에 가장 듣고 싶었던 말, 가장 위안이 되었을 것 같았던 말을 스스로에게 해본다. 소리 내어 말해도 좋고 마음속으로 말해도 괜찮다. 잘 생각나지 않는다면 이번에도 당신에게 애정과 공감을 베풀었던 사람을 떠올려보자. 적당한 말이 생각나지 않는다면 다음과 같은 말을 해보자.

- "파트너가 그런 심한 짓을 했다니 너무 안타깝네요."
- "세상에 그런 대접을 받아 마땅한 사람은 없어요."
- "정말 너무하네요. 참 고통스럽고 비참했겠어요."
- "혼자 견디는 게 너무 힘들었겠어요."

3. 누군가가 당신을 안아주는 것처럼 두 팔로 몸통이나 어깨를 감

싸 안는다. 그 상태로 스스로를 위안하며 다독인다. 자신을 충분히 안아준 후에는 따뜻한 차 한 잔과 함께 조용한 곳에 앉아 당신이 느꼈던 고통이 의식에 충분히 스며들 시간을 준다. 갑자기 슬픔이 밀려온다면 울어도 괜찮다. 파트너가 당신을 대했던 방식은 결코 옳지 않다. 그 사실을 잘 기억해두자.

정서적 학대가 당신의 자신감과 자존감, 자아개념에 얼마나 큰 상처를 남겼는지 생각해보자. 학대 경험은 당신을 자괴감과 자기혐오에 빠진 사람으로, 타인을 쉽게 신뢰하지 못하는 사람으로 만들었다. 건강한 관계를 구축하고 유지하는 것도 어렵게 만들었으며, 만족스러운 성생활을 즐기는 것도 어렵게 만들었다. 그 고통 속에 정신을 온전히 유지하려 부단히 애쓴 자기 자신에게 수고했다고 말해주자. 지금까지의 고통에 대한 인정과 연민은 지금 당신에게 꼭 필요한 것이다. 그 인정과 연민은 당신을 위한 힘과 용기가 되어 당신이 자신을 먼저 생각하고, 자신을 위한 최선을 선택하고, 지금보다 나은 삶을 살 자격이 있다는 믿음을 가질 수 있게 해줄 것이다.

당신은 이 활동을 통해 자신에게 연민을 베풀었다. 해보았으니 알겠지만 전혀 어렵고 복잡한 일이 아니다. 연민은 자신의 고통을 인정하고 그 고통을 돌보는 일이다. 사랑하는 이가 상처 받았을 때 당신이 그에게 베풀 친절과 이해, 배려를 자기 자신에게 베푸는 행동일 뿐이다.

연민: 수치심의 해독제

자기연민에는 또 다른 긍정적인 측면이 있다. 바로 그것이 수치심의 해독제가 된다는 점이다. 앞에서도 언급한 바와 같이 수치심은 정서적 학대의 가장 큰 해악이다. 지금까지 당신을 괴롭혀온 정서적 학대의 고통에서 벗어나기 위해서는 학대가 불러온 유해한 수치심을 제거하는 데 집중해야 한다는 의미다.

당신은 지금껏 정서적 폭력으로 인해 자신을 둘러싼 상황을 통제할 수 없다는 무력감에 시달렸을 것이다. 스스로를 보호하지 못했다는 수치심을 느꼈을 테고, 파트너의 비난을 흡수하여 자신이 못나고 무능하고 멍청한 사람이며 나쁜 엄마이고 나쁜 아내라는 수치심에 시달렸을 것이다. 자기비난으로 인해 지금껏 느꼈을 수치심은 두말 할 것도 없다. 그런 당신에게 필요한 것이 바로 자기연민이 지닌 치유의 힘이다.

이번 챕터와 이어지는 내용에서는 파트너의 정서적 학대로 생성된 수치심은 물론 당신을 평생 괴롭혀왔을지도 모르는 과거의 수치심을 경감하거나 없앨 수 있는 다양한 자기연민 활용 도구와 전략을 알아볼 것이다.

앞으로 소개할 전략들은 자신이 어딘가 잘못됐다는, 나쁜 사람이라는, 가치 없고 사랑받을 자격이 없는 사람이라는 잘못된 생각을 조금씩 지워나가기 위한 수단이다. 이 잘못된 생각들은 거짓이지만 너무도 강력한 힘을 지니고 있다. 그렇기 때문에 무조건 무시하거나 부정하기보다는 우선 겉으로 드러내 밝은 곳에 꺼내놓아야 한다.

자기연민과 수치심의 관계에 대해 최근 진행된 한 신경생물학적 연구는 신경가소성neural plasticity에 주목했다. 신경가소성이란 뇌가 새로운 신경세포와 연결회로를 생성하는 능력인데, 이 연구에 따르면 우리는 자기공감과 자기연민이라는 새로운 경험을 통해 수치심이라는 과거의 경험을 적극적으로 교정하거나 대체할 수 있다고 한다.

파트너가 심어놓은 수치심과 비난의 목소리 몰아내기

정서적 학대의 디프로그래밍을 위해 꼭 해야 하는 것이 있다. 바로 학대적인 비난과 거짓말로 당신을 몰아세우고 수치심을 안겨주었던 파트너의 목소리를 따뜻한 치유의 목소리로 대체하는 것이다. 앞에서도 설명한 바와 같이 반복적인 비난의 말은 피해자의 정신에 그대로 흡수되며, 그로 인해 피해자의 머릿속에는 비난의 목소리가 끊임없이 울리게 된다. 그럼 이제부터 머릿속을 채운 비판적인 목소리를 몰아내고 치유의 목소리를 채우는 방법을 함께 알아보자.

비판자의 목소리를 몰아내기 위해서는 우선 당신이 파트너의 부정적이고 비판적인 메시지를 머릿속에서 얼마나 자주 재생하고 있는지 알아볼 필요가 있다. 다음의 활동을 통해 함께 시작해보자.

가해자의 비판적인 메시지

1. 우선 머릿속에서 파트너의 비판적인 메시지가 얼마나 자주 들려오는지 생각해본다.

2. 당신에게 들리는 메시지는 파트너가 당신에게 했던 말들인가?

다음과 같은 말들이 파트너의 직접적인 메시지에 해당한다.

- "당신 진짜 멍청하구나."
- "제대로 하는 게 하나도 없어."
- "나나 되니까 당신 같은 사람이랑 살지."
- "왜 그렇게 예민하게 굴어?"

3. 파트너가 직접 한 말이 아니라면 혹시 정서적 학대의 결과로 당
   신이 스스로에게 했던 말인가?
   다음과 같은 메시지가 그 예다.

- "난 사랑받을 자격이 없어."
- "난 배우자로서 형편없는 사람이야."
- "내 감정은 중요하지 않아."

4. 머릿속에 울리는 비판적이거나 수치심을 주는 말들의 목록을 만들
   어본다. 내담자였던 로빈의 목록에는 다음과 같은 말들이 있었다.

- "대체 제대로 하는 게 뭐야?"
- "왜 그렇게 한심하게 살아?"
- "당신이랑 대체 왜 결혼을 한 건지 모르겠다."
- "당신같이 차갑고 냉정한 사람은 처음이야."

5. 이런 메시지들이 주로 언제 머릿속을 채우는지 생각해보자. 실
   수를 했을 때인가? 새로운 시도를 하고자 할 때인가? 뭔가를 성
   취했을 때인가? 아니면 누군가 당신을 칭찬했을 때인가?

6. 이제 당신은 파트너가 퍼부었던 비난의 말을 흡수하여 스스로 비난하고 있다는 점을 깨달았을 것이다. 당신은 안타깝게도 파트너의 말로 스스로를 비난하고 있는 것이다.

그럼 이제 다음 단계는 당신의 머릿속을 채운 비난의 말에 맞서는 것이다. 지금껏 파트너는 당신이 했던 많은 일에 대해서, 또는 하지 않았던 많은 일에 대해서 끊임없이 비난했을 것이다. 그 비난의 메시지가 들려오면 이렇게 받아쳐보자.

- "난 최선을 다하고 있어!"
- "난 잘했어. 당신의 기대가 너무 높은 거야."
- "난 이대로 괜찮아."
- "지긋지긋한 비난을 이제 멈춰줘."
- "그런 정서적 학대를 멈춘다면 나도 당신에게 좀 더 애정을 가질 수 있을 것 같아."

최선을 다하고 있다는 말은 일견 실패에 대한 변명처럼 들릴 수도 있지만 전혀 그렇지 않다. 그것은 인간이라면 최선을 다해도 누구나 가끔 실패할 수밖에 없다는 보편적 진실을 인정하는 공감과 연민의 말이다.

그럼 이제 당신에게 수치심을 안겨주는 파트너의 비판적인 목소리를 몰아내고 그 자리에 치유의 목소리를 채울 차례다. 다음의 활동으로 그 과정을 시작해보자.

나를 보듬는 치유의 목소리 만들기

1. 차분하게 심호흡을 하며 내면을 들여다본다.

2. 무엇이 있는가? 분노나 슬픔, 두려움이나 죄책감의 벽이 느껴지는가? 텅 빈 공허가 느껴지는가? 무엇을 발견해도 괜찮다고 스스로를 다독이며 마음을 들여다보는 데 집중한다.

3. 생각의 벽이 집중을 방해하면, 벽과 싸우지 말고 뛰어넘어 더 깊은 내면에 집중한다.

4. 계속해서 내면에 집중하며 자아와의 연결이 되어줄 실마리를 찾는다.

5. 이제 마음속에 치유의 목소리를 소환한다. 치유의 목소리는 당신을 비판하거나 몰아세우거나 위축시키는 목소리가 아니다. 그렇다고 모든 응석을 받아주는 지나치게 달콤한 목소리도 아니다. 치유의 목소리는 있는 그대로의 내 모습을 소중히 여기고 받아들여주는 따뜻하고 다정한 목소리다. 시간이 흐르며 결과적으로 이 목소리는 당신의 목소리가 되어야 하지만, 지금은 당신의 마음에 떠오르는 다른 사람의 목소리여도 상관없다(예를 들어 당신을 다정히 품어주었던 사람의 목소리나 당신이 좋아하는 영화 속 등장인물의 목소리여도 괜찮다).

6. 치유의 목소리가 하는 말에 귀를 기울이자.

정서적 학대에서 벗어나기

7. 다정한 치유의 목소리가 바로 떠오르지 않아도 실망할 필요는 없다. 지금까지 살아오며 당신을 염려하고 보살펴준 사람을 떠올리고, 그 사람의 따뜻한 말을 들었을 때 어떤 느낌이 들었는지 생각해보면 된다. 책이나 영화에 나오는 온화한 등장인물의 대사를 떠올려보며, 그 등장인물이 당신에게 말을 걸고 있다고 상상해보는 것도 좋다. 이런 연습을 통해 치유의 목소리를 더 자주 떠올릴수록 따뜻하고 다정한 메시지를 더 많이 내면화할 수 있다.

연민 받아들이기 연습

자기연민의 실천은 결코 쉽지 않다. 자기연민에는 연습이 필요하며, 여기에는 타인의 연민을 받아들이는 연습도 포함된다. 타인의 공감과 연민을 받아본 적이 없는 사람은 자신에게 연민을 베푸는 것을 어려워한다. 그 방법을 잘 모르기 때문이다. 이 책을 읽고 있는 독자들 중에도 가족이나 친구의 따뜻한 연민을 받아보지 못한 이가 있을 것이다. 서로에 대한 애정과 사랑, 공감이 아닌 비난과 불만, 책망만이 가득한 가정에서 자란 사람도 있을 것이다. 그런 당신에게 글을 통해서나마 직접적인 연민의 메시지를 전달하고 싶다. 내가 직접 당신에게 말을 걸고 있다고 상상하는 것이 쉽지는 않겠지만, 다음의 글을 읽으며 연민의 메시지를 느껴보자.

당신은 참 오랫동안 힘들었습니다.
매일 밤 혼자서 숨죽여 울어야 했겠죠.

바로 옆자리에 누군가 누워 있지만
혼자서 너무나 외로웠을 거예요.
슬픔 속에서,
죄책감 속에서,
분노 속에서,
두려움 속에서,
당신은 참 오랫동안 힘들었습니다.
자신의 감정을 의심하며,
자신의 가치를 의심하며,
자신의 정신을 의심하며,
당신은 참 오랫동안 힘들었습니다.
아프다는 생각에,
힘들다는 생각에,
쓸모없다는 생각에,
지쳤다는 생각에,
허무하다는 생각에,
당신은 참 오랫동안 힘들었습니다.
미쳐가고 있다는 생각에,
실패작이라는 생각에,
바보 같다는 생각에,
당신은 참 오랫동안 힘들었습니다.
당신이 얼마나 힘들었는지 나는 다 알고 있습니다.

정서적 학대에서 벗어나기

그 아픔을 내 공감과 연민으로 감싸주고 싶습니다.

혼자서 너무나 힘들어했을 당신이 안타깝습니다.

당신이 느꼈을 수치심이,

당신이 받았을 무시가,

당신을 괴롭혔을 억울한 비난과 비판이,

당신을 힘들게 했을 외로움이,

그리고 당신이 받지 못한 사랑이 안타깝습니다.

당신은 아픔을 드러낼 자격이 있습니다.

당신은 소중하게 여겨질 자격이 있으며

당신 자신으로서 사랑받을 자격이 있습니다.

당신으로 충분합니다.

당신은 충분하고도 남는 사람입니다.

공감과 연민의 말들을 가만히 음미하며 자연스럽게 마음에 스미게 하자. 내가 당신의 고통을 이해한다는 사실을 한번 믿어보자. 당신은 아픔을 드러낼 자격이 있고, 위로받을 자격이 있다. 나는 진심으로 그렇게 믿는다.

이제 자기 자신에게 연민을 베풀어볼 시간이다.

그동안 겪은 아픔과 고통을 돌아보고 인정해보자.

오랜 기간 정서적 학대를 당한 자신에게 연민을 표해보자.

그동안 듣고 싶었던 치유의 말을 스스로 해보자.

연민은 부드럽고 폭신한 담요처럼 당신을 감싸줄 것이다.

연민은 당신의 부서진 마음에 스며들어 빈 곳을 채워줄 것이다.

연민은 마음의 상처를 어루만져줄 것이다.

연민은 나뭇잎에 쌓인 먼지를 씻어내는 빗방울처럼

당신의 수치심과 죄책감을 씻어낼 것이다.

연민은 고통과 두려움을 정화하여 당신을 새로 태어나게 할 것이다.

자기의심도, 자기비난도, 자기혐오도 없는 새로운 당신으로 태어

나게 할 것이다.

진정한 힘과 자기강화는 자신과의 연결에서 온다. 다시 말해, 진정
강해지기 위해서는 자신의 감정과 필요를 파악해야 한다는 의미다.
고통을 피하기 위해 자신의 감정을 부정하고 무감각해지면 학대를
끝낼 진정한 힘을 얻을 수 없다. 상처가 거기 있다는 것을 인정하고
연민이라는 연고로 치료한 후 그 경험을 바탕으로 성장하면 된다.
어니스트 헤밍웨이가 남긴 유명한 말처럼 "세상은 모든 사람을 부러
뜨리지만, 많은 이들이 결국 그 부러진 자리를 더 강하게 만든다."

이제 강한 척 견디는 것은 그만두자. 고통을 부정하는 것도 그만두
자. 진정 강해지기 위해서는 자기연민의 힘이 필요하다. 그 많은 고통
을 겪은 자신에게 연민을 베풀고 그 연민을 느껴보자. 자기연민은 지
금껏 당신을 짓눌러온 고통과 두려움, 굴욕감, 그리고 수치심의 치유를
도울 것이다. 자기연민은 당신이 스스로를 더 배려하고 자신의 결점에
더 너그러워질 수 있도록 도울 것이다. 자기연민은 당신이 앞으로 마주

칠 모든 상황에서 스스로를 더 잘 돌볼 수 있도록 도울 것이다.

자기연민의 실천법에 대해서는 이어지는 내용에서도 지속적으로 다룰 예정이다. 자기연민을 지속적으로 실천하다보면 파트너와의 관계나 어린 시절 겪은 학대로 인해 발생하는 고통을 더 세심하게 돌볼 수 있을 것이다. 또한 자기연민을 통해 스스로를 더 잘 이해할 수 있게 되면서 지금껏 정서적 학대를 그냥 견뎌올 수밖에 없었던 이유에 대해서도 더 깊이 통찰할 수 있을 것이다. 무엇보다 중요한 것은, 스스로를 더 존중하고 사랑함으로써 앞으로 닥칠 수 있는 시련으로부터 자신을 더 잘 보호하고 돌볼 수 있게 될 것이다.

요약하자면, 자기연민은 다음과 같은 효과를 지닌다.

- 고통에 대한 부정을 끝낼 수 있게 해준다.

- 스스로를 위로하고 자신이 느끼는 감정의 정당성을 확인할 수 있게 해준다.

- 다른 사람이 저지른 일로 당신이 느끼는 수치심과 자기비난을 멈출 수 있게 해준다.

- 자신을 정서적 학대로부터 보호하지 못한 사실을 용서할 수 있도록 도와준다.

- 학대에 맞서고 저항할 수 있는 힘을 불어넣어준다. 연구에 따르면 자기연민은 자기강화와 밀접하게 연관되어 있다고 한다.

ESCAPING
EMOTIONAL
ABUSE

3부

떠나야 할까 남아야 할까?

9장

이 관계에는 희망이 있을까?

"헛된 희망은 두려움보다 위험하다."

- J. R. R. 톨킨, 《후린의 아이들》

학대 사실을 깨달은 피해자들은 선택의 기로에 선다. 파트너와의 관계를 끝내야할지, 아니면 관계를 유지하며 변화를 위해 애써야 할지 고민에 빠지는 것이다. 결정을 할 때는 다양한 측면을 고려해야겠지만, 가장 중요한 고려사항 세 가지를 꼽자면 다음과 같다.

1. 정서적 학대가 나, 그리고 나의 자녀에게 얼마나 큰 피해를 주었는가?
2. 파트너의 정서적 학대가 의도적이었는가 비의도적이었는가?
3. 파트너에게 성격장애가 있는가?

학대로 인한 피해

결정을 내릴 때 고려해야 할 가장 중요한 사항은 학대로 인한 피해가 얼마나 컸느냐다. 정서적 학대는 피해자에게 수치심을 심어주는 것 외에도 정신적 건강에 다양한 악영향을 준다. 여기에는 우울과 불안, 알코올이나 약물중독, 대인관계 문제가 포함된다.

우울감

정서적 학대 피해자들은 많은 경우 우울감을 호소한다. 이미 자신의 증상을 파악한 이들도 있겠지만, 확신이 서지 않는다면 다음의 증상들을 참고하여 자신의 상태를 살펴보자. 우울증의 주요 진단 기준은 다음과 같다.

- 우울한 기분이 하루 중 거의 대부분의 시간동안 지속되며, 거의 매일 나타남

- 일상 활동에 대한 흥미나 즐거움이 뚜렷하게 저하된 기분이 하루 중 거의 대부분의 시간동안 지속되며, 거의 매일 나타남

- 별도의 체중 조절을 하고 있지 않은 상태에서 식욕의 변화로 인해 체중 감소나 증가가 나타남

- 수면 패턴의 변화가 나타남

- 쉽게 피로하고 기운이 없음

- 초조함이나 짜증

- 불안감

- 무가치감, 무력감, 절망감

- 부적절한 죄책감

- 사고력과 집중력의 감소, 우유부단함

- 죽음에 대한 생각이나 자살 충동

사실 이러한 감정들은 모두 누구나 살면서 한 번쯤 느끼는 증상들이기는 하다. 그러나 정서적 학대 피해자들은 일상적인 우울감과는 구분되는 임상적 우울이나 주요 우울로 고통받곤 한다. 이러한 우울 증세는 약물 처방을 통해 관리하거나 치료해야 하는 경우가 많다. 통상 앞서 소개한 증상들 중 최소 다섯 가지가 2주 이상 연속으로 지속되면 우울증으로 진단하는데, 첫 번째 증상(우울한 기분)이나 두 번째 증상(흥미나 즐거움의 상실) 중 한 가지가 필수적으로 포함되어야 한다. 만약 여기에 해당한다면 정서적 학대로 인한 피해가 매우 심각하다는 의미다.

불안감

많은 정서적 학대 피해자가 극심한 걱정과 두려움, 불안감을 느낀다. 이런 피해자들은 늘 뭔가를 겁내며 초조함과 스트레스에 시달리는데, 심한 경우 신체적 증상이 나타나기도 한다. 일부 피해자는 지남력장애disorientation, 즉 현실감각능력의 상실을 경험하기도 한다. 불안으로 인한 증상이 일상생활에 지장을 초래할 정도로 심각한 수준이라면 범불안장애나 공황장애 같은 불안장애를 의심해볼 수 있다.

알코올중독과 약물중독

일부 피해자들은 정서적 학대의 고통을 견디기 위해 알코올이나 약물에 기대기도 한다. 어떤 이들은 술을 과하게 마시다가 알코올 중독에 빠지기도 한다(적정 음주량은 표준 크기의 술잔을 기준으로 하루 두 잔 이하, 한 자리에서 네 잔이며, 1주일 중 술을 마시지 않는 날이 적어도 며칠은 있어야 한다).

대인관계 문제

정서적 학대 피해자들은 대인관계에서 어려움을 겪기도 한다. 피해자들은 자녀를 포함한 주변 사람들에게 짜증을 내거나 분노 등의 감정을 갑자기 폭발하듯 분출하기도 한다. 피해자들은 또한 가족이나 친구들을 피하고 그동안 참여해왔던 사회적 활동을 갑자기 중단하기도 하며, 과하게 방어적인 모습을 보이거나 감정의 표현 및 조절을 어려워하기도 한다.

외상후스트레스장애와 복합성 외상후스트레스장애

정서적 학대로 인해 나타나는 가장 심각한 피해 중 하나는 역시 외상후스트레스장애PTSD와 복합성 외상후스트레스장애다. 그러므로 이 두 장애가 무엇인지, 어떤 영향을 주는지 알아두는 것은 중요하다.

외상후스트레스장애는 극심한 정신적 외상을 동반하는 스트레스

요인에 노출된 후 생기는 심각한 불안장애의 일종이다. 외상후스트레스장애 환자가 보이는 특징적인 증상으로는 악몽이나 플래시백을 통한 사건의 재경험, 불면, 분리감이나 소외감 등을 들 수 있다. 이런 증상들은 오랜 기간 강하게 지속되면서 일상생활에 현저한 지장을 초래하기도 한다. 외상후스트레스장애는 심리적인 증상과 함께 뚜렷한 신체적 증상도 동반하는데, 우울증이나 약물중독, 기억력·인지력 저하 등의 장애가 함께 나타나는 경우가 많아 그 치료 방식이나 과정이 복잡하다.

정서적 학대 피해자들 중에는 외상후스트레스장애로 진단할 수 있는 사람이 많다. 어떤 경우에는 외상후스트레스장애를 불러온 사건 자체보다 그로 인해 파생된 유해한 증상들로 고통받기도 한다. 이 장애는 또한 업무능력과 양육능력의 저하, 부부의 갈등과 이혼, 가족 간 불화 등을 불러옴으로써 피해자의 사회생활이나 가족생활에도 큰 지장을 준다.

외상후스트레스장애 자가진단

다음은 정서적 학대로 인한 외상후스트레스장애를 겪고 있는지 스스로 판단해볼 수 있는 질문지다. 질문에 답하며 학대 경험 이후 다음의 침습侵襲적 증상들 중 한 가지 이상을 경험했는지 생각해보자.

• 학대와 관련된 괴로운 기억이나 꿈이 반복적으로 나타나는가?

정서적 학대에서 벗어나기

- 학대적인 행위가 없는 상태에서도 그런 행위들이 지금 다시 발생하고 있는 것처럼 행동하거나 느낀 적이 있는가? (플래시백, 또는 사건이 발생했던 현장으로 돌아간 것 같은 느낌)

- 학대를 떠올리게 하는 자극에 노출되었을 때 강렬한 신체적·심리적 고통을 느끼는가? (텔레비전이나 영화의 특정 장면 등)

다음 중 적어도 한 가지 행동을 통해 학대를 상기시키는 자극을 회피하려 하는가?

- 학대에 대한 생각이나 감정, 대화를 회피함

- 학대를 떠올리게 하는 활동이나 장소, 사람을 회피함

학대를 경험한 후 그와 관련된 부정적인 인지나 기분이 다음 중 두 가지 이상의 방식으로 나타났는가?

- 학대의 중요한 부분을 기억할 수 없음

- 학대의 원인과 결과에 관련하여 자신과 타인, 세상에 대한 부정적 믿음을 가지게 됨

- 타인으로부터 소외된 느낌을 받음

- 긍정적인 감정을 느낄 수 없음

- 부정적 감정 상태가 지속됨

다음 중 두 가지 이상의 증상으로 어려움을 겪고 있는가?

- 수면장애

- 짜증 또는 분노의 폭발

- 무모하거나 자기파괴적인 행동

- 집중력 저하

- 주변에 대한 경계

- 쉽게 놀람

*미국정신의학회에서 발행하는 《정신질환 진단 및 통계 편람Diagnostic and Statistical Manual of Mental Disorders, DSM》 5차 개정판의 내용 참고(버지니아 알링턴, 미국정신의학회 출판부).

　동일한 스트레스 요인에 반복적으로 노출되는 경우에는 더욱 심각한 외상후스트레스장애의 일종인 복합성 외상후스트레스장애 증상을 보이게 된다. 심한 교통사고나 지진, 홍수, 토네이도를 비롯한 기상 현상, 차량 절도나 주거 침입 같은 범죄도 피해자에게 큰 트라우마를 남긴다. 그러나 반복적인 스트레스는 단기간 일회성으로 겪은 스트레스와는 매우 다른 영향을 남긴다. 정서적, 또는 신체적 학대 등으로 인한 반복적이고 지속적인 트라우마는 피해자를 근본적으로 바꿔놓으며, 뇌의 변화까지 불러온다. 피해자가 자신과 타인,

세상을 바라보는 시각을 완전히 바꿔놓는 것이다.

복합성 트라우마는 다음과 같은 영향을 남긴다.

- **절망감과 무력감:** 학대가 반복적·지속적으로 진행되기 때문에 피해자는 상황의 변화나 탈출에 대한 희망을 버리게 된다.

- **해리:** 학대가 발생하면 피해자의 뇌는 일종의 방어기제인 해리에 의존하기도 한다. 해리의 증상은 다양한데, 분리감, 몸에서 빠져나가는 것 같은 느낌, 현실에서 이탈하는 것 같은 느낌, 기억 상실, 백일몽 등의 일반적인 증상에서부터 삶에 더욱 심각한 영향을 주는 해리정체성장애까지 광범위하게 나타난다. 해리정체성장애는 '사고와 정체성, 의식, 기억의 단절'을 특징으로 한다(미국정신질환연합).

- **자살에 대한 생각:** 복합적 트라우마의 피해자들은 자살을 생각할 위험이 높으며 견디기 힘든 심각한 정서적 고통으로 인해 실제 자살을 시도할 가능성도 높다. 피해자들에게 자살에 대한 생각은 일종의 대응기제인 경우도 있다. 고통이 더 심해질 경우 그 고통을 끝낼 방법이 있다는 생각을 가지고 싶어 하는 것이다.

- **감정 통제의 어려움:** 통제와 조절이 어려운 강렬한 감정의 경험은 정서적 학대 피해자들에게 흔히 나타나는 현상이다. 감정적 폭

발과 격렬한 분노도 여기에 포함된다.

• **타인을 믿는 것에 대한 두려움:** 오랜 기간 학대를 경험한 피해자
는 타인을 믿는 것을 극도로 두려워하게 된다. 인생에서 중요한
위치를 차지하는 사람에게 학대당한 경험이 있는 경우 특히 더
그렇다.

• **플래시백:** 트라우마는 피해자가 사건을 기억하는 방식을 바꿔놓
는다. 기억의 장애로 인해 피해자의 의식은 외상 사건 당시의 생
생한 기억을 불쑥 불러오는데, 그로 인해 피해자는 과거로 돌아
간 듯 사건을 다시 생생히 경험하게 된다. 이러한 플래시백 현상
은 외상후스트레스장애나 복합성 외상후스트레스장애 환자에
게서 흔히 발생한다. 플래시백이 발생하면 피해자는 트라우마
경험 속으로 다시 끌려들어가서 사건이 아직 진행 중이라고, 또
는 다시 일어나고 있다고 느끼게 된다. 플래시백은 피해자가 사
건 당시 경험했던 이미지나 느낌, 감정을 다시 불러일으키며, 신
체에도 비슷한 강도의 스트레스를 일으킨다.

당신은 정서적 학대로 인해 많은 피해를 경험했고, 지금도 경험하
고 있다. 함께 살펴본 이 내용들이 그 피해를 이해하는 데 도움이
되었으면 한다.

아이들이 입는 피해

연구에 따르면 부모간의 학대를 목격한 아이들은 자신이 직접 신체적·정서적 학대를 당하는 것만큼 큰 트라우마를 경험한다고 한다. 학대를 당하는 것은 당신이니 아이들은 괜찮을 것이라 믿어서는 곤란하다. 직접적인 학대가 없더라도 아이들은 그 부정적인 영향에 고스란히 노출되며, 그 결과는 매우 심각할 수 있다. 메릴린 J. 퀑 Marilyn J. Kwong의 연구팀이 2003년 캐나다 밴쿠버에 거주하는 1,000여 명의 성인을 대상으로 조사한 결과, 학대적인 분위기에서 성장한 아동은 폭력이 대인관계 갈등 해결을 위한 정당한 수단이라고 생각하게 될 가능성이 높았다. 이는 아이들이 성인이 되었을 때 폭력의 사이클이 대물림될 가능성을 보여준다.

당신이 알든 모르든, 자녀들은 학대적인 행동을 하는 당신의 배우자와 그러한 행동을 용인하는 당신에 의해 이미 좋지 않은 영향을 받고 있다. 가정 내에 존재하는 긴장감과 적대감은 아이들에게 불안과 공포, 혼란을 준다. 자녀가 아직 너무 어려서 당신이 배우자와 주고받는 말을 이해하지 못한다고 생각할지도 모르겠다. 그러나 아주 어린 아이들도 한쪽 부모가 다른 부모를 무시하고 비난하고 비하하면 그것을 눈치챌 수 있다. 한 부모가 다른 부모를 모욕하고 부족한 사람 취급하면 그것을 모두 느낀다는 의미다. 좀더 나이가 든 아이들의 경우 한 부모가 다른 부모를 무시하고 학대적으로 대하는 것을 알아채면 둘 중 누군가의 편을 들어야 한다고 생각한다. 학대적인 행동을 가하는 부모 중 한 명에 분노와 증오를 느끼거나, 학대를 당하고 있는 보호자에 대한 존중을 잃고 자신도 똑같이 학대적으로 대하게 된다는 것이다. 정서적 학대의 기간이 길어질수록 아이들은 더 큰 영향을 받게 된다.

의도적 학대였는가 비의도적 학대였는가?

가해자들에게는 많은 공통점이 있다. 그중에서도 가장 큰 공통점은 어린 시절 강한 수치심을 경험했을 가능성이 높다는 점이다. 그러나 가해자들을 나누는 차이점도 있다. 그리고 그 차이점을 바탕으로 우리는 가해자에게서 변화를 기대할 수 있는지 여부를 알아볼 수 있다. 파트너와의 관계를 지속할지 여부를 판단할 때 중요한 척도가 되는 또 다른 요인은 바로 파트너의 학대가 의도적이었는지, 비의도적이었는지 여부다. 지금까지의 경험을 바탕으로 볼 때 학대자는 크게 두 부류로 나눌 수 있다. 비의도적이고 무의식적인 학대자와 의도적이고 의식적인 학대자다.

어떤 가해자들은 파트너를 조종하고 통제하겠다는 뚜렷한 의도를 가지고 학대적인 언어나 몸짓, 침묵이나 겁주기 전략 등을 사용한다. 그러나 의식적인 의도 없이 그런 행동을 하는 이들도 많다. 어린 시절 부모가 했던 학대적 행동을 무의식중에 되풀이하는 경우가 대표적이다. 물론 무의식적으로 행한다고 해서 학대적 행동의 파괴성이나 유해성이 줄어드는 것은 절대 아니다. 이 부분을 분명히 하기 위해 다시 한번 말하겠다. 의식적 의도가 있었는지 여부와 상관없이

정서적 학대에서 벗어나기

타인을 정서적으로 해하는 모든 행동과 태도는 정서적 학대로 보아야 한다.

요즘 부쩍 나르시시스트, 즉 자기애성 성격장애자에 대한 책이 많이 보인다. 정서적·심리적 학대를 다루는 책들 중에는 대부분의 가해자가 나르시시스트라고 주장하는 내용이 담긴 경우도 있다. 특히 어떤 책은 심리적 학대 가해자는 모두 나르시시스트나 소시오패스, 또는 사이코패스이며, 모든 심리적 학대는 의식적이고 의도적이라는 주장을 펼치기도 한다. 나는 그 내용에 강하게 이의를 제기할 수밖에 없다. 수많은 정서적 학대 피해자와 가해자를 30년 이상 상담해 온 나의 경험을 바탕으로 말하자면, 가해자 중에는 실제 나르시시스트나 소시오패스, 사이코패스도 존재하지만, 대부분은 그런 성격장애가 없는 평범한 사람이다.

물론 세상에는 악의적이고 의도적으로 파트너를 해하려 하는 가해자도 있다. 그러나 뚜렷한 의식적 의도 없이 정서적 학대 행동을 하는 이들도 있다. 비의도적인 학대를 하는 가해자는 크게 다음의 두 부류로 나눌 수 있다.

1. 어린 시절에 부모로 인해 학대나 방임, 수치심을 경험하여 자기도 모르게 부모의 행동을 되풀이하는 경우 파트너를 무의식적으로 학대하게 된다. 이런 가해자들 중에는 행동뿐 아니라 부모가 했던 말까지 똑같이 따라하는 이들도 있다.

2. 성격장애, 특히 경계선 성격장애를 지닌 가해자의 경우에도 의식적 의도 없이 학대 행동을 한다. 경계선 성격장애를 앓는 이들은 주로 자신이 수치심을 경험하는 것을 피하기 위해 왜곡을 만들어낸다. 이들은 (자신의 말이 틀렸을 때 그것을 인정하는 상황과 같은) 작은 수치심도 결코 참지 못하며, 수치심을 피하기 위해서라면 거짓말이든, 가스라이팅이든, 현실 왜곡이든 가릴 것 없이 모든 수단을 동원한다.

첫 번째 유형에 속하는 가해자는 동기가 주어지면 변화할 수 있는 여지가 있지만, 두 번째 유형에 속하는 가해자는 스스로 변하는 것이 쉽지 않다. 그러나 전문가의 도움이 있다면 변화가 아주 불가능한 것은 아니다.

그럼 우선 동기가 주어졌을 때 변화할 수 있는 유형의 가해자에 대해서 살펴보자.

어린 시절 학대나 방임을 당한 가해자

당신의 파트너가 어린 시절 학대나 방임을 경험한 적이 있다면 그것이 학대적 행동의 이유일 가능성이 높다. 학대적인 환경에서 자라면 안타깝게도 성인이 된 후 학대적 행동을 하게 될 확률이 높다. 폭력성은 아동 학대나 방임으로 나타나는 대표적인 장기적 영향인데, 어린 시절 신체적 학대를 겪거나 가정폭력을 목격한 경우 특히 그 영향이 두드러진다. 연구에 따르면 연인이나 부부간 학대의 빈도는 아동 학대(특히 방임)와 낮은 가족 응집력과도 연관되어 있는 것으로 드러났다. 어린 시절 공식적으로 방임을 당한 적이 있는 성인은 그렇지 않은 사람에 비해 더 다양한 심리적 학대 위험에 노출된다고 한다. 아동기의 방임은 부모와의 애착 형성을 방해하고, 그렇게 만들어진 애착불안은 성인기까지 이어진다. 애착불안을 지닌 성인은 버림받을 것이 두려워 파트너를 통제하려 하며, 심한 경우 정서적·신체적 폭력을 휘두르기도 한다.

이런 가해자의 행동은 비의도적인 경우가 많다. 이들은 자신의 행동이 학대적이라는 사실 자체를 모르기도 한다. 내담자였던 조지프의 사례가 그랬다. 조지프는 툭하면 화를 내는 난폭한 아버지와 그런 아버지의 정서적 학대로 술에 의존하게 된 어머니 밑에서 자랐다. 조지프는 늘 술만 마시는 어머니가 자신을 버린 것이라 생각했고, 절대 어머니 같은 피해자는 되지 않겠다고 맹세했다. 그러나 피해자가 되지 않는 것에만 집중했던 조지프는 안타깝게도 아버지의 학대적 태도를 흡수하게 되었다.

아내가 저더러 정서적 학대를 한다는 이야기를 했어요. 그 이야기를 듣고 깜짝 놀랐죠. 아내는 제가 자기를 어떤 식으로 대하고 있는지 하나하나 이야기해 줬어요. 아내의 이야기 속 그 남자는 누군지도 모를 만큼 정말 낯설었죠. 제가 생각하는 제 모습이 전혀 아니었어요. 놀랍게도 그 남자는 저희 아버지와 꼭 닮아 있었어요.

아이가 최초로 경험하는 친밀한 관계, 즉 부모와의 관계는 성인이 된 이후 맺는 관계에도 큰 영향을 준다. 부모와의 관계에서 버림받음에 대한 두려움, 숨막히는 간섭, 모욕적인 대우 등을 경험한 사람은 성인이 된 후 맺는 친밀한 관계에서 자기도 모르게 학대적 행동을 반복하게 될 확률이 높다.

나 또한 그랬다. 나는 매사에 비판적이고 독단적인 어머니 밑에서 자랐다. 어머니는 자기주장이 매우 강했고, 자기 의견과 신념이 무조건 옳다고 생각하는 사람이었다. 다른 사람의 의견에는 전혀 귀를 기울이지 않았고, 딸이었던 나도 내 생각을 밝힐 때마다 바보 취급을 당하기 일쑤였다. 나는 절대 어머니처럼 되지 않겠다고 맹세했지만, 어른이 된 나는 슬프게도 어느새 어머니와 똑같은 행동을 하고 있었다. 나는 어머니처럼 독단적인 사람이 되어 파트너의 의견을 무시하거나 묵살했다. 파트너에 대해 극도로 비판적인 사람이 되어 있었던 것이다.

학대적인 부모 밑에서 자란 아이들이 부모의 행동을 되풀이하는 것은 사실 꽤 흔한 일이다. 절대 부모처럼 되지 않겠다고 부단히 애를 써도 그렇게 되는 경우가 있다. 그런가 하면 친밀한 관계에서 스트레스가 발생했을 때 이를 견디기 위해 학대적인 행동을 하는 경우도 있다. 관계 초기에 대부분의 사람들은 자신이 선택한 파트너에 대해 애정을 지니고 있다. 그러나 파트너가 자신의 기대에 부응하지 못하는 경우, 또는 파트너에게서 거부나 배신, 유기의 기미를 느끼는 경우 그 관계에 품었던 희망이 깨진다. 그리고 그 분노는 처음에

정서적 학대에서 벗어나기

품었던 애정을 파괴해버린다. 그런가 하면 파트너를 잃을지도 모른다는 불안감이 정서적 학대로 나타나는 경우도 있다. 이는 주로 어린 시절의 유기 경험과 관련이 있을 수 있는데, 이런 사람들은 파트너를 숨막히게 하고 강하게 통제하려 한다.

친밀감 자체에 대한 두려움 때문에 정서적 학대 행동을 하는 경우도 있다. 이런 경향은 주로 매우 통제적인 부모 밑에서 자란 사람에게서 나타난다. 이들은 친밀한 관계를 맺게 되었을 때 상대와 가까워지는 것을 지나치게 두려워한 나머지 거리를 두려는 무리한 시도로 관계를 망치기도 한다. 예를 들어 파트너를 정서적·물리적·성적으로 밀어내기도 하는데, 상대의 지나친 접근을 막기 위해 비판적인 태도를 취하기도 한다.

통제적 부모 밑에서 자란 사람들의 반대편에는 어린 시절 정서적 방임이나 유기를 경험한 사람들이 있다. 우리는 통상 이들이 어린 시절의 경험 때문에 어른이 된 후에는 파트너와의 친밀한 관계를 환영할 것이라고 생각한다. 그러나 역설적이게도 많은 경우 파트너와 너무 가까워지는 것에 위협을 느낀다. 이들은 숨막히는 어린 시절을 보낸 자신과 마찬가지로 파트너의 단점을 끊임없이 지적하거나 싸움을 거는 식으로 정서적 거리를 확보하려 한다. 그런가 하면 파트너를 잃을지도 모른다는 두려움에 지나치게 상대에게 매달리며 집착하는 경우도 있다. 이들은 과거 부모가 자신을 버렸듯 파트너 또한 그럴지도 모른다는 두려움 때문에 늘 강한 질투와 의심을 보이는 것이다.

가정 폭력이나 정서적 학대를 목격하는 것 또한 학대적 성향의 발현으로 이어질 수 있다. 여기서 잠시 주목할 점은 폭력적인 분위기의 가정에서 성장한 여성의 경우 그렇지 않은 여성보다 정서적 학대 피해자가 될 확률이 높았고, 남성의 경우에는 반대로 정서적 학대 가해자가 될 확률이 높았다는 연구가 있다는 것이다. 일례로 원가족family of origin에서 폭력을 경험한 적이 있는 남성은 그런 적이 없는 남성에 비해 파트너 폭력을 저지르는 비율이 세 배에서 열 배까지 높았다.

어린 시절 신체적 학대를 직접 경험하거나 가정폭력을 목격한 적이 있는 성인의 경우 친밀한 관계에서 학대적 모습을 보일 가능성이 더 높을 수도 있다. 어린 시절의 경험 때문에 폭력적 행동을 스트레스 해소나 갈등 해결을 위한 정당한 방법으로 인식하게 됐을 수도 있기 때문이다. 이들은 경험을 통해 정서적·신체적 학대가 분노, 자신에 대한 불만, 내적인 두려움 등을 해소하기 위한 수단이 될 수 있다는 것을 배웠다. 그 결과 이들이 성인이 되어 꾸린 가정에서는 학대적 행동이 정상적인 것으로 인식될 수 있다. 불행의 이유를 자신이 아닌 파트너에게서 찾음으로써 고통을 피하고 자신을 보호하는 행동 또한 정상으로 인식할 수 있다.

어린 시절 학대를 경험하거나 목격하는 것은 타인을 신뢰할 수 있는 능력을 훼손하고 감정 조절 능력을 약화시킨다. 그렇게 자라난 사람은 건강한 관계 유지를 힘들어하는 의존적이고 적대적이며 정서적으로 불안한 성인이 된다. 여기에 낮은 자존감과 통제 불가능한 강한 질투심, 우월감과 특권의식으로 포장된 열등감까지 더해지면 학대적 행동은 더 심해질 수 있다.

그 외에도 아동기의 학대와 방임은 외상후스트레스장애, 부적절한 대응기제 발달 등 수많은 부작용을 낳는다. 이러한 부작용은 아동기의 학대 경험이 성인이 된 후 나타나는 파트너 간 폭력과 어떻게 연결되는지 일정 부분 설명해준다.

학대인가 대응기제인가?

지금까지 책에서 살펴본 파트너 간의 여러 부정적 행동은 모두 상대의 정서에 학대적인 영향을 준다. 그러나 그러한 행동 중에는 엄밀히 말해 '정서적 학대'라기보다 '부적절한 대응기제'에 가까운 것들도 있다. 물론 상대에게는 결과적으로 둘 다 똑같이 정서적 학대로 느껴지지만, 그 행동을 하는 사람의 동기가 무엇인지에 따라 학대가 될 수도 있고 부적절한 대응기제가 될 수도 있는 것이다.

대표적인 예로 침묵시위가 있다. 침묵시위는 대개 갈등에 대한 부적절한 대응기제지만 여기서도 중요한 것은 의도다. 예를 들어 다음과 같은 상황에서의 침묵시위는 정서적 학대를 가할 뚜렷한 의도가 없는 행동으로 볼 수 있다.

• 대면에 대한 두려움 때문에 상대를 정서적·물리적으로 회피한다면, 이는 의도적인 학대 행위라고 볼 수 없다. 문제에 대해 직접 대면했을 때 파트너를 잃을지도 모른다는 두려움이 큰 경우,

자신의 감정을 설명하는 데 어려움을 느끼는 경우, 또는 상대를 직접 대면할 용기가 없는 경우 결과적으로 침묵시위 같은 행동이 나타날 수 있다. 문제에 대한 직접적인 논의를 피하는 침묵시위는 물론 바람직한 해결책이 아니며, 자칫 원망 등의 감정이 더 깊어지는 결과를 낳을 수도 있다. 그러나 분명한 것은 이러한 침묵시위에는 상대에게 상처를 주거나 상대를 통제하겠다는 의도가 없다는 것이다.

• '타임아웃time out', 즉 다툼이 격해지려 할 때 잠시 떨어져서 시간을 가지는 행위는 건강한 관계에서 갈등 해결에 활용할 수 있는 정상적인 방법 중 하나다. 물론 상대를 벌하거나 상처를 주려는 의도로 타임아웃을 활용한다면 그 또한 정서적 학대로 간주할 수 있지만, 적절한 방법과 건강한 의도를 가지고 적절한 방법을 제안한다면 바람직한 전략이 될 수 있다. 갈등이 격해지던 중 파트너가 잠시 타임아웃을 제안하며 서로 생각을 정리한 후 차분하게 이야기를 풀어가자고 제안하는 것이다. 그렇다면 이것은 정서적 학대라기보다 건강한 갈등 해결 전략으로 보아야 할 것이다.

위에서 살펴본 침묵시위의 경우가 그랬듯, 원래는 그런 의도가 아니었지만 자기도 모르는 사이에 상대에게 정서적 학대 행위를 저지르게 되는 경우가 있다. 사실 정서적 학대 행동을 하는 파트너 중 많은 이가 자신이 상대에게 주는 부정적 영향을 깨닫지 못한다. 독자들 중에는 정서적 학대가 준 피해에 대하여 파트너와 직접 대화해본 이들도 있고, 아직 그러지 못한 이들도 있을 것이다. 10장에서는 정서적 학대에 대해 파트너와 대면하고 대화하는 다양한 방법을 알아보고 그 이점에 대해서도 논해볼 예정이다.

비의도적 학대자는 변할 수 있을까?

앞에서도 말했듯 이런 유형의 학대자들은 자신이 정서적 학대 행동을 하고 있다는 사실을 인지하지 못하는 경우가 많다. 일반적으로 비의도적 학대자는 자신의 행동이 배우자나 자녀에게 나쁜 영향을 주고 있다는 사실을 알게 됐을 때 변화의 의지를 보이며, 실제로 변하는 경우도 있다.

상담실을 찾은 에드워드는 첫 면담에서 내게 다음과 같은 말을 했다.

제가 아내에게 한 행동을 생각하면 정말 참담합니다. 얼마 전 아내가 갑자기 이혼을 하자고 했어요. 그동안 제게 당한 정서적 학대를 더이상 참을 수 없다는 말과 함께였죠. 저는 정말 깜짝 놀랐어요. 아내가 말하는 '정서적 학대'가 뭔지도 몰랐고, 그게 이혼 사유가 되는 것인지도 몰랐거든요. 아내가 제게 선생님의 책을 건네며 이렇게 말하더군요. "내 말이 무슨 말인지 알고 싶으면 이 책을 읽어봐."

책을 읽으며 제가 그 안에 나열된 수많은 학대적 행동을 해왔음을 깨달았어요. 끔찍했죠. 정말이지 저는 그런 행동들이 학대인줄 몰랐어요. 그냥 결혼한 사람들은 서로를 다 그렇게 대하는 것이겠거니 했던 거죠. 저희 아버지도 어머니에게 그렇게 대했고요. 그래서 저는 그게 일반적인 것이라고 생각했어요.

에드워드는 변하고자 했다. 그는 아내와의 결혼생활을 지키기 위해서라면 뭐든 하겠다고 했고, 실제 자신의 학대적 행동을 바꾸기 위해 최선을 다했다.

필자의 전작인 《사랑도 치유가 필요하다》 출간 이후 많은 학대적 파트너들이 이메일을 통해 도움을 요청해왔다. 이메일의 주인공들은 에드워드와 마찬가지로 파트너가 자신을 떠났다며, 또는 떠나겠다고 위협하고 있다며 도움을 청하고 있었다. 대부분 자기 잘못을 후회하고 뉘우쳐서라기보다는 우선 파트너와의 관계를 회복하기 위해 도움을 청한 것이었지만, 어쨌든 그들은 나름의 방식으로 열심히 노력해 중요한 변화를 만들어냈다. 이것은 (떠나겠다고 위협하는 배우자와의 관계 회복이라는) 자기중심적인 목적으로 시작된 행동도 충분히 실질적인 변화로 이어질 수 있다는 의미다.

정서적 학대와 알코올 및 약물남용의 관계

친밀한 관계에서의 정서적 학대는 알코올 및 약물남용과도 강한 연관관계가 있다. 예를 들어 친밀한 관계에서 남성 파트너가 술을 마시는 경우 여성 파트너가 폭력을 경험할 확률은 두 배에서 네 배까지 높아진다. 미국중독의학협회에 따르면 과도한 알코올 및 약물남용이 발생한 날에는 가정 폭력의 발생 확률이 무려 열한 배까지 높아진다고 한다.

평소에는 이해심 많고 다정하던 파트너가 술이나 약물에 취하면 갑자기 학대적으로 변하는 것은 꽤 흔한 일이다. 엄밀히 따지자면, 이러한 유형의 정서적 학대는 비의도적 학대로 분류할 수 있다. 어쨌든 가해자가 파트너를 조종하고 수치심을 주려는 의식적인 의도를 가지고 하는 행동은 아니기 때문이다.

이러한 상태에서 저지르는 행동은 무의식적인 차원에서 행해지는 분노의 발산에 가깝다. 여기서 우리는 어린 시절의 트라우마와 정서적 학대의 관계를 살펴볼 필요가 있다. 아동기 학대 및 방임은 이후 성인이 되어 나타나는 알코올 및 약물남용과 강하게 연관되어 있다. 특히 아동기에 성적 학대를 경험한 남성은 약물남용 문제를 겪을 확률이 높다. 아동기 학대 및 방임 피해자들에게 약물남용 문제가 더 높은 비율로 나타나는 것은 적어도 부분적으로는 피해자들이 불안이나 우울, 불쑥불쑥 떠오르는 학대의 기억 등 트라우마 증상을 극복하려 약물에 의존한 결과로도 볼 수 있을 것이다.

역설적이지만, 만약 파트너가 아동기에 학대를 경험했거나 그랬을 가능성이 있다면 당신과 파트너의 관계에는 아직 희망이 남아 있을 수도 있다. 물론 여기에는 하나의 전제가 있다. 어린 시절의 트라우마와 약물남용 문제에 대해서 파트너가 전문적인 치료를 받겠다는 확고한 의지를 가지고 있어야 한다는 점이다.

성격장애로 인한 정서적 학대

파트너에게 상처를 주고 있다는 사실을 깨닫지 못한 채 정서적 학대 행동을 하는 또 다른 유형으로는 성격장애로 인한 학대자가 있다. 성격장애란 무엇일까? 전문가들이 정신질환에 대한 진단을 내릴 때 사용하는 진단 및 통계 매뉴얼인 '정신질환 진단 및 통계 편람' 5차 개정판에서는 성격장애를 '개인이 속한 사회의 문화적 기대에서 심하게 벗어난 지속적인 내적 경험과 행동 양식으로, 그 행동 양식에 있어 융통성이 없고, 생활 전반에 넓게 퍼져 있으며, 변하지 않고 오랜 기간 지속되어 왔으며, 대인관계에 있어 심각한 고통이나 기능장애를 유발하는 것'이라 정의한다.

성격장애를 지닌 이들은 대인관계에서 어려움을 겪으며, 자신이나 타인에 대한 올바른 인지, 적절한 정서 반응과 충동 조절 등에서 문제를 경험한다. 성격장애에는 총 열 가지 유형이 있다. 일부는 정서적 학대 행동으로 이어지고 일부는 그렇지 않지만, 세 가지 성격장애는 친밀한 관계에서 거의 확실히 정서적인 학대 환경을 조성한다. 그 세 가지는 바로 경계선 성격장애와 자기애성 성격장애, 그리고 반사회성 성격장애다. 다른 성격장애나 정신질환도 때에 따라 정서적 학대의 원인이 되기도 하지만, 경계선 성격장애나 자기애성 성격장애, 반사회성 성격장애를 지닌 이들은 그 특성상 반복적으로 정서적 학대를 자행하게 된다.

특히 경계선 성격장애와 자기애성 성격장애를 강조하고 싶은데, 이 두 유형이 그 어떤 성격장애나 정신질환보다 아동기의 정서적 학대나 방임과 큰 연관성을 지니고 있기 때문이다. 이 두 성격장애는 우리 시대를 대표한다고 해도 과언이 아닐 만큼 광범위하게 퍼져 있

다. 현재 정말 많은 이들이 두 성격장애를 지니고 있으며 학계에서
도 그 원인을 파악하기 위한 연구가 활발히 진행되고 있다.

이어지는 내용에서는 우선 경계선 성격장애와 자기애성 성격장애
의 구체적인 정의와 발현 방식을 알아보고, 각각의 장애가 학대 당
사자에게 어떤 방식의 정서적 학대로 나타나는지 설명할 것이다. 파
트너의 성격장애 여부를 판단해볼 수 있는 진단 문항을 함께 살펴
본 후에는 성격장애를 지닌 파트너와 살아가는 이들이 건강한 정신
상태를 유지하고 유해한 정서적 학대를 제거해나갈 수 있도록 돕는
조언과 전략을 소개할 예정이다.

그전에 한 가지 알아둬야 할 것이 있다면, 경계선 성격장애와 자기
애성 성격장애를 동시에 앓는 것도 가능하다는 점이다. 이는 폴 T.
메이슨Paul T. Mason과 랜디 크리거Randi Kreger가 공저한《잡았다, 네가 술래
야: 경계선 성격장애로부터 내 삶 지키기》3차 개정판에 소개된 연
구를 비롯한 새로운 연구들을 살펴보면 확인할 수 있다. 2008년 한
연구팀이 지역 거주민 3만 5,000명을 대상으로 진행한 면담에 따르
면 경계선 성격장애를 지닌 이들 중 40퍼센트 가까이가 자기애성 성
격장애를 함께 지니고 있었다. 다시 말해 당신의 파트너가 경계선
성격장애를 지니고 있고 현재 별도의 상담치료를 받고 있지 않다면,
자기애성 성격장애를 함께 가지고 있을 확률이 40퍼센트 가까이 된
다는 의미다. 그러므로 뒤에 이어지는 자기애성 성격장애에 관한 내
용 또한 주의 깊게 읽어보기를 권한다.

한 가지 흥미로운 것은 경계선 성격장애의 경우 여성 환자가 많고,

자기애성 성격장애의 경우 남성 환자가 많다는 사실이다. 물론 그렇다고 해서 반대 성별의 환자가 존재하지 않는다는 것은 아니며, 실제 전문가들은 현장에서 만나는 경계선 성격장애 남성 환자와 자기애성 성격장애 여성 환자의 수가 점점 증가하고 있음을 밝히고 있다.

파트너에게 경계선 성격장애가 있는지 판가름하기

경계선 성격장애 환자, 또는 강한 경계선 기질의 사람과 친밀한 관계를 맺고 있는 파트너는 자신이 정서적 학대를 받고 있다는 사실을 잘 깨닫지 못한다. 이들은 현재의 관계가 불행하다는 생각을 하기는 하지만, 그 원인에 대해서는 혼란스러워하거나 스스로를 탓하기도 한다. 경계선 장애가 있는 이들은 관계에서 문제가 발생하면 주로 상대를 탓한다. 그렇기 때문에 학대를 당하는 이들은 자신이 파트너에게 더 다정하고 관대하게 대하거나, 더 재미있고 섹시한 사람이 되면 관계가 개선될 것이라고 믿는다. 역설적인 것은 경계선 성격장애 환자의 파트너가 상호의존적인 특성을 보이는 경우가 많다는 점이다. 상호의존적 특성을 지닌 사람들은 극도의 인내심을 발휘하여 성격장애가 있는 상대의 터무니없는 행동을 꾹 참고 견디는 경우가 많다.

경계선 성격장애 환자의 파트너는 자신이 하지도 않은 일로 끊임없이 비난을 당하기 때문에 종종 자신의 정신이나 인지능력에 의심을 품기도 한다. 경계선 성격장애 환자는 계속해서 상대의 행동이나 생각, 감정이 거슬린다고 지적하는데, 피해자들은 비난을 피하기 위해 살얼음판 위를 걷는 듯한 조마조마한 생활을 하게 된다. 그 결과

정서적 학대에서 벗어나기

피해자들은 관계에서 발생하는 문제의 원인을 자신에게 돌리고, 나아가 파트너의 정서적 문제 또한 자신의 탓이라고 생각하게 된다.

내 파트너는 경계선 성격장애자일까?

《잡았다, 네가 술래야: 경계선 성격장애로부터 내 삶 지키기》에서 차용한 다음의 질문들은 파트너가 경계선 성격장애나 강한 경계선 기질을 지니고 있는지 판단하는 데 도움을 줄 것이다.

1. 당신의 파트너는 당신에게 극심한 정서적 고통과 괴로움을 주는가?

2. 당신의 파트너는 당신이 하는 모든 말과 행동을 왜곡하고 그것을 당신을 공격하는 데 사용하려 하는가?

3. 당신의 파트너는 당신을 이러지도 저러지도 못할 상황에 밀어 넣곤 하는가?

4. 당신의 파트너는 당신의 잘못이 아닌 일을 가지고도 당신을 탓하곤 하는가?

5. 당신의 파트너는 아무런 논리도 없이 관계에서 발생하는 모든 문제와 자신의 인생에서 발생하는 모든 문제에 대해 당신을 탓하고 비난하는가?

6. 파트너의 반응이 두려워서, 괜히 마음만 상할까봐, 또는 분명 격한 싸움으로 이어질 게 뻔해서 당신의 생각이나 마음을 숨긴 적이 있는가?

7. 당신의 파트너는 당신을 대할 때 폭력적이고 비이성적 분노를 격하게 터뜨리는 모습과 태연하고 다정하며 일반적인 모습을 극단적으로 오가는가? 주변 사람들에게 파트너의 이런 모습을 이야기하면 잘 믿지 못하는가?

8. 조종당하거나 통제당하거나 거짓에 속고 있다는 기분이 들곤 하는가? 때로 정서적 협박의 피해자가 된 기분이 드는가?

9. 당신에 대한 파트너의 평가가 극과 극을 오가는가? 평가가 양극단을 오가는 데 대한 납득할 만한 이유를 찾기 어려운가?

10. 당신의 파트너는 당신이 가까이 가려할 때 밀어내곤 하는가?

11. 바라는 게 많다는 말을 들을까봐, 혹은 당신에게 문제가 있다는 소리를 들을까봐 파트너에게 뭔가를 부탁하는 게 두려운가?

12. 당신의 파트너는 당신의 욕구는 중요하지 않다고 말하는가? 또는 그런 뜻을 은연중에 내비치는 행동을 하는가?

13. 당신의 파트너는 당신의 관점을 폄하하거나 부정하곤 하는가?

14. 제대로 하는 게 아무것도 없다는 생각이 자꾸 드는가? 파트너가 당신에게 기대하는 것이 자꾸만 변하는 것 같은 느낌이 드는가?

15. 당신의 파트너는 당신이 하지도 않은 말이나 행동을 가지고 비난하곤 하는가? 파트너가 자꾸만 당신의 말을 오해한다는 느낌을 받는가? 제대로 설명하려 해도 파트너가 당신을 믿어주지

정서적 학대에서 벗어나기

않는가?

16. 당신의 파트너는 당신을 자주 비난하고 깎아내리는가?

17. 관계를 끝내려고 하면 무슨 수를 써서라도 잡으려고 하는가? (사랑한다는 말, 변하겠다는 약속, 치료를 받겠다는 약속, 자살이나 살인에 대한 암시적이거나 명시적인 협박 등)

18. 파트너의 변덕과 충동성, 예측 불가능성 때문에 (친목 모임이나 휴가 같은) 일정을 잡기가 어려운가? 그런 경우에도 다른 사람들 앞에서 파트너를 두둔하거나 괜찮은 척하려고 애쓰는가?

'그렇다'라고 답한 문항이 많으면 많을수록 당신의 파트너는 강한 경계선 기질을 지니고 있을 가능성이 높다. 내용을 읽으며 이미 눈치챘겠지만, 질문에 제시된 많은 행동들이 이미 이 책에 정서적 학대로 소개된 행동들이다(끊임없는 비난, 터무니없는 기대, 지속적인 혼돈, 정서적 협박, 가스라이팅).

그러한 정서적 학대 행동 중 상당수가 성격장애의 증상이기도 하다는 것은 아마도 몰랐을 것이다. 환자를 직접 만나보지 않고 진단을 내릴 수는 없지만, 당신의 파트너가 앞서 제시한 문항에 나온 방식으로 생각하고 느낀다면 그는 경계선 성격장애를 지니고 있을 가능성이 높다.

경계선 성격장애의 원인은 무엇일까? 경계선 성격장애나 강한 경계선 기질을 지닌 사람들은 대부분 유아기나 아동기에 어떤 형태로든 유기, 즉 버림받음을 경험한 적이 있다. 이들이 경험한 유기는 실제 물리적인 유기(부모의 입원, 부모의 사망, 입양, 요람에 장시간 홀로 방치 등)일 수도 있고 정서적인 유기(아이와 유대감을 형성하지 못하는 어머니, 아이를 원치 않았던 어머니의 방임, 무심하고 애정 없는 아버지 등)일 수도 있다. 아동기에 성적 학대를 겪은 이들도 배신감과 함께 버림받은 느낌을 받는다. 특히 가해자가 부모, 형제나 자매, 조부모, 가족의 친한 지인 등 자신이 믿고 사랑하는 사람이었다면 더욱 큰 배신감을 느낀다. 피해 사실을 주위에 알렸지만 아무도 믿어주지 않은 경우, 또는 자신이 사랑하고 신뢰하는 사람이 지켜주지 않았다는 것을 깨달은 경우 그 버림받은 기분은 더욱 커진다. 이렇게 물리적으로 정서적으로 버림받았던 기억은 경계선 성격장애를 지닌 이들로 하여금 친밀한 관계에서 거절당하거나 버림받는 것을 극도로 두려워하게 만든다. 그러한 상황속에서 어린 시절의 상처가 되살아나는 것이 두려운 것이다. 그런가 하면 경계선 성격장애를 겪는 이들은 친밀함이 가져올 고통에서 스스로를 보호하기 위해 상대에게 거리를 두거나 갑자기 냉담해지기도 한다. 여러 사례에서 이들은 양극단을 오가는 모습을 보이는데, 경계선 성격장애를 지닌 이들이 경험하는 이러한 현상은 흔히 '버림받음과 빠져들기에 대한 이중의 두려움'이라고 불린다.

경계선 성격장애를 지닌 이는 친밀한 관계에서 극단적인 모습을 보인다. 이들이 '버림받음'에 대한 두려움을 느낄 땐 상대에게 절박하게 매달리며 정서적으로 숨이 막히게 만든다. 자신에게만 관심을

정서적 학대에서 벗어나기

집중해달라고 하며 절대 떠나지 말라고 애원하기도 한다. 그러다 며칠, 심지어 몇 시간도 지나지 않아 갑자기 '빠져들기'에 대한 두려움에 사로잡혀 뚜렷한 이유 없이 거리를 두며 상대에게 무관심한 모습을 보이기도 한다. 이들은 파트너가 더이상 자신을 사랑하지 않는다거나, 매력적으로 생각하지 않는다거나, 바람을 피웠다는 둥 온갖 이유를 들어 상대를 비난하며 밀어낸다. 자신이 했던 행동은 생각하지도 않고 상대가 너무 매달린다고 주장하기도 한다.

이들의 전형적인 관계 패턴을 살펴보자. 경계선 성향의 사람들은 대개 아주 빠르게 '사랑'에 빠지고, 상대에게 거의 곧바로 친밀한 관계를 요구한다. 이들은 상대와 거리를 두려하지 않는다. 매일 보자고 조르고, 마음속 깊이 숨겨두었던 어두운 비밀을 갑자기 털어놓기도 하며, 당장 결혼이나 동거를 시작하자고 보채기도 한다. 그러나 상대가 진지한 마음을 내비치거나 사랑에 빠진 것 같은 모습을 보이는 순간 이들은 돌변한다. 갑자기 상대를 비난하거나 거리를 두려하고, 관계를 재고해봐야겠다고 말하는 것이다. 이들은 육체적인 관계를 너무 빨리 가져서 서로 다른 면을 파악할 기회를 놓쳤다며 갑자기 잠자리를 거부하기도 하고, 사랑하지도 않으면서 자기를 이용했다거나 바람을 피웠다고 파트너를 몰아세우며 의심하기도 한다. 그런가 하면 파트너가 무엇을 하든 흠을 잡으며 갑자기 파트너에 대한 자신의 사랑에 의문을 품기도 한다. 이러한 갑작스러운 거리두기는 편집증에 가까운 행동으로 이어지기도 한다. 이 시점에서 경계선적 성향의 사람은 파트너의 전화 통화를 엿듣거나 그가 어떤 사람인지 뒷조사를 하고 옛 애인들에게 연락하여 파트너에 대한 질문을 하기도 한다. 이 지경까지 가면 파트너는 둘의 관계에 대해 다시 생각해보게 되거나 화가 나서 거리를 두려고 하게 된다. 그러면 경계선적 성향의 사람들은 다시 버림받을지 모른다는 두려움에 휩싸여 상대에게 매달리며 즉시 '친밀한 사람'으로 돌아간다. 극과 극을 오가는 이러한 행태에 그저 어리둥절해하는 파트너도 있지만 대부분은 큰 불쾌감을 느끼며, 심한 경우에는 관계 자체를 정리하려고 한다. 그리고 그 순간 당연히 아주 극적인 장면들이 펼쳐진다. 이들은 파트너에게 자기를 떠나지 말라고 애원하고, 자살하겠다고 협박하고, 심지어 죽이겠다고 위협하기도 한다.

경계선 성격장애를 지닌 이들이 하는 전형적인 행동은 많은 부분 정서적 학대에 해당한다. 안타깝게도 이들과의 연애는 상호 학대를 불러오기도 한다. 파트너가 상대의 학대적 행동을 견디다 못해 한계에 부딪치고, 결국 절망과 분노로 인해 똑같이 학대적 행동을 하는 경우가 발생하기 때문이다. 양극단을 오가는 경계선 성격장애에 대처하는 것은 대부분의 사람들에게 매우 고달픈 일이며, 결국 많은 이들이 이성을 잃고 화를 내거나 학대적인 행동을 하게 된다.

파트너에게 자기애성 성격장애가 있는지 판가름하기

흔히 나르시시스트로도 알려진 자기애성 성격장애자들이 저지르는 정서적 학대는 비의도적일 때도 있고 의도적일 때도 있다. 우선 지금은 비의도적 학대에 포함하기로 하고, 의도적 학대와 비의도적

정서적 학대에서 벗어나기

학대의 차이에 대해서는 다음 챕터에서 더 자세히 알아보도록 하자.

자기애성 성격장애를 지닌 이들은 자아정체성이 약하고, 타인에게 고마워할 줄 모르며, 특권의식을 가지고 있다. 또한 진정성이 부족하고, 통제에 집착하며, 타인의 견해나 의견을 무시하고, 정서적으로 무관심하기도 하다. 자신을 실제보다 대단한 사람이라 생각하고, 자기 행동이 주변에 미칠 영향에 신경 쓰지 않으며, 감정 이입을 하지 못하고, 타인의 인정과 긍정적인 주목을 끊임없이 갈구하는 것 또한 자기애성 성격장애의 특징에 속한다.

내 파트너는 자기애성 성격장애자일까?

1. 당신의 파트너는 자기의 관심과 계획에만 온통 몰두하고 당신이 하는 일에는 무관심한가? 관심을 보이는 경우에도 아주 잠깐일 뿐이거나 건성으로 보이는가?

2. 당신의 파트너는 관심의 대상이 되는 것을 좋아하는가? 모임 같은 데서 다른 사람이 이야기를 할 때 지루해하거나 무례하게 굴며 화제를 다시 자기에게 돌리려고 하는가?

3. 당신의 파트너는 자신이 당연히 특별대우를 받아야 한다고 생각하는가?

4. 파트너에게 타인에 대한 공감이나 연민이 부족한 것 같은가? 자신의 고통은 이해받기를 바라면서 다른 사람의 고통에는 잘 공감하지 못하는가?

5. 당신의 파트너는 자신의 의견과 신념만 옳다고 우기는가? (당신을 포함한) 다른 사람들은 제대로 알지도 못하면서 아무렇게나 말하는 것이라고 주장하는가?

6. 당신의 파트너는 자신이 세상에서 가장 똑똑하고 세련되고 매력적이고 재능 있는 사람이라고 생각하는가?

7. 당신의 파트너는 주제가 무엇이든 무조건 자신이 옳아야 한다고 생각하는가? 자신이 옳다는 것을 증명하고 상대를 굴복시키기 위해서라면 무엇이든 하려고 하며, 협박마저도 서슴지 않는가?

8. 당신의 파트너는 원하는 것이 있을 때는 온갖 매력을 발휘하며 상대를 조종하다가 자기가 원하는 것을 손에 넣은 후에는 언제 그랬냐는 듯 거만하고 차가운 모습으로 돌아가는가?

9. 파트너의 과장과 거짓말을 자주 잡아내는 과정에서 상대에 대한 신뢰를 잃게 되었는가? 가끔 파트너가 사기꾼 같다는 생각이 드는가?

10. 파트너가 매사에 시큰둥하거나, 거만한 모습을 보이거나, 자신을 지나치게 과대평가하거나, 으스대는 모습을 보이곤 하는가?

11. 당신의 파트너는 당신을 포함한 주위 사람에게 치가 떨릴 정도로 건방지게 굴거나 모욕을 주곤 하는가?

12. 당신의 파트너는 다른 사람에 대해 자주 비판하고 폄하하고 빈정대는가?

정서적 학대에서 벗어나기

13. 당신의 파트너는 자신이 틀렸다는 사실이 증명되거나 누군가 자신의 부적절한 행동을 지적하면 심하게 화를 내는가?

14. 당신의 파트너는 식당의 직원이나 가게의 점원, 심지어 아내와 자녀를 포함한 모든 사람이 자신을 특별히 대해야 한다고 주장하는가?

15. 당신의 파트너는 사람들이 자신을 충분히 존중하거나 인정하거나 알아봐주지 않는다고 불평하곤 하는가?

16. 당신의 파트너는 권위에 도전하고, 권위나 권력을 가진 사람을 못마땅해 하는가? 또 권력을 가진 사람들을 끊임없이 비판하며 자신이 하면 더 잘할 수 있다고 은근히 주장하는가?

17. 당신의 파트너가 당신이 자기를 위해 하는 일들을 알아차리거나 그에 대해 고마워한 적이 있는가?

18. 고마워하기는커녕 당신이 하는 일마다 잘못됐다며 지적을 하지는 않는가?

19. 가끔 당신이 파트너에게 해준 일을 어쩔 수 없이 인정해야 하거나 당신이 사준 선물에 대해 고맙다는 말을 해야 할 때면 별로 대단한 것도 아니라는 듯 굴거나 자기의 기대에는 미치지 못했다는 듯 말하곤 하는가?

20. 당신의 파트너는 부나 인정, 인기, 명성을 얻는 데 과도하게 집착하는가?

위의 질문 중 절반 이상 '그렇다'라고 답했다면 당신의 파트너는 자기애성 성격장애나 강한 자기애적 기질을 지니고 있을 가능성이 높다. 자기애성 성격장애에 대해서는 다음 챕터에서 더 자세히 알아볼 예정이다.

자기애적 성향은 왜 생기는 것일까? 자기애성 성격장애를 비롯한 다양한 성격장애는 아동기나 청소년기에 주양육자와 건강한 애착관계를 형성하지 못했을 때 발생하곤 한다. 자기애적 성향을 지닌 사람들은 아동기나 청소년기의 정서적 방임으로 진정한 애착관계를 경험하지 못한 경우가 많다. 음식이나 집 같은 물리적인 필요는 채워졌지만 (관심이나 인정 같은) 정서적 욕구는 채워지지 않은 상태인 것이다.

그런 성장기를 보낸 파트너에 대해 연민의 마음이 들 수도 있겠지만, 그 연민이 상대의 행동을 무조건 받아주는 핑계가 되지 않도록 주의해야 한다. 정서적 방임으로 부모와 건강한 애착을 형성하지 못하는 이들은 많다. 어쩌면 당신도 그랬을 수도 있다. 그러나 정서적 방임을 경험한 모든 이가 자기애적 성향을 지니게 되는 것은 아니다. 실제 자기애성 성격장애를 지니기까지는 다음과 같은 것들이 작용한다.

(1)심각한 정서적 방임
(2)조부모나 다른 보호자, 선생님, 어른과의 공감적 교감을 통한 교정적 정서 경험의 부재 및 간절히 바랐던 인정의 부재

정서적 학대에서 벗어나기

(3)'내 욕구는 내가 채우겠다'라는 결심(어차피 아무도 내가 원하는 것을 내게 주지 않으니 무슨 수를 써서라도 스스로 손에 넣어야 한다는 생각)

(4)내게는 모든 것을 누릴 자격이 있다는 태도(어린 시절 내가 원했던 것을 아무도 주지 않았으니 '세상이 나에게 빚을 진 것'이라는 생각).

이들은 실제로 자신이 모든 것을 누려야 한다는 의식을 지니고 있기 때문에 원하는 게 있을 때는 끊임없이 요구하며, 상대가 요구를 들어주지 않으면 불같이 화를 낸다.

이들은 상대의 것을 아무렇지도 않게 빼앗고, 상대의 감정에는 아랑곳없이 그들을 이용하기도 한다.

아동을 극단적으로 과잉보호하며 모든 응석을 받아주는 행위 역시 진정한 애착관계의 형성을 막는다. 이 경우 아동은 사회적 규범을 배우지 못하고 모든 것을 자신이 원하는 대로 하게 된다. 집안에 아무런 제약이나 규칙이 없는 상태에서 자랐을 수도 있고, 부모가 자녀에게 너는 아주 특별하고 재능이 있는 아이니까 다른 사람들이 만든 규칙은 지키지 않아도 된다는 인상을 심어줬을 수도 있다. 아이가 절도 같이 사회의 규범을 깨는 일을 저질러도 부모는 아마 잘못을 덮어주고 따로 처벌하지 않았을 것이다. 이런 식으로 자란 아동이나 청소년은 타인을 그저 필요를 채우기 위한 수단으로만 본다.

자기애적 성향을 지니게 되는 또 다른 원인은 양심이나 수치심이 전혀 없는 부모나 보호자의 양육이다. 자기애적 성향이 강한 나르 시시스트나 소시오패스, 사이코패스의 손에 자라면 안타깝게도 아이 또한 비슷한 길을 걷게 되는 경우가 많다. 제도의 허점을 이용하여 이익을 챙기려는 부모나 대놓고 범죄를 저지르는 부모의 손에 자라는 경우, 또는 무법지대에 가까운 사회에서 자라는 경우가 여기에 포함된다.

성격장애를 지닌 파트너는 바뀔 수 있을까?

어린 시절 방임이나 부모의 응석받이식 양육, 또는 학대를 경험한 다고 모두 경계선 성격장애나 자기애성 성격장애를 가지게 되는 것은 아니다. 그러한 성격장애를 가지게 된 이와 그렇지 않은 이를 가르는 가장 큰 차이는 아동기나 청소년기에 심한 수치심을 경험하는지 여부라고 볼 수 있다. 어린 시절 견디기 힘든 극도의 수치심을 경험한 이들은 타인의 비판 등으로 더 큰 수치심을 당하는 것을 피하기 위해 자신의 주위에 벽을 쌓는다. 그리고 그 벽은 성격장애가 된다.

어린 시절 학대나 방임을 겪고 자란 이들은 어른이 되어 가족이 아닌 다른 사람들을 만났을 때 자신의 행동 중 타인에게 잘 받아들여지지 않는 행동이 있음을 깨닫게 된다. 이들은 또한 친밀한 관계를 맺을 때마다 큰 고통을 느끼기도 한다. 그런 일이 반복되면 이들은 상담을 받거나 심리학 서적을 읽고, 관련 모임에 참석하기도 한다. 자신의 행동이 타인에게 피해를 줄 수도 있다는 것을 깨닫고 고치려고 하는 것이다. 그러나 안타깝게도 자신을 지키는 방어벽을 높

정서적 학대에서 벗어나기

게 쌓아올린 끝에 성격장애를 얻게 된 이들은 대개 자신의 행동이 부적절하거나 타인에게 해가 된다는 점을 전혀 인식하지 못한다. 누군가 지적해줘도 이들은 그 사실을 깨닫기는커녕 자신은 절대 잘못되지 않았다는 허상의 방어벽 뒤로 숨는다. 궁지에 몰려 어쩔 수 없이 자신의 행동이 잘못됐다고 말해도 마음속으로는 절대 그 사실을 인정하지 않는다. 이들은 방어벽 뒤에서 여전히 자신이 옳다고 믿으며, 다른 사람들은 자신을 이해하지 못한다고 생각한다. 이런 방법으로 더 큰 수치심으로부터 자신을 보호하는 것이다.

성격장애를 지닌 이들의 정서적 가해는 비의도적인 경우도 있지만 변화는 결코 쉽지 않다. 대부분의 경우 변화에 대한 의지가 없기 때문이다. 파트너를 위해 변하고 싶어 하는 이들도 있지만, 이런 경우에도 대개 수년에 걸친 전문적인 심리치료가 있은 후에야 가능하다.

전문적인 심리치료를 통해 변화하고자 노력하는 이들도 있지만, 대부분 치료가 오래 지속되지 못한다. 이들에게 치료는 너무 고통스러운 일이기 때문이다. 변화를 시도하는 이들도 오래 버티지 못하는 경우가 많다. 그 이유가 무엇일까? 가장 중요하게는 이들이 자신에 대한 성찰을 거부한다는 점을 들 수 있다. 성격장애를 지닌 이들은 자신의 진짜 모습을 들킬지도 모르는 위험을 결코 감수하려 하지 않는다. 이들은 다른 사람들에게는 물론 자기 자신에게도 진짜 자기 모습을 드러내는 것을 두려워한다. 그들은 어쨌든 잘못은 늘 다른 사람에게 있다고 믿고, 변화가 필요한 것도 다른 사람이어야 한다고 생각하는 것이다.

성격장애를 지닌 이들은 직업을 잃고 결혼생활에 실패해도, 심지어 소송에 휘말려도 결국 자기가 살아온 방식을 고수한다. 아무리 훌륭한 심리상담을 받아도 크게 달라지지 않는다. 스스로를 보호하기 위해 쌓은 벽이 친밀한 관계를 가로막고 있다고, 방어벽을 없애면 더 나은 삶을 살 수 있다고 아무리 설득해도 대부분은 벽을 허물려는 시도를 거부한다.

파트너와의 관계를 지속할지 결정할 때는 앞에서 설명한 세 가지 주요사항을 모두 고려해야 한다. 그 세 가지는 다음과 같다.

(1)정서적 학대가 당신과 당신의 자녀에게 주는 피해의 정도
(2)파트너의 학대가 의도적인지 여부
(3)파트너에게 성격장애가 있는지 여부

그러나 아마 스스로에게 물어야 할 가장 중요한 질문은 이것일 것이다. '나의 파트너는 변화하고자 하는 의지와 변화할 수 있는 능력을 가지고 있는가?' 변화의 의지가 있는지 알아보기 위해서는 우선 파트너에게 당신이 어떤 점에서 정서적 학대를 받고 있다고 느끼는지 직접 말해야 한다. 실제로 파트너와의 대면은 변화를 이끌어내는 데에 있어 가장 핵심적인 과정이다. 만약 어떤 이유로든 절대 대면하지 못하겠다면 파트너와의 관계를 유지하며 변화를 도모하는 것보다는 관계를 잘 정리하고 마무리하는 것에 집중하는 편이 유익하다.

정서적 학대에서 벗어나기

그럼 다음 장에서는 학대적인 행동에 대해 파트너와 대면하는 방법을 구체적으로 논의하고, 그 효과와 안전성에 대해서도 함께 살펴보자.

10장
정서적 학대에 대해 파트너와 대면하기

"모든 것을 빼앗겨도 목소리만은 빼앗기지 말기를."

- 익명의 누군가

이쯤에서 잠시 우리가 함께 이룬 것들을 한번 돌아보자. 당신은 파트너의 학대적인 언행에 "아니야!"라고 말하며 맞서는 연습을 통해 수치심을 줄이고 내면의 힘을 키우는 방법을 배웠다. 또한 내면의 고통을 들여다보고 자기연민을 베푸는 법 또한 배웠다. 앞서 소개한 내용들을 통해 차근차근 자신감을 키워온 당신이라면 지금쯤은 당신을 고통스럽게 하는 정서적 학대에 대해 파트너와 직접 대면하고 이야기할 준비가 되었을 수도 있다. 그러나 아직 그럴 준비가 되지 않았다면, 준비는커녕 파트너가 어떻게 나올지 두려워 말을 꺼낼 엄두조차 나지 않는다면, 아마도 파트너의 학대적 행동이 바뀔 가능성은 '제로'에 가까울 것이다. 당신이 파트너를 대면할 수 없다면, 대면이 너무 위험하게 느껴진다면, 또는 파트너와 대면하기에 아직 충분히 강하지 않다는 생각이 든다면, 아마도 그것은 파트너를 떠나는 편이 낫다는 의미가 될 수 있다는 말이다.

파트너와 대면할 수 없다고 해서 당신에게 문제가 있는 것은 아니다. 당신이 대면을 피한다는 것은 그렇게 해봤자 소용없다는 것을 이미 알고 있어서일 수도 있고(이미 시도해봤지만 듣지 않는 경우, 또는 파트너가 절대 자신의 잘못이나 결점을 인정하지 않는 사람이라는 것을 알고 있는 경우), 대면으로 인한 결과가 두려워서일 수도 있다(불같이 화를 내며 폭발하는 경우, 아이들을 못 만나게 하겠다고 협박하는 경우). 실제로 물리적 폭력을 사용한 전력이 있는 사람에게 학대의 문제에 대해 직접 대면하는 것은 안전하지 않은 일이기도 하다.

파트너의 학대적 행동에 대한 직접적인 지적을 아직 시도해보지 않은 사람도 있을 것이다. 그러나 이 책을 읽는 독자들 중에는 파트너에게 상처받은 이유를 설명하고, 둘의 관계가 어디서부터 잘못된 것인지 파악하고, 파트너의 행동을 이해해보고자 이미 꽤 오랜 시간 대화를 시도해본 이들도 있을 것이다. 그런 대화를 시도해본 이들 중에는 단순한 불만 제기나 논리적인 설득이 먹히지 않는다는 것을 이미 깨달은 이들도 있을 것이다. 학대적인 파트너의 부당하고 용납할 수 없는 행동에 대응하기 위해서는 새로운 방법, 파트너에게 통할 만한 방법이 필요하다는 의미다. 책의 앞부분에서 연습과제를 통해 작성한 '정서적 학대 목록'을 기억할 것이다. 그 목록을 참고하여 학대가 당신에게 준 영향을 적어본 기록도 가지고 있을 것이다. 이제 그 내용을 파트너에게 알릴 때가 왔다. 파트너에게 당신의 생각을 알리는 이 행동을 '대면confrontation'이라고 거창하게 표현하기는 했지만, 너무 적대적이거나 비장한 분위기에서 이루어질 필요는 없다. 파트너와의 대면을 어디에서 어떤 방식으로 진행할지는 각자의 스타일에 맞게 선택하면 된다. 예를 들어 파트너를 보며 직접 말로 전달하는 것이 내키지 않는다면 앞서 말한 목록의 내용을 글로 써서 파트너에게 전달하는 것도 가능하다.

효과적인 대면의 방법

대면을 시도하기 전 알아두어야 할 것이 있다. 학대적인 사람들은 자기 잘못을 좀처럼 인정하려 들지 않는다는 사실이다. 그들은 자신은 잘못한 것이 없다고 우기며 당신을 거짓말쟁이로 몰거나, 어쩌다 잘못을 인정한다 해도 그 원인을 당신의 탓으로 돌리려 한다. 이런 상황에 몰리면 당신은 또다시 자기의심에 빠질 수도 있다. 이런 일이 발생하면 앞에서 작성한 목록의 내용을 다시 차분히 읽으며 무엇이 진실인지 마음에 되새기자.

파트너와의 대면을 가장 효과적으로 만들기 위해서는 다음의 방법들을 활용해볼 수 있다.

- 파트너에게 말할 내용을 정했다면 상담사나 친한 친구의 도움을 받아 미리 역할극 형식으로 연습해본다. 파트너와 대화할 때 안절부절못하거나 겁을 먹거나 말문이 막히는 경향이 있다면 반드시 미리 사전 연습을 거치는 것이 좋다. 연습을 도와줄 상대가 없다면 빈 의자를 가져다 놓고 맞은편에 파트너가 앉아 있다

정서적 학대에서 벗어나기

고 상상하며 혼자서 말해보는 것도 도움이 된다. 이러한 연습을 거치면 대면에 대한 두려움이 줄어들고 실제 파트너를 대면했을 때 더 자신 있게 말할 수 있다.

- 대면을 시작하거나 편지를 전해주기 전에는 우선 파트너에게 이 것이 둘의 관계를 살리기 위한 시도임을 명확히 알리는 것이 좋다. 경우에 따라서는 파트너가 변하지 않으면 관계를 끝낼 수밖에 없다는 점 또한 함께 설명해야 한다.

※주의사항: 말뿐인 협박이 되어서는 곤란하며, 진심으로 떠날 각오가 되어 있는 경우에만 이렇게 말해야 한다.

- 파트너에게 당신의 말이 모두 끝날 때까지 끼어들거나 반응하지 말아달라고 부탁하는 편이 좋다. 말하는 도중에 파트너가 끼어들면 말싸움이 벌어질 확률이 높은데, 이러한 대면은 오히려 역효과를 낸다. 만약 파트너가 당신의 부탁을 무시하고 계속 끼어든다면 우선 대면을 중단하는 것도 방법이다.

- 대면을 시작하기 전에 심호흡을 하고 현실감각을 확실히 한다.

- 서 있든 앉아 있든 두 발을 바닥에 단단히 디딘 자세를 유지하는 것이 좋다.

- 단호하고 명확하게 말해야 한다. 당당하게 고개를 들고 파트너의 눈을 똑바로 바라보며 말하자.

대면의 진행 방식은 크게 두 가지로 나눌 수 있다. 첫째는 적당한 때를 골라 파트너가 그동안 당신을 존중하지 않고 부적절한 행동을 해온 것에 대해 진지한 대화를 시도하는 것이고, 두 번째는 파트너가 학대적인 행동이나 태도를 보일 때까지 기다렸다가 그 자리에서 바로 지적하는 것이다. 둘 중 어느 방식이 더 효과적인지는 현재 파트너와의 관계에 따라 달라진다. 파트너와 정서적으로 친밀하고 대부분의 주제에 대해 서로 대화가 가능하다면 첫 번째 방법인 진지한 대화가 가장 좋을 것이다. 한편 이미 대면을 시도했으나 파트너가 당신의 과민반응일 뿐이라고 무시했다면 파트너가 학대적인 행동을 저질렀을 때 그 자리에서 지적하는 두 번째 방법이 더 효과적이다. 이미 사이가 어느 정도 멀어졌거나 서로 대화를 잘 하지 않는 커플의 경우에도 두 번째 방법이 더 나을 수 있다.

사귄 지 얼마 되지 않은 파트너에게서 정서적·언어적 학대의 징후가 보인다면 우선 진지한 대화를 시도해보는 것이 가장 좋다. 앞에서도 언급했지만 많은 이들이 학대적 행동을 하면서도 자신이 하는 행동이 학대적이라는 사실을 깨닫지 못한다. 나이가 상대적으로 어리거나 사람을 진지하게 오래 사귀어본 경험이 별로 없는 사람이라면 자신의 행동이 당신에게 부정적인 영향을 준다는 사실을 모른 상태에서 별생각 없이 부모님이 했던 행동을 그대로 되풀이하는 것일 수도 있다. 연애 경험이 꽤 있는 사람이더라도 이전 파트너가 그냥 참고 넘어갔거나 모든 것을 자신의 탓으로 돌렸다면 학대적 행동을 자각할 기회가 없었을 것이다.

정서적 학대에서 벗어나기

파트너가 단순히 학대적 행동을 하는 사람인지 아니면 천성적으로 학대적인 사람인지, 즉 파트너의 학대가 비의도적인지 의도적인지 여부 또한 어떤 접근법을 택할지 결정하는 데 있어 중요한 판단 기준이 된다. 만약 파트너가 비의도적으로 가끔 학대적인 행동을 하는 정도라면 첫 번째 접근법으로도 그 행동이 당신에게 주는 악영향에 대해 의식하도록 유도할 수 있다. 그러나 성격 자체가 학대적인 사람, 또는 성격장애를 지닌 사람이라면 논리적인 설득만으로는 부족할 가능성이 있으므로 두 번째 접근법이 더 나을 수 있다.

첫 번째 접근법: 진지한 대화

우선 파트너에게 중요한 할 말이 있음을 알리고 서로 대화가 가능한 시간을 잡자고 말한다. 시간을 잡을 때는 당신과 파트너 모두에게 편한 시간을 고르는 것이 좋으며, 아이들이나 텔레비전 소리, 전화 등의 방해 요소가 없는 시간을 택해야 한다. 사실 대화를 할 때는 휴대폰이나 텔레비전 등을 모두 끄는 것이 가장 이상적이다. 대화 시간을 정하려고 하면 파트너가 불안해하거나 궁금해하며 그냥 지금 이야기하자고 할 수도 있다. 그런 경우 바로 대화에 들어가도 상관은 없지만, 우선 대면을 시작할 마음의 준비가 되었는지 스스로를 점검해보아야 한다. 아직 준비가 되지 않았다면 중요한 이야기인 만큼 좀더 적당한 때를 기다리는 게 좋겠다고 말하면 된다. 말을 꺼내는 것 자체가 어렵게 느껴진다면 편지를 쓰는 것도 방법이다.

말문을 열 때는 우선 이렇게 시작해보자. 사실은 그동안 파트너가 당신을 대해온 몇몇 방식이나 말투가 불만스러웠다고 말하는 것이다. 만약 이런 이야기를 꺼내는 것이 처음이라면 '나는 당신을 사랑하지만 당신이 나를 대하는 방식 때문에 그 마음이 좋지 않은 영향을 받고 있으며, 이러다 우리의 관계가 망가지게 될까봐 두렵다'는 내용을 요지로 대화를 이어가본다. 만약 전에도 이런 대화를 한 적이 있다면 그 사실을 상기시켜주자. 이야기를 했음에도 불구하고 뚜렷한 변화를 느끼지 못했고, 당신으로서는 그 사실을 용납할 수 없음을 알려주는 것이다.

파트너가 열린 마음으로 당신의 말을 경청하는 것 같다면 우선 관계를 개선하기 위한 의지를 보여줘서 고맙다고 말하고 당신이 불만스럽다고 말한 파트너의 행동방식이나 말투에 대해 더 자세히 알고 싶은지 묻는다. 파트너의 행동을 설명하며 정서적 학대나 언어적 학대라는 단어를 사용할 필요는 없다. '학대'라는 비난 없이도 이미 파트너에게는 그 예시들을 듣는 것 자체가 힘든 일일 것이다.

당신의 이야기를 듣던 파트너가 변명을 하거나 발끈하며 방어적으로 나온다고 해도 전혀 놀랄 필요 없다. 충분히 이해할 수 있는 일이기 때문이다. 그러나 논의가 논쟁이 되게 해서는 안 된다. 파트너가 왜 있지도 않은 문제를 억지로 지어내느냐며 당신을 비난하고 몰아세우면 이렇게 답하라.

"당신이 지금 하고 있는 게 바로 내가 말한 그런 행동이야. 당신은 지금 내 경험을 부인하며 나를 비난하고 있어. 그러지마."

만약 파트너가 화를 내며 폭언을 퍼부으면 이렇게 말해보자.

정서적 학대에서 벗어나기

"지금 당신이 하는 것이 바로 내가 말한 언어적 학대야. 멈춰줘."

그리고 이제부터는 파트너가 공격적인 언행을 할 때마다 지적할 것임을 밝히고, 이 관계에 반드시 필요한 변화를 가져오기 위해 당신의 지적을 열린 마음으로 받아들이고 협조해달라고 말한다.

두 번째 접근법: 학대의 순간에 바로 지적하기

미리 진지한 대화를 계획하기보다 파트너가 학대적인 행동을 할 때 바로 대면을 진행하기로 했다면 다음의 조언들이 도움이 될 것이다.

- **목소리를 내라**: 파트너가 정서적 학대에 해당하는 언행을 보이면 그 자리에서 즉시 목소리를 내고 다음과 같이 지적하라.
  - "그런 식으로 말하지 않았으면 좋겠어(그런 식으로 대하지 않았으면 좋겠어)."
  - "이건 나를 무시하는 거야(이건 나를 존중하지 않는 거야)."
  - "나는 이런 대우를 받을만한 이유가 없어."

당신의 지적은 당연히 파트너의 주의를 끌 것이다. 아마 파트너도 처음에는 어안이 벙벙해서 아무 말도 못 할 수 있다. 그러나 시간이 조금 지나면 방어적으로 나오며 당신의 말을 부정할 것이다. 그런 짓을 한 적이 없다며 아예 잡아떼거나, 행동 자체는 인정하면서도 당신이 한 어떤 말이나 행동 때문에 그렇게 된 것이라고 탓하려 할지도 모른다. 이런 일이 발생하면 이 일이 논쟁의 대상이 아님을 명확히 밝히자. 이야기는 자연스럽게 다음 항목으로 이어진다.

- **논쟁에 말려들지 말고 입장을 견지하라:** 파트너가 변명을 하거나 당신 탓을 하며 자기변호를 시도해도 논쟁에 말려들어서는 안 된다. 그럴 때는 앞서 했던 말을 그대로 반복하며 입장을 견지하는 것이 중요하다.

- **침묵에 대비하라:** 학대적인 행동을 지적했을 때 싸우려 드는 이들이 있는가 하면, 아예 상대의 말을 무시하는 이들도 있다. 그러한 무시 자체가 무례하고 학대적인 행동이다. "당신은 전혀 중요한 사람이 아니야. 내가 당신 말을 듣고 반응해 줄 필요가 없어"라고 말하는 것이나 마찬가지이기 때문이다. 이런 행동을 용납해서는 안 된다. 만약 상대가 침묵과 무시로 일관한다면 이렇게 말하라.
  "그렇게 무시하며 침묵으로 일관하는 것 또한 용납할 수 없는 행동이야(무례한 행동이야). 나에게는 내 의견을 말하고 존중받을 권리가 있어."

- **파트너가 원한다면 관련 정보를 제공하라:** 만약 파트너가 당신의 말에 진심으로 깜짝 놀라며 무슨 이야기를 하는 것인지 더 잘 이해하고 싶어한다면 상대가 원하는 정보를 제공해주면 된다. 지금 당신이 읽고 있는 이 책이나 필자의 전작인 《사랑도 치유가

정서적 학대에서 벗어나기

필요하다》를 추천해도 좋다. 《사랑도 치유가 필요하다》에는 정서적 학대에 대한 유형별 정보뿐 아니라 가해자들의 변화를 도울 수 있는 프로그램 또한 담겨 있어서 분명 도움이 될 것이다.

당신의 대면이 효과를 발휘했는지 여부는 시간이 흘러야 알 수 있다. 학대적인 행동에 대한 자각이 없던 이들은 대면 이후 그 사실을 깨닫게 되기도 한다. 그동안 자기가 했던 부적절한 행동이 당신에게 상처를 주었으며, 당신과의 관계에도 부정적인 영향을 주었다는 사실을 이해하게 되는 것이다. 그런 깨달음을 얻은 이들은 가끔 정말 변하기도 한다.

그렇다면 자신의 행동이 학대적이라는 사실을 원래 알고 있었던 이들은 어떨까? 이들 또한 상대가 학대를 지적하고 더이상은 그런 행동을 용납하지 않겠다는 점을 분명히 하면 학대적 행동을 멈추기도 한다. 파트너는 당신과의 관계에서 어디까지 본인 마음대로 해도 되는지 떠보기 위해 그런 행동을 했던 것일 수도 있다. 이런 이들은 본인이 학대적인 행동을 하면서도 상대가 학대를 받아들이면 그 사람에 대한 존중을 잃는다. 그러므로 그런 행동을 용납하지 않겠다는 것을 분명히 밝히는 행위는 상대의 학대적 행동을 중지시킴과 동시에 잃었던 존중을 되찾는 일이 될 수도 있다. 그런가 하면 세상에는 자신이 지배하고 통제하며 희생양으로 삼을만한 파트너를 찾아다니는 사람들도 있다. 혹시 그런 사람과 만나게 되더라도 초기에 학대적 언행을 분명히 지적한다면 그는 상대를 잘못 골랐음을 깨달고 물러설 것이다. 당연한 말이지만 그런 파트너와는 헤어지는 게 훨씬 바람직한 일이다.

당신은 지금껏 파트너의 학대적 행동을 지적하기 위해 많은 시도를 했을 수도 있다. 아니면 이번 대면이 첫 시도였을 수도 있다. 이러한 대면 노력이 효과를 발휘할 수도 있고 그러지 못할 수도 있다. 그러나 그 시도는 결코 헛된 것이 아니다. 파트너의 용납할 수 없는 행동에 직접적으로 맞서고 대면함으로써 당신은 그런 대우를 받아서는 안 되는 사람이라는 사실을 확실히 깨닫게 해주었을 테니 말이다. 이러한 깨달음은 자존감을 높이고 수치심을 제거하여 잘못된 관계를 끝내는 데 한 발짝 다가서게 해준다. 게다가 당신은 이제 정서적 학대 행동에 직면했을 때 그것을 알아보고 적절히 대처할 수 있는 능력을 지니게 되었다. 그런 의미에서 학대적 행동에 대한 대면은 파트너보다는 당신에게 더 이롭다고 볼 수 있다.

이제부터 해야 할 일

파트너는 아마도 자신이 학대적으로 행동해왔다는 사실을 인정하기 힘들어할 것이다. 하지만 바로 그 사실을 인정하는 것이 매우 중요하다. 잘못을 시인하기 어려워하는 사람에게 이것은 일생일대의 어려운 과제로 느껴질 수도 있다. 학대자들은 대개 자존심이 강하며, 자신만만해 보이는 허세의 가면으로 단점과 약점을 감추는 데에 많은 노력을 쏟는다. 이것이 그들이 유일하게 아는 '수치심을 대하는 법'이기 때문이다. 이미 마음속에 수치심이 가득한 가해자의 입장에

정서적 학대에서 벗어나기

서 자기 잘못을 인정한다는 것은 참을 수 없이 수치스러운 일이 될 것이다. 그러나 당신의 파트너는 자신의 학대 사실을 인정해야 하고, 또 당신은 파트너가 그 사실을 인정하는 모습을 직접 보아야 한다. 파트너와의 관계를, 그리고 당신이라는 한 인간을 위기로 몰았던 이 상황을 끝내기 위해서는 반드시 필요한 일이다.

학대 사실을 인정하는 것은 여러 면에서 도움이 된다. 우선 파트너는 그 사실을 인정함으로써 현실에 대한 부정을 멈출 수 있다. 자신이 학대자였다는 사실을 깨닫는 것은 굉장히 고통스럽고 수치스러운 일이다. 그렇기 때문에 그 사실을 당신 앞에서 공개적으로 인정하지 않는 한 자신이 준 피해를 축소하고 부정하고픈 유혹에 빠질 수밖에 없다. 학대적 행동을 인정하는 행위는 그 축소와 부정의 가능성을 차단해준다.

당신에게는 파트너가 자신의 잘못을 인정하는 것을 들을 권리가 있다. 당신은 지금껏 파트너의 행동으로 인해 많은 고통을 받아왔다. 그 고통이 정서적 학대로 인한 것이었음을 파트너의 인정을 통해 확인하는 것은 중요하다. 그렇게 함으로써 비로소 당신이 제정신이라는 것을, 모든 게 당신이 꾸며낸 상상이 아니었다는 것을 깨달을 수 있기 때문이다. 파트너의 인정은 당신의 느낌과 생각이 옳았음을 확인해줄 수 있다. 이에 더해 파트너와의 관계에서 발생하는 모든 문제는 물론 파트너가 저지르는 학대적인 행동까지도 자신의 탓으로 돌렸던 자기비난을 멈출 수 있게 도와줄 것이다.

파트너의 학대 사실 인정은 그동안 그가 저지른 일에 대해 책임을

지기 위해서도 필요하다. 잘못을 얼버무리거나 축소하지 않고 자신의 행동에 대한 책임을 온전히 인정하고 받아들이는 경험은 파트너의 심리적 건강과 자기존중감 강화를 위해서도 긍정적인 일이 될 것이다.

한편 대면 이후 파트너의 행동에서 진정한 변화가 느껴진다면 굳이 따로 그동안의 학대를 인정하라고 해야 할지 고민이 될 수도 있다. 이것은 당신이 느끼는 바에 따라 결정하면 된다. 어떤 이는 학대적인 행동을 멈추려 애쓰는 파트너의 모습을 보는 것만으로도 충분하다고 느낄 수 있다. 자존심이 세서 잘못을 잘 인정하지 못하는 파트너의 성격을 속속들이 파악하고 있는 사람이라면 더욱 이런 생각을 가질 수도 있다.

※주의사항: 대면을 진행하다 보면 그동안 저지른 잘못을 조목조목 짚어가며 따지고 싶은 유혹이 들 수도 있다. 그러나 이런 식으로 몰아붙이면 파트너는 자신이 괴물이라는 자괴감에 빠질 수도 있다. 파트너에게 스스로를 돌아보고 학대적 행동을 인정할 수 있는 시간적 여유를 주자.

진심어린 사과

학대 사실의 인정과 행동의 변화 외에 파트너의 사과가 필요하다 느끼는 사람도 많을 것이다. 사과는 피해자와 가해자 양쪽 모두의 치유에 도움이 되므로 가능하면 실행에 옮겨볼 것을 권한다. 당장 사과를 받고 싶을 수도 있지만, 우선 파트너가 마음의 준비를 마칠 때까지 기다리며 응원해주는 것이 좋다. 진심 어린 사과에는 세 가지 필수 요소가 들어 있다. 나는 이 사과의 세 가지 요소를 '3R'이라고 부르는데, 그것은 바로 반성Regret과 책임Responsibility, 다짐Remedy이다. 이 세 가지가 모두 포함되지 않은 사과는 뭔가 빠진 듯 허전한 느낌이나 기만적인 느낌을 준다. 그럼 각각의 요소를 더 자세히 살펴보자.

반성 - 상대에게 준 상처와 피해에 대해 반성하는 내용: 여기에는 당신에게 준 상처와 피해를 인정하는 내용과 당신의 고통에 공감하는 내용이 들어가야 한다.

책임 - 자신의 행동에 대한 책임을 인정하는 내용: 여기에는 자신의 행동에 대해 변명하거나 다른 사람을 탓하지 않고 모든 책임을 온전히 인정한다는 내용이 들어가야 한다.

다짐 - 상황을 바로잡기 위한 행동의 의지를 나타내는 내용: 여기에는 학대적 행동을 다시는 하지 않겠다는 약속, 같은 실수를 되풀이하지 않겠다는 약속, 상황을 바로잡기 위해 노력하겠다는 약속(상담치료를 받겠다는 약속), 당신이 입은 피해를 복구하기 위해 노력하겠다는 약속(당신의 상담치료 비용을 부담하겠다는 약속) 등이 포함될 수 있다.

학대라는 문제를 놓고 파트너를 대면하는 것은 무척 어려운 일이 될 것이다. 그러나 이것은 당신 자신을 위해서도, 자녀가 있다면 자녀들을 위해서도 반드시 필요한 일이다. 아직 파트너를 직접 대면할 준비가 되지 않은 것 같다면 상담치료를 받으며 마음의 힘을 기르는 것도 좋다. 심리 상담센터를 찾아도 좋고, 만약 상담비용이 부담된다면 지역여성센터나 가정폭력지원센터 등을 통해 저렴한 상담소나 무료 상담서비스를 소개받는 것도 좋은 방법이다. 정서적 학대 피해자들을 위한 모임이나 지원그룹을 운영하는지 문의해보는 것도 좋다.

파트너는 자신의 행동이 학대적이라는 사실을 정말 몰랐을 수도 있다. 그런 파트너가 당신의 용기 있는 대면으로 잘못을 깨닫는다면 그 관계에는 분명 희망이 있다. 자신이 하는 학대적 행동의 뿌리에 고통스러운 어린 시절의 학대 경험이 있었음을 깨닫고, 자신의 잘못으로 당신이 상처 입었다는 사실을 인정한다면 거기에는 변화의 희망이 있다.

이번 장에서는 변화를 기대할 수 있는 관계에 대해 살펴보았다. 이렇게 희망이 존재하는 관계도 있지만, 의심의 여지없이 끝내야 할 관계도 있다. 다음 장에서는 어떤 징후가 보일 때 관계를 정리해야 하는지 함께 알아보도록 하자.

정서적 학대에서 벗어나기

11장
관계를 끝내야 한다는 신호

"공포와 정면으로 대결할 때마다 사람에게는 힘과 용기와 자신감이 생겨난다. 그 경험을 통해 '이렇게 두려운 일도 극복했으니 다음에 닥치는 일도 문제없이 해낼 수 있다'라고 말할 수 있게 되는 것이다. 우리는 할 수 없다고 생각하는 일을 해야 한다."

- 엘리너 루스벨트Eleanor Roosevelt, 《세상을 끌어안아라》

이번 장에서는 파트너와의 관계를 끝내야 한다는 확실한 신호가 무엇인지 알아보고, 변화가 불가능하거나 변화의 의지가 없는 파트너의 유형에 대해 알아보려 한다.

끝내야 한다는 확실한 신호

만약 다음의 중 한 가지라도 해당사항이 있다면 파트너와의 관계를 가능한 빨리 정리해야 한다.

• **자녀들이 파트너에게 정서적·신체적·성적 학대를 받고 있는 경우:**

정서적 학대를 일삼는 사람은 비난이나 통제적인 행동을 자신의 파트너에게만 국한하지 않는다. 비판적이고 독단적이며 까다로운 사람은 주위의 모든 이들, 그중에서도 특히 자신과 가장 가까운 이들에게 그렇게 대한다. 파트너가 아이들을 학대하고 있다면 절대로 눈감아주거나 변명해주려 해서는 안 된다. 스스로 벗어날 수 없다면 전문적인 도움을 받아서라도 관계를 끝내야 한다. 심리치료를 통해 수치심을 치유하고 자존감을 더 회복한다면 당신과 자녀들을 위해 용기를 낼 수 있을 것이다. 당신이 현재 겪고 있는 정서적 학대의 근원에는 당신의 부모(또는 다른 보호자)가 있을 가능성이 높다. 어린 시절 겪었던 용납할 수 없는 행동들을 떠올려보자. 그런 행동에 당신의 아이들을 노출시켜 학대가 대물림되게 해서는 안 된다. 가장 중요한 것은 아이들이 파트너로부터 정서적·신체적·성적 학대를 받고 있다면 즉시 파트너로부터 분리시켜야 한다. 다른 가족이나 친구에게 맡기는 한이 있더라도 분리는 즉시 이루어져야 한다. 폭력에 노출되는 하루하루가 아이들의 몸과 마음, 정신에 회복하기 힘든 해악을 남긴다는 점을 명심하자.

- **정서적 학대가 자녀들에게 주는 부정적 영향이 보이는 경우:** 정서적 학대가 벌어지는 집에서 자라는 것은 자녀들에게 해롭다. 부모의 학대적 행동을 직접 목격함으로써 부정적인 영향을 받는 것도 있지만, 관계에 있어 잘못된 역할 인식을 심어줌으로써 피해자나 가해자 중 한쪽을 택하게 만든다. 학교폭력을 저지르

는 아이들, 또는 그 폭력에 의해 괴롭힘을 당하는 아이들 중에
는 집에서 정서적·신체적 학대를 경험하는 아이들이 많다. 만약
자녀들 중 한명이 자기 형제자매나 학교 친구에게 폭력적이거나
학대적인 행동을 보인다면 이것은 당신과 파트너의 관계가 아이
에게 악영향을 미치고 있다는 심각한 경고신호다. 자녀들이 피
해자와 비슷한 행동 패턴을 보이기 시작했다면, 즉 부당한 일을
당했을 때 항의하지 못하거나 점점 소극적으로 변해가는 모습
을 보인다면, 이 또한 경고신호다. 당신과 파트너가 각각 상담치
료를 받는 등 학대를 멈추기 위해 적극적인 노력을 기울이고 있
다면 모를까, 그렇지 않은 상태로 계속 함께 하는 것은 자녀들의
정서적 건강을 희생시키는 일이다.

- **당신이 자녀들에게 정서적·신체적·성적 학대를 하고 있는 경우:** 파
트너가 당신에게 자행한 정서적 학대의 결과로 아이들에게 분노
나 수치심, 고통 같은 부정적인 감정을 쏟아내기 시작했다면 당
장 아이들에 대한 학대를 멈추기 위한 방법을 찾아야 한다. 가
장 효과적인 것은 물론 당신이 파트너를 떠나는 것이다. 그러나
아직 파트너를 떠날 수 없다면, 당신이 할 수 있는 최선은 스스
로 잠시 아이들에게서 떨어지는 것이다. 전문적인 도움을 받는
동안 아이들을 친구나 친척집에 보내는 것도 방법이다(물론 어
린 시절 당신을 학대했던 사람의 집에는 보내서는 안 된다). 지
금은 힘들어할지도 모르지만 나중에 자녀들이 사정을 알게 된
다면 분명 당신에게 감사할 것이다.

- **파트너가 당신을 신체적으로 학대하거나 그렇게 하겠다고 위협하는 경우:** 많은 파트너들이 정서적 학대로 시작해 결국 신체적 학대로 옮겨간다. 정서적 학대가 계속해서 용인되면 파트너는 신체적 학대를 가해도 괜찮다고 생각하게 된다. 혹시 파트너가 당신을 '딱 한 대'라도 때린 적이 있다면 상황은 이미 위험하다고 볼 수 있다. 당신을 밀치거나, 꼼짝 못하게 누르거나, 놓아달라고 해도 억지로 붙잡고 있었던 적이 있다면 그 역시 위험하다. 이 모든 행동은 당신의 파트너가 통제를 잃었다는 의미로, 위험 신호에 속한다. 경우에 따라 이런 행동은 파트너의 정신적 불안정을 보여주는 징후가 될 수도 있다. 현실을 외면하려 해서는 안 된다. 이미 한 번 폭력을 휘둘렀다면 분명 또 그럴 것이고, 다음번에는 더 심해질 것이다. 술이나 약물에 취해서 그랬다는 변명을 받아주어서는 안 된다. 문제는 그 사람에게 있다. 술이나 약물이 그 문제를 더 악화시킬 수는 있지만, 분명 문제는 그 사람에게 있다. 경계선 성격장애 같은 정서적 문제 때문에 그랬다는 변명도 받아주어서는 안 된다. 성격장애를 지닌 이들이 통제를 잃고 신체적 폭력을 휘두르는 경우가 있는 것도 사실이지만, 이것이 변명이 될 수는 없다. 당신에게 폭력을 휘둘렀다면 전문적 도움을 구함으로써 자신의 행동에 책임을 져야 한다. 파트너가 전문적 도움을 거부한다면 상담치료 등을 시작할 때까지 파트너의 곁을 떠나 있을 것을 권한다. 폭력이 존재하는 상태로 파트너 곁에 머무는 매일매일은 당신의 정서적·신체적 안위는 물론 목

정서적 학대에서 벗어나기

숨까지도 위험에 처하게 하는 행동이기 때문이다.

- **당신이 신체적 학대를 휘두르는 지경까지 간 경우:** 학대 경험으로 쌓인 좌절과 분노를 물리적으로 표출하기 시작했다면 자신의 상태를 주의 깊게 살펴야 한다. 파트너를 심각하게 해칠 수 있는 위험 때문이기도 하지만, 궁지에 몰린 파트너가 당신을 해칠 수 있는 위험도 있기 때문이다. 이런 지경까지 왔다면 관계의 정리가 필요함을 자각해야 한다. 당신의 입장에서는 참다참다 '그냥 한 대' 때린 거라고, 또는 '그냥 한 번' 밀친 거라고 생각할 수도 있지만, 전문적인 도움을 받지 않는 한 파트너는 매일 더 큰 신체적 폭력의 위험에 노출되게 된다. 관계를 정리한 후에도 반드시 심리상담 등을 통해 학대가 당신에게 남긴 상처를 치유해야 한다. 당신은 원래 학대적인 사람이 아닌데 파트너의 학대로 인해 폭력적으로 변한 것이라면, 그 관계는 정리하는 것이 서로에게 최선이다. 파트너가 정신 질환이나 정서적 질환을 앓고 있는 상황이라면 당신이 옆에 있는 것은 더욱 도움이 되지 않는다.

- **파트너를 해치거나 죽이는 상상을 하기 시작한 경우:** 피해자는 학대적 관계를 도저히 벗어날 수 없다고 생각할 때 이런 상상을 한다. 당신 또한 궁지에 몰려 그렇게 생각하고 있을 수도 있지만, 관계를 벗어날 방법은 있다. 물론 혼자서는 힘들 수도 있다. 파트너를 떠날 용기와 힘을 얻기 위해 전문적인 도움을 받아야 할 수도 있고, 물리적 보호가 필요한 경우에는 경찰이나 여성쉼터

등 기관의 도움을 받아야 할 수도 있다. 그러나 분명 방법은 있다. 전문적 도움을 받아서라도 관계를 끝내는 것이 파트너를 해쳐서 남은 생을 감옥에서 보내거나 평생을 죄책감에 시달리는 것보다 훨씬 낫다는 점을 깨달아야 한다.

- **당신의 정신 상태에 심각한 의문이 드는 경우:** 파트너의 가스라이팅으로 당신의 인지능력이나 정신 상태를 의심하기 시작했다면 관계를 끝낼 때가 온 것이다. 파트너의 곁에 오래 머물수록 당신은 스스로의 정신 상태를 의심하게 될 것이고, 이는 다시 파트너의 곁을 떠나기 어렵게 만들어 당신의 정신 건강을 더 큰 위험에 처하게 만들 것이다.

떠나야 하는 가장 분명한 이유

앞서 소개한 이유들은 모두 마땅히 관계를 정리해야 할 이유에 해당한다. 그러나 가장 명백한 이유가 한 가지 남아 있다. 바로 파트너의 학대 유형이 의도적이고 의식적인 학대에 해당하는 경우다. 비의도적 학대의 경우 어린 시절 가족의 학대나 다른 트라우마적 상황에서 습득한 행동을 자기도 모르게 되풀이할 때, 혹은 어린 시절의 잘못된 학습으로 그런 행동이 정상이라고 생각할 때 발생한다. 그러나 의도적인 학대는 다르다. 의도적인 학대자는 당신을 통제하고 망가뜨리겠다는 의도로 고의적인 학대를 저지른다. 이런 파트너의 학대는 의식적이고 고의적이기 때문에 변화를 기대하기도 어렵다. 비의도적인 학대자와는 달리 이들은 실제로 당신을 괴롭히고 싶어 하

정서적 학대에서 벗어나기

기 때문이다.

의도적 학대자, 또는 의식적 학대자는 다음의 두 부류로 나뉜다.

1. 통제형 학대자: 이 유형에 해당하는 학대자의 목적은 파트너에게 수치심을 주고 파트너를 통제하는 것이다. 명칭에서 짐작할 수 있듯 통제형 학대자는 통제적이고 지배적인 방식으로 상대에게 학대적인 행동을 한다. 이들은 때로는 교묘하게, 때로는 드러내놓고 학대를 저지르며 상대를 조종하고, 상대를 '꼼짝 못하게' 하거나 '분수를 가르치기' 위해 일부러 제멋대로 굴거나 상대를 위축시킨다. 이러한 학대를 경험한 피해자는 열등감에 빠져 자신이 파트너의 존중과 사랑을 받을 자격이 없다는 생각을 하게 된다. 결국 피해자는 자기 자신에 대한 신뢰를 잃고 파트너에게 의존적인 사람이 된다. 통제형 학대자의 세뇌로 인해 극도의 두려움과 무력감, 불안을 느끼게 되는 것이다.

2. 노골적인 학대자: 이 유형에 해당하는 사람은 학대적인 성격을 지녔거나 자기애성 성격장애, 또는 반사회성 성격장애를 지닌 것으로 간주할 수 있다. 다들 한 번쯤은 경험해 봤겠지만, 연애나 결혼생활을 하다 보면 상처를 받았을 때 똑같이 갚아주고 싶은 생각이 들 때도 있다. 그러나 이 유형에 해당하는 학대자는 별다른 이유 없이 파트너를 지속적이고 의도적으로 괴롭힌다. 이들은 자신이 느끼는 지독한 불안과 결핍을 채우기 위해 고의적으로 상대

에게 정서적 학대를 가하고 통제력을 행사하려 한다.

통제형 학대자와 노골적인 학대자를 가르는 가장 큰 차이는 정서적 장애 정도와 상대를 해하고자 하는 욕구의 강도다. 통제형 학대자가 원하는 것은 꼭 상대를 해하는 것이 아니다. 이들은 그저 불안감 때문에 상대를 통제하려 한다. 상대를 통제함으로써 힘과 권력을 느끼고 싶은 것이다. 이들은 파트너의 독립성이 강해지면 자신을 떠나거나, 다른 사람을 만나거나, 관심을 잃게 될지도 모른다는 생각에 불안해 한다.

반면 노골적인 학대자는 상대가 자신에게 상처를 줬다고 제멋대로 상상하며 고의적으로 해를 가하거나 괴롭히려 한다. 이들은 원하는 바를 달성하기 위해 무슨 짓이든 하며, 파트너는 물론 그 누구에게도 연민이나 공감의 마음을 느끼지 못한다. 자신의 행동에 대해 후회나 죄책감을 느끼지도 않는다.

의도적 학대자도 변할 수 있을까?

통제형 학대자도 노골적인 학대자도 변화할 가능성은 거의 없다. 사실 이들에게는 변화의 의지 자체가 없을 가능성이 높다. 의도적 학대자들은 오랜 심리치료를 요하는 (자기애성 성격장애 등의) 심각한 정신적 문제를 지니고 있는 경우가 많다. 물론 성격장애를 지니게 된 것이 그들의 책임은 아니지만, 주변에 피해를 주면서도 자신의 문제를 치료하지 않고 방치하는 것은 그들의 결정이며 책임이다.

　　　　　　　　　　　　　정서적 학대에서 벗어나기

통제형 학대자가 변하기 어려운 것은 통제에 대한 집착 때문이다. 변화는 파트너에 대한 완전한 통제를 잃게 된다는 의미인데, 이것을 놓는 것은 결코 쉬운 일이 아니다. 통제형 학대자에게 있어 통제는 불안을 줄이는 수단이다. 그러므로 진정한 변화를 위해서는 근본적으로 이 불안이 치유되거나 사라져야 한다. 그런데 안타깝게도 통제형 학대자는 불안을 없애고 상처를 치유하는 데 필요한 심리치료 등의 도움을 거부할 가능성이 높다. 자신의 취약성이 드러날 것을 두려워하기 때문이다.

노골적인 학대자의 변화가 어려운 가장 큰 이유는 이들이 애초에 자신의 잘못을 전혀 인정하지 않는다는 데 있다. 이들은 자신이 남에게 피해를 주는 행동을 했다는 것 자체를 아예 대놓고 부정한다. 노골적인 학대자들은 또한 자신이 늘 옳다는 환상을 품고 사는 경향이 있다. 그런 이유로 이들과의 대면은 대개 헛수고로 끝난다. 이런 유형의 파트너라면 그의 행동이 정확히 어떤 방식으로 당신에게 상처를 주었는지 몇 시간을 설명해도 전혀 먹히지 않는다. 오랜 노력 끝에 어쩌다 한 번 잘못을 인정한다 하더라도 몇 시간 후에 바로 말을 뒤집을 가능성이 높다. 이런 유형의 사람들은 그 어떤 행동에 대해서도 책임을 지려 하지 않기 때문이다.

이들이 그렇게 자기 잘못을 인정하지 않는 이유는 뭘까? 그것은 정서적 학대가 정확히 자신의 의도에 따라 저지른 행동이기 때문이다. 이들은 자신의 행동이 잘못됐다는 생각을 하지 않는다. 그렇기 때문에 자신이 지금까지 해온 행동을 계속하기로 선택하는 것이다.

잘못을 인정하지 않는 또 다른 이유는 이들이 자신이 틀렸다거나 실수를 한다는 것을 상상조차 할 수 없는 유형의 사람이기 때문이기도 하다. 노골적인 학대자가 변하기 어려운 이유는 또 있다. 소시오패스와 사이코패스를 비롯해 이 유형에 해당하는 사람에게서 나타나는 공감 능력의 심각한 부재다. 이들이 어쩌다 학대적 행동을 그만두겠다고 말한다 해도 이것을 진정한 변화로 봐서는 곤란하다. 어차피 자신의 행동이 상대에게 주는 피해를 이해하지 못해서 변화를 지속할 동기가 떨어지기 때문이다. 이들은 공감 능력을 발휘하지 못하기 때문에 상대의 기분 또한 별로 신경 쓰지 않는다.

변화를 기대하기 힘든 노골적인 학대자는 다시 두 부류로 나눌 수 있다. 바로 악성 나르시시스트와 소시오패스다.

악성 나르시시스트

악성 자기애 증후군, 또는 악성 나르시시즘은 보다 심각한 형태의 자기애성 성격장애다. 악성 나르시시스트에게서는 자기애성 성격장애의 전형적인 특성인 자기감 부재, 예민함, 자기중심적 사고, 공격성 표출, 반사회적 행동, 의심 등의 증상이 뚜렷하게 나타난다. 악성 나르시시스트의 학대 행동은 두말할 나위 없이 의도적 학대 영역에 속하며, 많은 경우 매우 악의적이다. 악의적 학대는 단순히 의도적인 것을 넘어 상대를 고의적으로 괴롭히는 학대를 의미하는데, 일반적인 정서적 학대보다 훨씬 더 교묘하고 해로운 것이 특징이다. 악성 나르시시스트들은 상대를 괴롭히고 파괴하는 데 열중한다. 이들은 유독 강한 분노와 시기심, 그리고 증오심을 바탕으로 상대의 성공과 건강, 행복을 의도적이고 악의적으로 망치려 한다.

악성 자기애 증후군은 자기애적 경향과 반사회적 행동, 공격성과 가학성이 기이하게 섞여 만들어진 병리적 증후군이다. 많은 이들이 이것을 자기애성 성격장애와 반사회성 성격장애의 혼종 또는 결합으로 본다. 과대망상적이고 호전적인 악성 나르시시스트들은 자신의 가족이나 자신이 몸담고 있는 조직을 망치고, 관련된 모든 이를 비인간적인 고통으로 몰아넣는다.

Dictionary.com에서는 '악의'를 '의도적으로 괴롭혀 고통을 주려는 마음' 또는 '좋지 않은 의도나 증오'로 정의하고 있다. 악의적 나르시시스트에게 가장 큰 피해를 입는 것은 그들을 사랑하거나 그들에게 의지하는 사람들이다. 악성 나르시시스트의 가족과 동료는 이들의 예민한 자아를 돌보고, 불안정하고 충동적이며 공격적인 행동을 최대한 막기 위해 늘 살얼음판 위를 걷는 것 같은 생활을 한다. 악성 나르시시스트들은 아주 사소한 일에도 불같이 화를 내거나 상대를 공격하기 때문이다(예: 그들의 의견과 다른 의견을 제시한 경우, 자신감을 드러내어 그들의 심기를 건드린 경우, 나르시시스트가 느끼기에 공격적인 농담을 하는 경우 등).

어떤 악성 나르시시스트는 위대하고 예민한 자신의 '진정한 자아'를 보호하는 일에 극단적으로 집착하며, 그러기 위해서라면 거짓말 또한 서슴지 않는다. 그들의 이러한 행동은 가스라이팅으로 비화하기도 하며, 가까운 이들이 그 희생자가 되기도 한다. 이들은 누군가 자신의 거짓말을 지적하며 사실을 들이대면 곧바로 분노를 터뜨린다.

악성 나르시시스트를 직접 만나본 경험이 있는 사람들이 입을 모아 말하는 특성은 다음과 같다. 악성 나르시시스트들은 질투심과 복수심, 증오심이 강하고, 타인의 비판에 예민하며, 옹졸하고 교활하다. 또한 이들은 감정을 잘 조절하지 못하며, 양극단의 믿음을 정신없이 오가는 모습을 보인다. 이러한 특성에 공감 능력의 부족, 극도의 예민함, 타인에 대한 의심과 공격성 등이 더해지면 주변 사람들은 그야말로 지옥 같은 고통을 겪게 된다.

다음은 악의적 나르시시스트들이 주로 보이는 특성을 정리한 것이다. 세상에 완전히 똑같은 성격은 존재하지 않으므로 사람에 따라 일부 특성이 더 두드러지거나 약하게 나타날 수 있음을 염두에 두고 읽기를 바란다.

- **가학성:** 가학적인 성향을 지닌 사디스트들은 타인의 고통과 괴로움, 굴욕에서 즐거움을 얻는다. 이들은 자신의 즐거움을 충족시키고 타인을 조종하기 위해 고의적으로 상대에게 고통을 준다.

- **적극적인 조종:** 나르시시스트들은 원하는 것을 얻기 위해 모두 어느 정도는 상대를 교묘하게 조종한다. 조종의 방식은 사람마다 다르다. 어떤 나르시시스트는 조종에 취약한 상태인 사람이 보이면 그 기회를 적극 활용한다. 그런가 하면 어떤 이들은 조종할 만한 사람이 나타날 때까지 기회를 기다리지 않고 선제적이

고 적극적으로 나서 타인을 조종하려 한다. 악의적인 나르시시스트는 후자에 속한다. 이들은 타인에게 고통을 주는 것만큼이나 타인을 조종하는 것을 즐긴다. 이들이 타인을 조종하는 방식은 교묘하기보다는 단호하고 강압적인 편에 속하며, 가스라이팅부터 애정공세까지 다양한 전략을 구사한다. 이들은 치밀한 계획과 계산을 거쳐 타인을 조종하며, 그 실력 또한 수년에 걸친 경험으로 매우 뛰어나다.

• **반사회적 행동:** 앞에서도 설명했듯 악의적 자기애 증후군은 반사회성 성격장애의 영역에도 걸쳐 있는 면이 있다. 그런 의미에서 악의적 나르시시스트들이 다양한 반사회적 행동을 하는 것은 어찌 보면 당연한 일이다. 이들이 보이는 반사회적 특성 중에는 병적인 거짓말, 절도와 사기, 극심한 감정 기복, 폭력성, 이유 없는 적개심 등이 있다. 악의적 나르시시스트들은 언제라도 누구와도 싸우겠다는 호전적인 모습을 보이기도 한다.

• **비판에 대한 과민함:** 가벼운 자기애적 성향을 지닌 이들은 누군가 자신을 비판해도 별로 신경 쓰지 않고 넘기는 경우가 있다. 자신은 어차피 완벽하기 때문에 비판 자체가 터무니없다고 생각하는 것이다. 그러나 악의적 나르시시스트를 비판했다가는 본격적인 공격에 직면할 수 있다. 이들은 모든 비판을 자신의 인격에 대한 모독으로 받아들이며, 사소한 비판의 기미라도 보이면 상

대를 가차 없이 공격한다. 이들이 그렇게 반응하는 것은 자기감이 약해 쉽게 상처받기 때문이다. 이들이 상처를 받았을 때 알고 있는 유일한 대응법은 바로 보복과 공격이다.

• **편집증:** 악의적인 나르시시스트는 그 누구도 믿지 않는다. 이들은 모두를 과도하게 의심하며, 모두가 자신을 노리고 있다고 생각한다. 또한 자기 입장에서는 원하는 것을 얻기 위해 다른 사람을 조종하는 것이 워낙 당연한 일이다 보니, 모두가 그런 식으로 서로를 조종한다고 생각한다. 이러한 편집증은 늘 주변을 경계하며 위협요소를 찾는 과다경계 상태로 이어진다. 악의적 나르시시스트들은 주변 사람이 뭘 하는지 늘 신경 쓰는데, 상대를 가만히 두면 언제 어떻게 자신에게 위협을 가할지도 모른다는 두려움 때문이다. 이들은 그 두려움을 이기기 위해 늘 상대의 움직임을 통제하려 든다.

악의적 나르시시스트는 자기애성 성격장애의 모든 일반적인 특성을 지니고 있는데, 상대를 조종하거나 공격하여 피해를 주려는 욕구는 일반적인 경우보다 훨씬 강하다. 이들이 그런 특성을 나타내는 데는 다음과 같은 이유가 있다.

• **공감능력 부족:** 자기애적 성향을 지닌 이들은 모두 타인에게 잘 공감하지 못하지만, 악의적 나르시시스트의 경우 공감능력이 극

단적으로 떨어진다. 이들은 상대에게 아무 거리낌 없이 고통을 주며, 상대가 보이는 모든 감정을 무시하고 무효화한다. 일반적인 나르시시스트 중에는 조금이나마 공감이라는 감정을 느끼는 사람도 있고, 나아가 가책이나 후회를 느낄 수 있는 사람도 있다. 다만 이들은 그러한 감정이 자신에게 영향을 주는 것을 용납하지 않는다. 그러나 악의적 나르시시스트는 다르다. 이들은 타인의 입장에서 생각하거나 타인의 감정에 전혀 공감하지 못한다. 공감이라는 개념 자체가 생소한 것이다. 이들은 자신으로 인해 누군가 괴로워해도 반성의 감정이나 양심의 가책을 느끼지 못한다.

• **책임의 회피:** 악의적 나르시시스트들도 가끔 자신이 한 행동을 인정하기는 한다. 그러나 언제나 진실을 교묘하게 숨기고 뭔가 이유가 있어서 저지른 정당한 행동으로 꾸미려고 한다. 이들은 자신이 져야 할 책임을 다른 이에게 돌려 외부화한다(즉 끝없이 남을 탓한다는 말이다). 사실 이들은 자신의 행동이 잘못됐거나 용납 불가하다는 것 자체를 부정하는 경우가 더 많다. 악의적 나르시시스트는 자신의 행동으로 타인이 상처를 입어도, 바람직하지 않은 결과가 나타나도 그 책임을 대놓고 부정한다.

• **시기와 질투:** 악의적 나르시시스트는 자신을 매우 특별하고 귀하게 생각한다. 그렇기 때문에 자신이 갈망하지만 가지지 못한 라

이프스타일이나 물건을 가진 사람을 보면 강한 시기심에 사로잡힌다. 이들은 자신에게 없는 것을 타인이 가진 모습을 보는 것 자체를 극도로 싫어한다. 시기심에 사로잡힌 악의적 나르시시스트는 상대를 폄하하거나 상대가 그것을 순전히 운으로 손에 넣은 것이라며 비하하기도 한다. 이들은 무엇이 됐든 상대에게 그것을 가질 자격이 있다는 사실을 인정하려하지 않는다. 그보다는 (잘못된 조언을 하거나 일부러 상대의 명예를 훼손하는 등) 어떻게해서든 상대의 성공을 망치려 안간힘을 쓴다. 악의적 나르시시스트는 마음속으로도 겉으로도 다른 이의 실패에 환호한다.

• **주목받고 싶은 극단적 욕구:** 모든 나르시시스트는 자아를 충족시키기 위한 연료인 '자기애 공급원narcissistic supplies'을 필요로 한다. 나르시시스트들이 자신에게 만족하고 에너지를 얻기 위해 필요로 하는 타인의 관심과 감탄, 애정 등이 이 자기애 공급원이라고볼 수 있다. 자기애적 경향이 가볍거나 보통인 경우에는 주로 자기 가치를 뽐내기 위해 (업무에 대한 칭찬이나 외모에 대한 칭찬등) 긍정적인 관심을 끌려고 한다. 그러나 악의적 나르시시스트의 경우 부정적인 관심에서도 긍정적 관심만큼의 만족감을 느낀다. 이들은 싸움이나 대면을 전혀 두려하지 않기 때문에 주목받을 수만 있다면 악당 역할을 자처하기도 한다(반사회성 성격장애자나 사이코패스는 이 부분에서 악의적 나르시시스트와 다른모습을 보인다. 반사회적 성향이 있는 이들은 다른 사람이 어떻

게 생각하든 신경쓰지 않고, 관심의 대상이 되기보다는 혼자 있
는 편을 선호하는 경우가 많기 때문이다).

앞서 나열한 모든 특성은 더 극단적이고 학대적이며 위험한 버전
의 나르시시스트를 설명한 것이라고 보면 된다. 결론적으로 악의적
인 나르시시스트와는 무슨 일이 있어도 엮이지 않는 것이 좋다.
※주의사항: 악의적 나르시시즘, 또는 악의적 자기애성 성격장애는
정신의학에서 별도의 성격장애로 규정되어있지 않은 가설적이고
실험적인 진단명이다. 자기애성 성격장애의 경우 '정신질환 진단
및 통계 편람'에 별도로 규정되어 있지만, 악의적 나르시시즘은 그
렇지 않다는 점을 밝힌다.

반사회성 성격장애

악의적 나르시시스트 외에도 가능한 빨리 관계를 정리해야 하는
파트너가 있다. 바로 반사회성 성격장애를 지닌 파트너다. 반사회성
성격장애를 지닌 이들을 일컬어 '소시오패스'라고도 하는데, 이들은
옳고 그름을 존중하지 않고 다른 사람의 권리와 감정을 무시한다.
반사회성 성격장애를 지닌 이들은 타인을 괴롭히거나 조종하고, 이
유 없이 가혹하게 굴거나 쌀쌀맞게 대하기도 한다. 이들은 자신의
행동에 대해 죄책감이나 양심의 가책을 보이지 않는다. 그러므로 이
들은 앞에서 분류한 노골적인 학대자에 해당한다고 볼 수 있다.
반사회성 성격장애를 지닌 이들은 법을 어기거나 범죄자가 되는

경우도 있다. 이들은 거짓말을 하고, 폭력적·충동적인 행동을 하며, 알코올이나 약물로 인해 문제를 겪기도 한다. 이러한 특성 때문에 반사회성 성격장애를 지닌 이들은 가정이나 직장, 학교에서 자신의 책임을 다하지 못하는 경우가 많다.

반사회성 성격장애의 증상은 다음과 같다.

- 옳고 그름을 무시한다.

- 타인을 착취하기 위해 끈질기게 거짓말을 하거나 기만한다.

- 냉담하고 냉소적이며 타인을 무시한다.

- 자신의 매력이나 재치로 타인을 조종하여 개인적인 이익이나 즐거움을 얻는다.

- 거만하고 독선적이며, 우월 의식을 가지고 있다.

- 범죄적 행동을 포함한 법적인 문제를 반복적으로 일으킨다.

- 협박이나 부정직한 행위로 타인의 권리를 반복적으로 침해한다.

- 충동적이고 미리 계획을 세우지 못한다.

- 적개심이 강하고, 쉽게 흥분하거나 자극받으며, 공격적이고, 폭력적이다.

- 공감 능력이 부족하며, 타인에게 피해를 주고도 반성하지 않는다.

- 자신이나 타인의 안전은 등한시한 채 불필요한 위험을 감수하거나 위험한 행동을 한다.

정서적 학대에서 벗어나기

- 타인과 맺는 관계가 바람직하지 않거나 학대적이다.

- 자기가 하는 행동의 부정적인 결과를 고려하지 못하고, 그로부터 배우지도 못한다.

- 일관되게 무책임하고, 자신의 업무나 금전적 의무를 제대로 이행하지 못한다.

당신의 파트너가 악의적 나르시시즘이나 반사회성 성격장애에 해당하는 특징을 보인다면 진지하게 이별을 고려해야 한다. 이러한 성향을 가진 이들은 본인이 변하고자 해도 변하기가 어렵기 때문이다(게다가 대부분은 변화의 의지도 없다). 파트너의 변화를 위해 당신이 할 수 있는 것은 아무것도 없으며, 관계를 이어갈수록 당신과 당신의 자녀는 점점 더 큰 위험에 노출된다. 만약 정서적으로, 물리적으로, 또는 재정적으로 파트너를 떠날 수 없는 상태라면 심리치료를 받아볼 것을 강력하게 권한다. 당신은 위험에 처해 있다.

※주의사항: 앞서 설명했듯 경계선 성격장애나 자기애성 성격장애는 전문적인 도움 없이 변화가 불가능하다. 이 말은 전문적인 도움을 받는다면 조금이라도 변화할 여지가 있다는 말이기도 하다. 그런데 반사회성 성격장애나 악의적 나르시시즘의 경우 전문적인 심리치료사들도 난색을 표하는 경우가 많다.

파트너를 아직 사랑하는 상태에서, 또는 이별을 원하지 않는 상태에서 그 관계를 무조건 끝내야 한다는 진실에 직면하는 것은 매우 고통스러운 일일 것이다. 그러나 살다 보면 당신의 정신적 건강, 나아가 당신의 목숨을 구하기 위해 힘든 진실도 받아들여야 할 때가 온다. 당신 자신과 자녀들을 위해 힘든 결정을 내려야 할 때가 있는 것이다. 그리고 지금이 바로 그때다.

12장
파트너 곁에 머물기로 결정했다면

"자신을 사랑한다면 경계선을 설정할 수 있어야 한다. 당신 주변의 사람들
은 당신이 무엇을 허용하고 무엇을 허용하지 않는지에 따라 당신에 대한 타
도를 정한다."

- 애나 테일러Anna Taylor

당신은 파트너와의 관계가 당신은 물론 자녀들에게도 나쁜 영향
을 주고 있다는 것을 이미 깨달았을 수도 있다. 파트너에게 변화를
기대하는 것이 어려운 일이라는 것도 이미 깨달았을 수도 있다. 그
럼에도 불구하고 아직 관계를 끝낼 준비가 되지 않았을 수도 있다.
만약 당신이 파트너 곁에 남기로 했다면, 나는 우선 그런 당신을 이
해한다고 말해주고 싶다. 어쩌면 당신은 정서적으로, 물리적으로,
경제적으로, 또는 종교상의 이유로 지금 당장 중대한 결정을 내릴
수 없는 상황에 처해 있을 수도 있다. 또한 당신은 파트너의 정서적
학대가 남긴 수치심으로 이미 많이 힘들어하고 있을 것이다. 그런
당신에게 왜 파트너의 곁을 떠나지 못하냐는 질문을 던져 그 수치심

을 더 무겁게 만들고 싶지는 않다. 다만 이 책을 읽으며 정보를 얻고, 애초에 당신을 지금의 고통스러운 상태로 몰아넣은 그 수치심을 없애기 위한 노력을 계속해달라고 당부하고 싶다(다음 장인 13장의 내용은 우선 읽지 않고 넘겨도 괜찮다). 아직 심리상담을 받고 있지 않다면 상담을 시작할 것도 권한다. 긍정적인 상담 경험은 수치심의 치유에 도움을 주고 언젠가 당신이 마음을 정했을 때 그 결심을 실행에 옮길 수 있도록 준비시켜줄 것이다.

관계를 유지하며 변화를 시도해보고 싶다면

파트너가 어린 시절 학대나 방임을 당하거나 가정폭력을 목격한 경험이 있다면, 그리고 트라우마 치유를 위해 상담 치료를 받으려는 의지가 있다면, 관계를 유지하며 변화를 도모해볼 여지가 있다. 그러나 변화를 시도함에 있어 염두에 두어야 할 사항이 몇 가지 있다.

1. 우선 명심해야 할 것이 있다. 앞에서 설명했듯 일부 가해자의 정서적 학대 행동은 고의적이지 않다. 하지만 그것이 그 행동에 대한 변명이 되어서는 안 된다. 학대적이라는 것을 알았든 몰랐든 가해자가 자신의 행동에 책임져야 한다는 사실은 변하지 않으며, 나아가 그런 행동을 고치기 위해 노력을 기울여야 한다. 다시 말해, 파트너가 불행한 어린 시절로 인해 지금과 같은 사람이 된 것에 연민을 느끼고 이해할 수는 있지만, 그것이 모든 것에 대한 변명이 되어서는 안 된다는 의미다. 당신과의

정서적 학대에서 벗어나기

관계를 유지하고 싶다면 파트너는 자신의 행동을 바꾸기 위해 최선을 다해야 한다. '난 원래 그런 사람이라 어쩔 수 없다'는 태도는 변명일 뿐이다. 파트너에게 연민의 마음을 베풀면서도 책임을 물을 수 있다는 점을 명심하자.

2. 파트너의 어떤 행동이 당신에게 어떤 방식으로 영향을 주는지 정확하고 구체적으로 설명할 수 있어야 한다. 당신이 설명하는 동안 파트너는 경청해야 하며, 끼어들어서는 안 되고, 변명해서도 안 된다. 파트너가 당신의 말을 열린 마음으로 들어주지 않는다면 변화는 기대하기 힘들다. 간단히 말해, 당신의 파트너는 듣고, 또 깨달아야 한다.

3. 당신의 파트너 또한 진심으로 변화를 원하고 있을 수도 있다. 그렇다면 함께 앞으로의 계획을 세우고 논의해보자. 여기에는 당연히 파트너의 상담치료 계획도 포함되어야 한다. 의미 있는 변화를 위해서는 파트너가 어린 시절의 상처(특히 수치심)를 인정하고 치유하는 것이 필수적이기 때문이다. 파트너가 지닌 어린 시절의 상처를 세심하게 살피고, 지금까지 반복되고 있는 폭력과 방임, 유기의 패턴을 찾아낼 수 있는 노련한 상담사를 찾을 수 있으면 가장 좋으며, 상담을 받는 과정에서 타인에 대한 공감 능력, 특히 당신에 대한 공감 능력을 키울 수 있다면 더할 나위 없다. 파트너가 알코올이나 약물, 도박, 섹스 또는 강박적이거나 중독적인 행동에 빠져 있다면 이에 대한 치료도 병행되

어야 한다. 웹 검색을 통해 단주斷酒모임에 나가봐도 좋고, 필요하다면 재활치료센터 입소도 고려해볼 수 있다.

4. 파트너에게 '분노조절장애'가 있는 경우 우선 분노조절 교육을 받아야 한다고 생각할 수도 있다. 그러나 상담치료를 동반하지 않은 단순한 분노조절 교육은 말 그대로 분노를 조절하는 전략을 몇 가지 알려줄 뿐, 문제의 핵심인 수치심을 다루는 방법은 가르쳐주지 않는다. 사실 분노 문제의 이면에는 수치심이라는 문제가 있다. 아동 학대 피해자 중에는 학대와 방임, 유기가 발생했을 때 자신이 느꼈던 참을 수 없는 수치심을 회피하기 위해 이를 분노라는 감정으로 대체한 이들이 많다. 피해자로서 느꼈던 무력감과 굴욕감 등의 감정을 분노로 가려버린 것이다. 그렇게 습관적으로 수치심을 분노로 대체하다 보면 어떤 일로 인해 당황하거나, 창피를 당하거나, 비웃음을 사거나, 자존감에 타격을 입을 때마다 그 감정을 가리기 위해 분노를 활용하게 된다. 상담치료는 이렇게 수치심을 분노로 대체한 사람들이 다양한 감정을 드러낼 수 있도록 돕고, 수치심이나 굴욕감 같은 조심스러운 감정을 건강하게 받아들이고 관리할 수 있도록 돕는다.

5. 가학적인 행동을 하는 사람들은 자신의 '트리거trigger', 즉 가학적인 행동을 촉발하는 요인을 파악해야 한다. 일반적으로 학대자들은 거절당하거나 무시당했다는 기분을 느낄 때, 또는 무능하다거나 무력하다는 느낌을 받을 때 가학적인 행동을 한다. 자

신의 경향을 파악했다면 트리거가 발생했을 때 자각이 가능하도록 몸과 마음을 늘 잘 관찰해야 한다. 또한 어떤 상황에 대해 반사적으로 분노부터 느끼기보다는 그 뒤에 숨어 있는 진짜 감정이 무엇인지 잘 살펴볼 필요가 있다.

6. 파트너의 음주나 약물 사용을 부추기는 친구와 만나지 못하게 하는 것도 고려해야 한다. 부정적인 행동을 촉발하는 가족이나 친지와도 만나지 않는 편이 좋다(예: 남편이 시아버지를 만나는 날에는 꼭 집에 와서 당신과 자녀들에게 화풀이를 하는 경우).

심리상담을 받으면 도움이 될까?

정서적 학대로 문제를 겪고 있는 커플의 경우, 많은 전문가들은 둘이 함께 받는 부부상담이나 커플상담을 권장하지 않는다. 가장 큰 문제는 커플이 함께 상담을 받으면 주로 가해자가 말을 한다는 것이다. 가해자는 매력을 한껏 발휘하며 상담사를 자기 편으로 끌어오려 하거나 문제를 자기 관점에서 보게 하려 한다. 그에 반해 피해자들은 거의 자기주장을 하지 않으며, 가해자가 함께 있는 상황에서는 더욱 입을 꾹 다문다. 결국 상담사는 가해자의 입장만 듣게 되는 것이다. 그러므로 상담치료는 각각 개별적으로 진행하는 것이 바람직하다.

상담치료와는 별개로 정서적 학대 경험을 겪은 적이 있는 피해자들의 모임을 찾아보고 참가하는 것 또한 권하고 싶다. 이러한 모임에

서는 어디에도 비할 수 없는 소중한 도움을 받을 수 있고, 피해자가
필요로 하는 정서적 지지와 정당성의 인정을 경험할 수 있다. 많은
피해자를 힘들게 하는 고립감 또한 모임 참여를 통해 해소할 수 있
다. 비슷한 경험을 지닌 이들을 만나 고립감을 벗어나고 정서적 지
지를 느낄수록 수치심은 줄어들고 학대에 대한 자책도 사라진다. 모
임에 직접 참석하기 어렵다면 온라인 모임에 참여하는 것만으로도
큰 도움을 받을 수 있다.

효과적이지 못한 소통법과 효과적인 소통법

이미 여러 번 강조한 바와 같이 학대는 절대 피해자의 잘못이 아
니다. 그러나 학대적인 파트너와 소통할 때 어떤 방법이 더 효과적
이고 덜 효과적인지 알아두는 것은 중요하다. 예를 들어, 파트너와
대화할 때 다음의 방법들은 전혀 효과적이지 않다.

- **달래기:** 달래기의 목적은 주로 파트너를 진정시키고 평화를 지키
  는 것이다. 아마 당신은 지금껏 파트너와 소통하며 이 방식을 많
  이 사용했을 것이다. 그러나 이러한 소통법은 효과를 발휘하지
  못한다(즉 파트너를 달랜다고 해서 그가 변화를 위해 노력할 가
  능성은 없다). 파트너는 오히려 당신을 만만하게 보고 더 학대적
  인 행동을 할 수도 있다.

- **애원:** 대부분의 학대자가 그렇지만, 특히 자기애성 성격장애를

지닌 이들은 모든 종류의 나약함을 경멸한다(이들은 타인의 나약함은 물론 자신의 나약함도 참지 못한다). 그러므로 당신이 애원하는 모습을 보이면 이것을 나약함으로 인지하고 관계 개선을 위한 당신의 노력을 전혀 존중하지 않을 것이다.

• **논쟁:** 논쟁은 전혀 효과적이지 않을 뿐 아니라 싸움을 크게 만들 위험도 있다. 물론 피해자로서 당신은 자신의 의견을 더욱 확실하고 적극적으로 주장할 필요가 있지만, 그것이 파트너와 논쟁을 벌여야 한다는 의미는 아니다. 적극적인 주장은 파트너의 학대적 언행을 그 자리에서 단호하게 지적하는 것만으로 충분하다. 상대의 행동을 단호하게 지적한 후에는 그에 대해 옥신각신하거나 논쟁을 벌일 필요가 없다. 논쟁이 벌어질 것 같으면 당신이 할 말만을 명확히 하고 자리를 뜨는 것이 좋다.

• **파트너에게 당신을 이해시키려고 애쓰기:** 학대자들, 특히 자기애성 성격장애를 지닌 이들은 타인에게 별로 관심이 없고, 딱히 이해하고 싶어 하지도 않는다. 그러므로 당신을 이해시키려고 애쓰는 것은 헛된 노력이 될 가능성이 높다. 또한 학대자들 중에는 자신이 오해받고 있다고 느끼는 이들이 많으며, 이들은 당신의 관점을 듣기보다는 자기 관점을 이해시키는 것에 더 관심이 많다.

•비판과 불평: 학대자들은 상대에 대해 늘 비판하고 투덜대지만, 정작 자신에 대한 비판은 전혀 참지 못한다. 내면의 거대한 수치심과 불안감 때문이다. 파트너가 학대적 행동을 할 때는 그 자리에서 지적해야 하지만, 비판하는 것은 피해야 한다. 물론 지적과 비판을 구분하는 것은 쉽지 않다. 둘을 구분하는 가장 쉬운 방법은 당신의 의도를 생각해보는 것이다. 비판이나 불평은 주로 상대에게 화가 나거나 상대의 행동에 상처를 받았을 때 상대의 기분을 똑같이 상하게 하기 위한 의도로 이루어진다. 파트너가 학대적 행동을 할 때마다 지적하는 것은 중요하지만, 당신이 받은 상처에 대해 복수하려는 마음이 아닌 차분한 마음이 전제가 되어야 한다.

•위협: 파트너의 곁을 떠나겠다거나 이혼을 청구하겠다는 위협은 진심이 아닌 이상 효과를 발휘하지 못한다. 실행이 없는 위협이 반복될수록 위협은 점점 효과를 잃는다.

여기까지 읽으며 학대적인 파트너와 소통하는 효과적인 방법이 대체 존재하기는 하는 것인지 의문이 들었을 수도 있다. 솔직히 말하자면 효과적인 소통법이 그리 많지는 않다. 그나마 유일하게 효과를 기대할 수 있는 방법은 파트너의 행동 중 당신이 용인할 수 있는 것과 용인할 수 없는 것이 무엇인지 최대한 직접적이고 솔직하게 밝히고, 파트너가 그런 행동을 할 때마다 그 자리에서 지적하는 것이다. 단,

정서적 학대에서 벗어나기

앞서 말했듯 이 방법은 고의성이 없는 비의도적 학대자에게만 통한다(예: 무의식적으로 자신의 부모가 했던 학대적 행동을 되풀이하고 있는 경우).

성격장애 여부와 종류 또한 소통 전략의 효과성에 영향을 미친다. 예를 들어 자기애성 성격장애를 지닌 파트너에게 애원이나 간청은 효과는커녕 오히려 사태를 악화시키는 소통법이다. 이들은 자신이든 타인이든 나약함을 드러내는 것을 경멸하기 때문이다. 그런 그들에게 나약함을 드러내는 애원은 불에 기름을 끼얹는 것과 같아서 오히려 학대적 행동을 악화시킬 뿐이다.

한편 경계선 성격장애형 파트너에게 인정은 중요한 소통 도구가 될 수 있다. 이들은 자신의 사고와 인지가 옳다는 생각에 집착하기 때문이다(물론 이들의 사고와 인지는 왜곡되어있는 경우가 많다). 파트너가 이런 유형이라면 논쟁하기보다는 말을 들어주는 것이 효과적이다. 파트너가 당신을 추궁하며 끊임없이 몰아붙이는 상황에서는 어떻게 하는 것이 좋을까? 적어도 그 상황에서 벗어나는 가장 효과적인 방법은 파트너에게 '당신의 말을 잘 들었고, 당신의 기분을 이해한다'는 것을 알리는 것이다. 파트너와 의견이 다르더라도 "무슨 말인지 알 것 같아. 한 번 생각해볼게"라고 말하거나 "당신 마음이 상했다니 안타까워"라고 말하는 것이다. 그 순간 논쟁을 해봤자 상대에게는 당신이 하고자 하는 말이 전달되지도 않고 기분만 점점 더 상하게 된다.

그럼 이제 학대적인 파트너와의 소통을 효과적으로 만들 수 있는 방법에 대해서 알아보자.

• **경계선을 설정하고 파트너에게 알리기**: 건강한 경계선 설정은 당신을 더 강하게 만들며, 파트너와의 관계에 압도당하지 않도록 도와준다. 중요한 것은 파트너와의 관계에서 받아들일 수 있는 행동과 그렇지 않은 행동을 구분하는 것이다. 예를 들어 파트너의 자기중심적인 행동이나 무례한 행동은 참아줄 수 있지만 비하적인 발언은 절대 용납하지 않겠다는 식으로 경계선을 설명하면 된다. 파트너에게 이유를 알려주거나 설명할 필요는 없지만, 설정한 경계선은 반드시 지켜야 한다. "내게 비하적인 표현을 쓰면 난 당장 대화를 중단할 거야"라고 말했다면 실제 상대가 그런 표현을 썼을 때 당장 대화를 중단해야 한다는 의미다. 파트너의 반응을 기다릴 필요도 없고, 상대가 어떤 행동을 하든 받아줄 필요도 없다. 상대가 경고를 무시하고 경계선을 침범했을 때는 단호하고 빠르게 대처할수록 좋다. 파트너는 다양한 반응을 보일 것이다. 당신과 언쟁을 벌이려 할 수도 있고, 왜 그렇게 과민반응을 하냐며 따질 수도 있으며, 부당한 처사라고 억울해할 수도 있다. 그렇게 함으로써 당신에게 죄책감을 느끼게 하거나 당신을 위축시킬 수 있는지 떠보려는 것이다. 상대가 어떻게 나오든 당신이 기억할 것은 단 한 가지다. 바로 당신이 설정한 경계선은 절대적이라는 점이다(자기애성 성격장애자의 경우 당신이 경계선을 설정하면 공격의 강도를 높이거나 관계를 끝내겠다는

정서적 학대에서 벗어나기

협박을 할 수도 있다는 사실을 미리 알아두도록 하자).

• **파트너의 행동 중 당신을 괴롭게 하는 행동이 무엇인지 생각하기:**
당신을 큰 고통과 혼란에 빠뜨리는 파트너의 행동에는 어떤 것들이 있는가? 바로 그런 행동들에 대해서 자주 지적하고 목소리를 내야 한다.

• **경계선 침범 시의 대응을 미리 결정하기:** 파트너가 경계선을 무시하거나 침범했을 때 최대 어떤 대응까지 할 수 있는지 미리 결정해두어야 한다. 침범이 일어났을 때 갑자기 생각하려 하면 혼란스러울 수 있으므로, 경계선을 정할 때 미리 정해두는 것이 중요하다. 침범 시에 어떤 대가가 따르는지에 대해서는 파트너에게 딱 한 번만 경고하면 되고, 따로 이유를 설명할 필요는 없다. 실제로 침범이 발생했을 때는 그 즉시 당신이 미리 경고한 대로 대응해야 한다. 그렇지 않으면 당신의 경고는 신뢰성을 잃게 된다.

• **경계선이 한 번에 완성되리라 기대하지 않기:** 경계선 긋기는 한 번에 끝낼 수 없는 반복적인 일이다. 경계선을 한 번 그었다고 해서 그 선이 그 후 저절로 쭉 유지되거나 지켜지는 것이 아니다. 건강한 경계선을 제대로 설정하고 상대의 협조를 자연스럽게 유도하기 위해서는 모래 위에 그림을 그리듯 여러 번 그려야 할 수도 있다.

- **필요하면 바로 탈출하기:** 용납이 불가한 행동을 미리 구체적으로 정하고 경고하지 않았다 해도 파트너와의 관계에서 바람직하지 않은 상황이 발생하면 당신에게는 언제든 그 상황을 탈출할 권리가 있다. 파트너의 허락은 필요치 않으며, 파트너에게 경고할 필요도 없다. 당신의 행동에 대해 설명할 필요도 없다. 당신은 당신에게 맞는 방법으로 자신을 보살필 권리를 지니고 있다. 파트너에게 이미 당신이 정서적 학대로 인해 겪고 있는 고통에 대해 알리고 그런 행동을 멈춰달라고 요청한 적이 있는 상태라면 더욱 그렇다. 그런 경우에는 다음과 같은 방법으로 그 상황을 탈출해버리는 것도 전혀 문제가 없다. 파트너가 학대적인 언어를 사용하기 시작하면 시계를 보며 "시간이 벌써 이렇게 됐네. 약속 시간에 늦었어"라고 말하거나 전화가 온 것처럼 휴대폰을 집어 들며 "미안해, 이 전화는 받아야 해서 말이야"라고 말하는 것이다. 거짓말이어도 상관없다. 그 순간 가장 중요한 것은 자신을 보호하는 일이다.

- **파트너의 심문에 응하지 않기:** 파트너가 질문을 할 때 당신의 답을 듣고 비판할 게 뻔하다면 굳이 답하지 않아도 된다. 예를 들어 평소에 당신의 씀씀이 하나하나에 트집을 잡는 파트너가 당신에게 "그거 얼마 주고 샀어?"라고 물으면 그냥 "별로 안 비쌌어"라고 답하는 것이다. 그렇게 답한 후에는 파트너가 좋아하는 주제, 이를테면 파트너 자신에 대한 이야기로 넘어가면 된다.

- **파트너의 비난을 허락하지 말기:** 극도로 비판적이고 늘 비난할 거리를 찾고 있는 파트너와 살고 있다면 한 가지를 기억해두자. 파트너가 비난에 열중하고 있는 동안에는 당신의 생각을 구체적으로 말하지 않는 편이 더 효과적일 수도 있다는 점이다. 파트너가 당신의 행동을 비판한다면 그냥 "난 괜찮았던 것 같은데"라고 말하거나 "무슨 얘긴지는 알겠어"라고만 말하고 넘어가자. 그 시점에서 굳이 언쟁을 하거나 그의 생각이 틀렸다고 설득할 필요는 없다.

- **파트너의 학대 행동을 정확히 지적하기:** 자기애적 성향을 지닌 학대자들은 상대가 자신의 행동을 어디까지 받아주는지 시험해보려 할 때가 있다. 그런 행동을 시도하는 순간 정확히 지적하면 그들도 당신이 그 행동을 용납하지 않으리라는 것을 깨닫고 단념하게 된다. 예를 들어 파트너가 당신을 은근히 깔아뭉개는 말을 할 때 "방금 그건 나를 비하하는 발언 같은데"라고 정확히 지적하거나 파트너가 당신의 말을 무시하거나 끼어들면 "당신 자꾸 내 말을 가로막는 것 같아"라고 말하는 것이다.

자기애적 파트너 곁에 남기로 했다면

자기애적 파트너 곁에 남기로 했다면 자기애성 성격장애를 최대한 잘 이해하는 것이 중요하다. 당장 파트너를 변화시키기 위해서가 아니라 그 곁에서 생활해야 하는 당신 스스로를 잘 보살피고 평화롭게 공존할 방법을 배우기 위해서다. 자기애적 성향을 지닌 사람을 파악하고 그들과 더불어 살아가는 데 필요한 내용을 담은 책은 시중에 많이 나와 있으니 참고하기 바란다.

자기애적 성향, 즉 나르시시즘은 최근 심리학계는 물론 정치계에서도 큰 주목을 끌었다. 나르시시즘은 학대적 행동의 주된 원인이자 중독 문제의 핵심적 원인이기도 하다. 나르시시스트들은 겉으로는 세상에 자기 하나만 있으면 된다는 자족적인 분위기를 풍기지만 실상 내면을 들여다보면 애정에 굶주려 있는 경우가 많다. 그 사실, 즉 자신에게 어떤 사람이나 관계가 필요하다는 사실을 인정하는 것은 결핍을 인정하는 것과 마찬가지다. 그리고 그 결핍의 감정은 견딜 수 없는 공허와 질투, 분노를 만들어낸다. 그것을 방지하기 위해 이들은 자신의 필요를 인정하지 않고도 그 필요를 채울 방법을 찾아내려 한다. 나르시시스트들은 주변의 사람을 일종의 사물이나 '필요를 충족시켜주는 대상'으로 바라봄으로써 이를 가능하게 한다.

나르시시스트들은 대개 주변에 거리를 두며, 일시적으로 스쳐가는 정도의 사회적 관계만 맺는다. 이들은 자신이 다른 사람을 필요로 한다는 것을 인정하지 않기 때문에 감사의 마음 같은 것도 거의 느끼지 못한다. 누군가에게 선물을 받아도 그 선물을 준 사람이나 선물 자체를 깎아내림으로써 감사의 감정을 무시한다. 상대에게 잘 보이고 싶을 때는 매력적으로 굴기도 하고, 사회적으로 필요할 때는

정서적 학대에서 벗어나기

형식적인 감사의 말도 할 수 있지만 진심인 경우는 없다.

상대가 자신의 배우자나 가족인 경우에는 고마워하는 척조차 하지 않는다. 이들이 생각하기에 가족은 자신의 소유물이고, 그들이 자신의 필요를 채워주는 것은 당연한 일이기 때문이다. 이들은 자신을 기쁘게 하려는 배우자나 자녀의 노력을 전혀 고맙게 여기지 않으며, 그들의 행동이 자신의 기준에 맞지 않으면 서슴없이 비난을 퍼붓는다.

나르시시스트들은 진정한 자아를 개발하는 데는 관심이 없다. 자신의 가짜 자아, 인생의 즐겁고, 행복하고, 아름다운 면만을 맛보고 싶어 하는 가짜 자아와 사랑에 빠져 있기 때문이다. 이들의 관심은 온통 이 가짜 자아에 고착되어서 인생의 다양한 경험과 감정은 무시한다. 뭔가가 이들의 견고한 보호막을 뚫고 들어오지 않는 한 나르시시스트들은 자신의 성격에 심각한 문제가 있다는 사실을 깨닫지 못한다. 이들은 자신이 모든 것을 가졌다고 생각하며, 주변 사람들도 그 생각에 기꺼이 동의한다. 애초에 나르시시스트들은 자신의 믿음을 더욱 공고히 해줄 사람으로만 세심하게 골라 자신의 세상에 배치하기 때문이다.

나르시시스트들은 우월감이나 자족감自足感을 풍기지만, 비판에 굉장히 예민하다. 이들은 주변 사람들이 자신을 대하는 방식에 대해 (존중이 부족하다거나 감사를 표하지 않는다며) 끊임없이 불만을 품고, 남들이 자신을 함부로 대한다고 생각한다. 얼핏 보면 이것이 나르시시스트의 단단한 갑옷에서 유일하게 눈에 띄는 결점이지만 그것이 유일한 문제라고 생각해서는 안 된다. 자기애성 성격장애는 심각한 심리적 질환이라는 점을 늘 명심하자. 나르시시스트 자신은 삶에서 공허함을 느끼지 않을지도 모르지만, 그 행동과 태도는 이들과 친밀하게 접촉하는 모두에게 고통을 준다.

자기애성 성격장애나 강한 자기애적 성향을 지닌 이들은 삶이 자신의 웅대한 기대에 미치지 못해 절망에 빠지거나 주변의 환경이 자신의 환상을 채워주지 못해 실의에 빠졌을 때만 그 고통을 경감하기 위해 심리치료를 찾는다.

자기애적 성향을 지닌 파트너와 효과적으로 소통하려면

자기애성 성격장애를 지닌 사람, 또는 강한 자기애적 성향을 지닌 사람을 대할 때는 한 가지를 기억해두면 좋다. 그들이 자신의 행동이나 그 영향을 자각하지 못하는 존재라는 사실이다. 함께 생활하는 파트너의 입장에서는 이들의 행동 중 많은 것(거만함, 상대를 무시하는 태도, 늘 자신이 옳아야 한다는 독선)을 정서적 학대로 받아들일 수밖에 없지만, 이들은 꼭 의도적으로 상대의 기분을 상하게 하려고 그런 행동을 하는 것이 아니다. 사실 이들이 하는 행동의 주된 목적은 다른 사람을 희생시켜서라도 본인의 기분을 좋게 만드는 것이다. 자기애적 성향을 지닌 이들은 상대에게 무관심하고 지나치게 자신만만하며 무신경한 말을 툭툭 내뱉는다. 이 모든 행동은 마치 의도적으로 상대에게 상처를 주려는 것으로 보일 수도 있지만, 이들은 다른 사람의 감정 자체에 관심이 없다. 대부분의 나르시시스트들은 다른 이들의 존재와 감정에 무관심하다. 상대의 존재가 이들에게 중요성을 띠게 되는 때는 다음의 행동을 통해 평화로운 나르시시스트의 세상에 균열을 가져올 때뿐이다.

- 나르시시스트가 원하거나 바라는 것을 당신이 해주지 않은 경우
- 당신이 나르시시스트의 잘못을 지적한 경우
- 당신이 관계의 변화를 강력하게 예고한 경우
- 당신이 관계를 끝내겠다고 단호한 태도를 보이는 경우

그러므로 이들이 하는 말이나 행동을 감정적으로 받아들이지 않는 것이 중요하다. 물론 이것은 절대 쉬운 일이 아니다. 그럴 때는 나르시시스트의 세상에서는 그들이 우주의 중심이고 나머지 사람들은 그 주위를 도는 위성 정도일 뿐이라는 사실을 상기하면 도움이 된다. 그렇다고 자기애적 성향의 사람들이 감정을 전혀 느끼지 못한다거나 주변 사람에게 관심을 가질 능력이 없다는 이야기는 아니다. 다만 이들에게는 자신의 욕구가 언제나 최우선일 뿐이다.

자기애적 성향의 사람들이 누군가에게 고의적으로 상처를 주는 유일한 때는 어떤 식으로든 자신이 비난이나 위협을 받았다고 느끼는 경우다(예: 누군가 이들의 능력이나 지식에 의문을 표하는 경우, 뭔가에 대해 틀렸다고 말하는 경우, 권위에 도전하는 경우). 이런 경우 상대는 분노한 나르시시스트의 맹렬한 공격을 받게 된다. 나르시시스트들은 이런 경우 상대에게 가장 큰 상처를 입힐 수 있는 말만 골라서 단 몇 초 만에 그야말로 상대를 탈탈 털어버린다.

이처럼 자기애적 파트너와 사귀는 것은 엄청난 정서적 학대 경험을 수반하는 일이다. 그러한 경험을 조금이나마 완화하는 데 도움을 줄 수 있는 방법을 몇 가지 소개한다.

- **자기애적 성향의 사람들이 자기만의 공간에 대한 강한 욕구를 지녔음을 기억하자:** 너무 가까이 다가가려 하면 이들은 답답함을 느끼고 상대를 밀어내기 위해 화를 낼 것이다.

- **파트너가 주로 어떤 때 비판적으로 나오는지 파악해보자:** 나르시시스트는 자기만의 공간이 필요할 때, 자신에 대한 비판의 마음이 들 때, 상대를 자신과 동등한 대상으로 봐도 무방할지 시험해보고 싶을 때 상대를 비판한다. 파트너가 비판적으로 나올 때는 그 행동을 바로 지적하고 혹시 자기만의 공간이 필요해서 그러는 것인지 확인해볼 필요가 있다. 괜히 비판의 내용에 대해 질문하거나 언쟁을 벌이며 말려들지 않는 것이 좋다.

- **파트너가 비판적으로 나오면 바로 지적하자:** 부당한 비판을 참아줄수록 파트너는 당신에 대한 존중을 잃고 비판을 계속하게 될 것이다.

- **파트너의 도발에 넘어가지 말자:** 나르시시스트들은 상대의 반응을 즐긴다. 그러나 화를 내거나 따지는 등 감정적인 반응을 보이

정서적 학대에서 벗어나기

면 이들은 상대를 더 깎아내리려 한다. 자기애적인 사람들은 도발의 달인이기 때문에 거기에 넘어가지 않는 것은 꽤 어려운 일이 될 것이다. 상대가 도발하려 할 때는 주제를 바꾸거나 잠시 자리를 뜨는 것도 좋다(하다못해 화장실에 간다는 핑계를 대며 일어나는 것도 도움이 될 것이다).

• **불만은 강하고 확실하게 말하자:** 파트너에게 불만이 있을 때는 은근한 표현으로 돌려서 말해봤자 화만 부를 뿐이다. 우는소리나 푸념도 금물이다. 이들은 우는소리를 늘어놓거나 피해자처럼 구는 사람을 전혀 존중하지 않기 때문이다. 자기애적 파트너에게 불만이 있을 때는 불만 사항을 정확하게 지적하고 어떻게 바뀌기를 바라는지 분명히 말하는 것이 가장 좋다. 예를 들어 이런 식으로 말이다. "당신이 내 말은 들을 가치도 없다는 듯 그런 식으로 무시하는 게 불만이야. 내 의견도 당신 의견만큼 타당하다는 것을 알아줬으면 좋겠어."

• **파트너의 매력에 휘둘려 이용당하지 말자:** 파트너의 매력이나 설득에 넘어가서 하고 싶지도 않은 일을 하기보다는 당신이 정말 하고 싶은 일이 무엇인지 파악하고 거기에 집중하자.

• **당신의 발언 기회를 확보하자:** 계속해서 자기 신변이나 업무 이야기만 해대는 파트너의 말을 참을성 있게 들어주기만 할 게 아니

라 당신의 이야기도 하고 싶다고 말하자. 그래도 자기 말만 계속 해대면 이렇게 말하자. "지금까지 계속 당신 이야기를 들었잖아. 이제 내 이야기도 할 기회를 줘." 이 말을 듣고도 자기 이야기를 멈추지 않는다면 이렇게 말해보자. "내 이야기는 들어주지도 않는데 당신 이야기만 듣는 것도 지쳤어. 난 이제 가볼래."

- **나르시시스트들은 자신과 동등한 상대만 존중한다는 사실을 기억 하자:** 자기애적인 사람들은 우월한 위치에 서서 마음대로 상대를 조종할 수 있는 관계를 선호하지만, 그런 식으로 조종당하는 사람은 이들에게는 꼭두각시일 뿐이다. 나르시시스트들은 자신이 존중하는 상대에게만 진정한 관심을 준다. 그러므로 당신을 파트너보다 열등한 위치에 두어서는 안 된다. 파트너의 조언이나 허락을 구할 것 없이 자신의 일은 스스로 결정하고, 상대가 학대적인 행동을 하거나 당신을 모욕하고 무시하면 그 자리에서 바로 지적하자.

- **상대가 나르시시스트라는 점을 늘 기억하자:** 이들은 늘 자신에 차 있는 것처럼 행동하지만 사실 마음 속 깊은 곳에서는 극심한 결핍과 공허, 열등감에 시달린다. 이 사실을 기억하면 파트너와 있을 때 지나치게 위축되는 것을 막을 수 있다. 파트너가 나르시시스트라는 것을 기억하면 상대의 행동이나 말에 지나치게 의미를 부여하거나 감정적인 반응을 보이는 것도 어느 정도 방지할

정서적 학대에서 벗어나기

수 있다.

- **늘 남을 비판하지만 자신에 대한 비판은 수용하지 못하는 나르시시스트의 특성을 기억하자:** 이들은 특히 '가면 아래 숨겨진 진짜 모습', 즉 상처받기 쉬운 약한 모습을 지적하는 비판을 견디지 못한다. 이들은 자신에게 건설적인 비판이 될 수 있는 말도 그저 깊은 상처를 주는 말로만 받아들인다. 자기애적 사람들이 받는 상처는 매우 심각하면서도 구체적이어서 심리학에서는 이들이 느끼는 상처를 '자기애적 상처narcissistic wound'라는 별도의 표현으로 분류한다. 이들이 단순한 제안이나 지적을 비판으로 받아들이고 갑자기 강한 반응을 보인다고 해도 놀랄 것 없다. 발끈 화를 내거나, 자리를 박차고 뛰쳐나가거나, 침묵시위를 할 수도 있다. 파트너가 이런 반응을 보이면 시간이 조금 지난 후 이렇게 말해보자. "당신의 감정을 다치게 하려는 것은 아니었어. 그냥 제안을 하려고 했던 거야.", "마음을 다쳤다면 미안해. 도움이 될까 해서 그냥 알려주려 했던 것뿐이야."

- **자신에게 연민을 베풀자:** 앞에서도 살펴보았듯 자기연민은 힘든 순간을 견디게 해준다. 자기연민은 또한 상황이 악화되었을 때 앞으로 나아갈 힘을 주며, 이 책의 지침을 따르지 못했을 때 고개를 들 게 뻔한 자책감도 줄여준다. 자신이 정한 경계선을 잘 지키지 못하더라도 자기연민을 잊지 말자. 자기애적 파트너가 구

사하는 전략들은 강력하기만 한데, 당신은 그동안 겪은 정서적 학대로 약해져 있다. 그럼에도 불구하고 최선을 다하고 있는 스스로를 다독이며 조금씩 앞으로 나아가보자.

가장 중요한 것은 자기애적 파트너의 학대적 행동을 멈추게 하는 것이다. 이들이 일부러 당신의 감정을 상하게 한 것은 아닐 수 있다. 그렇기 때문에 학대적 행동을 지적하면 파트너는 굉장히 부정적으로 반응할 수도 있다. 그러나 학대적 행동을 중단시키고 파트너의 존중을 되찾기 위해서는 반드시 학대 사실을 직면시켜야 한다. 당신의 지적에 반응하여 파트너가 긍정적인 변화를 보인다면 그 사실을 반드시 인정해주되 너무 장황하게 칭찬하지는 않는 게 좋다. 자기애적 성향이 강한 사람은 칭찬의 의미로 한 이야기에도 자존심이 상해 화를 낼 수 있기 때문이다. 그저 변화를 가볍게 언급하고 고맙다고 말하는 정도로 충분하다.

안타깝게도 나르시시스트가 이미 당신에 대한 존중을 잃었다면 그것을 되찾는 것은 거의 불가능에 가깝다. 관계 회복이 가능한지 여부는 당신이 파트너의 통제와 학대를 어디까지 허용했는지, 상대에게 어느 정도까지 애원하거나 매달리는 모습을 보였는지, 또는 당신의 비참함이나 취약성을 어디까지 보였는지에 달려 있다.

파트너가 당신에게 어떤 존중의 표시도 보이지 않는다면, 즉 당신이 말을 하는데 한숨을 쉬며 눈을 굴린다거나, 부당한 대우에 항의하는 당신의 모습을 비웃는다거나, 자기 없이 어디 한번 살아보라며

정서적 학대에서 벗어나기

으름장을 놓는다면, 파트너의 존중을 되찾을 가능성은 거의 없다. 파트너와의 관계가 앞으로도 학대적일 수밖에 없다는 말이다. 이런 경우 당신이 할 수 있는 최선은 '관계를 끝내기 위한 힘'을 기르는 것이다. 여러 사정상 파트너의 곁에 남기로 결정했다면, 파트너가 학대적인 행동을 할 때마다 그 자리에서 지적해나가며 그의 공격성과 학대성을 줄여나가는 수밖에 없다. 파트너가 당신의 정체성을 약화시키지 못하도록 자기감 강화에도 힘써야 한다.

※주의사항: 앞서 제시한 조언들은 일반적인 자기애적 파트너에게만 해당되는 것으로, 악의적 나르시시스트에게는 적용할 수 없다. 상대가 악의적 나르시시스트라면 아무리 주의 깊게 소통해도 관계 개선은 꿈꿀 수 없다. 악의적 나르시시스트와 사귀고 있다면 당신은 위험에 처해 있다. 정서적 학대를 전문으로 하는 상담사에게 치료를 받으며 상대와의 관계를 끝낼 수 있는 방법을 찾는 것이 최선이다.

경계선 성격장애를 지닌 파트너 곁에 남기로 했다면

경계선 성격장애나 강한 경계선 성향을 지닌 파트너 곁에 남기로 했다면 경계선 성격장애를 최대한 잘 이해하는 것이 중요하다. 이 성격장애에 대해 다룬 책을 읽어보거나 관련 웹사이트를 참고하는 것도 좋다. 파트너에게 경계선 성격장애 외에도 문제가 있을 가능성 또한 염두에 두는 것이 좋다. 예를 들어 경계선 성격장애를 지닌 남성의 경우 자기애성 성격장애와 약물 남용, 포르노 중독 등의 증상을 동반하는 사례가 흔하다.

경계선적 파트너와 관계를 이어가기로 결정했다면, 앞으로 당신이 특정한 부분에 대해서는 참을 수밖에 없다는 사실을 받아들여야 한다. 경계선적 특성을 지닌 사람들은 사고나 감정, 행동이 왜곡되어 있는 경우가 많으며, (모든 것을 흑과 백, 이분법적 논리로만 보는) 분열, 심한 감정 기복, 통제할 수 없는 격렬한 감정, 우월감, 자살 시위 등의 특징을 보인다.

경계선 성격장애를 지닌 이들의 가장 큰 특징 중 하나는 '경계선 분노borderline rage'라고도 알려진 극심한 분노다. 또 다른 특징인 충동성은 물리적인 공격성으로 이어지기도 한다. 경계선 성격장애가 있다고 반드시 폭력적인 것은 아니다. 그러나 경계선적 특징을 지닌 이들에게서 불안과 약물남용 문제가 더 빈번히 발생하고, 이것이 폭력의 발생 위험을 높인다는 것은 기억해둘 만하다.

경계선 성격장애를 지니고 있거나 경계선 스펙트럼에 속하는 이들은 폭력 피해 경험을 지니고 있는 경우가 많다. 이들은 강한 감정에 공격성으로 대응하곤 한다. 또한 이들은 자기감각이 불안정하며, 대인관계에서 타인을 쉽게 신뢰하지 못하는 모습을 보인다. 경계선적 특징을 지닌 이들은 거부당하거나 버림받았다는 생각에 강하게 반응하며, 그 격렬한 감정은 공격적 행동으로 이어지기도 한다.

경계선적 파트너가 한 번도 공격성이나 폭력성을 드러낸 적이 없다면 앞으로도 폭력을 휘두를 확률은 그리 높지 않다. 그러나 아직 폭력이 발생한 적은 없지만 그런 위협을 느낀 적이 있다면 주의 깊게 생각해봐야 한다. 그런 경우라면 언제든 상황이 폭력으로 비화

될 가능성이 있기 때문이다.

경계선 성격장애를 지닌 파트너와 효과적으로 소통하려면

경계선 성격장애를 지닌 사람, 또는 경계선 성향이 강한 사람과 효과적으로 소통하는 법을 배우는 것은 극히 어려운 일이다. 경계선 성향의 파트너는 비이성적이고 격렬한 분노를 온통 당신에게 쏟아내고, 당신은 늘 파트너에게 조종당하거나 통제당하거나 기만당한다는 생각에 괴로워한다. 이미 깨달았겠지만, 이런 성향의 파트너는 자신의 잘못이나 실수를 절대 인정하지 않는다. 그들의 이런 행동에 잘 대응하기 위해서는 경계선 성향의 사람들에게 종종 인지적 왜곡이 발생한다는 점을 이해할 필요가 있다. 왜곡된 인지를 이미 진실로 믿고 있기 때문에 이성적인 설득이나 논리로는 풀어갈 수 없는 것이다.

경계선 성향의 파트너와 소통할 때는 다음의 방법들을 시도해보자.

• **당신이 용납할 수 있는 행동과 그렇지 않은 행동을 구분하고 적절한 한계와 경계선을 설정하자:** 경계선 성향의 파트너와 사귀다 보면 곧 이들이 깊은 내면에서부터 불행한 사람들이라는 것을 깨닫게 된다. 경계선 성향의 사람 중에는 불행한 어린 시절을 보낸 이들이 많고, 개중에는 신체적인 학대나 성적 학대, 또는 심각한 방임이나 유기를 경험한 사람도 있다. 이런 사정을 알게 되면 자연히 파트너의 인생에 긍정적인 영향을 주고 싶다는 생각을 하

게 된다. 과거에 겪었을 고통이나 외로움을 보상해주고 싶다는 마음에서 말이다. 아마도 당신은 지금까지 그런 마음으로 파트너의 용납할 수 없는 행동을 참으며 자신의 분노와 욕구는 무시했을 것이다. 이것이 바로 흔히 공동의존적 행동이라고 불리는 행동이다(공동의존적 특성을 지닌 사람은 전형적으로 타인의 문제에 초점을 맞춤으로써 자신의 문제는 외면하려 한다.) 그런데 자신의 욕구를 무시하고 용납할 수 없는 행동을 참아주는 것은 상대에게도 결코 도움이 되지 않으며, 오히려 파트너의 부적절한 행동을 부추기는 결과를 낳는다. 무슨 짓을 해도 부정적인 결과가 따르지 않으니, 파트너로서는 변화할 이유를 찾을 필요가 없기 때문이다.

- **파트너의 트리거를 파악하자:** 경계선 성격장애나 강한 경계선 성향을 지닌 이들은 특정한 상황이나 말, 행동에 거의 반사적으로 격렬한 반응을 보일 때가 있다. 이러한 상황이나 말, 행동을 '트리거' 또는 촉발요인이라고 하는데, 파트너의 트리거를 미리 파악해두면 불필요한 갈등을 피하는 데 도움이 된다. 예를 들어 버림받았다는 생각은 경계선 성향의 사람에게 매우 강렬한 트리거로 작용한다. 그렇기 때문에 당신이 둘 사이에 한계나 경계선을 설정하려고 하면 파트너는 당신이 자신을 밀어내고 있다고 오해할 수 있고, 잠시 떨어져서 시간을 보내고 싶다고 하면 헤어지자는 말로 받아들일 수도 있다. 이런 사실을 미리 알아두면

파트너의 반응을 예측할 수 있고, 실제 파트너가 그런 반응을 보일 때 상대의 감정을 더 세심하게 살필 수 있으며, 극적으로 반응하는 상대의 격렬함에 어느 정도 거리를 둘 수 있다. 예를 들어 경계선 성향의 파트너는 잠시 숨 돌릴 틈이 필요하다는 말만 해도 이별 통보, 즉 자신을 버리는 것으로 오해하고 격렬한 반응을 보인다. 이런 경우에는 다음과 같은 말로 파트너를 안심시켜 볼 수 있다. "약속해. 금방 돌아올게.", "당신을 사랑하지만 나도 잠시 숨 돌릴 시간이 필요해. 오래 걸리지 않을 거야."

한 가지 알아둘 것은, 파트너의 트리거가 되는 말과 행동을 모두 피하는 것은 불가능하며, 파트너의 행동은 결국 그의 책임이지 당신의 책임이 아니라는 것이다.

• **현실을 점검하자:** 경계선 성향의 사람들은 왜곡된 지각을 지니고 있는 경우가 많다. 이러한 왜곡은 특히 파트너에 대한 지각에서 두드러지는데, 파트너가 하지도 않은 행동이나 말을 자신이 분명 보거나 들었다고 우기는 식이다. 그래서 경계선 성향의 사람과 사귈 때는 종종 현실을 점검하는 것이 필요하다. 파트너가 당신의 행동이나 태도를 비난할 때 그것이 사실인지 아닌지 당신도 헷갈린다면 가족이나 친한 친구에게 확인해달라고 요청하는 것이다. 연인이나 부부 사이의 문제에 타인을 개입시키는 것은 일반적으로 바람직하지 않지만, 이 경우에는 파트너의 비난이 어디까지가 사실이고, 어디부터가 상상이나 투사인지 구분하

기 위해 어쩔 수 없다. 그런데 경계선 성향의 사람들은 때로 상대에 대한 뛰어난 통찰을 발휘할 때가 있다. 이들은 또한 상대에게 진실을 직접적으로 이야기해주는 유일한 사람이 되기도 한다. 이렇듯 이들의 지각이 늘 왜곡되어있는 것은 아니기 때문에 파트너로서 당신은 혼란에 빠질 수밖에 없다. 예를 들어 파트너가 "당신은 온통 자기 생각뿐이라서 내게 필요한 것은 신경도 안 써"라고 비난했다고 치자. 당신은 이 말이 사실이 아니라고 생각한다. 파트너를 만족시키기 위한 노력에 많은 시간을 투자한다고 생각하기 때문이다. 그러나 불평이 계속되다 보니 그 생각이 맞는지 점점 확신이 안 선다. 바로 이때가 현실 점검이 필요한 시점이다. 당신이 자기중심적이라는 말은 의외로 사실일수도 있다. 경계선 성향의 사람이 자기애적 성향의 파트너를 사귀게 되는 경우도 많기 때문이다. 하지만 파트너는 인정하고 싶지 않은 자신의 문제를 당신에게 투사하는 것일 수도 있고, 과거 자신을 학대했던 부모와 당신을 혼동하고 있는 것일 수도 있다.

물론 가족이나 친구에게 계속해서 현실 점검을 부탁하는 것은 어렵고, 이들이 늘 진실만을 말하리라고 기대할 수도 없다. 하지만 이것이 당신에게 중요한 문제라는 점을 충분히 설명하고 솔직히 말해달라고 부탁하면 아마도 대부분은 정직한 답을 줄 것이다. 물론 당신이 파트너 앞에서 보이는 모습과 가족이나 친구 앞에서 보이는 모습이 완전히 똑같지는 않을 것이다. 그러나 오랜 시간 다양한 상황에서 당신을 관찰해온 친구나 당신이 이전 연

정서적 학대에서 벗어나기

인들과 시간을 보내는 모습을 본 적이 있는 지인이라면 분명 당신의 모습을 제대로 파악할 수 있을 것이다.

• **당신에 대한 파트너의 생각을 모두 믿을 수는 없다는 점을 늘 상기하자:** 파트너가 자신의 문제를 당신에게 투사하고 있다는 확신이 들면 그 투사를 흡수하지 말고 반사해야 한다. 경계선 성격장애를 지닌 이들은 자신의 감정을 타인, 특히 파트너에게 투사하는 경향이 있다. 많은 이들이 이러한 투사를 흡수하며 파트너의 고통과 분노를 그대로 빨아들인다. 파트너의 말을 감정적으로 받아들이고, 상황을 개선하는 것이 자신의 책임이라 여기게 되는 것이다. 《잡았다, 네가 술래야: 경계선 성격장애로부터 내 삶 지키기》에서는 이러한 현상을 '스펀지처럼 빨아들이기'라고 명명했다.

경계선 성향의 파트너를 대할 때는 스펀지보다는 거울처럼 행동해야 한다. 파트너가 당신에게 투사하는 고통스러운 감정들을 다시 원래의 주인에게 돌려보내는 것이다. 파트너의 몰아세우기와 비난, 터무니없는 요구, 비판에 휩쓸려서는 안 된다. 그렇다면 스펀지가 아닌 거울처럼 파트너를 대하려면 어떻게 해야 할까? 다음의 사항들을 실천하는 것이 도움이 된다.

* 파트너의 말만 듣지 말고 자신의 현실감각을 유지하자.

* 주변 사람에게 지속적으로 현실을 점검받자.

* 파트너의 투사를 반사하자. 예를 들어 파트너가 당신에게 왜 맨 날 화를 내느냐고 하면, 상대에게 혹시 지금 화가 난 것은 아닌 지 묻는 것이다. 비난하는 말투가 아닌 정말 궁금해하는 말투로 묻는 것이 중요하다.

* 파트너가 힘든 시기를 지나고 있다는 점을 이해하고, 파트너의 변화 노력을 지지해주자.

* 파트너의 고통에 공감하고 안타깝게 생각하되 그 감정과 반응을 통제할 수 있는 것은 파트너 자신뿐임을 상기시키자.

* 용납 가능한 행동과 그렇지 않은 행동이 있다는 것을 말이 아닌 행동으로 보여주자.

* 한계선을 파트너에게 알리고 일관된 행동으로 반응하자.

• **자리를 떠야 할 때를 알자:** 파트너가 당신이 설정한 한계선을 존 중하지 않거나 어떤 상황이 감당할 수 없는 방향으로 진행된다 면 우선 정서적·물리적으로 파트너에게 거리를 두고 그 장소에 서 벗어나는 것이 최선일 수 있다. 더 해봤자 파트너의 트리거나 분노가 촉발될 게 뻔한 상황에서 고집스럽게 당신의 입장을 관 철하려 애쓸 필요 없다. 파트너가 정서적 한계에 부딪힌 상황에 서는 어차피 당신의 말이나 입장을 이해할 수도 없을뿐더러, 더 밀어붙이면 비하나 인격모독, 자살 위협 등의 극단적인 수단에 기대려 할 수 있다. 파트너가 원한다고 해서 이미 말싸움이 되어

정서적 학대에서 벗어나기

버린 토론을 계속 이어가야 할 필요는 없다. 그런 상황에서 벗어나기 위해서는 다음의 방법들을 활용할 수 있다.

* 토론을 계속하기를 거부하거나 주제를 바꾼다.
* 단호하게 싫다고 말하고 그 입장을 고수한다.
* 파트너가 있는 공간에서 벗어난다. 필요하다면 집 밖으로 나간다.
* 전화상으로 토론이나 논쟁 중이었다면 전화를 끊고 다시 걸려오는 전화도 받지 않는다.
* 차에 타고 있었다면 파트너가 진정할 때까지 차를 세우거나 운전을 거부한다.
* 따로 살고 있다면 한동안 파트너를 만나지 않는다.
* 논쟁을 계속할 거면 심리상담사를 대동하고 안전하게 진행하고 싶다고 말한다.

파트너가 완전히 이성을 잃어서 위의 방법이 전혀 통하지 않는 상황이 올 수도 있다. 파트너는 논쟁을 멈추고 그 자리에서 벗어나려는 당신의 행동을 자신을 향한 거부나 유기로 오해하여 화를 내거나 자살을 하겠다고 위협하는 등 극단적인 반응을 보일 수도 있다. 이때는 상황을 혼자 수습하려 해서는 안 된다. 파트너가 심리상담을 받는 중이라면 상담사에게 연락하고, 그렇지 않다면 자살예방상담센터 등에 연락을 해야 한다. 당신에게 폭력을 가하거나 스스로 자해하겠다고 위협하는 경우에는 경찰에 신고해야 한다.

경계선 성격장애는 심각한 심리적 질환이다. 이들의 자살 협박은 단순한 협박에 그치지 않는 경우도 있고, 자극을 받으면 극도로 폭력적인 모습을 보이기도 한다. 그러므로 정서적 학대 행동을 멈춰보려는 시도가 파트너를 자극하여 당신이나 파트너의 생명을 위협하는 지경까지 가게 됐다면 반드시 정신의학 전문가에게 도움을 청하는 것이 중요하다.

통제할 수 있는 것과 그렇지 않은 것을 구분하라

사실 아무리 애를 써도 경계선 성향의 파트너가 당신과의 감정 교류나 대화, 또는 대립에서 원하는 대로 반응할 가능성은 높지 않다. 상대의 반응은 당신의 통제 밖에 있다는 의미다. 반면 현재의 상황에 대한 당신 자신의 반응은 당신이 통제할 수 있다. 당신이 할 수 있는 것은 최선을 다해 자신을 돌보고 파트너와의 관계에 존재하는 학대적 요소를 줄여나가는 것이다. 또 한 가지, 당신 자신에게 있는 문제를 개선하려고 노력하는 것도 중요하다.

앞에서도 언급했듯 경계선 성격장애나 경계선 성향을 지닌 이들의 파트너 중에는 공동의존적 특징을 보이는 이들이 많다. '공동의존자codependent'에 대한 정의는 다양하지만, 이 책에서 말하는 상황에 가장 잘 맞는 정의는 아마도 '상대의 문제에 집중함으로써 자신의 문제를 회피하는 사람'일 것이다. 당신에게 공동의존적인 성향이 있는 것 같다면 공동의존자 자조모임인 '익명의 공동의존자Codependents Anonymous, CODA' 모임에 참석하거나 관련 도서를 읽어볼 것을 권한다. 심리상담을 받아보는 것도 좋은 방법이다. 혹시 통제 욕구가 강하거나 모두를 행복하게 만들어야 한다는 욕구가 유난히 강하다면 그 욕구가 어디에서 온 것인지 탐색해봐야 한다. 그렇지 않으면 계속 파트너의 행복을 책임져야 한다는 강박에 시달릴 것이기 때문이다. 당신은 해결하지 못한 자신의 심리적 문제를 회피하기 위해 다른 사람들의 욕구에 집중하는 것일 가능성이 높다. 아니면 어린 시절 부모님의 영향으로 주변 사람의 행복이 당신의 책임이라는 생각을 품게 된 것일 수도 있다. 그것도 아니면 어린 시절 어떤 계기로 느낀 깊은 수치심이나 죄책감을 여전히 짊어지고 있는 것일 수도 있다. 자존감이 낮은 편이라면 심리상담을 통해 그 원인을 파악하고 자신감과 자아상을 강화해야 한다. 그렇게 함으로써 파트너의 비난을 감정적으로 받아들이지 않고 피하는 능력을 갖출 수 있다.

관계에서 발생하는 모든 문제를 경계선 성격장애 탓으로 돌리려 해서는 안 된다. 예를 들어 파트너가 당신에게 어떤 문제를 제기하면, 늘 하는 비난이라고 무시할 게 아니라 혹시 정말 그런 면이 있지는 않은지 스스로 돌아보아야 한다. 경계선 성격장애를 지닌 이들은 매우 직관적이며, 몸짓이나 말투에 숨은 신호를 예민하게 읽어내기도 한다. 당신이 스스로에게 솔직하고 당신의 감정에 대해서도 더 숨김없이 털어놓는다면 파트너 또한 당신을 더욱 신뢰하게 될 것이다. 그리고 그런 솔직함이 언젠가 닥칠지도 모르는 일촉즉발의 상황을 막아줄 수도 있다.

문제를 솔직하게 인정하는 모습은 파트너에게도 건강한 역할모델이 될 수 있다. 그러나 당신이 져야 할 책임보다 더 많은 책임을 질 필요는 없다는 점을 늘 명심하자.

학대적인 파트너의 곁에 남기로 했다면 그것 또한 당신의 선택이다. 그러나 그 선택에는 대가가 따른다는 것, 그리고 때로는 그 대가가 생각보다 클 수 있다는 것은 늘 염두에 두어야 한다. 선택이 가져올 결과에 대해 신중하게 고려하고, 늘 최선을 다해 자신을 돌볼 방법을 찾아야 한다. 특히 앞에서 설명한 건강한 경계선 설정은 반드시 실천에 옮겨볼 것을 권한다. 안타깝게도 당신의 노력이 긍정적인 결과를 가져온다는 보장은 없다. 그러나 파트너의 비판과 모욕, 깎아내리기에 아무런 반응을 하지 않으면 자기존중감은 물론 자기 자신을 잃는 일까지 벌어질 수 있다. 그러나 또 한편으로는 파트너의 학대에 맞섰다가 분노만 불러일으킬 가능성도 분명 존재한다. 정말 안타까운 일이지만 이렇듯 당신이 실로 어려운 상황에 처해 있다는 사실을 알아두는 것이 중요하다.

정서적 학대에서 벗어나기

4부

떠난 후에 해야 할 것들

13장
돌아가고 싶은 마음 극복하기

"가끔 세상 끝까지 항해한 탐험가들에 대해 생각하곤 한다. 세상의 가장자
리로 떨어져 버릴까봐 얼마나 무서웠을까. 벼랑이 있으리라 생각한 곳에서
꿈에서나 본 광경을 발견한 그들은 얼마나 놀랐을까."

- 조디 피코Jodi Picoult, 《취급 주의Handle with Care》

정서적 학대 피해자에게 있어 파트너를 떠나는 것은 참으로 어
려운 일이다. 그런데 그렇게 어려운 일을 해낸 후 당황스럽게도 문
득 다시 돌아가고 싶다는 생각이 들기도 한다. 만약 당신도 그렇다
면 우선 이 사실을 기억하자. 돌아가고 싶다는 생각은 당신이 나약
하다는 의미도, 고통을 즐기는 사람이라는 의미도 아니다. 다만 사
랑하는 사람과 헤어지고, 과거를 떠나보내고, 새롭게 시작하는 것이
그만큼 어려운 일이라는 의미다. 이번 장에서는 관계를 정리한 이들
이 공통적으로 겪는 어려움이 무엇인지 자세히 살펴보려 한다. 헤어
진 파트너에게 다시 돌아가고 싶다는 생각이 들 때, 스스로를 돌보
고 더 나은 삶을 소망함으로써 그 어려움을 극복할 수 있는 방법을

정서적 학대에서 벗어나기

단계별로 함께 알아보자.

1단계: 다시 돌아가고 싶은 이유를 진지하게 생각해본다. 혼자가 되는 것이 두려워서인가? 혼자서는 살 수 없을 것 같아서인가? 겪어보지 않은 미지의 상태에 대한 두려움 때문인가?

'혼자'라는 상태에 대해 생각했을 때 안 좋은 기억이 떠오르거나 부정적인 것들만 연상될 수도 있다. 예를 들어 어린 시절 보호자 없이 자주 홀로 방치됐다면 그 두려운 경험이 기억에 남았을 테고, 당신이 괴로워할 때 아무도 옆에 있어주거나 위로해주지 않았다면 그 슬프고 외로운 경험이 기억에 남았을 것이다. 당신은 혼자가 된다는 것을 누군가에게 사랑받지도, 받아들여지지도 못한다는 의미로 받아들일 수 있다. 또 무의식중에 이런 생각을 해왔을 수도 있다. '내게 뭔가 문제가 있나봐. 그래서 부모님이 (또는 다른 사람들이) 내 곁에 있지 않으려고 하는 거야.' 그렇다 보니 혼자가 된다는 생각을 하는 순간 과거로 빨려들어가 슬프고 고통스러운 기억을 떠올리게 되는 것이다. 당신은 남은 생을 혼자 쓸쓸하게 보내게 될 것이라는 생각에 겁을 먹고 있을 수도 있다.

홀로서기를 해야 한다는 것 또한 두려움으로 다가올 수 있다. 이 또한 충분히 이해 가능한 일이다. 특히 독립하지 않고 부모님과 쭉 살다가 배우자를 만나 결혼한 경우라면 더욱 그럴 수 있다. 정서적 학대를 일삼는 파트너라면 아마 당신의 행동뿐 아니라 생각까지도 통제하려 했을 것이다. 그런 파트너의 곁에서 당신은 점점 자신의 능력을 잃어가는 기분을 느꼈을 것이고, 실제 스스로 뭔가 결정해야 할 일도 드물었을 것이다. 그러다 갑자기 직업에서부터 교류하는 사람에 이르기까지 모든 것에 대한 결정권이 한꺼번에 주어지니 버겁게 느껴질 수도 있다. 자기 자신을 오롯이 책임져야 한다는 생각이 부담스러울 것이다.

아마 당신은 지금껏 삶을 이끌어간다기보다는 삶에 끌려다니는 식으로 살아왔을 것이다. 삶은 분명 당신의 것인데 주도권을 쥐고 있는 것도 규칙을 만드는 것도 다른 사람인 것 같은 기분이 들었을 것이다. 이런 경우라면 홀로서기가 특히 더 어렵게 느껴질 수 있다. 파트너의 곁을 떠나 스스로 모든 것을 책임져야 하는 삶이 낯설 것이고, 이래라저래라 하는 사람 없이 스스로 길을 찾아가며 결정해야 하는 상황이 두려울 것이다.

중요한 것은 당신에게 그 길을 헤쳐나갈 충분한 능력이 있다는 사실을 깨닫는 것이다. 당신이 해야 할 행동이나 가져야 할 태도를 정해줄 사람은 이제 없으며, 그것을 알아내고 결정하는 것이 이제부터 당신이 해야 할 일이다. 그러기 위해서는 지금까지의 모습에서 벗어나 여러 시도를 하며 자신이 어떤 사람인지 파악해야 한다. 그리고 부모와 파트너를 비롯한 모든 이에게서 독립하여 세상 앞에 오직 당신 자신으로서 당당히 서야 한다. 떨리는 마음으로 대중에게 자신의 작품을 선보이는 예술가처럼, 지금까지는 가려져 있던 진정한 자아를 세상에 선보이는 것이다.

정서적 학대에서 벗어나기

우선은 '해야 한다고' 생각하는 말보다 '하고 싶은' 말을 하는 것부터 시작해볼 수 있다. 더 자주 거절하는 연습도 좋다. 늘 해보고 싶었지만 두려워서 시도하지 못했던 일을 해봐도 되고, 배우고 싶었던 것을 배우거나 학업을 다시 시작해보는 것도 괜찮다. 이제 당신에게는 자신의 몸과 마음, 영혼을 그 어느 때보다도 잘 돌볼 수 있는 기회가 생겼다.

물론 한동안은 힘들 수도 있다. 그러나 그렇다고 파트너에게 다시 돌아가기를 택하기보다는 홀로 설 수 있다는 사실을 스스로에게 증명할 기회를 주었으면 한다. 머지않아 당신도 당신이 생각보다 강하고 능력 있는 사람이라는 사실을 깨닫게 될 것이다. 또한 혼자가 되었다고 세상이 끝나는 게 아니라는 것도 곧 깨닫게 될 것이다. '혼자'라는 상태를 반드시 거부나 유기, 사랑받지 못하는 외로움과만 결부하려 할 필요는 없다. '혼자'는 자유와 독립을 의미하기도 한다.

2단계: 관계를 정리한 후 나타난 변화를 살펴본다.

헤어진 직후에는 당연히 끝나버린 관계에 대한 서글픔과 파트너에 대한 그리운 마음이 든다. 그러나 학대적인 관계를 정리한 이들은 곧 자신에게 긍정적인 변화가 나타나고 있음을 깨닫게 된다. 다음은 상담실을 찾았던 내담자들이 파트너와 헤어진 지 몇 달, 또는 몇 주 후에 자신에게 나타난 변화를 설명한 말들이다.

- "내면이 고요해졌어요. 낯설기는 한데 좋은 기분이에요. 예전에는 늘 머릿속에 자기비판적인 말이나 파트너의 모욕적인 언사, 이런저런 비난까지 끊임없이 울려서 정신이 없었거든요. 이제는 정말 조용해요."

- "저 자신이 편안해진 것 같아요. 이런 기분은 정말 오랜만에 느껴보네요."

- "스스로를 더 잘 돌보게 된 것 같아요."

- "이런 말을 해도 되는 건지 모르겠는데, 저 행복해요."

- "이제 제 몸이나 현실을 벗어나는 것 같은 기분이 잘 들지 않아요. 예전에는 괴로운 상황에서 해리 증상이 나타났었는데, 이제 많이 나아졌어요."

- "예전에는 파트너가 제게 쏟아내는 비난의 말들을 너무 그대로 받아들였던 것 같아요. 전혀 의심을 품지 않았죠. 하지만 이제는 그 비난의 말들이 사실이 아니라는 것을 깨달았어요. 거짓된 비난을 걷어내고 저 자신을 완전히 새로운 눈으로 보고 있죠. 지금의 제가 마음에 들어요."

- "아내를 떠나고 나니 자신감이 돌아오는 것 같아요. 헤어지고 생각해보니 아내를 만나기 전의 저는 자신감이 넘치는 사람이었더라고요."

- "예전보다 훨씬 덜 혼란스러워요."

정서적 학대에서 벗어나기

- "지금의 제 모습이 편안하고 좋아요."

- "저는 늘 제가 문제라고 생각했어요. 하지만 이제는 저희 관계에서 누가 문제였는지 확실히 알아요. 문제는 남편이었어요."

- "이제 제 삶이 절망적으로 느껴지지 않아요. 시간이 갈수록 더 희망차고 긍정적인 느낌이 들어요."

- "생활에서 이런 활기를 느끼는 게 정말 오랜만이에요."

- "저는 남편과의 관계에서 저 자신을 잃었어요. 이제 다시 조금씩 찾아가는 중이죠. 진정한 저 자신을 찾아서 돌아가는 중이에요."

- "남편과 함께였을 때는 늘 남편이 원하는 것에만, 남편이 바라는 내 모습을 만드는 데만 집중했어요. 이제는 저 자신과 제 치유에만 오롯이 집중할 수 있어서 참 좋아요."

- "세상이 더 아름다워진 것 같아요."

긍정적인 변화 기록하기

파트너와의 관계를 정리한 후 나타난 모든 긍정적인 변화를 관찰하고 기록해보자. 감정적인 변화나 신체적 변화, 스스로에 대한 인식이나 태도의 변화, 삶의 방식에 있어서의 변화나 타인과 함께 있을 때 느껴지는 기분의 변화 등 무엇이든 좋다. 자녀들에게 나타난 변화를 살펴보는 것도 좋다. 아이들이 예전보다 편안해 보인다거나, 장난과 웃음이 늘었다거나, 학교생활을 더 잘하고 있다거나 하는 변화가 있다면 기록해두자.

시간이 흐르면 처음 관계를 끝냈을 때 나타났던 긍정적인 변화들을 잊을 수도 있는데, 그때 이 기록이 도움을 줄 수 있다. 너무 힘들고 지쳐서 파트너에게 돌아가고 싶다는 생각이 들 때면 이 기록을 다시 읽어보자. 나중에 결국 파트너와 재결합을 했는데 실수인 것 같은 느낌이 든다면 그때도 이 기록을 읽어보자. 기록을 보며 파트너를 떠났을 때 이런 긍정적인 변화가 있었다는 점을 깨달으면 다시 헤어질 힘과 용기를 얻을 수 있을 것이다.

3단계: 파트너와의 생활이 당신에게 주었던 피해를 생각해본다.

파트너에게 돌아가고 싶은 마음이 들 때면 그 관계가 당신의 자존감과 건강, 분별력에 어떤 악영향을 주었는지, 그리고 지금 누리는 마음의 평화를 되찾기까지 얼마나 많은 시간이 걸렸는지 생각해보자. 책의 앞부분에서 작성했던 '정서적 학대 목록'을 기억하는가? 당신이 학대를 부정하거나 잊지 않고 기억할 수 있게 해줬던 그 목록이 이번에도 도움을 줄 것이다. 지금 그 기록을 다시 펼쳐서 읽어보자. 학대적인 관계를 끝내기 직전, 상황이 얼마나 심각했는지 다시 기억해보는 것이다. 더불어 다음의 연습과제도 실천해볼 것을 권한다.

파트너를 떠난 이유 기록하기

•파트너와의 관계를 끝낸 이유를 모두 적어본다. (예: 두려움, 모

　　　　　　　　정서적 학대에서 벗어나기

욕감, 자존감 상실, 인식능력과 정신 상태에 대한 의심을 불러옴, 신체적 위험, 자녀들에게 미치는 악영향)

• 이유를 적은 목록을 가끔 읽어본다. 파트너에게 돌아가고 싶은 마음이 커질 때면 다시 한번 읽어본다.

4단계: 재결합의 장점과 단점을 따져본다.

파트너와 함께 했던 삶에도 분명 긍정적인 측면이 있었을 것이다. 가끔은 그런 것들이 그리워지며 혼자서 힘들어하느니 그냥 돌아가는 게 낫겠다는 생각이 들 수도 있다. 하지만 그런 생각이 든다고 해서 꼭 돌아가야 한다는 의미는 아니다. 그것은 그저 회복과 치유의 자연스러운 과정일 뿐이다. 다음의 연습과제는 상황을 더 현실적으로 볼 수 있도록 해줄 것이다. 각각의 질문을 읽고 진지하게 생각한 후 답해보자. 최대한 정직하게 답하는 것이 중요하다.

장점과 단점 비교하기

1. 파트너와의 재결합을 고려하는 모든 이유를 적어본다. (예: 경제적 안정, 친밀한 파트너를 가질 수 있음, 만족스러운 성생활, 자녀들이 아버지를 매일 볼 수 있음)

2. 책의 앞부분에서 작성한 '정서적 학대 목록'을 꺼내서 읽어본다. 다른 사람들 앞에서 모욕을 당했던 일이나 파트너가 끊임없이

비난을 퍼붓던 일, 가스라이팅, 신체적 학대 등에 대해서도 생각해본다.

3. 그리고 스스로에게 다음의 질문을 던져본다. "재결합으로 얻을 수 있는 긍정적인 요소가 부정적인 결과의 가능성을 감수할 만큼 큰가?"

4. 헤어진 파트너의 장점이나 파트너가 관계에 긍정적으로 기여했던 것들을 모두 적어본다. (예: 당신에 대한 성적인 끌림, 강한 생활력, 자녀들에 대한 애정)

5. 이번에는 헤어진 파트너의 부정적인 면을 적어본다. 일반적인 단점보다는 함께 하는 동안 당신에게 상처를 주었던 단점, 즉 재결합을 결정했을 때 또다시 당신에게 악영향을 줄 수 있는 단점에 집중한다. (예: 통제적인 성격, 수치심을 주는 말들, 끊임없는 비난, 비이성적인 질투)

6. 이제 4번과 5번의 목록을 비교하며 재결합의 장점이 단점보다 큰지 신중하게 따져본다.

돌아가고 싶은 마음이 들 때마다 두 목록을 비교하며 읽어보자. 아직 심리상담을 받고 있지 않다면, 이 시점에서 시작해보는 것도 괜찮다.

5단계: 헤어진 파트너에게 의미 있는 변화가 있었는지 생각해본다.

정서적 학대를 저지르는 가해자들은 대부분 만성적인 수치심에 시달린다. 학대적 행동을 멈추기 위해서는 그 수치심을 치유해야 하는데, 만성적인 수치심 치유를 위해서는 지속적이고 강도 높은 전문 심리치료가 필수적이다. 특히 상담자와 유의미한 관계를 형성하는 것이 중요한데, 그래야지만 상담과 치유 과정에 대한 신뢰가 쌓여 방어벽을 낮추고 상담자에게, 또 스스로에게 진정한 자아와 감정을 내보일 수 있기 때문이다. 정서적 학대 가해자를 성공적으로 상담해 본 경험이 풍부한 전문가의 도움을 받지 않는 한 지속 가능하고 진정한 변화는 기대하기 힘들다. 오늘 당장은 변한 것처럼 보여도 그 변화가 장기적으로 지속되기는 어렵다는 의미다. 그런 변화는 자신에 대한 깊은 깨달음에서 오는 진정한 변화라기보다 피상적인 행동의 변화에 가깝다. 추가적으로, 가해자 중에는 공감 능력이 결여된 이들이 많으므로 공감 훈련이 병행되어야 하는 경우도 많다.

진정한 변화를 위해서는

파트너가 당신에게 위협이 되지 않기 위해서는 다음과 같은 진정한 변화를 보일 수 있어야 한다.

1. **자신이 당신이나 당신의 자녀에게 정서적 학대 행동을 했음을 인정할 수 있어야 한다.** 또한 자신의 행동이 어떤 면에서 학대적이었는지 명확하게 설명할 수 있어야 한다. 자신이 인정한 사실에

대해서는 일관된 모습을 보여야 하며, 말을 뒤집거나, 사실을 축소하거나, 당신의 기억을 부정하거나, 당신을 탓하려 해서는 안 된다.

2. **자신으로 인해 피해를 당한 당신이나 다른 사람들에게 공감을 표할 수 있어야 한다.** 공감을 표한다는 것은 피해자의 입장에 자신을 대입하고 자신이 학대적 행동을 했을 때 상대가 어떤 기분을 느꼈을지 진심으로 이해하기 시작한다는 의미다.

3. **자신의 학대적 행동이 당신이나 당신의 자녀에게 준 피해를 이해하고 인정할 수 있어야 한다.** 이는 학대적 행동으로 인해 당신이나 당신의 자녀가 겪어야 했던 단기적·장기적 피해를 구체적으로 설명할 수 있어야 한다는 의미다. 당신이나 자녀가 겪은 피해에는 두려움, 수치심, 자신감 상실, 신뢰 상실, 중요한 관계의 상실, 자유의 상실 등이 포함될 수 있다.

4. **1~3번까지의 과정을 수행함에 있어 스스로를 동정하려 하거나 이 모든 것이 자신에게도 힘든 경험이었다는 말을 하지 않아야 한다.**

5. **파트너에게 경계선 성격장애나 자기애성 성격장애 등이 있다면 이 사실을 자기 자신과 당신에게 인정하고 전문적인 도움을 받겠다고 약속해야 한다.** 특히 의도적인 학대가 아니었어도 결과적

으로 학대적 행동을 하게 됐음을 깨닫고 인정해야 한다.

6. **이별을 포함하여 자신의 행동이 불러온 모든 결과를 받아들여야 한다.** 즉 학대적 행동의 결과로 잃게 된 것들이나 자신이 겪게 된 문제에 대해 상대를 탓하거나 억울해해서는 안 된다는 의미다. (예: 결혼생활의 종결, 당신이 잠자리를 거부하게 된 것, 경제적 문제)

7. **자신이 입힌 피해에 대해 참회해야 한다. 여기에는 당신을 향한 진심어린 사과도 포함된다.** (진심어린 사과에 반드시 포함되어야 할 요소에 대해서는 10장의 내용을 참고하자.)

8. **학대적 행동의 기저에 어떤 믿음과 가치관이 있었는지 이해하고 이에 대해 말할 수 있어야 한다.** 그 기저에는 자신이 다른 사람보다 우월하다는 생각, 자신은 늘 관심과 특별대우를 받아야 한다는 생각, 또는 여자는 믿을 수 없다는 생각 등이 깔려 있었을 수 있다.

9. **학대적 행동과 태도가 사라지고 상대를 존중하는 행동과 태도를 보여야 한다.** 이것을 확인하기 위해서는 당신의 말을 경청하는지, 자기 말만 옳다고 우기던 태도가 사라졌는지, 문제가 생길 때마다 당신을 탓하던 모습이 사라졌는지, 당신이 새로운 시도

를 하거나 친구를 사귀려 할 때마다 보이곤 했던 지나친 질투나 소유욕이 사라졌는지, 집안일이나 양육에 있어 자신의 몫을 적극적으로 수행하는지 등을 살펴보아야 한다.

10. **왜곡된 이미지를 버리고 당신의 실제 모습을 파악해야 한다.** 당신이 지닌 장점과 능력, 당신이 성취한 것들을 왜곡하지 않고 있는 그대로 바라볼 수 있어야 한다.

11. **다시는 학대적 행동을 하지 않겠다고 다짐해야 한다.** 그리고 다짐을 할 때는 '당신이 존중해주면 비하적인 발언을 하지 않겠다'는 식으로 조건을 붙여서는 안 된다. 또한 상담이나 치료 프로그램에 등록하는 등 자신의 다짐을 행동으로 보여줘야 한다.

12. **학대적 성향은 단기간에 사라지지 않으며, 치료에 평생이 걸릴 수도 있다는 사실을 인정해야 한다.** 이제 조금 괜찮아졌으니 다시 받아달라고 억지를 부려서는 안 된다.

13. **어서 다시 돌아오라고, 또는 어서 결정을 내리라고 다그쳐서는 안 된다.** 그런 종용은 그 자체로서 학대적이다. 다시 결합할지 결정하는 데 고민할 시간이 필요하다면 파트너는 위협하려 하거나 죄책감을 자극하지 말고 온전히 생각할 시간을 줘야 한다.

정서적 학대에서 벗어나기

내용 중 일부는 런디 밴크로프트Lundy Bancroft의 책《그 남자는 도대체 왜 그럴까》에서 차용했음을 밝힌다. 밴크로프트의 책은 신체적 학대에 관한 내용이지만, 상당 부분 정서적 학대에도 적용될 수 있다. 학대적 행동을 하는 사람의 행동 원리를 더 잘 이해해보고 싶다면 한번 읽어볼 것을 권한다.

6단계: 헤어진 파트너에 대한 애도의 과정을 시작한다.

이혼이나 연인과의 이별은 관계의 죽음을 의미하며, 그 관계가 주었던 모든 꿈 또는 희망과의 작별을 의미한다. 관계의 죽음 또한 여느 죽음과 마찬가지로 적절한 애도의 과정을 거쳐야만 치유가 시작될 수 있다.

정서적 학대 피해를 겪은 이들은 이 애도의 과정을 두려워하곤 한다. 헤어진 파트너나 끝나버린 관계에 대한 애도를 시작했을 때 경험하게 될 고통 때문이다. 일부는 지레 겁을 먹고 차라리 다시 파트너에게 돌아가는 게 낫겠다는 생각을 품기도 한다. 애도의 과정을 잘 이해하는 것은 이런 두려움을 막는 데 도움이 된다.

애도는 상실에 대한 자연스러운 반응이며, 우리의 몸과 마음, 영혼에 영향을 준다. 애도는 극도의 슬픔, 식욕상실, 불면증, 현실감각 상실, 집중력의 저하, 절망감, 자살에 대한 생각, 의욕 저하, 건망증, 분노, 불안, 우울 등 다양한 증상을 불러온다.

애도는 자연스러운 과정이지만, 관계가 끝났을 때 그에 대한 슬픔과 애도를 느끼거나 표현하는 것을 거부하는 이들도 많다. 여기에는 다음과 같은 이해할 만한 이유가 있다.

- 한번 울기 시작하면 멈출 수 없을 것 같다는 두려움
- 애도가 가져오는 고통으로 우울감에 빠질 것 같다는 두려움
- 고통을 견딜 만큼 정서적으로 강하지 않다는 두려움
- 애도로 인해 과거에 갇힐지도 모른다는 두려움

이제 각각의 두려움에 대해 자세히 살펴보자.

- **한번 울기 시작하면 멈출 수 없을 것 같다는 두려움:** 상담을 받던 시절, 심리치료사에게 이렇게 물은 적이 있다. "선생님, 언제까지 이렇게 울게 될까요?" 치료사의 현명한 답은 아직도 기억에 남아 있다. "더이상 눈물이 나오지 않을 때까지요." 오랫동안 울다 보면 눈물이 멈추지 않을 것 같다는 두려움이 들 때도 있지만, 다행히도 이것은 우리의 몸이 해결해준다. 격하게 흐느껴 울다 보면 기침이 나거나 숨이 막히는 것 같은 느낌이 들 때도 있지만, 우리의 몸은 우리가 위험에 처할 때까지 울게 내버려두지는 않는다. 계속해서 울 수 있을 것 같아도 결국은 숨이 차서 호흡을 고르느라 멈추게 되고, 울다가 지치면 잠이 들기도 한다.

정서적 학대에서 벗어나기

- **애도가 가져오는 고통으로 우울감에 빠질 것 같다는 두려움:** 이 또한 매우 이해할 만한 두려움이다. 그러나 이러한 두려움과는 반대로 고통과 애도를 억누르는 행동이 오히려 우울증을 불러올 가능성이 높다. 표현되지 못한 고통과 우울은 우리로 하여금 삶의 좋은 것들을 제대로 느끼지 못하게 가로막는다. 뒤이어 소개할 방법들을 활용하면 마음 속 깊은 곳의 슬픔에 압도되지 않으면서도 그 감정을 제대로 느끼고 표현할 수 있을 것이다(물론 슬픔이나 애도의 감정이 너무 격렬하여 혼자서는 감당이 되지 않는다면 심리치료사나 의사의 도움을 받는 것이 좋다).

- **고통을 견딜 만큼 정서적으로 강하지 않다는 두려움:** 당신에 대해서는 아마도 당신 자신이 가장 잘 알고 있을 것이다. 당신이 현재 지치고 연약한 상태에 놓여 있을 수 있다는 점도 이해한다. 지금은 끝나버린 관계에 대한 고통과 슬픔을 마주할 힘이 없다고 느낄 수도 있으며, 이것은 이해할 만한 일이다. 하지만 당신은 생각보다 훨씬 강한 사람일 수도 있다. 당신이 얼마나 강한지는 당신이 정서적 학대를 견디고 살아남은 생존자라는 사실만 보아도 이미 알 수 있다. 정서적 학대의 고통을 견디기 위해서는 엄청난 힘과 의지가 필요하다. 이 책을 읽으며 계속 눈물을 흘렸다면, 몸이 하는 이야기를 들어야 한다. 당신의 몸은 슬픔을 느끼고 있으며, 당신의 눈물은 밖으로 나오고 싶어 한다. 눈물이 흘러나올 길을 열어주자.

• **애도로 인해 과거에 갇힐지도 모른다는 두려움:** 이 또한 충분히 이해할 만한 두려움이다. 그러나 잠시 후 소개할 그라운딩grounding 연습을 통해 과거의 감정이나 트라우마에 다시 끌려들어가지 않고 현재에 단단히 뿌리를 내리는 법을 배울 수 있을 것이다.

여전히 많은 두려움이 들겠지만, 우리에게는 그 두려움이 실제 우리를 덮치지 못하도록 막을 수 있는 많은 기술과 전략이 있다. 여기에는 학대로 인한 고통을 직면하고 극복하는 새로운 방법들과 잃어버린 것들에 대한 건강한 애도법이 포함된다. 이러한 전략과 기술을 적절히 활용하면 다시 트라우마에 빠지지 않으면서도 애도의 과정을 무사히 마칠 수 있을 것이다. 그러나 감정에 지나치게 압도되어 감당할 수 없다는 느낌이 들거나 트라우마가 돌아오는 것 같은 느낌이 들면 전문가에게 도움을 청하는 것이 좋다.

다음의 두 가지 연습과제는 애도의 과정에서 현실을 벗어나지 않고 단단하게 중심을 잡을 수 있도록 도와줄 것이다.

현재에 뿌리내리기, 그라운딩

1. 방해가 될 만한 요소가 없는 조용한 장소를 찾는다.

2. 의자나 소파에 자세를 바르게 하고 앉는다. 발은 바닥에 평평하게 닿게 한다. 굽이 있는 신발을 신고 있다면 발바닥 전체가 바닥에 닿을 수 있도록 신발을 벗는다. 발을 디딘 곳에 신경을 집중하며 땅과의 연결을 느낀다.

정서적 학대에서 벗어나기

3. 눈을 뜬 채 심호흡을 몇 차례 한다. 주의는 계속해서 발밑의 땅에 집중한다. 그라운딩을 수행하는 내내 규칙적으로 호흡하며 발에 닿아 있는 땅을 느낀다.

4. 호흡을 그대로 유지하며 방 안을 둘러본다. 주변에 있는 사물의 색깔과 모양, 질감을 관찰하고 마음에 새긴다.

5. 호흡을 유지하며 주의를 다시 발밑의 땅에 집중한 채 주변에 있는 것들의 색깔과 모양, 질감을 마음에 새긴다.

그라운딩에는 다음과 같은 다양한 효과가 있다.

• 의식을 몸에 집중시킴으로써 트라우마 촉발이나 해리를 막아준다.
• 트라우마의 촉발 등으로 인해 과거로 돌아간 의식을 다시 현재, 지금, 여기로 돌아오게 해준다.
• 주변의 물건에 시각적으로 집중함으로써 주의를 몸 밖으로 돌려 수치심의 소용돌이를 멈추고 수치심과 관련된 모든 감정과 생각을 잠재워준다.
• 마음챙김에 집중할 수 있도록 도와준다.

트라우마 피해자에게는 과거의 기억으로 인한 트라우마의 촉발이나 '영혼이 몸을 빠져나가는 것 같은' 해리 증상이 흔히 나타난다. 이런 증상이 나타날 때도 그라운딩을 유용하게 활용할 수 있다.

감정의 파도타기

다음은 마음에 느껴지는 감정을 충분히 느끼면서도 그 감정에 압도되지 않도록 돕는 연습과제다. 고통이나 두려움, 분노, 수치심 등 강렬한 감정이 느껴질 때 활용할 수 있다.

1. 앞서 소개한 그라운딩을 하며 몸과 마음을 차분히 가다듬는다.

2. 마음속에 느껴지는 감정을 관찰한다. 그 감정이 어떤 느낌을 주는지 살펴보고, 그 감정이 느껴질 때 몸에 어떤 변화가 나타나는지 관찰한다. 그 감정이 좋은 것인지 나쁜 것인지는 판단하지 않는다.

3. 감정을 충분히 경험한다. 밀려오고 밀려가는 파도처럼 가만히 감정을 느껴본다. 감정을 억누르거나 밀어내려는 시도는 하지 않는다. 감정에 매달리거나 그 감정을 증폭시키려는 시도도 하지 않는다. 그저 파도처럼 밀려오고 밀려가도록 내버려둔다.

4. 감정에서 한 발짝 물러선다. 물러나서 감정을 '지켜보는' 경험을 통해 감정에 거리를 둘 수 있으며, 그 감정에 소모하던 엄청난 에너지를 놓아줄 수 있다.

5. 이제 당신의 마음에서 필요를 다한 그 감정에서 빠져나온다. 감정에 거리를 두고 바라볼수록 그 감정을 더 쉽게 보내줄 수 있다.

정서적 학대에서 벗어나기

앞서 소개한 두 활동은 애도의 감정이 갑자기 닥쳐오는 경우에도 유용하지만, 따로 시간을 할애하여 관계를 애도하려 할 때도 효과적으로 사용할 수 있다. 다음으로는 트라우마의 갑작스러운 촉발을 막는 데 효과적인 활동을 알아보자.

트라우마 회피하기

헤어진 파트너에 대한 기억을 불러일으킬 만한 날짜, 상황, 장소, 사건 등을 정리한다. 여기에는 생일이나 기념일, 특별한 날 등 고통스러운 감정을 불러일으킬 만한 모든 것이 포함된다. 파트너를 떠올리게 할 수 있는 소리나 냄새, 음악, 영화 등도 정리한다. 목록을 모두 정리했으면 그 내용을 참고하여 과거의 기억을 상기시킬 만한 상황을 적극적으로 피한다. 예를 들어 운전을 할 때는 파트너를 떠올리게 할 음악이 나올 수도 있는 라디오를 틀어놓기보다는 휴대폰에 저장되어 있는 음악이나 직접 고른 CD를 재생하는 것이 좋다. 반면 울고 싶을 때 눈물이 잘 나오지 않는다면 파트너를 떠올리게 하는 음악을 찾아서 들어보는 것도 괜찮은 방법이다.

작별 편지 쓰기

이 연습과제는 감정에 휩쓸리지 않고 파트너에게 안전하게 작별을 고할 수 있는 좋은 방법이 되어줄 수 있다.

1. 헤어진 파트너에게 보낼 작별 편지를 써본다. 편지를 쓸 때는 이 것이 당신의 분노나 상처에 대해 말할 수 있는 마지막 기회라고 생각하며 내용을 작성한다.

2. 편지를 한 번에 다 쓰는 것은 어려울 수도 있으니 시간을 두고 천천히 작성한다. 내용은 당신이 원하는 대로 채우면 된다. 분 노를 잔뜩 쏟아내도 괜찮고, 둘의 관계가 잘 풀리지 않은 것에 대한 슬픔을 표현해도 괜찮다.

3. 파트너에 대한 애정이 남아 있다면 굳이 숨기지 않고 표현해도 괜찮다. 그러나 이 편지가 상대에게 이별을 고하기 위한 작별 편지라는 점은 기억해야 한다.

4. 편지를 다 쓴 후에는 여러 번 읽어본다. 소리내어 읽어보기도 한 다. 편지를 상대에게 실제로 보낼지는 나중에 결정해도 괜찮다.

상자에 넣기, 불태우기

옛 속담에 '목욕물 버리다 아이까지 버리는 격'이라는 말이 있다. 쓸모없는 것을 버리려다 소중한 것까지 함께 버릴 수 있다는 의미의 속담이다. 이번 연습과제는 나쁜 기억을 지우려다 좋은 기억까지 몽 땅 없애는 일을 막기 위한 활동이다.

1. 앞선 연습과제에서 작성해둔 파트너의 장점 목록을 한 장 베껴 쓰거나 복사한다. 원한다면 새롭게 작성해도 좋다.

정서적 학대에서 벗어나기

2. 단점 목록 또한 같은 방식으로 준비한다.

3. 작은 상자를 한 개 준비한다. 장점 목록을 접어서 준비한 상자에 넣고 눈에 잘 띄지 않는 곳에 숨긴 후, 앞으로 6개월 동안 절대 열어보지 않겠다고 다짐한다. 상자를 열고 싶을 때면 스스로에게 이렇게 타이른다. "그 사람을 내 마음속에서 완전히 내보내고 난 후에 열어보자. 그때쯤 되면 그 사람의 좋은 면들을 기억해도 괜찮을 거야."

4. 단점 목록은 태워버린다. 벽난로에 넣거나 야외에서 바비큐를 할 때 태워버려도 되고, 큰 대접에 놓고 태워도 된다. 리스트를 태우며 스스로에게 이렇게 말한다. "이 목록을 태움으로써 나는 파트너와 관련된 모든 부정적인 것들을 제거한다. 학대와 고통, 수치심과 두려움은 이 목록과 함께 사라질 것이다."

헤어진 파트너 '묻기'

이 연습과제는 다시는 예전의 관계로 돌아가지 않겠다는 굳건한 결심이 섰을 때, 끝까지 해낼 수 있을 만큼 스스로 강해졌다는 확신이 들 때 시도해볼 것을 권한다. 이 과제를 실행에 옮긴 한 내담자는 자신의 경험을 이렇게 설명했다. "전남편을 제 삶에서 완전히 몰아내야겠다는 생각에 이 과제를 실천에 옮겨봤어요. 헤어진 후 만날 일이 전혀 없었는데도 이상하게 완전히 지워지지가 않았어요(둘 사이에는 자녀가 없었고, 내담자는 다른 도시로 이사를 간 상태였다). 제 머릿속 어딘가에 영원히 전남편의 존재가 각인된 것 같았죠. 제 의식에서 그 사람의 존재를 지우고 싶었어요. 전남편에 대한 생각을 완전히 몰아내고 싶었죠."

1. 파트너가 죽어서 마지막 작별인사를 해야 하는 상황을 상상해 본다. 원한다면 실제 공동묘지에 가서 그곳에 파트너가 묻혀 있다고 상상해도 괜찮다.

2. 파트너에게 작별의 말을 고한다. 머릿속으로 해도 되고, 소리내어 말해도 괜찮다. 앞서 작성한 작별 편지를 읽어도 좋고, 파트너를 '묻고' 영원히 작별을 고하는 데에 걸맞은 내용으로 별도의 추도사나 글을 준비하여 읽어도 좋다.

7단계: 치유를 계속해나간다.

어찌 보면 가장 중요하다고 볼 수 있는 단계다. 치유에는 시간과 노력이 필요하다. 시간과 노력을 들여 스스로를 치유하지 않으면 파트너에게 다시 돌아가거나, 또다시 학대적인 사람과 사귀게 될 확률이 높다.

감정과 새로운 관계 정립하기

고통이나 분노, 두려움 같은 강렬한 감정을 새로운 시선으로 바라보면 내면에서 일어나고 있는 일들에 대한 중요한 정보를 얻을 수 있

정서적 학대에서 벗어나기

다. 감정은 거기에 집착하며 매달리거나 억누르려 하면 파괴적으로 변해 더 큰 정신적·신체적 고통을 불러온다. 감정은 또한 싸우고 떨쳐내려 할수록 더 강해진다. 힘든 감정을 다루는 더 건강한 방법은 그것을 밖으로 드러내어 자기연민적인 시선으로 관찰하는 것이다. 느껴지는 감정의 옳고 그름을 판단하지 않고 침착하게 관찰한다면 감정과 새로운 관계를 정립하는 것도 가능하다. 어떤 감정이 느껴질 때 '이런 감정이 드는 게 싫어'라거나 '이런 감정을 느껴서는 안 돼'라거나 '이런 감정은 잘못된 거야'라고 생각하기보다 다음과 같은 자기연민적 태도로 그 감정을 있는 그대로 받아들이는 연습을 해보자.

- '지금은 이런 슬픈 감정이 드는 게 당연해.'
- '나에게는 이런 분노를 느낄 권리가 있어.'

외상후스트레스장애 치유하기

《내 안의 트라우마 치유하기》의 작가 피터 레빈Peter Levine은 스트레스와 트라우마에 대해 35년간 연구한 전문가다. 레빈에 따르면 (친밀한 파트너의 폭력 같은) 생명에 대한 위협에 직면했을 때 우리의 몸과 마음은 그 위협에 맞서 싸우거나 그로부터 도망치기 위해 엄청난 에너지를 동원한다. 이 반응은 '투쟁 도피 반응'이라고도 알려져 있는데, 아이의 다리가 차에 깔렸을 때 어머니가 엄청난 힘을 발휘하는 것도 이 같은 반응을 통해서다. 이 엄청난 힘은 코르티솔과 아드레날린 같은 스트레스 호르몬이 분비되고 근육으로 가는 혈류량이 순간적으로 크게 증가하며 발휘할 수 있게 된다.

어머니가 아이를 구하려 동원한 에너지는 900킬로그램에 달하는 차체를 들어 올리는 행위로 대부분 발산된다. 이렇게 에너지가 발산되면 뇌는 위험 상황이 끝났음을 인지하고 이제 스트레스 호르몬 분비를 다시 낮춰도 된다는 것을 알게 된다.

그런데 위협에 대비하여 동원된 호르몬과 에너지가 발산되지 못해 평시로 돌아가도 된다는 메시지가 뇌에 도착하지 않으면 어떻게 될까? 우리의 뇌는 계속해서 다량의 아드레날린과 코르티솔을 분비하라고 명령할 것이고, 우리의 몸은 높은 에너지가 동원된 긴장 상태를 계속 유지할 것이다. 바로 이것이 차에 깔린 아이가 경험하게 되는 상태다. 위협에 대비해 에너지는 생성되었으나 발산이 되지 못한 것이다. 이 에너지를 발산시킬 방법을 찾지 못하면 아이의 몸은 차에 깔린 채 무력함과 고통을 느꼈던 그 상태에서 보였던 반응을 벗어나지 못한다. 이것이 바로 외상후스트레스장애 환자가 경험하게 되는 일이다. 외상후스트레스장애를 겪는 이들은 극심한 불안과 과민반응을 경험하고, 쉽게 자극된다. 이들은 또한 외상 사건에 관련된 끔찍한 생각이나 느낌, 꿈과 기억에 시달리며, 사건과 관련된 기억을 불러올 수도 있는 상황을 회피한다.

안타깝게도 인간은 죽음에 가까운 순간을 경험한 후 동물과 같은 방식으로 '스트레스를 털어내지' 못한다. 마취총을 맞고 포획된 곰의 경우를 예로 들어보자. 마취총을 맞는 순간 곰은 '쇼크 상태'에 빠지지만, 마취제의 효력이 다하고 나면 그 상태에서 빠져나와 바로 회복

　　　　정서적 학대에서 벗어나기

을 시작한다. 방법은 몸을 떠는 것이다. 곰은 처음에는 가볍게 몸을 떨다가 점점 그 강도를 높여가며 사지를 마구 움직이며 경련하듯 온몸을 떤다. 떨기를 마친 후에는 온몸을 사용한 깊은 호흡을 수차례 반복한다.

흥미로운 것은 아무렇게나 경련하며 떠는 것 같았던 곰의 움직임을 촬영하여 슬로모션으로 보면 사실은 그것이 달리는 동작이라는 점이다. 마취총을 피해 달아나던 곰은 총에 맞아 쓰러지며 달리기 동작을 마무리하지 못했다. 완료하지 못했던 그 동작을 완료하고 온몸을 사용한 깊은 호흡을 함으로써 '얼음 상태가 되었던 에너지'를 방출하고 트라우마를 털어내는 것이다.

레빈은 잘 사용하지 않아 그 방법을 잊었을 뿐 인간에게도 트라우마를 털어내는 능력이 있다고 설명한다. 제대로 된 안내만 있다면 인간 또한 동물과 정확히 똑같은 과정을 거쳐 정서적·신체적 학대 같은 충격적인 경험이 불러온 트라우마를 털어버릴 수 있다는 것이다.

레빈에 따르면 신체경험치료somatic therapy가 효과를 발휘할 수 있는 것은 트라우마라는 것이 일차적으로는 생리학적 성격을 지녔기 때문이다. 트라우마가 우선적으로 영향을 주는 것은 인간의 신체와 본능이다. 마음과 감정, 정신으로 그 영향이 퍼지는 것은 그 다음 단계다.

정서적이든 신체적이든 학대, 즉 공격을 경험한 피해자에게 중요한 것은 몸속에 갇힌 채 방출되지 못한 얼어붙은 에너지를 밖으로 내보내는 것이다. 파트너의 정서적 공격이 발생했을 때 당신은 자신을 방어하려고도, 때로는 도망치려고도 애써봤을 것이다. 하지만 당신의 노력에도 불구하고 피해를 피할 수 없었고, 그 피해로 인해 생성된 분노와 두려움의 에너지는 당신의 몸에 갇힌 채 그대로 존재하고 있을 것이다. 이 에너지를 방출해야지만 뇌가 이제는 스트레스 호르몬 분비를 낮춰도 된다는 것을, 즉 위협이 이제는 지나갔다는 것을 알 수 있게 된다. 다시 평시로 돌아가도 된다는 메시지가 도달하기 전까지 뇌는 아드레날린과 코르티솔의 분비량을 높은 수준으로 유지하게 되고, 그렇게 되면 우리의 몸은 긴장 상태를 유지할 수밖에 없다. 위협에 직면했던 순간의 고통과 무력감을 계속 느껴야 하는 것이다.

다음에 소개한 방법들 중 하나로 분노를 방출하는 것은 정서적·신체적 학대가 남긴 스트레스를 '털어내는 데' 도움을 줄 수 있다.

※주의사항: 아래의 연습과제들이 촉발요인으로 작용해 트라우마의 순간으로 돌아가는 일이 발생할 수도 있다. 학대의 가해자를 강하게 밀치거나 발로 차서 쫓아버리는 상상 등으로 이어진다면 괜찮지만, 다시 학대 당시의 고통과 무력감이 살아나는 것 같다면 (앞에서 소개한) 그라운딩을 통해 다시 현재로 돌아오도록 하자. 트라우마의 순간에서 벗어나 완전히 현실로 돌아온 느낌이 들 때까지 그라운딩을 반복하는 것이 좋다.

발 굴러 털어내기

등을 침대에 대고 반듯하게 눕는다. 무릎을 굽히고 발바닥은 침대

　정서적 학대에서 벗어나기

에 붙인다. 발을 최대한 강하게 구르며 발버둥을 친다. 무릎을 굽히지 않고 쭉 편 상태에서 다리를 한쪽씩 들어올렸다가 강하게 침대로 내리치는 방법도 괜찮다. 이렇게 하면서 큰 소리로 "싫어!"라고 외친다.

밀어서 털어내기

튼튼한 문 앞에 선다. 두 팔을 앞으로 뻗어 양손의 손바닥을 문에 댄다. 문을 강하게 밀며 "저리 가!" 또는 "당장 나가!"라고 외친다.

정서적 학대 피해자를 비롯한 트라우마 피해자들은 늘 잔뜩 긴장한 채 숨을 죽이고 다음 공격에 대비한다. 이러한 과잉경계 상태가 지속되면 당연히 몸에도 무리가 올 수 밖에 없다. 천천히 심호흡을 하며 몸의 긴장을 풀 수 있는 환경은 이런 과잉경계 상태를 해소하는 데 도움이 된다. 이러한 환경은 마음은 물론 몸의 치유도 도울 수 있다. 요가 수련은 여기에 아주 적합한 활동이다. 경제적 여건이 된다면 안구운동 민감소실 및 재처리 요법Eye Movement Desensitization and Reprocessing Therapy, EMDR, 두개천골 요법Cranial-Sacral Therapy, CST, 피터 레빈이 소개한 신체경험치료 요법 등도 고려해볼 수 있다.

물론 이번 장의 내용을 모두 읽은 후에도 헤어진 파트너에게 다시 돌아가게 될 수도 있다. 하지만 그렇다고 당신이 구제 불능이라거나 패배자라고 생각할 필요는 없다. 사실 학대 피해자가 가해자에게 다시 돌아가는 일은 꽤 흔하다. 돌아가는 이유는 여러 가지일 것이다. 경제적인 이유일 수도 있고, 파트너가 정말로 변했다고 생각해서, 또는 다시 기회를 줘야 한다고 생각해서일 수도 있다. 이유가 무엇이든 다시 돌아갔다고 해서 스스로를 재단하지 말자. 이번에는 정말 다를 수도 있다. 물론 아닐 수도 있다. 하지만 결과가 어떻든 당신은 당신이 해야만 한다고 느끼는 일을 했을 뿐이다.

중요한 것은 파트너에게 다시 돌아간 후에도 치유를 계속해나가는 것이다. 그러니 부디 이 책을 끝까지 읽고 학대 경험을 계속해서 치유해나가기를 바란다. 파트너와 당신의 사이가 어떻게 되든 치유는 분명 당신을 더 강하게 만들 것이다.

14장
자기이해를 통한 자기용서

"자신의 결점을 스스로 인정하면 아무도 그 결점을 이용해 당신을 괴롭힐 수 없다."

- 익명의 누군가

수치심은 집요한 감정이다. 수치심이라는 감정은 정서적 학대 관계를 벗어난 이후에도 오랫동안 사라지지 않는다. 학대적인 파트너가 퍼부었던 비난의 말들은 우리 안에 남아 있다가 뭔가 실수를 하거나 안 좋은 일이 있었던 날, 원하는 대로 일이 풀리지 않은 날 어둠 속에 숨어 있던 괴물처럼 갑자기 튀어나와 우리를 괴롭힌다. 가까스로 그 비판적인 수치심의 메시지를 잠재울 방법을 찾는다 해도 끝이 아니다. 파트너의 학대적 행동을 오랫동안 그저 견디기만 한 자신에 대한 수치심, 그리고 그로 인해 자녀들이 겪어야 했던 피해를 깨달았을 때 느껴지는 수치심은 더욱 끔찍하다.

이제는 계속해서 스스로에게 수치심을 주지 말고 용서할 방법을 찾아야 한다. 용서할 방법을 찾지 못하면 언제까지고 수치심을 짊어진 채 살아야 하며, 그럴수록 새로운 삶에 대한 희망은 요원해진다. 당신은 파트너의 행동에서 학대성의 징후를 깨닫지 못한 것에 대해, 파트너의 말을 곧이곧대로 믿은 것에 대해, 자신의 진정한 모습을 깨닫지 못하고 혼란에 빠진 것에 대해, 그럼에도 불구하고 학대적 관계를 오랫동안 지속한 것에 대해 스스로를 용서해야 한다. 정서적 학대가 진행되는 동안 자녀들을 혼란스럽고 폭력적인 환경에 노출시킨 것에 대해서도, 친밀한 관계에서의 부정적인 역할모델을 목격하게 한 것에 대해서도 말이다. 정서적 학대의 결과로 당신이 다른 사람에게 상처를 주고 피해를 입힌 것이라든가 학대로부터 살아남기 위해 기댔던 부적절한 대응기제나 문제적 행동에 대해서도 용서할 수 있어야 한다. 이번 장에서는 이 모든 것들을 차근차근 해낼 수 있는 방법을 알아보도록 하겠다.

자기용서는 자기연민의 중요한 요소이며, 내면에 자리 잡은 유해한 수치심을 제거하기 위해 활용할 수 있는 가장 강력한 도구 중 하나다. 학대로부터의 치유를 원한다면 자기용서는 선택이 아닌 필수의 문제다. 자기용서가 중요한 이유는 다음과 같다. 수치심을 더 잘 치유할수록 학대적인 파트너가 남겨둔 왜곡된 렌즈를 통하지 않고 진정한 자신의 모습을 더 또렷하게 볼 수 있게 된다. 자신이 나약하고 바보 같고 무능력하다는 생각을 버리고 그저 다른 사람들과 마찬가지로 가끔 실수를 하는 불완전하고 평범한 인간이라는 생각을 가질 수 있게 되는 것이다. 수치심을 치유하면 실수를 하는 불완전한 사람도 존중과 배려를 받을 자격이 있다는 당연한 사실을 깨달

정서적 학대에서 벗어나기

게 된다.

자기연민이 수치심의 해독제라면, 자기용서는 수치심을 치유하는 치료제다. 자기연민은 수치심의 독성을 중화하고 제거하는 역할을 하며, 자기용서는 수치심으로 인해 고통스러워하는 몸과 마음, 영혼을 어루만지고, 전체적인 치유의 과정을 돕는 역할을 한다는 의미다.

자기이해

자기이해는 자기용서를 돕기 위해 우리가 사용할 핵심적인 도구 중 하나다. 자기이해를 위해서는 수치심이 어떤 방식으로 당신의 자기상에 영향을 주었는지, 정서적 학대가 어떤 방식으로 당신의 중요한 측면들을 단절시켰는지, 트라우마가 어떤 방식으로 유해한 증상과 행동들을 불러왔는지 이해할 필요가 있다.

자기이해를 위해서는 자신의 트라우마에 공감을 발휘하는 '트라우마 공감적 접근법'을 취해야 한다. (정서적 학대를 비롯한) 감당하기 힘든 환경에서 개인이 대응하거나 적응하기 위해 어쩔 수 없이 했던 행동들을 이해 가능한 행동으로 보는 트라우마 공감적 접근법은 피해자에게 많은 힘을 실어줄 수 있다.

트라우마 공감적 접근의 주된 목표는 트라우마가 당신의 삶을 어떤 방식으로 변화시켰는지 더 잘 이해할 수 있게 돕는 것이다. 더 구체적으로는 당신이 스스로에 대해 가장 비판적으로 생각하고 있는, 그리고 타인에 의해 가장 자주 비판받는 행동들 중 상당수가 알고 보면 정서적 학대에 대한 대응기제 또는 자신을 제어하기 위한 시도였다는 것을 깨닫게 해주는 것이다. 트라우마 공감적 접근은 그런 행동의 원인을 더 잘 이해할 수 있도록 돕고, 스스로에 대한 연민을 발휘할 수 있게 해줄 것이다.

다음은 트라우마 공감적 사고의 주요 원칙이다. 수치심을 비롯하여 학대가 남긴 피해를 치유하는 데 집중하며 다음의 원칙과 믿음을 잘 이해하고 스스로에게 적용해보자.

- 트라우마는 피해자의 선택의 폭을 좁히고 자존감을 약화시킨다. 트라우마는 또한 피해자의 통제력을 앗아가고, 절망감과 무력감을 느끼게 한다.

- 피해자가 보이는 문제적 행동은 트라우마에 대한 대응 시도로 보아야 하며, 병리적 증상이 아닌 적응을 위한 행동으로 보아야 한다.

- 피해자가 보이는 모든 행동은 과거에도 현재도 피해자가 스스로를 구제하기 위해 한 행동이라는 점을 이해해야 한다.

- 피해자가 '어떤 면에서 잘못됐는지'보다 피해자에게 '어떤 일이 있어서 그렇게 됐는지'에 초점을 맞춰야 한다.

- 자해 등의 정신과 증상과 약물남용 등의 행동은 선택권이 제한적이었던 상태에서 피해자가 택한 대응기제일 수 있다.

- 피해자는 인생을 송두리째 뒤흔드는 트라우마의 영향에 대응하기 위해 최선을 다하고 있다.

피해자가 트라우마를 견디기 위해 시도한 다양한 행동을 비난해서는 안 된다. 그보다는 정서적 학대의 피해자가 트라우마에 대한 반응으로 알코올이나 약물중독, 도박이나 도둑질, 자해, 자녀나 주변 사람에 대한 학대적 행동 등을 보이게 될 수 있다는 점을 이해해야 한다. 당신이 보였던 문제적 행동들이 트라우마를 견디기 위한 행동이었을 수 있음을 깨달아야 한다는 의미다. 예를 들어 알코올중독이나 약물중독은 극도의 불안을 견디기 위한 방편으로 나타나는 경우가 종종 있다. 이것을 깨닫고 스스로에게 연민을 발휘할 수 있다면, 이는 자기수용과 변화를 향한 중요한 발걸음이 될 수 있다. 이렇게 스스로에게 자기연민을 베풀 수 있게 된 후에야 일기 쓰기나 따뜻한 물에 목욕하기, 이마에 차가운 수건 대기, 그라운딩, 심호흡 훈련 등 스스로를 안정시키고 통제력을 되찾기 위한 전략을 배워갈 수 있다.

자기이해는 당신이 애초에 어쩌다 학대적 관계에 처하게 됐는지, 또 왜 그 관계를 끝내지 못하고 지속했는지 깨달을 수 있도록 도와준다. 물론 누구나 학대적 관계에 처할 수 있다. 그러나 학대적 관계에 취약하게 만드는 특정한 배경이나 상황이 존재하는 것도 사실이다. 연구에 따르면 학대 피해자들은 다음과 같은 경험을 지닌 경우가 많다.

- 아동기의 정서적·신체적·성적 학대
- 아동기의 방임

- 아동기의 정서적·물리적 유기

- 자기애성 성격장애 또는 경계선적 성격장애를 지닌 부모

- 알코올중독이나 알코올/약물남용 문제를 지닌 부모

만약 아동기에 앞서 언급한 것들 중 하나라도 경험했다면 당신이 정서적 학대 성향의 파트너에게 끌린 것은 이해할 만한 일이다. 이에 대해서는 이번 장의 뒷부분에서 더 자세히 알아보도록 하자.

트라우마 공감적 태도는 스스로에 대한 비판적인 시각을 한결 누그러뜨려준다. 정서적 학대 트라우마 때문에 문제적 행동을 보이곤 했던 자신이 '나쁜 사람'이라는 인식을 거두게 해주는 것이다. 당신이 했던 부정적인 행동들은 당신의 진정한 모습이 아니다. 그러한 행동들은 단지 감당하기 어려운 트라우마에 대응하기 위한 당신 나름의 방편이었을 뿐이다. 나는 당신이 자기이해를 통해 스스로를 용서하고 더 큰 자기연민을 베풀 수 있었으면 한다.

세상에 완벽한 사람은 없으며 인간은 누구나 실수를 한다. 자기이해는 이러한 전제를 바탕으로 우리가 하는 행동에는 늘 이유가 있다는 점을 일깨워주고, 그 이유를 찾도록 도와준다. 예를 들어 자녀들에게 자꾸만 짜증을 내고 있다면, 스스로에게 이런 질문을 던짐으로써 자기이해를 높여볼 수 있다. '나는 지금 왜 아이들을 이런 방식으로 대하고 있을까? 남편이 나를 대하는 방식과 관련이 있는 것은 아닐까? 늘 판단당하고 비판받는 두려움이 점점 심해져서 내가

정서적 학대에서 벗어나기

아이들을 대하는 방식에까지 영향을 주게 된 건 아닐까? 나나 아이들이 비판을 받을까봐 두려워서 나도 모르게 완벽한 모습을 강요하게 된 건 아닐까?'

또 다른 가능성도 있다. 당신의 부모님이 당신에게 자주 조바심을 내거나 짜증을 부렸고, 부모님의 그런 행동을 그대로 아이들에게 되풀이하고 있는 것일 수도 있다. 아니면 스스로에 대한 비판과 짜증이 자녀들과의 소통 방식에 그대로 반영된 것일 수도 있다.

앞에서 말한 경우 중 한 가지라도 해당사항이 있다면, 당신이 자녀들에게 짜증을 부린 것은 이해할 만한 일이다. 자신이 한 행동의 이유를 찾아서 핑계로 사용하라는 말이 아니다. 다만 지나친 자기비판에서 벗어나 자기이해를 시도하고, 불완전한 자신을 나쁜 사람으로만 볼 게 아니라 평범한 인간으로 바라보자는 이야기다.

늘 가혹한 비판과 짜증에 시달리고 한 번도 부모의 무조건적인 수용을 받아본 적이 없는 사람이 다른 사람, 특히 자신의 자녀를 똑같은 방식으로 대하게 되는 것은 이해할 만한 일이다. 우리는 성인군자가 아니다. 학대적 행동은 우리에게 깊은 상처를 남기고, 기본적인 성격 구조까지 바꿔놓는다. 흔히 말하듯, '상처를 받은 사람은 상처를 주게 된다.' 지금이라도 자신을, 그리고 자신의 행동을 더 잘 이해하고 자기용서를 위한 노력을 시작해야 할 이유다.

자기용서의 장애물

자기용서라는 말은 자기연민만큼이나 강한 거부감을 불러일으킬 수 있다. 자기용서라는 것이 결국 '자신을 봐주는 행위'가 아니냐는 생각이 들 수 있기 때문이다. 그러나 우리가 하고자 하는 자기용서는 그런 것이 아니다. 여기서 말하는 자기용서란 자신이 한 행동에 대해 책임을 지면서도 그동안 스스로를 괴롭혔던 가혹한 자기비난을 멈추는 것을 의미한다. 학대적인 관계를 시작하게 된 것에 대해, 그리고 정서적 학대를 견디기 위해 했던 행동에 대해 끊임없이 자책하는 것은 자신을 비롯한 누구에게도 도움이 되지 않는다. 과거를 극복하고 앞으로 나아가는 데에도 전혀 도움이 되지 않는 것은 물론이다.

과거의 행동 때문에 수치심에 사로잡힐수록 자존감은 점점 낮아지고, 변화의 의지 또한 약해진다. 또한 자신을 용서하지 않으면 치유되지 못한 수치심이 오히려 진실을 보는 눈을 가려버리고, 정당한 비판이나 지적도 열린 태도로 받아들이지 못하게 된다. 자기용서는 더 깊은 자아와의 연결을 도움으로써 변화로 가는 문을 열어준다.

자신을 용서하라는 말에 이런 의문이 들 수도 있다. '내가 나를 왜 용서해야 하지? 그래봤자 내가 피해를 준 사람들이 괜찮아지는 것도 아니잖아.' 자기용서가 필요한 이유가 궁금하다면, 가장 강력한 이유는 다음과 같다. 당신이 스스로를 용서하지 않는다면, 치유되지 않은 수치심을 계속 짊어지고 다닐 수밖에 없다. 그리고 그 수치심은 당신이 지금껏 당신 자신과 주변 사람들에게 했던 문제적인 행동을 계속 반복하게 만들 것이다. 자기용서는 수치심을 한 단계 치유하고 당신을 자유롭게 함으로써 더 나은 사람이 될 수 있게 해준

정서적 학대에서 벗어나기

다. 그동안 짊어져야 했던 자기혐오라는 짐을 벗고 그야말로 새로운 삶을 살 수 있게 되는 것이다.

학대 그 자체에 대해 스스로를 용서하기

자기용서의 시작점이 되어야 할 곳은 명확하다. 바로 학대 그 자체에 대해 스스로를 용서하는 것이다. 파트너의 정서적 학대로 인해 당신은 분명 감옥에 갇힌 것 같은 답답함을 느꼈을 것이다. 자기용서는 당신이 스스로 만든 감옥에서 걸어 나올 수 있게 해준다. 《상처 입은 나를 위로하라》라는 훌륭한 책을 쓴 심리상담 전문가 주디스 바이올스트Judith Viorst는 "저지르지도 않은 범죄에 대해 평생 속죄하는 형벌을 스스로에게 내리는 것"을 경계해야 한다고 했다. 이미 여러 차례 지적한 바와 같이 피해자들은 자신이 당한 학대에 대해 스스로를 탓하는 경향이 있다. 그렇게 하는 편이 취약성이나 통제의 상실을 인정하는 것보다 견디기 쉽기 때문이다. 자신이 뭔가를 잘못했기 때문에 학대가 발생한 것이라고 믿는 한 적어도 상황을 전혀 통제할 수 없다는 무력감은 느끼지 않아도 된다. 또한 가해자가 한 학대적 행동에 대해 스스로를 탓하면 당신이 사랑했던 사람의 실체를 직면하지 않아도 되고, 그에 따른 배신감과 실망감, 버림받았다는 절망감을 느끼지 않아도 된다.

이 책에 담은 정보와 내용들이 학대에 대한 자책을 멈추는 데 도움이 되었으리라 믿고 싶지만, 학대는 피해자의 잘못이 아니라고 아무리 강조해도 믿지 못하는 이들도 있다. 이들은 자신에게도 어떤 식으로든 책임이 있다고 굳게 믿는다.

부정을 극복하기

자기용서에 도달하기 위해 가장 처음 할 일은 부정 극복이다. 정서적 학대를 경험한 피해자가 학대 발생에 대해 계속 스스로를 탓하는 주된 이유는 바로 부정이다. 부정은 극심한 고통이나 트라우마에 직면했을 때 우리가 스스로를 보호하고자 사용하는 강력한 방어기제다. 부정은 신체적·정신적 학대로 인해 발생한 극심한 고통을 차단하거나 잊게 해준다. 정서적 학대 피해자들은 자신에게 발생한 일을 부정하거나 학대로 인해 입은 피해를 축소하려 하는 모습을 보인다. 겪은 일을 그대로 인정하면 사랑하는 사람이 자신에게 그런 끔찍한 일을 저질렀다는 견딜 수 없이 고통스러운 진실을 마주해야 하기 때문이다.

학대를 저지르는 이들이 공통적으로 지닌 특징을 알아보는 것은 당신이 경험한 학대가 당신의 잘못이 아니었다는 진실을 결정적으로 깨닫게 해줄 수 있다. 관계에서 학대성을 드러내는 이들에게는 특정한 특성이나 태도, 행동 패턴이 있다. 당신에게 학대를 저질렀던 파트너가 다음 중 상당수, 또는 모든 특성을 지니고 있었는지 생각해보자. 만약 그렇다면 당신도 이제 학대에 대한 자책에서 벗어나 그것이 실제로 누구의 책임이었는지 깨달을 수 있을 것이다.

학대적 성향을 지닌 이들이 공통적으로 나타내는 특징은 다음과 같다.

- 아동기에 정서적·신체적·성적 학대나 유기 등을 경험한 적이 있다.

- 자신의 문제에 대해 남을 탓하는 경향이 있다.

- 통제에 대한 욕구가 강하며, 통제력을 잃는 것을 두려워한다. 힘과 통제에 집착한다.

- 타인에게 공감하는 것을 어려워하거나 아예 공감 능력이 없다.

- 대인관계에서 타인의 경계선을 존중하지 않으며, 자꾸만 경계선을 침범하려고 한다.

- 비이성적인 모습을 보이는 경향이 있으며, 자녀나 파트너 등 관계에 대해 터무니없는 기대를 가지고 있다.

- 억압된 분노를 지니고 있다.

- 성질을 통제하지 못한다. 욱하는 성미를 지니고 있으며, 갑자기 버럭 화를 낸다.

- 정서적 결핍으로 많은 것을 요구하며, 의존적인 성격을 지니고 있다.

- 충동을 잘 조절하지 못한다.

- 버림받는 것에 대한 극심한 두려움을 지니고 있다.

- 스트레스 레벨과 각성 수준이 높다.

- 대응 능력이 떨어진다.

- 이기적이며 자기애적이다.

- 청소년기 또는 성인기에 (신체적·언어적·성적) 학대를 저지른 적이 있다.

당신이 파트너를 학대적인 사람으로 만든 게 아니라는 것을 깨닫기 위해서는 타인을 학대하는 사람은 어떤 사람인지, 그들이 왜 그렇게 행동하는지 이해하는 것이 중요하다. 당신을 학대한 파트너는 당신을 만나기 전에도 이미 학대적인 사람이었다. 당신이 그 사람을 학대적으로 만든 것이 아니다. 당신이 뭔가를 제대로 못해서, 당신이 고집을 부려서, 당신이 말을 듣지 않아서 정서적 학대가 발생한 것이 아니다. 학대는 당신의 파트너가 지닌 정서적 특성과 배경으로 인해 일어날 수밖에 없는 일이었다. 다르게 말하자면, 당신의 파트너는 언제 폭발할지 모르는 시한폭탄이었고 당신은 그저 폭발이 일어났을 때 옆에 있었던 것뿐이다.

학대적 행동의 전조가 되는 생각들

개인의 성격과 배경 외에 믿음과 생각 중에도 정서적 학대 행동을 불러오는 것들이 있다. 이러한 생각들은 그 자체로서 학대적일 수 있으며, 관계의 분위기를 학대적으로 만든다. 학대적 행동을 하는 사람들은 다음과 같은 생각을 지니고 있는 경우가 많다.

- 자신이 늘 옳다는 생각

- 모든 것이 늘 남의 탓이라는 생각

- 자신의 욕구가 다른 사람의 욕구보다 중요하다는 생각

- 다른 사람이 자신의 기대대로 행동해야 한다는 생각, 자신의 말을 따르지 않는 사람은 적이라는 생각

- 자신이 대부분의 사람보다 우월하다는 (똑똑하다는, 능력 있다는, 강하다는) 생각, 그러므로 자신은 특별한 대우나 배려를 받을 자격이 있다는 생각

- 다른 사람의 감정은 중요하지 않다는 생각

- 자신의 행동에 불만을 제기하는 사람은 예민하거나 까다로운 사람이라는 생각

- 누구도 믿을 수 없으며, 모두가 늘 자신을 노리고 있다는 생각

헤어진 당신의 파트너가 위와 같은 생각 중 상당수를 지니고 있었다면, 그 사람은 학대적인 성격을 지니고 있었던 것이다. 이것은 그 사람이 대부분의 인간관계에서, 특히 자신이 모든 통제권을 쥐고 있다고 생각되는 인간관계에서 학대적인 사람이었다는 의미다.

학대적 성향을 지닌 이들의 특징과 성향을 소개한 이유는 단 하나다. 당신이 경험한 정서적 학대에 대해 책임이 있는 사람은 단 한 명, 바로 당신의 파트너라는 점을 분명히 하기 위해서다. 학대는 절대 피해자의 잘못이 아니다. 그러니 이제 자책을 멈추자. 어떤 상황이었다고 해도 당신이 학대를 당한 것은 절대 당신의 잘못이 아니다.

학대적인 파트너를 선택했던 자신을 용서하기

우선 한 가지 사실을 분명히 하고 싶다. 학대 피해자들 중에는 건강하고 바람직한 가정에서 자란 이들도 많다는 것이다. 그러나 피해자들 중에는 부모 중 한쪽이나 양쪽 모두가 배우자나 자녀에게 학대적인 행동을 했던 역기능적인 가족이나 학대적인 가정에서 자란 이들도 많다. 혹시 당신이 그런 가정에서 자랐다면 자기용서를 위해 이해해야 할 것이 있다. 학대적인 파트너를 선택한 당신의 행동은 사실은 어린 시절 익힌 패턴의 반복이었다는 것이다. 내담자였던 카라의 경우도 그랬다.

전에는 왜 그게 안 보였는지 모르겠어요. 남편은 학대적이었던 제 아버지랑 많이 비슷해요. 겹치는 특성이 정말 많죠. 남편과 아버지는 둘 다 자기중심적이고 다른 사람의 감정 따위는 신경 쓰지 않아요. 그런데 또 자기들 감정이 상하는 것에는 극히 민감하죠. 아버지는 늘 어머니가 당신께 관심이 없다고 불평했는데, 제 남편도 같은 말을 해요. 늘 나보고 자기를 무시한다고 난리죠. 자기한테 온 관심을 집중하지 않으면 버림받은 것처럼 굴어요. 지금 생각해보니 아버지도 어머니한테 똑같이 굴었어요. 아버지가 원하는 걸 들어주는 게 어머니의 일인 것 같았죠. 아버지는 당신이 집에 들어오는 순간 어머니가 하던 일을 모두 멈추고 당신만 챙기기를 바랐어요. 남편도 제게 똑같은 걸 기대했죠. 저도 제 일이 있는데, 남편은 하루에도 몇 번씩 전화를 해서 이것저것 심부름을 시키곤 했어요. 마치 저는 자기 필요한 일 처리해주려고 존재하는 사람이라고 생각하는 것 같았죠.

정서적 학대에서 벗어나기

남편과 아버지의 공통점을 보게 되면서 깨닫게 된 게 있어요. 저와 남편의 관계가 어린 시절 제가 부모님의 관계를 보면서 배운 그대로라는 것이었죠. 저희 부모님은 아내가 남편에게 순종하는 것이 당연하다고 여겼어요. 아버지는 저와 형제들 앞에서 그런 모습을 자주 보여주었고, 어머니도 별말 없이 그대로 따랐죠. 이 사실을 깨닫고 나니 제가 남편을 배우자로 고른 것도, 어머니처럼 된 것도 크게 놀랍지 않더라구요.

카라에게 이 깨달음은 학대적인 사람을 배우자로 고른 자신을 용서할 수 있게 한 열쇠였다. 과거와 현재를 연결하여 자신의 공통된 패턴을 깨달음으로써 자신을 용서할 수 있었던 것이다.

또 다른 내담자인 랜들은 자신의 어머니와 비슷한 배우자를 고른 경우다. 랜들의 어머니는 끊임없이 변덕을 부리며 학대적인 행동을 하는 사람이었다. 언제 무슨 일로 화를 낼지 몰라서, 랜들과 랜들의 아버지는 늘 긴장 상태로 살아야 했다. 아버지는 어머니가 하는 온갖 자잘하고 이기적인 요구를 다 들어주었다. 아버지는 어머니가 갑자기 뭔가를 먹고 싶다고 하면 한밤중에 악천후를 뚫고 나가서 사오곤 했다. 그렇지만 랜들의 어머니는 자기에게 신경을 쓰지 않는다거나 남편이 다른 여자랑 시시덕거렸다며, 혹은 자기를 무시했다며 끝도 없이 남편을 비난했다. 랜들의 아버지는 늘 그런 게 아니라고 항변했지만 아무 소용없었다. 랜들의 어머니는 언제나 남편이 잘못했고 남편이 사죄해야 한다고 생각했다.

랜들은 어머니와 똑같은 정서적 문제를 지닌 여성과 결혼했다. 어머니와 마찬가지로 랜들의 아내는 경계선적 성향을 보였다. 아내가 의도한 바는 아니었겠지만, 그녀의 행동들은 랜들에게 정서적 학대가 되었다. 랜들의 어머니처럼 아내 또한 아주 사소한 일을 부풀려 랜들을 대역 죄인으로 만들곤 했다. 집에 조금 늦게 들어오면 바람을 피운다고 몰아세우거나 밖으로만 나돈다고 비난했다. 표정이 조금 마음에 안 든다 싶으면 왜 화를 내냐며 뒤집어씌웠다. 불만과 비난은 끝이 없었지만, 랜들은 자기 아버지가 했던 것처럼 끝까지 아내를 진정시키고 오해를 풀려고 애썼다.

랜들 같은 가정사를 지니지 않은, 보통 가정에서 자란 다른 사람이라면 아마도 진즉에 아내와의 관계를 끝냈을 것이다. 어차피 어떻게 해도 아내는 만족하지 않으리라는 사실을 알았을 것이기 때문이다. 그러나 랜들은 무슨 일이 있어도 끝까지 아내에게 자신의 사랑을 증명해야한다고 생각하며 학대를 견뎠다.

똑같은 상황을 만들고 이번에는 무슨 일이 있어도 다른 결과를 내겠다며 매달리는 것은 반복 강박repetition compulsion의 대표적인 특징이다. 역기능적인 가정이나 학대적인 가정에서 자란 사람이 학대적인 파트너에게 끌리는 또 다른 이유가 바로 이것이다. 과거를 무효화하고 이번에는 다른 결과를 내겠다는 생각에 사로잡혀 자기도 모르게 학대적이었던 부모와 닮은 사람에게 강하게 끌리는 것이다. 반복강박이 있는 피해자는 파트너의 사랑과 인정을 받으면, 또는 파트너에게서 버림받지 않으면 어린 시절 부모가 했던 학대적인 행동들이 지워진다고 믿는 것처럼 행동한다.

정서적 학대에서 벗어나기

자신을 학대하거나 방임했던 부모와 일부러 전혀 다른 파트너를 찾는 사람들도 결국은 반복 강박의 덫에 걸리곤 한다. 또 다른 내담자인 켈리의 경우에는 자신이 아버지와 꼭 닮은 사람과 결혼했다는 사실을 처음에는 전혀 깨닫지 못했다. 켈리는 상담을 받던 중 이렇게 말했다. "정말 닮은 점을 전혀 알아채지 못했어요. 오히려 아버지와 정반대인 사람과 결혼했다고 믿었죠."

켈리는 아버지와 외적인 요소로만 반대인 파트너를 고르는 실수를 범했다. 켈리의 배우자인 루카스는 아버지와는 달리 술을 마시지 않았고, 경제력도 있었으며, 외향적인 성격이었다. 그러나 무의식중에 발휘되는 강력한 반복 강박은 훨씬 더 문제적인 측면에 대해 눈을 감게 만들기도 한다.

켈리의 경우가 그랬다. 결혼 전, 켈리가 보기에 루카스는 아버지보다 훨씬 외향적이고 솔직한 사람이었지만 한 가지 아버지와 비슷한 면이 있었다. 바로 다른 사람들에 대해 비판적이라는 점이었다. 하지만 켈리는 루카스의 그런 성격을 심각한 경고 신호로 보지 않고, 극복할 수 있는 문제로 생각했다. "루카스가 누군가를 비난할 때면 저는 그 사람의 긍정적인 면을 언급하거나 '그럴만한 이유가 있었을 거야'라고 말하는 식으로 그의 비판적인 성향을 누그러뜨리려 했어요."

루카스는 변하지 않았지만 켈리는 결혼을 진행했다. 루카스의 비난이 자신에게 향하는 것이 아니니 큰 문제가 아니라고 생각했던 것이다. 하지만 안타깝게도 결혼을 하고 나자 루카스의 비난은 점점 켈리에게 향하기 시작했다. 켈리와 형제자매들, 그리고 어머니를 끊임없이 비판하던 아버지와 똑같은 모습이었다.

이야기를 이어가던 켈리는 이 부분에서 참지 못하고 울음을 터뜨렸다. "아버지처럼 비판적인 사람이랑 결혼했다는 걸 믿을 수가 없었어요. 저 자신이 너무 한심했죠. 어쩌다 그런 실수를 한 걸까요?"

루카스는 켈리에 대한 비난을 끊임없이 쏟아냈지만, 켈리는 긍정적인 태도로 남편을 바꿔보려 애썼다. 그러나 루카스는 점점 켈리에게 짜증을 내며 '긍정왕이 납셨다'고 비꼬기 시작했다. 변화를 거부하는 루카스의 비판은 켈리의 삶에 수도 없이 부정적인 영향을 주었지만, 켈리는 10년이라는 긴 세월 동안 결혼생활을 유지했다. 켈리는 이렇게 말했다. "그냥 참았어요. 엄마가 참았던 것처럼 말이죠. 정말 믿을 수가 없네요."

당신이 부모님의 결혼생활에서 학습한 패턴을 반복하고 있는 것 같거나 반복 강박을 기반으로 파트너를 선택하고 있는 것 같다는 의심이 든다면 다음의 연습과제를 통해 확인해보자.

나의 패턴 발견하기

1. 종이에 세로선을 그어 칸을 나눈다.
2. 왼쪽 칸에는 헤어진 파트너의 정서적 특징을 적는다. 긍정적인 것과 부정적인 것을 모두 포함한다. (예: 요구하는 것이 많고 까다롭다, 비판적이다, 유머감각이 있다)
3. 오른쪽 칸에는 어린 시절에 당신에게 가장 학대적으로 굴었거나 당신을 방임한 사람의 정서적 특징을 적는다. 이 사람은 당

신의 부모가 될 수도 있고, 다른 가족 구성원이나 보호자 역할을 했던 다른 사람이 될 수도 있다. 역시 긍정적인 특징과 부정적인 특징을 모두 적는다.

4. 양쪽 칸에 기입한 내용을 주의 깊게 읽으며 공통적인 특징에 동그라미를 친다.

이 연습과제는 당신의 행동에 영향을 미치고 있는 패턴을 발견할 수 있도록 해준다. 자신의 패턴을 이해하면 예전의 파트너에게 끌렸던 이유를 파악해볼 수 있다.

그 밖에 당신의 과거가 현재에 준 영향

당신은 어째서 학대적인 사람을 파트너로 골랐을까? 가장 유추하기 쉬운 이유를 찾아보자면, 어린 시절 목격한 부모님의 관계를 일종의 패턴으로 반복하는 행위였을 수도 있고 부모와 비슷한 사람을 고른 것일 수도 있다. 그러나 그런 사람을 파트너로 고르는 데 영향을 준 또 다른 요소가 있을 수 있다. 스스로에게 이런 질문을 던져보자. "아동기나 청년기, 또는 성인이 된 지 얼마 안 됐을 때 내게 일어났던 일들 중 어떤 것이 내가 파트너를 선택하고 또 파트너로 선택되는 일에 영향을 미쳤을까?"

예를 들어 아동기에 어머니나 아버지의 정서적·신체적 유기를 경험했다면 파트너를 고를 때 당신과 늘 함께 있어 하는 사람을 고르는 것은 당연한 일이다. 물론 가끔은 파트너의 질투와 소유욕이 과하게 느껴지기도 했겠지만, 늘 당신 생각만 하고 당신 없이는 못 산다는 사람이 존재하다니 얼마나 만족스러웠겠는가. 충분히 이해할 만한 일이다. 늘 버림받을까봐 불안에 떨었던 당신에게 그런 파트너의 존재는 위안으로 느껴졌을 것이다.

반면 자식의 일거수일투족을 통제하며 정서적으로 숨 막히게 하고, 삶을 집어삼키려 했던 부모 밑에서 자랐다면 어떨까? 늘 붙어 있지 않아도 괜찮다며 자유를 주는, 그리고 자신에게도 자신만의 공간이 필요하다는 파트너에게 끌리지 않을까? 처음에는 숨통이 트이는 것 같은 편안함을 느꼈을 것이다. 그런데 시간이 흐르며 파트너는 점점 당신에게 냉담하게 굴며 거리를 두었을 테고, 점점 어디에 있는지도 모르겠는 시간이 길어졌을 것이다. 어디에 갔었냐고 물으면 발끈하고 방어적으로 나오며 자기를 '소유하려' 한다고 비난했을 것이다. 그렇게 처음에는 바람직하고 건강한 듯 보였던 파트너와의 관계는 점점 불행해졌을 테고, 당신은 파트너에게 거부당했다는 상처와 자신이 그렇게도 싫어했던 숨 막히는 부모님처럼 굴고 있다는 죄책감에 시달렸을 것이다.

학대의 가해자가 부모님이 아니었던 경우도 생각해볼 수 있다. 어린 시절 성적 학대를 경험했다면, 그로 인한 트라우마도 파트너 선택에 큰 영향을 줄 수 있다.

멜린다는 이웃에 살던 사람에게 아홉 살부터 열한 살까지 성적 학대를 당했다. 멜린다는 학대로 인해 극심한 수치심을 경험해야 했고, 그 수치심은 스스로에 대한 생각에도 큰 영향을 미쳤다. 멜린다

정서적 학대에서 벗어나기

는 상담 중 이렇게 말했다. "정말 오랫동안 저 자신을 싫어했어요. 학대가 제 잘못이라고 생각했죠. 아저씨가 늘 제가 먼저 꼬신 거라고 했고, 저도 제 발로 다시 찾아갔으니까요. 정말 싫었다면 왜 다시 갔겠어요?"

저는 정말 저 자신을 싫어했어요. 그래서 저를 원하는 남자도 없을 거라고 생각했죠. 고등학교 때도 인기가 없었어요. 남자애들은 저를 무시하다시피 했죠. 그런데 졸업을 하고 첫 직장에서 일을 시작했는데 어떤 남자가 제게 관심을 보이더라고요. 신기하면서도 기분이 좋았죠. 그렇게 우리는 사귀기 시작했어요. 저는 수동적으로 생활하는 데 익숙해져 있었기 때문에 어디에 갈지부터 잠자리는 어떤 식으로 가질지까지 그 남자가 모든 걸 알아서 결정하는 게 전혀 거슬리지 않았어요. 제게 청혼했을 때는 정말 깜짝 놀랐죠. 저조차도 저 자신을 싫어하는데 무려 결혼을 하자는 사람이 있다니 놀라웠던 거죠. 그렇게 결혼을 하며 지옥 같은 15년이 시작됐어요. 남편은 저를 노예처럼 대하며 성적으로도 점점 더 무리한 요구를 했죠.

이제야 깨달았어요. 제가 남편을 배우자로 택한 건 어린 시절의 성적 학대 때문이었다는 것을 말이에요. 그 경험만 아니었다면 결혼생활에서 한쪽이 일방적으로 모든 통제권을 쥐는 게 정상이 아니라는 것을 진즉에 알았겠죠. 남편의 말도 안 되는 학대적인 성적 요구에 모두 응하지도 않았을 거고요.

이쯤에서 의아해하며 이런 질문을 던지는 독자도 있을 것이다. "저는 학대를 당한 적이 없어요. 어린 시절 가정에서도 큰 문제 없이 자랐고요. 저 같은 사람은 대체 왜 학대적인 파트너를 고른 거죠?"

사람은 (부모님의 사망, 연인과의 이별, 이혼 등) 마음이 무너지는 상실을 경험했을 때 취약해진다. 이런 상태에서는 정서적 학대 성향이 있는 사람에게 쉽게 넘어갈 수 있다.

내담자였던 엘레나의 이야기를 들어보자.

지금 생각해보니 그때 남편에게 끌렸던 건 아버지가 돌아가신 직후였기 때문인 것 같아요. 정말 상심이 큰 상태에서 남편의 매력에 넘어간 거죠. 남편은 갑자기 제 눈앞에 나타나 저를 구해줬어요. 눈물을 흘리는 저를 안아주고, 계속해서 그리운 아버지 이야기만 반복하는 제 말을 들어줬죠. 너무 친절하고 다정한 모습에 저는 순식간에 사랑에 빠졌어요. 돌아가신 아버지의 자리를 다른 사람으로 대체하려는 것이었다는 생각은 하지 못했죠.

주변 사람에게 준 피해에 대해 스스로를 용서하기

주변 사람에게 준 상처나 피해에 대해 스스로를 용서하는 것은 당신이 수치심 치료를 위해 해야 할 일 중 가장 어려운 일일 수도 있다. 아니, 태어나서 지금까지 한 일 중 가장 힘든 일이 될 수도 있다. 자신이 겪었던 학대를 누군가에게 되풀이하는 방식으로 피해를 주었다면 자신을 용서하는 것은 특히 더 어려운 일이 된다.

예를 들어, 자녀에게 학대적인 행동을 했다면 자신을 용서하는 것은 거의 불가능에 가까운 일로 느껴질 것이다. 당신은 학대가 어린 아이에게 어떤 상처를 남기는지 누구보다 잘 알고 있을 것이기 때문이다. 당신은 또한 학대에 수반되는 수치심이 한 사람의 인생에 얼마나 큰 영향을 주는지도 잘 알고 있을 것이다. 자신이 자녀에게 학대적 행동을 했음을 깨달았을 때 내담자들은 그 심정을 이렇게 토로했다.

- "저희 아버지가 저를 끊임없이 비판하고 제게 수치심을 주었을 때 어떤 기분이었는지 생생히 기억해요. 그런데 제가 제 아이에게 그렇게 행동했다니 정말 믿을 수가 없어요."

- "저는 아이들에게 절대 제가 겪었던 어린 시절을 겪지 않게 하겠다고 맹세했어요. 그런데 어느 날 문득 정신을 차려보니 제 입에서 저희 어머니가 했던 그 말들이 그대로 나오고 있더라고요. '너라는 아이 정말 지긋지긋해. 대체 왜 태어났니?' 너무 끔찍했어요. 이런 충격적인 말을 아이에게 했을 때 아이가 얼마나 큰 수치심을 느꼈을까요? 그러니 세상에서 제일 사랑하는 제 아이에게 저런 끔찍한 말을 한 저 자신을 어떻게 용서할 수 있겠어요?"

자녀를 학대하거나 방임한 이유 이해하기

정서적 학대를 경험한 피해자 중 자녀가 있는 이들은 더 큰 수치심을 느낀다. 학대적인 파트너를 떠나지 못한 것에 대한 수치심에 더해 자녀를 학대하거나 방임했다는 수치심까지 더해지기 때문이다. 만약 당신도 이런 이중의 수치심에 시달리고 있다면 다음의 내용을 주의 깊게 읽으며 자녀에게 그런 행동을 하게 된 이유를 이해해보기 바란다.

우선 기억해야 할 것은 정서적 학대를 당하는 피해자가 트라우마에 노출된다는 사실이다. 이들은 그 트라우마를 견디는 데에 모든 에너지를 집중한다. 그리고 그 결과 자녀를 제대로 돌볼 여력이 남지 않는다. 피해자들은 나름의 방법으로 트라우마에 대응하기 위해 해리상태로 빠져들기도 하고, 술이나 약물에 의존하기도 한다. 이런 상태의 피해자는 안타깝게도 자녀가 힘들어하거나 심지어 위험에 처해도 알아채지 못하게 되는 경우가 있다. 내담자였던 해나의 말을 들어보자.

정서적 학대를 당하고 있던 당시에는 아이들을 돌볼 힘이 없었어요. 그냥 하루하루 버티는 데 온 힘을 다 써야했거든요. 그래서 첫째가 약물을 남용하기 시작했을 때도 눈치채지 못했죠. 나중에 그 사실을 알고 너무 마음이 아팠어요. 저를 한 번도 제대로 돌봐준 적이 없었던 저희 엄마 같은 사람이 된 기분이었죠.

정서적 학대 피해자의 내면에는 대개 엄청난 분노가 쌓여 있다. 이들은 파트너에 대한 두려움으로 그 분노를 억누르며 살아간다. 그러나 분노는 표출을 필요로 하는 감정이다. 피해자가 억누른 분노는 계속해서 나갈 곳을 찾다가 자녀에게 표출되었을 가능성이 있다. 물론 이것이 자녀에게 화풀이를 한 것에 대한 변명이 된다는 말은 아니다. 다만 상황을 설명하자면 그렇다는 것이고, 당신이 무의식중에 내면의 화를 자녀에게 표출한 이유를 이러한 관점에서 이해할 수 있다는 말이다.

연구에 따르면 트라우마의 장기적인 영향은 세 가지 경우에 가장 뚜렷하게 드러난다고 한다. 그 세 가지 경우는 바로 피해자가 스트레스에 노출되었을 때, 새로운 상황에 노출되었을 때, 그리고 원래의 트라우마 사건을 연상시키는 상황에 노출되었을 때다. 정서적 학대를 받는 사람이 아이를 낳아 처음으로 부모가 되면 공교롭게도 위의 세 가지 상황에 한꺼번에 맞닥뜨리게 된다. 처음으로 부모가 된다는 것은 특히 많은 스트레스를 유발하는 일이고, 어쩔 수 없이 어린 시절의 트라우마를 상기시키는 일이기도 하다. 아동학대가 벌어지기에 딱 맞는 상황이 만들어지는 것이다

안타까운 것은 어린 시절 학대나 방임을 경험한 사람은 그렇지 않은 사람에 비해 본인이 다시 자녀에게 그런 일을 저지를 가능성이 더 높다는 것이다. 학대적이거나 방임적인 부모가 되게 하는 특성에는 여러 가지가 있다. 우선 자녀에게 연민의 감정을 잘 발휘하지 못하거나 모든 일을 너무 감정적으로 받아들이는 경향이 있다면 학대적인 부모가 될 수 있다(자녀의 행동을 감정적으로 받아들이면 아이에게 소리를 지르거나 때리고, 나쁜 말로 비하하는 등 과민한 반응을 보이게 된다). 부모의 내면에 있는 수치심 또는 자신감 부족 때문에 자녀의 모범적인 모습에 집착하는 것 또한 학대적인 행동을 낳게 된다(이는 자녀를 통해 자신을 좋게 보이려는 행동이다). 내면의 수치심과 자신감 부족을 보상받기 위해 아이에게 존경을 강요하는 것 또한 학대적인 행동이 된다.

정서적 학대를 경험한 부모가 자신의 자녀에게 학대적 행동을 하

게 되는 또 다른 경우가 있다. 바로 자신의 나약함이나 취약성을 자녀에게서 보게 되는 경우다. 피해자가 되었던 적이 있는 사람은 나약함을 증오하거나 경멸하게 되기도 한다. 자녀의 나약함을 본 부모는 자신의 나약함을 떠올리게 되고, 그로 인한 자기혐오가 자녀에게 분출되는 것이다.

이렇듯 당신이 어떤 이유에서 자녀에게 학대적 행동을 했는지 이해한다면 그런 행동을 한 자기 자신을 용서하는 것에 한 걸음 더 다가갈 수 있을 것이다. 당신은 어린 시절에 이어 성인이 된 후에도 학대에 시달렸다. 그런 당신이 학대의 고리를 되풀이한 것은 어찌 보면 충분히 이해할 만한 일이다. 이 사실을 계속 스스로에게 상기시키면 수치심을 더 불러일으키지 않으면서도 자신의 행동에 대한 책임을 질 수 있을 것이다. 당신이 자녀를 비롯한 주변 사람들에게 상처를 준 것은 사실이다. 그러나 트라우마로 인해 생겨난 문제적 행동들은 당신의 통제 밖에 있는 일이었다는 점을 기억할 필요가 있다. 이 점을 잘 기억하면 자기용서의 길로 나아가는 데 큰 도움이 될 것이다.

크리스틴 네프가 자신의 저서 《러브 유어셀프》에서 한 다음의 말 또한 기억해두자. "인간이 수많은 조건의 산물이라는 사실을 깨닫는다면 '개인적인 실패'를 개인적으로 취급할 필요가 없다. 우리 모두가 원인과 조건이라는 복잡한 망에 연루되어 있다는 사실을 인정할 때 자신과 다른 사람들을 덜 판단하고 재단할 것이다. 우리가 모두 연결되어 있다는 사실을 더 깊이 이해하게 된다면 주어진 운명 안에서 최선을 다하고 있는 우리 자신을 연민할 수 있다."

자신의 행동 이해하기

1. 당신이 피해를 준 사람의 목록을 작성한 후 구체적으로 어떤 피해를 주었는지 하나하나 적어본다.

2. 당신이 준 피해의 내용을 읽어가며 당신을 그런 행동으로 이끈 다양한 원인과 조건을 파악하고 적어본다. 어린 시절이나 성인이 되어서 겪은 학대 외에 가족 내 폭력문제나 중독문제 등 다른 촉발 요소는 없었는지 생각해본다.

3. 이제 상대에게 피해를 주는 행동을 어째서 멈추지 않았는지 생각해본다. 너무 큰 분노 때문에 자신을 통제할 수 없었는가? 자기혐오가 너무 심해서 남에게 상처를 주는 것에 무감각했는가? 당신의 주위에 쌓아올린 방어벽이 너무 높아서 상대에 대한 공감이나 연민을 느낄 수가 없었는가?

4. 당신을 문제적 행동으로 이끈 원인과 조건을 파악한 지금, 스스로에 대한 용서를 시작할 수 있을 것 같은 기분이 드는가? 당신은 완벽하지 않다. 모두들 그렇듯 때때로 실수를 하는 인간일 뿐이다. 그리고 그런 인간으로서 다른 사람들과 마찬가지로 누군가에게 상처를 주는 행동을 한 것일 뿐이다. 인간으로서 지닌 한계와 불완전함을 존중하자. 스스로에게 연민을 베풀고 스스로를 용서하자.

아직도 주변 사람에게 피해를 준 과거의 행동에 대한 죄책감과 수치심에 사로잡혀 있다면, 이 사실을 깨닫고 기억하도록 하자. 자기용서의 가장 효과적인 방법은 같은 행동을 더는 되풀이하지 않겠다고 맹세하고 다시는 주변 사람을 같은 방식으로 상처주지 않는 것이다.

알코올중독이나 약물남용에 대한 수치심

정서적 학대의 피해자들 중 상당수는 과거 학대를 견디기 위해 술이나 약물에 의존했던 사실에 대해 큰 수치심을 느낀다. 내담자였던 레나의 경우도 남편의 끊임없는 비판과 터무니없는 기대가 불러온 불안감을 달래기 위해 술에 의존했다.

남편이 아침에 출근하고 나면 저는 거의 곧바로 술을 마셨어요. 처음에는 하루를 버텨낼 수 있게 해줄 뭔가가 필요하다는 핑계로 커피에 브랜디를 조금씩 타 먹기 시작했죠. 그렇게 하면 마음이 조금 안정되면서 남편이 제게 퍼부었던 험한 말들을 잠시라도 잊을 수 있었거든요.

그러다 언젠가부터 남편의 퇴근시간이 되면 오렌지주스에 보드카를 섞어 마시기 시작했어요. 남편을 마주할 용기가 필요했거든요. 집이 더럽다고 뭐라고 하지는 않을지, 저녁식사가 마음에 안 든다고 짜증을 부리지는 않을지 늘 걱정이었어요. 또 무슨 일로 트집을 잡을지 알 수가 없었으니까요. 남편은 늘 트집거리를 찾아내고 말았죠. 그럴 때 약간 취해 있으면 그럭저럭 견딜 만했어요. 심지어 남편을 사랑하는 것처럼 굴 수도 있었죠. 제가 웃으면서 다정하게 굴면 남편이 좀 봐주기도 했어요. 가끔은 같이 술을 마시고 취해서 좋은 시간 비슷한 것을 보내기도 했죠.

하지만 시간이 흐르며 저는 술을 점점 더 많이 마시기 시작했어요. 남편도 눈치를 채고 난리를 쳤죠. 남편은 이제 제가 술주정뱅이가 되었다며 비난을 하기 시작했죠. 저도 술을 끊어야 한다는 건 알았어요. 제 음주가 아이들을 대하는 방식에까지 영향을 주고 있었으니까요. 정말 자괴감이 엄청났어요. 특히 술에 취한 채로 아이들을 차에 태우고 다녔던 것을 생각하면 끔찍해요. 아이들이 저 때문에 죽을 수도 있었던 거잖아요.

상담을 시작할 당시 레나는 학대적인 남편에게서는 벗어나 있었지만 세 아이에 대한 양육권은 빼앗긴 상태였다. 레나의 남편은 음주운전 사실을 가지고 협박해 레나가 떠나지 못하게 하려다가 그 시도가 실패하자 양육권 소송에서 그 사실을 이용했다.

레나는 자신이 알코올중독자가 되었다는 사실에 대해 극도의 자괴감을 느끼고 있었다. "너무 어리석은 짓을 했어요. 저 자신에게도, 아이들에게도 이런 한심한 짓을 했다는 게 도무지 믿기지가 않아요."

나는 레나가 한 일이 어리석기만 한 것은 아니었다는 점을 설명했다. 술에 의존한 것은 (자기파괴적인 행동이었을지언정) 당시의 상황에서 레나가 선택할 수 있는 몇 안 되는 대응책이었다. 나는 레나에게 당시에는 술에 의존할만한 충분한 이유가 있었고, 그녀가 정서적 학대를 견디기 위한 방법을 찾고 있었던 것일 뿐이라는 점 또한 설명했다. 설명을 들은 레나는 다행히 자기비난을 조금은 벗어날 수 있었다. 마지막으로 나는 레나에게 음주가 학대를 견디게 해주기는 했지만, 학대로 인한 상처를 치유하는 데에는 전혀 도움이 되지 않았다는 점에서 그녀의 대응기제는 부적절했다는 점을 설명했다. 음주는 상처를 치유하기는커녕 (양육권의 상실과 같은) 더 큰 트라우마를 안겨주었다.

다행히도 레나는 상담치료와 알코올중독자 모임 활동 덕에 벌써 2년째 술을 전혀 입에 대지 않았다. 그 과정에서 레나는 양육권을 되찾기 위해 나설만한 힘과 자신감을 얻게 되었고, 지금은 양육권 소송에서 승리했다.

술이나 약물에 대한 의존성이 있다면 꼭 기억해두어야 할 것이 있다. 당신이 파트너의 정서적 학대나 어린 시절의 학대 경험, 또는 양쪽 모두를 견디기 위해 그 약물을 남용하고 있는 것일 수도 있다는 점이다. 가장 중요한 것은 술, 약물, 섹스, 음식, 쇼핑, 도박 등에 대한 당신의 중독이 불안감과 두려움에 대응하려는 당신 나름의 노력이었다는 점을 기억하는 것이다. 그 점을 기억하면 당신이 중독으로 인해 주변 사람에게 피해를 준 것에 대해 자책하는 것을 어느 정도 막을 수 있을 것이다.

"이해할 만한 일이야"라고 말하는 연습

정서적 학대에 대처하기 위해 취했던 행동들을 쭉 적어본다. 예를 들면, 당신은 학대를 당하면서도 파트너를 떠나지 못하고 있다는 수치심에 사람을 만나지 않았을 수도 있고, 학대를 견디기 위해 술을 많이 마셨을 수도 있다.

각각의 행동에 대해 스스로에게 "이해할 만한 일이야"라고 말한다.
예를 들면 이런 식이다.

- "내가 친구들을 피했던 것은 충분히 이해할 만한 일이야. 나는 너
  무 큰 수치심에 시달리고 있었어. 내가 학대를 당하고 있다는 사
  실을 알면 친구들이 나를 받아주지 않을 것 같아서 두려웠어."

- "내가 그때 술에 의존하기 시작한 건 이해할 만한 일이야. 고통
  을 견디기 위해서 어쩔 수 없었어."

스스로에게 준 피해에 대해 자신을 용서하기

믿기 어려울 수도 있지만, 스스로에게 준 상처를 용서하는 것은
주변 사람에게 준 상처를 용서하는 것만큼 중요한 일이다. 스스로에
게 준 피해 중에는 너무나 명백한 것들도 많다. 과음이나 약물남용,
흡연, 과식이나 건강하지 않은 식생활, 폭식과 거식, 자해, 무분별하
고 위험한 섹스 등으로 자신의 몸에 입힌 피해는 알아보기 쉬운 피
해에 속한다.

이러한 행동에 빠져든 것에 대해 스스로를 용서할 수 있어야 한
다. 무거운 수치심에 짓눌려 있던 당신에게는 몸을 사랑하고 존중
할 여력이 남아 있지 않았다. 당신이 자신의 몸을 증오했던 것은 그
것이 당신에게 고통과 수치심을 주는 원천이었기 때문이다. 당신이
자신의 몸을 굶겼던 것은 어린 시절 부모님, 또는 성인이 된 후 만난

파트너가 주지 않은 사랑과 애정, 관심에 굶주렸기 때문이다. 당신이 자신의 몸을 공격한 것은 다른 사람의 공격으로 인해 몸을 함부로 대해도 되는 것이라고 생각했기 때문이다. 당신이 자신의 몸을 무모하게 다뤘던 것은 당신이 자라는 동안 아무도 당신의 몸을 아껴주지 않았기 때문이다.

당신의 영혼과 자아상, 존엄성에 해를 입힌 것에 대해서도 스스로를 용서하자. 파트너의 학대적이었던, 심지어 불법적이기도 했던 행동에 동의한 자신을 용서하자. 파트너의 강요로 혐오스럽고 불쾌한 성적 행동에 응할 수밖에 없었던 자신을 용서하자. 당신을 사랑하고 걱정하는 가족과 친구들에게 등을 돌릴 수밖에 없었던 자신을 용서하자.

몸이나 자존감, 자아상에 입힌 피해는 그나마 알아보기 쉬운 편에 속하지만, 자아 그 자체에 입힌 피해는 감지하기 어려운 경우가 많다. 그러나 이러한 피해에 대해서도 잘 살피고 스스로를 용서해야 한다. 자신을 믿지 않은 것에 대해, 너무 몰아붙인 것에 대해, 터무니없는 기대를 한 것에 대해, 그리고 학대를 자신의 탓으로 돌린 것에 대해 스스로를 용서해야 한다. 당신은 그 당시에 할 수 있는 최선을 다한 것뿐이다. 당신에게 주어진 환경에서 배운 대로 했던 것뿐이다. 자기용서를 위해서는 이 점을 반드시 기억해야 한다.

당신이 사람들을 밀어낸 것은 누군가를 믿는 것이 두려웠기 때문이며, 사랑받을 자격이 없다고 생각했기 때문이다. 당신이 스스로를 믿지 않은 것은 어린 시절부터 지금까지 누구도 당신을 믿어주지 않았기 때문이며, 당신의 파트너가 당신에 대해 늘어놓곤 했던 거짓 평가를 믿었기 때문이다. 당신이 스스로를 몰아붙이고 터무니없는 기대치를 세웠던 것은 당신의 부모와 파트너를 비롯한 다른 사람들이 당신을 몰아붙였기 때문이다.

나에게 쓰는 용서 편지

1. 자신에게 용서를 구하는 편지를 써보자. 몸을 잘 돌보지 않고 방치한 점, 부모님이나 파트너가 했던 것처럼 자신을 함부로 대했던 점, 스스로를 지나치게 몰아붙인 점 등 모든 피해에 대해 용서를 구하는 내용으로 작성해보자.

2. 아마 편지를 한 번에 쓰기는 어려울 것이다. 다 쓰는 데 며칠이 걸릴 수도 있고, 몇 주가 걸릴 수도 있다. 충분한 시간을 가지고 스스로를 돌아보며 그간의 모든 피해에 대해 생각해보자.

3. 편지를 쓰는 동안에는 최대한 자기연민을 발휘하자. 비판적인 마음이 고개를 들면 잠시 편지 작성을 멈추고 이 책에 소개된 자기연민 연습과제를 수행해보자. 비판적인 생각을 불러온 그 행동을 할 수밖에 없었던 이유를 설명한 부분을 찾아서 다시 읽어보는 것도 좋다. 몸과 마음에 자기연민이 충분히 충전됐다는 생각이 들면 편지 작성을 재개한다.

가슴 명상: 내가 나에게 준 상처를 용서하기

1. 편안한 자세로 앉아 눈을 감고 자연스럽게 호흡한다.

2. 몸과 마음의 긴장을 풀고 편안한 상태로 들어간다.

3. 가슴으로 부드럽게 숨을 들이마시며 당신이 그 안에 세워둔 장벽들과 스스로를 용서하지 못해 쌓아둔 감정들을 느껴본다.

4. 닫힌 마음으로 인해 겪어야 했던 고통을 가만히 느껴본다.

5. 부드럽게 호흡하면서 다음의 말과 함께 스스로에게 용서의 기운을 베푼다. "나는 정말 나 자신에게 많은 상처를 주고 피해를 입혔어. 나는 생각과 말, 그리고 행동을 통해, 의식적으로 그리고 무의식적으로 나 자신을 배신하고 버려두었어."

6. 당신의 소중한 몸과 생명을 느껴본다. 그 동안 자신에게 어떤 식으로 상처를 주고 피해를 입혔는지 생각해보고 받아들인다.

7. 그러한 상처와 피해로 짊어져야 했던 슬픔을 느껴본다. 그리고 그 슬픔을 이제는 내려놓을 수 있다는 사실을 인지한다.

8. 그동안 짊어지고 있던 짐 하나하나에 용서의 기운을 베푼다.

9. 스스로에게 이렇게 말한다. "수치심과 두려움, 고통과 분노 때문에 나 자신에게 상처를 준 것에 대해 진심을 담아 모두 용서한다. 나는 나 자신을 용서한다. 나 자신을 용서한다."

정서적 학대에서 벗어나기

자기용서는 수치심의 치유에 그 어떤 것보다도 큰 도움을 준다. 학대의 피해자인 자신을 용서하자. 당신은 학대를 받아서는 안 되는 무고한 존재였다. 학대에 대한 대응으로 당신이 했던 모든 행동에 대해서도 자신을 용서하자. 당신의 내면은 수치심으로 가득 차 있었고, 이제 당신도 깨달았겠지만 수치심은 우리로 하여금 다른 사람에게, 또 우리 자신에게 끔찍한 일을 하게 만든다.

　어린 시절의 학대로 트라우마를 지니고 있다면, 그로 인해 바람직한 파트너를 고를 능력을 잃어버린 자신을 용서하자. 늘 불안해서, 자존감이 낮아서, 수치심에 시달려서, 거절당하고 버림받는 게 두려워서 그저 다가오는 사람을 수동적으로 받아들였던 자신을 용서하자. 반복 강박으로 과거의 일을 똑같이 반복하며 다른 결과를 내보려고 애쓴 자신을 용서하자.

　혼자가 되는 것이 너무 두려워서 파트너를 떠나지 못한 자신을 용서하자. 당신의 어머니가, 또는 아버지가 그랬던 것처럼 학대적인 파트너의 곁에 계속 머무른 자신을 용서하자. 이혼은 절대로 용납할 수 없다는 가족이나 교회의 말을 무조건 따른 자신을 용서하자. 당신의 어머니나 아버지가 그랬던 것처럼, 참고 견디면 언젠가 파트너가 변하리라 믿은 자신을 용서하자. 그 모든 것들에 대해, 그리고 더 많은 것들에 대해 자신을 용서하자.

15장
수치심을 계속 치유해나가려면

"돌아가서 당신 자신을 돌보라. 당신의 몸에겐 당신이 필요하다. 당신의 감
정에게도 당신이 필요하다. 당신의 생각에게도 당신이 필요하다. 당신의 고
통도 당신이 바라봐 주고 인정으로 어루만져주기를 원한다. 그러니 그 모든
것을 위해 집으로 돌아가라."

- 틱낫한Thich Nhat Hanh, 《화해: 내 안의 아이 치유하기》

    정서적 학대를 겪은 사람에게 수치심은 깊은 상처를 남긴다. 이
상처에는 자아와 자아정체성에 대한 핵심적인 손상, 견디기 힘든 혐
오감과 굴욕감의 지속, 학대에 맞서지 못하고 받아들인 자신에 대
한 자책 등이 포함된다. 정서적 학대 피해자들은 학대를 너무 오래
참아왔다는 사실, 그리고 학대에 대해 가족과 친구들에게 털어놓지
못했다는 사실에 대해 큰 수치심을 느낀다. 이들은 또한 파트너와의
관계가 실패로 돌아간 것이 어느 정도는 자신의 잘못이 아닐까 하
는 의문에 시달린다. 당신 또한 비슷한 상태일 것이다. 학대로 인한
수치심은 자기 자신에 대한 믿음 또한 변질시킨다. 스스로에 대한

믿음을 잃은 당신은 정말 홀로 설 수 있을지, 다시 누군가와 사랑할 수 있을지, 다음번에는 정신적으로 건강하고 바람직한 파트너를 선택할 수 있을지 불안해하고 있을 것이다.

이 모든 수치심은 치유되어야 한다. 우리는 그 수치심에 정면으로 맞서 몸과 마음, 영혼에서 몰아내야 한다. 이번 챕터에서는 스스로를 치유해나가기 위한 다양한 방법과 함께 자기연민을 지속적으로 학습하고 실천해나갈 수 있는 방법을 알아보려 한다. 여기에는 스스로에 대한 비난과 비판, 책망의 시선에서 벗어나기 위한 구체적인 자기연민 실천법 또한 포함된다. 기억해야 할 것은 수치심 치유를 위해서는 자기이해, 자기용서, 자기수용, 자기친절, 자기격려 등 자기연민의 모든 측면을 강화하기 위한 노력을 기울여야 한다는 사실이다.

몸의 수치심 치유하기

몸의 수치심을 치유해야 하는 이유는 무엇일까? 한 가지 중요한 이유는 우리가 우리 자신에 대해 지닌 생각이 몸을 통해 스스로에게, 또 주변 사람에게 드러난다는 점이다. 일례로 우리가 평소에 별 생각 없이 취하는 자세는 우리가 스스로에 대해 품고 있는 생각을 비교적 명확하게 드러낸다. 트라우마 전문가 피터 레빈은 자세 교정을 통한 수치심 치료를 시도했다. 수치심을 느끼는 사람은 전형적으로 어깨를 구부리고 가슴을 움츠린 채 고개를 숙이는 자세를 취한다. 이 자세에서 어깨를 펴고 가슴을 내밀고 고개를 드는 자세로 교정을 시도하자 수치심이 줄어들며 당당해지는 효과가 나타났다.

자세 교정을 통해 감정적·심리적 변화를 이끌어내는 데 도움을 줄 만한 연습과제를 소개한다.

내 자세 속 수치심 제거하기

1. 평소 앉는 방식대로 의자에 앉는다. 자신의 모습을 비춰볼 수 있는 거울이 있다면 좋지만 없어도 크게 상관은 없다. 자신이 앉아 있는 자세를 살펴본다. 앉은 자세가 반듯한가? 혹시 구부정하게 앉아 있지는 않은가? 어깨는 활짝 펴고 있는가? 가슴 부분을 보호하듯 앞으로 움츠리고 있지는 않은가?

2. 자신의 자세에 대해 어떤 기분이 드는지 생각해본다. 힘이 없는 느낌이나 소극적인 느낌이 들지는 않는가?

3. 이제 어깨를 쭉 펴고 반듯하게 앉아본다. 누군가 정수리에 연결된 끈을 잡아당긴다는 느낌으로 목을 쭉 펴고 고개를 든다. 심호흡을 한 후 가슴을 두드리는 타잔이 된 것 같은 느낌으로 가슴을 활짝 열면서 팽창시킨다.

4. 이 자세에 대해 어떤 기분이 드는지 느껴본다. 등과 어깨를 펴고 반듯하게 앉아 가슴을 쭉 폈을 때 어떤 감정적 변화가 느껴졌는가? 근처에 거울이 있다면 당신의 모습이 어떻게 달라졌는지 한번 살펴보자.

다음은 내담자들이 느낀 변화다.

정서적 학대에서 벗어나기

- "등을 곧게 펴고 앉으니 키가 더 커진 것 같았어요. 정확한 이유
  는 모르겠지만, 두려움이 줄어들면서 더 강한 사람이 된 것 같
  은 느낌이 들었어요."

- "저도 몰랐는데 제 자세가 구부정하더라고요. 어깨를 펴고 똑바
  로 앉으니 자신감이 생기는 것 같았어요. 제 주장을 더 확실하
  게 할 수 있을 것 같은 기분도 들었고요."

- "가슴을 쫙 펴고 심호흡을 몇 번 하니 힘이 나는 것 같았어요. 숨
  을 한 번 쉴 때마다 점점 더 자신감이 차오르는 기분이었어요."

수치심의 기억

최근의 연구는 수치심의 기억에 대한 재배열이 가능하다는 점을
보여주고 있다. 우리의 뇌는 신경가소성이라는 능력을 지니고 있다.
신경가소성은 신경세포와 연결회로를 새롭게 생성하는 능력인데, 이
능력을 활용하면 자기공감과 자기연민이라는 새로운 경험을 가지고
이미 뇌에 저장되어 있는 수치심의 기억을 긍정적인 방향으로 변화
시킬 수 있는 것이다. 기본적인 방법은 다음과 같다. 우선 마음속에
품고 있는 수치심의 기억을 불러낸다. 그렇게 하면 그 기억과 연관
된 신경망이 언제나처럼 익숙하게 활성화될 것이다. 그 다음에는 자
기공감과 자기연민을 불러일으켜 그와 연관된 신경망을 활성화시킨
다. 그렇게 하면 수치심과 연관된 신경망과 자기공감·자기연민과 연
관된 신경망이 동시에 활성화되며, 두 신경망 사이에 새로운 연결회

로가 생성된다. 이 순간 수치심은 넓은 호수에 흩뿌려진 소금 한줌처럼 자기공감과 자기연민의 호수에 녹아들며 자취를 감춘다. 그렇게 우리를 짓누르던 무거운 짐도 사라진다. 물론 반복적인 학대로 극심한 수치심을 느끼고 있는 경우라면 여러 번의 시도가 필요하겠지만, 자기연민은 결국 효과를 발휘한다. 그럼 다음의 연습과제를 참고하여 이 과정을 실제로 시도해보자.

수치심의 기억 재배열하기

1. 손을 가슴에 얹고 심호흡을 한다.

2. 사랑받았던 기억을 떠올린다.

3. 사랑을 받았을 때 들었던 그 느낌이 몸과 마음으로 흘러드는 것을 느낀다.

4. 이제 수치심을 느꼈던 기억을 떠올린다. 처음에는 너무 심하게 고통스러운 기억이 아닌, 작고 견딜만한 기억의 조각부터 떠올리는 것이 좋다.

5. 사랑의 기억 속에서 당신이 얼마나 선하고 강인하고 지혜로운 존재인지 떠올린다. 그리고 수치심의 기억을 그 안에 흘려보낸다. 다른 사람에게 받았던 사랑과 수용이라는 테두리 안에서 스스로를 향한 사랑과 수용이 점점 더 커지는 것을 느끼며 수치심의 기억을 흘려보낸다. 이 새로운 감정과 존재방식, 사고방식이 몸의 깊숙한 곳에 새겨지면서 실제로 몸속에서 뭔가 변화

하는 느낌을 받을 수도 있다.

수치심과 관련된 생각의 회로가 재배열될 수 있도록 이 연습과제
를 여러 번 반복해서 수행해보자.

자기연민의 지속적인 실천

자기연민의 지속적인 실천은 수치심을 치유하는 가장 효과적인 방
법이다. 극심한 수치심을 지니고 있는 사람은 대개 자기비판적인 경
향을 보이는데, 자기연민은 수치심 뿐 아니라 자기비판에 대해서도
해독제로 작용한다. 연구에 따르면 자기연민은 옥시토신의 분비를
촉진시키는 역할을 한다. 옥시토신은 신뢰와 평온함, 안전함, 관대
함, 타인과의 연대를 느끼게 하는 호르몬이다. 반면 자기비판은 우
리의 몸에 자기연민과는 아주 다른 영향을 준다. 뇌의 가장 오래된
영역 중 하나인 편도체는 주변의 위협을 빠르게 감지하도록 설계되
어 있다. 위협이 닥치면 '투쟁 도피 반응'이 촉발되면서 편도체는 혈
압을 높이고 아드레날린과 코르티솔을 더 분비하라는 신호를 보내
그 위협에 맞서거나 도망칠 수 있는 힘과 에너지를 동원한다. 이것
은 원래 물리적 공격에 대응하기 위해 만들어진 시스템이지만, 외부
또는 내부로부터의 정서적 공격에 의해서도 활성화된다. 코르티솔
의 과다분비가 장기간 지속되면 기쁨을 느끼는 신경전달물질을 감
소시켜 우울증이 나타날 수도 있다.

자기연민에는 많은 장점이 있지만 그 중 하나는 바로 그것이 옥시

토신의 분비를 돕는다는 점이다. 다음의 연습과제를 통해 이 옥시토신의 효과적인 활용법을 익혀보자.

옥시토신 활용하기

당신이 무조건적으로 사랑하는 대상을 마음속에 떠올린다. 소중한 친구나 사랑하는 자녀일 수도 있고, 당신에게 위안을 주는 반려동물일 수도 있다. 마땅한 대상이 없다면, 당신에게 애정과 지지를 보내주었던 심리상담사를 떠올려도 좋다.

1. 당신의 몸 안에 존재하는 그 무조건적인 사랑을 느껴본다. 그 사랑이 주는 느낌에 주목하며 당신에게서 그 대상에게로 흘러가는 사랑을 느껴본다.

2. 그 사랑의 감정에 충분히 연결된 느낌이 들었다면, 당신이 사랑하는 대상에게 보내던 사랑의 방향을 서서히 바꿔 자신에게로 향하게 해본다. 사랑하는 이에게 느끼는 공감과 연민의 감정을 그대로 유지한 채, 그 감정이 다시 자신에게로 흘러들어오게 하는 것이다.

3. 그 사랑과 공감의 감정을 천천히 받아들인다. 스스로를 돌보고 보살피는 사랑의 감정을 온전히 느끼며 받아들인다.

자기타당성의 중요성

자기연민의 또 다른 이점은 바로 자기타당성의 확보다. 자기타당성은 간단히 말해 자신이 옳았음을 확인하는 것이다. 상대의 타당성을 인정한다는 것은 그의 내적 경험에 가치를 부여하고 그 경험을 수용하는 것이다. 다시 말해 "네가 그런 감정을 느끼는 것은 당연해. 네 말이 무슨 의미인지 알겠고, 네가 그런 감정을 느끼는 이유도 이해해. 네가 그런 감정을 느끼는 것은 전혀 잘못되거나 부조리한 일이 아니야"라고 말해주는 것과 마찬가지다.

반면 상대의 타당성을 부인하는 것은 그가 느끼는 감정을 근본적으로 부정하고 공격하는 행위다. 상대의 감정을 부인하거나 조롱하고, 함부로 재단하거나 무시하는 행동이 여기에 해당한다. 타당성을 부인당한 사람은 기본적으로 자신의 감정과 경험이 '틀렸다'고 느끼게 된다. 이 잘못된 생각을 바로잡기 위해서는 자신의 인지능력과 감정에 대한 타당성을 되도록 빨리 확보해야 한다. 자기연민을 베푸는 것, 다시 말해 자신의 고통에 공감하는 것은 자신의 감정과 인지능력, 경험의 타당성을 확보하는 가장 효과적인 방법이다.

자기타당성을 충분히 인정받지 못하면 피해자는 부정적인 경험에 대해 부적절한 죄책감이나 수치심을 가지게 된다. 예를 들어, 대부분의 정서적 학대 피해자는 주변에 학대 사실을 알리지 않는다. 그 사실을 숨김으로써 타당성을 인정받을 기회는 사라져버리고, 피해자는 죄책감과 수치심에 시달리게 된다. 이 상처를 극복하고 수치심을 치유하기 위해서는 하루라도 빨리 자기타당성을 인정받아야 한다. 당신에게는 주변 사람들의, 그리고 무엇보다 자기 자신의 인정이 필요하다.

당신도 타인의 배려와 존중을 받을 자격이 있는 소중한 존재다. 이 사실을 깨닫기 위해서는 스스로에 대한 애정 어린 이해와 돌봄, 그리고 인정이 필요하다. 이 어려운 일을 이루기 위해, 그리고 수치심을 치유하기 위해 스스로에게 자기연민을 베풀어야 한다는 점을 명심하자.

자기연민의 편지

내담자였던 모린은 20년이라는 세월 동안 남편의 정서적 학대에 시달리며 많은 고통을 겪었다. 나는 모린에게 그 고통에 대한 연민을 담아 스스로에게 '자기연민의 편지'를 써볼 것을 권했다. 다음은 모린이 작성한 편지의 내용이다.

네가 결혼생활에서 그렇게 큰 괴로움을 겪었다니 너무 안타까워. 그렇게 오랜 세월 동안 정서적 학대를 견디는 것은 정말 힘들었을 거야. 너무나도 답답하고 외로웠겠지. 다른 사람에게 말하는 건 겁이 났을 거야. 너를 믿어주지 않을까봐, 아니면 너를 거부할까봐 겁났을 거야. 게다가 남편은 아이들에겐 좋은 아빠였고 생활력도 강했잖아. 그런 남편을 떠날 생각을 한다는 것 자체에 죄책감이 들었겠지. 하지만 네 남편은 네게 끔찍한 행동을 저질렀고, 해서는 안 될 폭언들을 퍼부었어. 네가 그런 일을 겪지 않았다면 좋았을 텐데. 수많은 상처와 트라우마가 생길 때마다 너를 위로해줄 사람이 있었다면 좋았을 텐데. 결국 너

정서적 학대에서 벗어나기

는 우울증과 자기비난에 시달리며 점점 무감각해졌지. 하지만 그런 일을 겪은 것은 네 탓이 아니야. 네게 그런 일이 일어나서는 안 되는 거였어.

편지의 내용을 읽어보면 모린이 스스로를 이해하고 위로했을 뿐 아니라 자신이 느끼는 감정을 타당화했다는 것을 알 수 있다.

레아 B.샤피라Leah B. Shapira와 미리엄 몽그레인Myriam Mongrain이 진행한 연구에 따르면, 1주일 동안 매일 한 번씩 힘들었던 일을 토로하고 스스로 위로하는 자기연민 편지를 쓴 사람들은 3개월 후 우울감이 현저히 줄어들었으며 6개월 후 행복감이 현저히 증가했다. 비교를 위해 자기연민 편지가 아닌 어린 시절의 기억에 대해 썼던 대조군에서는 이런 효과가 나타나지 않았다.

자기타당성을 인정하는 것도 물론 중요하지만, 진정한 치유를 위해서는 주변 사람들의 인정 또한 꼭 필요하다. 그러기 위해서는 당신이 신뢰하는 사람에게 정서적 학대 사실을 털어놓아볼 것을 권한다. 물론 두려운 일일 것이다. 이미 시도했지만 상대가 당신을 믿지 않았거나, 뭔가 잘못 생각한 것 아니냐며 당신의 경험을 부정했을 수도 있다. 그러나 당신은 이제 더 강해졌고, 다른 사람의 말에 흔들리지 않을 만큼 현실에 대한 확고한 인식을 가지고 있다. 당신의 말을 믿지 않는 사람도 있겠지만, 믿고 지지해줄 사람을 찾기 위해서는 우선 지금의 고립에서 벗어나 밖으로 나와야 한다. 그러한 지지를 찾을 만한 가장 좋은 장소는 정서적 학대 피해자를 위한 모임이다. 주변에 이러한 모임이 있는지 찾아보고, 필요하다면 가정폭력

상담센터 등에 문의해보자. 상담센터에서는 신체적 폭력 피해자를 위한 자조모임 뿐 아니라 정서적 학대 피해자를 위한 모임도 운영하는 경우가 많다(역자 주: 한국의 경우 안타깝게도 아직은 물리적 폭력이나 성폭력 피해자를 위한 상담 위주로 진행되는 곳이 대부분이다. 한국에서도 정서적 학대 피해자를 위한 적극적인 치유 프로그램이 활성화되기를 바란다). 또한 최선의 방법은 아니지만, 사정이 여의치 않다면 정서적 학대에 대한 온라인 모임이나 게시판을 활용하는 것도 가능하다.

자기비판에서 자기수용으로

늘 스스로를 비판하는 강력한 내면의 비판자 외에도 정서적 학대 피해자를 괴롭히는 것이 또 있다. 바로 스스로에 대한 비합리적이고 터무니없는 기대다. 그러한 기대는 파트너가 당신에게 지녔던 비합리적인 기대가 당신에게 그대로 흡수된 것일 가능성이 높다. 당신은 지금껏 모든 것을 완벽하게 처리해야 한다는, 실수는 절대 용납할 수 없다는 생각에 시달렸을 것이다. 인간은 실수를 하는 게 당연한데, 실수를 저지르거나 적절치 못한 행동을 하면 스스로를 용서하지 못했을 것이다. 실수를 한 자신을 파트너만큼 가혹하게 질책하거나 벌주었을 수도 있다. 심한 경우 무의식중에 자신을 벌주기 위해 음식을 먹지 않거나, 좋은 경험을 금지하거나, 자해를 했을 수도 있다.

스스로에 대해 너무 가혹하지도, 너무 관대하지도 않은 적절한 수준의 기대치를 가지는 것은 중요하다. 터무니없이 높은 기대는 스스로에 대한 실망을 불러올 수밖에 없고, 이는 내면의 비판자를 깨우게 된다. 합리적인 기대란 자신의 과거와 현재의 상황, 그리고 현재 자신의 상태를 고려했을 때 이해할 수 있을 만한 기대를 뜻한다. 예를 들어 파트너에게 정서적 학대를 당한 당신의 과거를 고려할 때, 당신의 자존감이 낮고, 내면의 비판자가 지닌 존재감이 강력하며, 부적절한 수치심을 지니고 있으리라 기대하는 것은 합리적이다. 그러나 그런 과거를 고려했을 때 당신이 정서적 학대의 부정적 영향을 하루아침에 극복하리라 기대하는 것은 터무니없고 비합리적이다. 그렇지만 당신이 이 책을 읽고 여기에 소개된 연습과제들을 꾸준히 실천하면 차츰 학대로 인한 피해를 극복하게 되리라는 기대는 충분히 합리적이다.

더 합리적인 기대

1. 현재의 상황에서 당신이 바꾸고 싶은 것이나 하고 싶은 것에 대해 생각한다. (예: 더 좋은 부모가 되는 것)
2. 아래의 문장형식을 사용하여 어떤 것이 합리적인 기대고 어떤 것이 비합리적인 기대인지 생각해본다.

- _____라는 사실을 고려할 때, 내가 _____ 하리라는 것은 비합리적인 기대야.
- 더 합리적인 기대는 _____야.

예시: 어린 시절 우리 부모님이 많이 비판적이었다는 사실을 고려할 때, 내가 우리 아이들을 전혀 비판하지 않으리라는 것은 비합리적인 기대야. 더 합리적인 기대는 내가 아이들을 비판했을 때 스스로 알아차리고, 그 사실을 나 자신과 아이들에게 인정한 후, 다음부터는 지나친 비판을 하지 않도록 주의하는 것이야.

무조건 좋은 사람이 되겠다는 기대를 버리자

자신에 대한 또 다른 비합리적인 기대는 언제나 정중하고, 관대하고, 참을성 있고, 친절하며, 너그러운 사람이 되겠다는 기대, 즉 무조건 '좋은 사람'이 되겠다는 기대다. 그러나 세상에 그런 사람은 없다. 우리는 모두 때때로 쩨쩨하고 치사해지며, 이기적으로 행동하거나 화를 내기도 한다. 그 사실을 인정하고 자신의 결점을 받아들이면, 다음에는 그런 식으로 행동하지 않겠다는 반성을 마음에 품고 앞으로 나아갈 수 있다. 그러나 주변 사람에게 그 어떤 경우에도 절대로 치사하거나 이기적으로 굴지 않겠다는 터무니없는 기대를 하면, 결국 그러지 못했다는 수치심에 시달리며 살아갈 수밖에 없다.

이기심이나 심술, 화 등 부정적인 측면을 드러내지 않기 위해 억누르면, 그러한 측면은 어떤 방식으로든 밖으로 표출된다. 남에게 무조건 좋은 모습만 보이려 애쓰는 사람은 사실 엄청난 수치심에 시달리고 있는 사람인 경우가 많다. 이들은 남에게 잘 보이는 데만 열중하다가 자신의 문제를 외면하는 공동의존자가 되기도 하고, 다른 사람의 용납할 수 없는 행동에 항의하지 못해 그냥 참고 견디는 피해

정서적 학대에서 벗어나기

자가 되기도 한다. 이들은 또한 현재의 좋은 모습을 통해 과거의 잘못을 모두 지우고 싶어 하기도 한다. 당신의 경우는 어떤가? 혹시 내면의 수치심을 가리기 위해 무조건 좋은 모습을 보이는 데만 집착하고 있지는 않은가?

탐구의 힘

이 연습과제는 마음챙김 수련 중 하나인 탐구수련을 참고하여 만들었다. 아이에게 소리를 지르거나 폭식을 하는 등 부정적인 일로 마음의 평정을 잃었을 때 이 탐구수련을 활용해보자.

1. 잠시 행동을 멈추고 스스로에게 다음의 질문을 던진다. "지금 나의 내면에서 가장 큰 관심을 필요로 하는 게 무엇인가?" "지금 나의 내면에서 스스로 인정을 바라는 것이 무엇인가?" 행동의 옳고 그름을 따지려 하는 자기재단적인 생각을 뚫고 내려가 그 아래에 있는 감정을 들여다보자.

2. 몸에서 일어나고 있는 일들을 주의 깊게 관찰해본다. 위 주변의 근육이 딱딱하게 뭉친 듯한 느낌이 드는가? 몸이 뻣뻣하게 굳으며 긴장했는가? 만약 그렇다면, 어떤 감정 때문에 그런 신체적 증상이 나타났는지 생각해본다. 당신이 느끼고 있는 감정은 두려움, 예를 들어 실패에 대한 두려움이나 좋은 부모가 될 수 없을지도 모른다는 두려움일 수도 있다.

3. 두려움이라는 감정에 집중하며 그 감정이 서서히 사라지는 것을 느껴본다. 두려움과 함께 자기재단적 생각들 또한 사라지는 것을 느낀다.

4. 이제 탐구수련에 자기연민의 힘을 더한다. 두려움이나 고통, 분노, 수치심 같은 부정적인 감정에 이렇게 말을 건다. "네 괴로움을 내가 알아줄게." 힘들어하는 친구와 마주 앉아 대화를 하듯 당신의 감정에게 다음의 말을 반복적으로 속삭인다. "네 괴로움을 내가 알아줄게."

이 연습과제에서 활용한 자기수용적 태도는 취약한 모습, 겁에 질린 모습, 부정적인 모습을 드러내는 것에 대한 두려움을 줄여준다. 자기연민은 우리로 하여금 완벽함에 대한 집착을 버리고 자신의 존재 자체를 사랑할 수 있게 해준다.

타라 브랙Tara Brach은 자신의 저서 《받아들임: 자책과 후회 없이 나를 사랑하는 법》에서 우리 모두가 장점과 단점을 모두 포함해 그 자체로서 이미 완벽한 존재임을 받아들여야 한다고 주장했다. 당신은 당신 자체로서 이미 놀라운 존재이며 더 나아지기 위해 자꾸만 애쓰지 않아도 된다는 의미다. 좋은 부모가 자녀의 모습을 있는 그대로 받아들이듯, 자기 자신 또한 있는 그대로 사랑하고 받아들이려는 태도가 중요하다.

정서적 학대에서 벗어나기

근본적 수용

1. 남에게 드러내기 부끄러운 면이나, 고치려고 애써왔던 부분 등 자신의 결점을 모두 적어본다.

2. 각각의 결점을 차례대로 소리 내어 읽으며 "나는 나 자신을 있는 그대로 받아들인다"라고 말해본다. 이 말을 할 때마다 심호흡을 하며 그 의미를 온전히 받아들인다.

3. 당신이 지닌 장점과 단점, 모든 특징이 자신의 일부분임을 받아들이고, 그 모든 특징을 의식적으로 수용한다.

우리는 모두 있는 그대로의 모습으로 받아들여지기를 바란다. 타인의 인정과 승인을 얻기 위해 많은 시간을 소비하는 사람들도 있다. 그러나 자신이 스스로를 받아들이지 못하면서 다른 사람의 인정을 바라는 것은 사실 어불성설이다. 자기수용을 우선적으로 이루지 못하면, 우리는 모두 끊임없이 거부의 두려움 속에 살아가야 한다.

수용의 반대는 거부다. 스스로를 온전히 받아들이지 않는 것은, 자신의 일부를 거부하는 것과 마찬가지다. 자신의 일부를 부정하고, 억누르고, 숨기는 것은 결국 스스로를 거부하는 것과 마찬가지다. 자신의 일부를 감추고 본래 모습을 숨긴 채 사는 것은 몸을 움츠리고 반쪽짜리 삶을 사는 것과 같다. 우리는 긍정적인 면과 부정적인 면을 포함한 자신의 모든 측면을 받아들이고 모든 경험을 인정함으로써 더 당당하게 활짝 피어날 수 있다.

자기친절

자기친절에 대한 내용은 8장에서 이미 한번 다룬 바 있다. 자기연민의 주요 요소인 자기친절은 수치심을 치유하는 강력한 도구이기도 하다. 사실 자기친절은 자기연민의 핵심이라고도 볼 수 있다. 그러나 안타깝게도 많은 피해자가 자기친절을 어떻게 실천해야 할지 알지 못한다. 자기친절을 베풀기 위해서는 스스로에게 다정하고 부드럽고 애정 어린 태도와 시선을 지닐 수 있어야 한다. 자기비판적인 태도와 완벽주의, 터무니없는 기대를 버리고 자신에 대한 인내심과 친절, 수용적 태도를 지녀야 한다는 의미다.

자기친절을 위해서는 스스로를 돌보고 달랠 수 있어야 한다. 또한 결점과 부족함을 비판하지 않고 참아줄 수 있어야 한다. 자기친절을 발휘하기 위해서는 실패나 부족함으로 인한 괴로움이 느껴질 때 스스로를 지지할 수 있는 여러 방법을 알아두는 것이 좋다.

자신이 친절한 대접을 받을 자격이 있다고 생각하는 이들은 자기친절을 자연스럽게 발휘한다. 그러나 정서적 학대 피해자들은 내면의 수치심으로 인해 자신에 대한 친절은커녕 타인의 친절도 받아들이지 못한다. 다행히 이 책을 읽으며 수치심이 어느 정도 경감되었다면 자기친절이라는 개념을 받아들이는 것이 조금은 쉬워졌을 수도 있지만, 여전히 어렵게 느끼는 이들도 많을 것이다. 타인의 친절을 많이 경험해보지 못한 이들은 자신에게 친절한 마음을 가지는 것을 특히 더 어려워한다. 이런 경우라면 당신에게 친절을 베풀었던 사람을 구체적으로 한 명씩 떠올리며 그 사람이 당신을 대했던 방식을 그대로 따라해보는 것도 도움이 된다. 그러나 아직 자기친절이 어색해도, 그 실천법을 잘 모르겠다고 해도 괜찮다. 이제는 당신도 친절을 받을 자격이 있다는 사실을 깨달았으니, 이 책에 소개된 정보와 방법들을 토대로 차근차근 실천해나가면 된다.

사실 당신은 이미 자기친절을 베풀기 시작했다. 끝없는 자기재단과 자기비난을 멈추고 자신의 약점과 실수를 이해하고 받아들이고 용서하는 법을 배웠기 때문이다. 이 모든 것이 자기친절의 일부다.

신경학적으로 보았을 때 자기친절과 자기비난은 뇌에서 아주 다르게 작용한다. 최근에 이루어진 한 연구에 따르면 자기비난은 뇌에서 주로 문제해결을 관장하는 측면 전전두엽피질과 배측전방대상피질을 활성화시켰다. 반면 자기친절은 긍정적인 감정과 연민 등에 관련된 좌측 측두엽 극부위와 섬엽을 활성화시켰다. 자기친절의 눈을 통해 우리는 고쳐야 할 문제적 존재에서 연민이 필요한 소중한 존재로 거듭날 수 있다는 의미다.

자기친절은 스스로를 더 잘 돌볼 수 있게 하는 동기를 부여하기도 한다. 자기친절을 실천하는 사람은 자신의 안전과 존엄성을 위험에 처하게 할 만한 일을 하지 않는다. 자기친절은 또한 더 바람직한 행동을 하도록 유도함으로써 현명하고 건강한 선택을 하도록 돕는다.

자신을 사랑하고 존중하며 자신의 가치를 소중하게 생각하는 태도는 매우 중요하다. 자신이 소중한 존재라는 확신이 부족하면 뭔가를 주장하고 싶은 순간에도 소극적이고 수동적인 모습을 벗어나지 못한다. 자신을 안전하게 보호하고 존중하는 것은 파트너의 눈치를 보고 비위를 맞추는 것보다 훨씬 더 중요한 일이다. 더 중요한 일, 즉 스스로를 돌보는 일에 집중할 때 당신은 스스로를 존중할 수 있다.

자신을 지지하기

마음이 힘들 때, 또는 어려움에 처했을 때 주변 사람의 지지 덕분에 잘 견뎌낸 경험이 있을 것이다. 자신에 대한 지지도 그런 힘을 발휘할 수 있다. 스스로에게 친절과 연민을 베풀수록 우리는 용기를 내서 어려운 일을 이겨낼 수 있다. 다음의 연습과제를 통해 학대에 관련된 부정적인 감정을 돌보고 그 감정을 보듬는 데 필요한 지지를 스스로에게 제공하는 또 다른 방법을 배워보자.

사진 속 어린 나에게 말 걸기

어린 시절의 사진들을 꺼내서 살펴본다. 그중 특히 어린 시절의 기억을 선명하게 떠올리게 하거나 왠지 마음을 울리는 사진을 한 장 선택한다. (성적 학대 또는 부모님의 이혼 같은) 어려움을 겪고 있던 시기의 사진을 찾을 수 있다면 이 연습과제에 더욱 적합하다.

1. 당신이 고른 사진을 오랫동안 찬찬히 들여다본다.

2. 사진 속 어린 당신의 표정이나 자세 등을 유심히 살펴본다. 당시의 감정을 짐작할 수 있게 하는 또 다른 요소는 없는지 살펴본다. 사진 속 당신은 슬퍼보이거나 겁에 질려보일 수도 있고,

화가 나 보일 수도 있다. 아니면 감정을 전혀 드러내지 않은 모습일 수도 있다.

3. 사진을 들여다보면서 당시 당신이 겪고 있던 일들을 떠올려본다. 그 일들을 떠올리며 현재의 당신에게 어떤 감정이 드는지 느껴본다.

4. 이제 사진 속 아이에게 편지를 써본다. 어린 당신이 받은 고통을 생각할 때 떠오른 감정을 편지에 표현해본다. 어른이 된 당신이 아직 어린 아이인 당신에게 말을 걸듯 써내려가면 된다.

5. 편지를 다 쓴 후에는 소리를 내어 자신에게 (또는 당신의 내면에 있는 어린 아이에게) 읽어준다. 편지에 담긴 다정함과 지지, 연민의 마음을 자연스럽게 받아들인다.

스스로를 달래는 자기안정 배우기

자기안정은 사실 아이들이 발달 과정에서 자연스럽게 습득하는 능력 중 하나다. 아이들이 자기안정 능력을 습득하는 과정은 기본적으로 다음과 같다. 아기가 엄마를 찾으며 울음을 터뜨린다. 아기에게 늘 주의를 기울이고 있는 반응적인 엄마는 울음소리에 빠르게 반응하여 아기를 안아들고 부드럽게 어루만지거나 속삭이며 달래준다. 그러고는 아기에게 필요한 것이 무엇인지, 배가 고픈 것인지, 기저귀를 갈아달라는 것인지, 아니면 그냥 안아달라는 것인지 확인한다. 아기는 부모의 이러한 공감적 반응 덕에 자신의 안전을 확인하고 안심한다. 그리고 이러한 경험을 통해 아기는 자신이 뭔가를 필요로 할 때 얻을 수 있고, 자신이 안전하다는 사실을 깨닫게 된다. 반복적인 경험을 통해 필요한 것이 있을 때 누군가 반응하고 모든 것을 해결해준다는 믿음을 무의식에 새기게 되면, 아기는 보채다가도 스스로를 달랠 수 있는 자기안정 능력을 지니게 된다.

살면서 어떤 난관에 부딪쳤을 때 도저히 헤어날 수 없을 것 같은 깊은 불안과 절망감, 무력감을 느낀 적이 있는가? 그렇다면 그것은 안타깝게도 영유아기의 필수적인 욕구를 누군가 세심하고 따뜻하게 돌봐주지 못했기 때문일 수도 있다. 또는 어린 시절 부모의 방임이나 분노, 잦은 말다툼 등 혼란스러운 환경에 노출된 영향일 수도 있다. 그러한 경험은 어린 당신의 내면에 극심한 불안감을 심어주었을 것이다. 하지만 절망할 필요는 없다. 과거에 그랬다고 해서 자기안정 능력을 개발할 수 없다는 의미는 결코 아니기 때문이다. 다음의 정보와 연습과제를 통해 지금의 결핍을 조금씩 치유해나가보자.

고통을 달래는 자기포옹과 자기안정

파트너에게 정서적 학대를 당했을 때 느꼈던 고통을 떠올려보자. 그 고통의 순간에 누군가 당신을 가만히 안고 달래주었다면 어땠을까? 물론 그런다고 해서 학대 사실 자체가 사라지지는 않았겠지만, 그 순간 당신이 느꼈던 고통은 조금 줄어들었을 것이다. 그때는 안타깝게도 다정한 포옹으로 스스로를 달랠 수 없었지만, 애도와 치유의 과정을 지나고 있는 지금이라면 스스로를 따뜻하게 안아줄 수 있을 것이다.

정서적 학대에서 벗어나기

1. 학대의 기억이 떠올라 고통스러울 때, 또는 어떤 계기로 기억이 촉발되었을 때 다음의 행동을 통해 자기안정을 시도해보자. (1) 팔과 얼굴, 머리를 부드럽게 쓰다듬는다. (2)아기를 달래듯 몸을 가볍게 흔든다. (3)자신의 몸을 따뜻하게 감싸며 포옹한다.

2. 각각의 자기안정 행동을 취했을 때 어떤 기분이 드는지 잘 느껴보자. 특별히 더 마음이 안정되고 편안해지는 행동이 있었는가?

3. 어떤 행동을 했을 때 가장 기분이 좋았는지 생각해보자. 특별히 더 긍정적인 느낌을 준 행동이 있었는가?

4. 이런 행동이 유치하거나 우습다고 말하는 내면의 자기비판은 단호히 무시하자. 자기안정 행동은 고통이 느껴질 때 스스로를 다정하게 돌보는 매우 효과적인 방법이다.

자기친절은 단순히 기분을 좋게 하는 심리요법이 아니다. 자기친절이 실질적인 변화를 만들어낸다는 사실은 연구를 통해서도 입증된 바 있다. 예를 들면, 자기안정은 전문가들이 '사랑과 신뢰의 호르몬'이라고 부르는 옥시토신의 분비를 촉진한다. 앞에서도 설명한 바와 같이 옥시토신은 신뢰와 안정성, 안심, 관대함, 연대의 감정을 강화하고, 스스로에게 자기연민을 베풀 수 있는 능력 또한 강화한다. 자기포옹이나 자신의 몸을 부드럽게 어루만지는 자기안정 행동은 옥시토신 분비를 촉진한다. 옥시토신 분비를 촉진하는 가장 기본적인 방법이 바로 접촉이기 때문이다. 옥시토신은 두려움과 불안감을 줄여주고, 스트레스로 높아진 혈압과 코르티솔 수치를 낮춰주는 역할을 한다.

신체적 접촉을 통해 스스로를 안정시킬 수 있는 방법은 다양하다. 필자의 상담실을 찾은 내담자들은 자신의 뺨이나 팔을 부드럽게 쓰다듬는 행동이 특히 효과적이었다고 말했다. 여러 방법을 시도해보며 자신에게 가장 잘 맞는 행동을 찾아보자.

나의 필요를 스스로 채우기

자기친절을 발휘하는 또 다른 방법은 자신이 원하고 필요로 하는 것을 스스로 채우는 것이다. 우리는 고통스러운 상황에 처했을 때뿐 아니라 삶의 전반에 걸쳐 스스로를 보살피고 챙겨야 한다. 그렇게 하기 위해서는 기본적으로 자기 자신을 잘 알아야 하며, 자신을 잘 알기 위해서는 자신의 감정, 반응 등에 늘 주의를 기울이고 자세히 살펴야 한다. 자신을 잘 알지 못하면 원치 않는 상황에 처하게 되거나 원치 않는 일을 하게 되는 경우가 많다. 지금까지 자신의 필요는 뒷전인 채 상대의 기대에 맞추거나 상대를 기쁘게 하기 위해서 애써야 했던 당신이라면 자신을 잘 알고 그 필요를 채우는 것이 얼마나 중요한지 누구보다 잘 알 것이다.

반응적인 부모가 되어 자신을 돌보기

어린 시절 어떤 방식으로든 학대나 방임을 경험했다면 당신의 부모는 당신을 반응적으로 돌보지 못했을 가능성이 높다. 당신의 어머

정서적 학대에서 벗어나기

니나 아버지, 또는 양쪽 모두가 자신이 어린 시절 경험한 학대나 방임을 그대로 되풀이한 것일 수도 있고, 아니면 당신의 정서적 욕구를 세심하게 보살피기에는 그저 사는 게 너무 바빴을 수도 있다. 이유가 무엇이었든 간에, 지금 중요한 것은 당신이 직접 반응적인 부모가 되어 스스로를 돌보는 것이다.

로렐 멜린Laurel Mellin은 자신의 저서 《점점 차오르는 삶》에서 반응적인 부모에 대해 이렇게 설명했다. 자신을 보살피는 반응적인 부모가 되기 위해서는 결핍과 과잉 사이에서 균형을 잘 잡아야 한다. 양극단 사이의 중간 지점이 바로 반응responsiveness이다. 앞에서 설명한 바와 같이, 반응적인 부모는 아이의 욕구를 재빨리 파악한다. 아이가 우는데 그 이유가 뚜렷하지 않으면, 부모는 아이에게 필요한 것을 파악하고 그것을 정확히 채워주기 위해 최선을 다한다. 반응적인 부모는 배가 고파서 우는 아이의 기저귀를 갈지 않으며, 안아달라고 우는 아이에게 젖병을 물리지 않는다. 아이의 필요를 정확히 파악하고 채워주면, 부모는 아이의 응석을 과하게 받아줄 필요가 없다. 필요한 것을 제때 들어주었기 때문에 나중에 보상해야 할 필요도 없다. 반응적인 부모는 자신이 아이에게 필요한 것을 제대로 채워줬다는 것을 잘 알기 때문에 죄책감이나 수치심에 시달리지도 않는다.

반응적인 부모가 아이의 욕구를 파악하는 것처럼, 당신도 자신의 욕구를 정확히 파악하고 예민하게 반응해야 한다. 자신에게 진짜로 필요한 것을 파악하고 나면 그 필요를 채우는 일은 한결 수월해진다. 그러나 진정으로 필요한 것을 파악한다는 것이 쉽지는 않다. 자녀를 제대로 돌보지 않거나 지나치게 방임하는 부모 밑에서 자란 경우 이는 특히 더 어려운 일이 된다.

기분과 욕구의 연결

자신에게 필요한 것이 무엇인지 파악하고 싶을 때 시도해볼 수 있는 방법 중 하나는 기분을 살피는 것이다. 기분과 감정을 가만히 들여다보며 원하는 것이 무엇인지 묻는 것이다. 다음의 연습과제는 욕구와 기분을 연결하여 필요를 파악하는 중요한 작업을 수행하는 데 도움이 되어줄 것이다.

기분과 욕구

1. 하루에 몇 번씩 내면을 들여다보며 자신이 그 순간 어떤 기분을 느끼고 있는지 살펴본다. 내면에서 무엇을 찾아야 할지 막막하다면, 화, 슬픔, 두려움, 죄책감/수치심이라는 네 가지 기본적인 감정에서 시작해도 좋다. 스스로에게 '나는 지금 화가 나는가?'라고 묻고, 느껴지는 감정이 화가 아니라면 '나는 지금 슬픈가?'라는 다음 질문으로 넘어가는 것이다. '나는 지금 무엇을 느끼고 있는가?'라는 질문에 대한 답이 의외로 '외로움'이나 '배고픔'일 수도 있다.

2. 느끼고 있는 기분을 파악했다면, 그것에 연결되는 욕구를 찾는다. 스스로에게 '내게 필요한 것은 무엇인가?'라는 질문을 던지는 것이다. 여기에 대한 답은 '이 기분을 온전히 느끼고 보내주

정서적 학대에서 벗어나기

는 것'일 수도 있다. 너무 자세히 파고들거나 복잡하게 생각할 것 없이 직관적으로 접근하자. 예를 들어 화가 난다면 '목소리를 높이는 것'이, 슬프다면 '우는 것'이, 배가 고프다면 '먹는 것'이 필요한 것이고, 죄책감을 느낀다면 '상대에게 사과하는 것'이 해결책이 될 수 있다.

3. 한 번의 시도로는 진짜 필요로 하는 것을 찾지 못할 수도 있다. 또한 하나의 감정에 여러 욕구가 연결되어 있을 수도 있다. 예를 들어 외로운 기분이 든다면 '친구와의 전화통화'와 '파트너의 포옹', '내면적 성찰'이 모두 필요할 수도 있다.

4. 잘못 도출된 가짜 욕구를 경계해야 한다. 예를 들어 슬픔이 느껴질 때 사탕이 '필요'하다고 생각하거나, 화가 느껴질 때 누군가를 때리는 게 '필요'하다고 생각하는 것이 여기에 해당한다. 이러한 답변이 떠오를 때는 내면의 지혜에 기대어 더 논리적이고 유익한 답을 찾아보자. 스스로에게 '그래서 정말로 필요한 게 뭐야?'라는 질문을 던져보는 것이다. 이런 질문을 통해 얻을 수 있는 좀더 논리적이고 건설적인 답으로는 다음의 것들이 있을 수 있다. '나 자신을 표현하고 싶어(글쓰기, 노래 등)', '몸을 좀 움직이고 싶어(걷기, 발 구르기)', '계획을 짜고 싶어', '(다음번엔 더 잘 할 수 있도록) 교훈을 배우고 싶어'

그런데 자기친절을 실천하다 보면 가끔 슬픔이나 서러움 같은 부정적인 감정, 또는 고통스러운 트라우마의 기억이 확 밀려올 때도 있다. 그런가 하면 어린 시절 당신을 괴롭게 했던 ('나는 사랑받을 자격이 없어'라거나 '나는 쓸모없는 아이야'라는) 부정적인 생각이 문득 떠오를 수도 있다.

이런 현상에 대해 나의 심리치료사는 다음과 같은 현명한 답을 주었다. 처음 치유의 여정을 시작할 때 우리는 수치심과 고통, 분노, 두려움, 죄책감이 넘치기 직전까지 가득 찬 그릇과도 같은 상태다. 치유의 과정이 시작되고 스스로에게 자기연민과 자기친절을 발휘하기 시작하면, 이 그릇에 연민과 친절이 추가된다. 수치심을 비롯한 부정적인 감정으로 이미 가득 차 있던 그릇은 자기친절과 사랑이라는 긍정적인 감정이 들어올 자리를 만들기 위해 밖으로 넘치게 된다. 자기친절과 사랑이 그릇 안에 자리잡게 되면서 수치심과 부정적인 감정이 밖으로 넘친다는 의미다. 예를 들어 스스로에게 친절과 연민을 베풀수록 그동안 혼자서 고통과 오해를 견디며 느꼈던 서러운 감정이 밖으로 넘쳐서 배출될 수 있다.

예측이 가능한 현상이기는 하지만, 실제 갑자기 부정적인 감정이 표출되었을 때는 당황스러울 수도 있다. 이런 경우 어떻게 대처하는 것이 좋을까? 최선은 그 감정의 존재를 가만히 직시하고 억지로 밀어내려 하지 않는 것이다. 스스로를 이렇게 타이르는 것도 좋다. "나는 점점 지금의 내가 좋아지고 있어. 그러니 자기의심이나 자기혐오 같은 과거의 감정들이 가끔 이렇게 툭툭 튀어나와도 괜찮아."

혹시 슬픔 등 부정적인 감정의 강도가 너무 높아져도 놀라거나 걱정할 필요 없이 그냥 그 감정이 표출되도록 자연스럽게 놓아두면 된

정서적 학대에서 벗어나기

다. 위로해주는 이 하나 없이 혼자서 고통을 견뎌야 했던 과거에 대해 마음껏 슬퍼하고 서러워하면 되는 것이다. 다시 말해, 스스로를 다정한 마음으로 돌보며 과거의 슬픔과 고통을 느끼는 자신을 위로하면 된다.

자기친절을 자연스러운 삶의 일부분으로 받아들이기까지는 시간과 연습이 필요할 것이다. 그러나 자신의 욕구를 살피고 존중하는 방법은 충분히 배울 수 있다. 몸이 보내는 (쉬고 싶다는, 또는 건강한 식생활을 원한다는) 신호를 무시하지 않고 적절히 반응하다 보면, 자신을 돌보는 자기안정 능력을 개발하다 보면, 그리고 실수를 했을 때도 자신을 사랑하는 법을 배우다 보면, 머지않아 자기친절을 자연스럽게 베풀 수 있을 것이다.

좋은 점은 자기친절은 실천할수록 조금씩 쉬워진다는 것이다. 괴로운 일이 생각날 때마다 그 기억을 친절하고 다정한 마음으로 돌봐주면 당신도 친절을 받을 수 있다는 믿음이 점점 깊어질 것이다. 일이 뜻대로 풀리지 않았을 때, 또는 본의 아니게 실수를 했을 때 자신을 친절하게 돌보면 오랜 세월 이어진 자기비판(또는 타인의 비판)이 남긴 상처가 서서히 지워질 것이다. 슬픔과 두려움, 분노와 죄책감이 느껴질 때 스스로를 잘 돌보고 안정시킬수록 부정적인 감정이 닥쳐왔을 때 견딜 수 있는 능력이 강해질 것이다. 그러다 보면 스스로에게 친절을 베푸는 것이 점점 쉬워질 것이다.

가장 중요한 사실은 바로 이것이다. 당신은 자신에게 친절을 베풀 자격이 있다. 자신이 괴로워할 때 달래줄 자격이 있으며, 휴식과 영

양, 타인과의 교류라는 인간으로서의 기본적인 욕구를 알고 채워줄
자격이 있다.

결론: 앞으로 나아가기

"인생에서 할 수 있는 최소한의 것은 자신의 희망을 알아내는 것이다. 인생에서 할 수 있는 최대한의 것은 그 희망 안에서 살아가는 것이다. 멀리서 동경하는 것이 아니라 바로 그 안에서, 바로 그 지붕 밑에서 살아가는 것이다."

- 바버라 킹솔버Barbara Kingsolver, 《동물의 꿈Animal Dreams》

우리는 지금껏 긴 여정을 함께했다. 아니, 여정이라기보다는 탐험이었다. 이 탐험의 직접적인 목적은 당신이 정서적 학대를 당하고 있는지, 그리고 그 학대가 당신에게 어떤 영향을 주었는지 알아보는 것이었다. 그러나 이 탐험에는 또 다른 중요한 목적이 있었다. 당신이 자신을 다시 발견할 수 있도록 돕는 것이었다. 나는 이 책을 통해 당신이 파트너를 만나기 전에 어떤 사람이었는지, 수치심에 시달리기 전에는 어떤 사람이었는지 기억해내도록 돕고 싶었다.

현재 당신이 파트너와 어떤 관계에 있는지 나는 알 수 없다. 이미 관계를 끝냈을 수도 있고, 이별을 심각하게 고려하며 떠날 준비를 하고 있을 수도 있다. 아니면 파트너의 곁에 남아 변화를 도모해보기로 결심했을 수도 있다. 당신이 현재 어떤 상황에 있든, 나의 바람은 한결같다. 나는 이 책이 당신의 수치심을 치유하는 데, 특히 파트너의 정서적 학대가 남긴 깊은 수치심을 치유하는 데 도움이 되었기를 간절히 바란다.

나는 당신이 파트너의 학대 때문에 경험한 고통을 인정하고 자기연민을 베푸는 방법을 배웠기를 바란다. 아직은 파트너와의 관계를 끝낼 준비가 되지 않았을 수도 있다. 그렇다고 하더라도 당신이 그 관계 안에서 자신을 더 잘 보살피고 자신의 감정을 존중할 방법을 적극적으로 찾아 나설 수 있기를 희망한다.

이 책에는 정말 많은 정보가 담겨 있다. 나는 당신의 마음과 생각, 감정에 변화가 있기를 희망하며 다양한 연습과제와 활동을 소개하고, 당신에게 적극적인 참여를 요청했다. 분명 어려운 여정이었겠지만 이 책의 내용을 통해 당신도 존중과 배려와 친절을 받을 자격이 있는 사람이라는 믿음이 더 강해졌기를 바란다.

당신은 자기연민이 수치심의 해독제라는 것을 배웠다. 당신은 때로 분노가 수치심을 밀어내는 도구가 될 수 있다는 것을 배웠다. 당신은 또한 자기용서가 당신의 상처와 수치심을 치유하는 치료제가 될 수 있다는 것도 배웠다. 하지만 배워야 할 것이 한 가지 더 있다. 자기비난과 수치심의 반대편에는 스스로에 대한 자부심이 있다는 사실이다. 당신이 이 책을 통해 보여준 놀라운 성장에 대해, 학대적인 관계를 끝내기 위해 발휘한 용기에 대해 자부심을 갖자. 당신은 수많은 긍정적인 변화를 이끌어냈다. 처음 이 여정을 시작했을 때의 당신의 모습을 떠올려보자. 그리고 얼마나 멀리 왔는지 생각하며 스스로를 칭찬해보자. 스스로를 자랑스럽게 생각하자. 당신에게는 그럴 자격이 있다.

당신은 변화를 위해 부단히 노력했고, 변화의 과정을 견디기 위해 크나큰 용기를 발휘했다. 당신의 강인함과 용기에 경의를 표한다. 당신은 당신이 생각하는 것보다 훨씬 강하고 용감한 사람이다.

이 자리에 선 당신은 앞으로 더 강하고 용감한 사람이 될 수 있다. 다시는 그 누구도 수치심을 주거나 통제하거나 조종하지 못할 만큼 강인한 사람 말이다. 당신은 상처를 입었지만 부서지지 않았다. 그 강인한 영혼으로 다시 인생을 시작할 수 있을 것이다.

이 책의 저자로서 그 변화의 여정을 당신과 함께 할 수 있어서 영광이었다. 여러분 모두를 내 마음 속에 간직하겠다. 부디 당신도 그렇게 해줄 수 있기를 바란다.

그럼 다음의 인용문과 함께 여정을 마무리하겠다.

"내면의 힘은 모두의 눈에 띄는 활활 타오르는 불꽃이 아니다. 그것은 아주 부드러운 목소리로 '넌 할 수 있어. 계속 앞으로 나아가'라고 속삭이는 작디작은 불씨다."

- 익명의 누군가

정서적 학대에서 벗어나기:나는 왜 당신을 떠나지 못하는가

1판 1쇄 발행 2023년 2월 9일

저　　　　자	비벌리 엔젤
옮　긴　이	정영은

발　행　인	유재옥
본　부　장	조병권
담　당　편　집	전태영
편　집　1　팀	김준균 김혜연
편　집　2　팀	정영길 조찬희 박치우 정지원
편　집　3　팀	오준영 이해빈
편　집　4　팀	전태영 박소연
디　자　인	김보라 박민솔
라　이　츠	김정미 맹미영 이승희 이윤서
디　지　털	박상섭 김지연
발　행　처	(주)소미미디어
발　행　등　록	제2015-000008호
주　　　　소	서울시 마포구 토정로 222, 403호(신수동, 한국출판콘텐츠센터)
판　　　매	(주)소미미디어
제　작　처	코리아피앤피
영　　　업	박종욱
마　케　팅	한민지 최원석 최정연 박수진
물　　　류	허석용 백철기
전　　　　화	편집부 (070)4164-3960, (070)4253-9250 기획실 (02)567-3388 판매 및 마케팅 (070)4165-6888, Fax (02)322-7665

ISBN 979-11-384-3578-9 (03330)